教育部首批虚拟教研室建设试点“社会认识论人才培养模式改革虚拟教研室”建设成果

欧阳康文集

哲学研究个性化道路初探

Philosophy Research Exploration of Personalized Road

欧阳康／著

華中科技大學出版社
http://www.hustp.com
中国·武汉

1953年生，四川资阳人。哲学博士。华中科技大学党委原副书记，华中科技大学国家治理研究院院长、哲学研究所所长，华中科技大学社会认识论人才培养模式改革虚拟教研室带头人（主任），国家治理湖北省协同创新中心主任，湖北地方治理研究院院长，“华中学者”领军岗教授，哲学学院二级教授、博士生导师。1992年起享受国务院特殊津贴，1996年被评为湖北省“有突出贡献中青年专家”，1999年入选教育部“跨世纪优秀人才”、人事部“百千万人才工程”，2019年入选中组部国家“万人计划”教学名师、湖北省首届“最美社科人”，2020年入选教育部“长江学者奖励计划”特岗学者。国务院学位委员会第六、七届马克思主义理论学科评议组成员，教育部社会科学委员会委员，中国辩证唯物主义研究会副会长、社会认识论专业委员会会长，湖北省人民政府咨询委员会委员等。在《中国社会科学》《哲学研究》等发表中英文学术论文400余篇，获国家、教育部和湖北省哲学社会科学优秀成果奖20余次，主持国家、省部级和国际合作科研项目20余项，多次出国出境从事学术交流与合作研究。主持完成教育部哲学社会科学研究重大课题攻关项目“马克思主义与建设中华民族共有精神家园研究”和“推进国家治理体系和治理能力现代化若干重大理论问题研究”，中宣部马克思主义理论研究和建设工程特别委托项目、国家社会科学基金特别委托项目“重大突发疫情对社会心态和思想舆论的影响研究”等，目前为国家社会科学基金重大项目“大数据驱动地方治理现代化综合研究”首席专家。

内 容 提 要

《哲学研究个性化道路初探》分为哲学、人学和比较文化研究三个部分，从一个侧面反映了中国哲学的发展历程，记载了作者多年来不懈探索一条个性化的哲学研究道路及所取得的部分理论成果。该书以作者的独特视角，探索当代中国哲学的发展轨迹、主要成就、存在问题和跨世纪走向，论述以真正哲学的方式研究和发展哲学所应当具有的世界意识、民族意识和个性意识；同时借助多种参照系全面综合反思马克思主义哲学的基本规定，提出了作者关于社会认识论、社会认识方法论和人文社会科学哲学的三期研究构想，探讨了人学、人的主体性、人的主体能力和思维的个体发生等前沿哲学问题，并从比较文化研究的方法论入手，依据作者在境外的亲身经历和一手资料，分析跨文化交往与理解中的"文化围城"现象及其原因，论述了作者对加拿大多元文化主义、德国统一的历史和现状、英国哲学与文化、亚洲价值观、美国哲学与文化等的观察与思考。

总序

值此“欧阳康文集”出版之际，就个人的生命与学术历程做些回顾，以此感谢社会各方面长期以来的热情关心和大力支持！

用生命来体验和感悟哲学

回看已经过去的生命历程，似乎有一种趋向于哲学的生命运动和精神自觉。

1953 年 6 月，我出生于四川省资阳县沱江边的一个文化家庭。父母早年都曾参加革命，后都从事教育工作，家庭教育严格、正统又规范。我在姊妹十人中排行老幺，除了父母的深刻影响，也受到哥哥姐姐们的特别呵护，是家中唯一有幸在幼儿园度过童年的孩子，并选入当时全县唯一一个五年制的小学试验班，由此比同龄人早一年进入资阳中学，成为初中 1968 级学生，进而体验到“老三届”的全部经历。

“文化大革命”中断了正规的课堂学习，却使我有机会较早投身社会实践的人生大课堂。16 岁后，我随着当时上山下乡的知青洪流，去资阳县丰玉区迎接公社七大队二小队插队落户，在交白山下两度春秋的独立生活和与大自然的艰苦较量中体验到了真实的人生艰辛，也习得了全面的基本生活技能。1971 年，有幸被招到铁道部建厂工程局一处做油漆工，从制造我国首个内燃机车的车辆工厂开启职业生涯，先后辗转于四川、河南、北京、陕西多处铁路建筑工地。基于“人定胜天”的朴素情感以及“干什么就要像什么”的执着信念，先后做过油漆工、电工，担任过共青团干部，曾获得局级“工业学大庆先进个人”称号。这一时期，我接触到了马克思主义理论，并成为工人理论宣讲员，进而从电工岗位被破格提拔到当时位于陕西咸阳的建厂工程局宣传部理论处，成为一名“以工代干”的宣传干部，从事《建厂通讯》的报纸编辑等工作。正是在宣传部门的工作中，我首次接触到艾思奇主编的《辩证唯物主义和历史唯物主义》，如饥似渴，彻夜畅读，产生了对于马克思主义哲学的浓厚兴趣。

1977 年我国恢复高考，我鼓足勇气，在陕西报名参加考试，被陕西师范大学政教系首批录入。陕西师范大学的哲学教学和研究力量在西北地区堪称顶级，厚重的汉唐文化与雄浑的"西北风"交汇，使得这里的哲学文化厚重博大，也使我的"哲学梦"在这里如愿启航。在这段日子里，我如饥似渴，潜心学习，用心钻研，在同学中首批加入党组织，担任了政教系团总支书记，参与组织了不少校系活动。学士学位论文《试论矛盾的同一性和斗争性都是绝对与相对的辩证统一》，有幸被选入学校的《社会科学论文集》。本科毕业后，我考上哲学硕士研究生，跟随刘修水教授攻读认识论，秉承"宁可精写一篇，不必泛写十篇"的信条，努力拓展知识范围，锻炼哲学思维，强化写作水平与创新意识。硕士学位论文《论主体能力》发表于 1985 年第 7 期的《哲学研究》上，并为《中国哲学年鉴》《新华文摘》等刊物选介与转载，获陕西省第三届社会科学优秀成果奖。1985 年 3 月，我考入中国人民大学哲学系，先后在李秀林教授、夏甄陶教授的悉心指导下，攻读认识论研究方向的博士学位。在校期间，有幸应邀参加多项重要科研项目，发表学术论文近 30 篇，还曾作为中国人民大学学生哲学研究会负责人之一主编《青年哲学论坛》，先后邀请 30 多位著名哲学家为青年学子寄语，从中深受教育。1988 年 1 月 16 日，在哲学系顺利通过论文答辩，获哲学博士学位。博士学位论文《社会认识论导论》全文 37 万余字，由中国社会科学出版社收入胡绳先生主编的"中国社会科学博士论文文库"，于 1990 年 11 月出版，多家报刊先后发表书评书讯予以充分肯定。该文获 1992 年陕西省优秀哲学成果奖和 1995 年国家教委首届人文社会科学优秀成果二等奖。

1988 年 2 月起，我在陕西师大政教系任教，担任系副主任，5 月破格晋升为副教授，成为硕士研究生导师，协同创办中外文化研究交流中心并任副主任，开展跨文化国际学术活动。1992 年 2 月破格晋升为教授，担任政教系主任。

由于当时陕西师范大学还没有哲学博士学位点，为了更好地从事哲学研究，应武汉大学邀请，我于 1993 年 3 月调武汉大学哲学系工作，被增列为博士研究生导师，1994 年起在全国率先招收社会认识论研究方向的博士生。1995 年 6 月任武汉大学哲学系主任，积极筹建我国首家大学哲学学院。1996 年 12 月，武汉大学哲学学院挂牌，我有幸担任首任院长兼哲学系主任。1999 年,学校进行院系调整,将哲学学院、文学院、历史文化学院合并为人文科学学院,我被聘为人文科学学院院长兼哲学学院院长。

应华中科技大学邀请,2000 年 10 月,我到华中科技大学任校长助理,协管文科建设,先后担任哲学研究所所长、国家大学生文化素质教育基地主任、《华中科技大学学报(社会科学版)》主编等,2005 年 4 月任校党委常委、副书记,先后分管学生、宣传、统战、工会等工作。2013 年 8 月,因年龄原因不再担任校党委副书记、常委。党的十八届三中全会首次提出推进国家治理体系和治理能力现代化,2014 年 2 月,华中科技大学在全国高校中成立首家国家治理研究院,我被聘为院长,将更多精力投入国家治理研究和倡导善治之旅上。

回顾我的成长经历,最深刻的感悟,是应当用生命来体验和感悟哲学。正如我在哲学课导言中总会感叹的:“在我们的一生中,我们总会自觉地或不自觉地遇到很多与哲学相关的问题。”回想起来,我自己在生命的各个阶段都遇到了与哲学相关的思想困惑。在孩童年代,因为游泳险些被淹死而产生过对死亡的恐惧;在当知青的时期,一次因病注射青霉素引起休克,也让我产生了对人死亡以后永远不能复生的“永远”到底有多久的困惑;在当工人时期,曾产生过战天斗地其乐无穷的天人感悟;在做共青团干部时期,曾因时代所限产生过对于马克思主义理论的误读,并进而寻求正解。10 年哲学求学之旅、30 多年讲授哲学和在高校教育管理工作中运用哲学的经历,使我加深了对于哲学的理解与应用。耳顺以来,我离开学校党政领导工作岗位,担任华中科技大学国家治理研究院院长,将 30 多年前开启的社会认识论运用于国家和社会治理的理论研究与实践探索,在新的思想高度和实践指向上关注世界、中国与人生。

在这个过程中,党和国家不断给予各种形式的鼓励,我 1992 年起享受国务院特殊津贴,1996 年被评为湖北省“有突出贡献中青年专家”,1999年入选教育部“跨世纪优秀人才”、原人事部等七部委实施的“百千万人才工程”,2019 年入选中组部国家“万人计划”教学名师、湖北省首届“最美社科人”,2020 年入选教育部“长江学者奖励计划”特岗学者等。要特别感谢各级组织的关心和厚爱!感谢时代赋予的机会和挑战!

探索一条个性化的哲学研究道路

在大学从事哲学学习和大学教育教学已经30多年，一直致力于探索一条个性化的哲学研究道路。

在数十年的哲学之旅中，不断地有人问我当时为什么会选择哲学。我的回答，一是为了解读自己的生命困惑，一是因为时代主题的造就。我在成长中秉持着“虚一而静”的人生信念和“执着素朴”的处世原则，这既影响了我的人生道路，也融会到我的哲学体验中。中国古人云，仁者乐山，智者乐水，我则喜山乐水，主张德业双修、仁智双彰。在我看来，哲学作为人类对于最高智慧的追寻，具有爱智性、致极性、超越性和问题性等特征，体现着人类立足有限、追寻无限、超越极限的美好追求，既帮助人们寻根究底、追根溯源，也帮助人们解疑答惑，反思自我。如果要形象一点说，哲学有点像雅典王子提修斯手中的那一条线，帮助人们去走出思想的迷宫；又有点像星空中的北斗七星，帮助我们去找出人类发展的方向；同时它也像洞悉一切的魔镜，帮助我们更好地认识自我，确立未来发展的方向。哲学的真谛在于爱智、求真、向善、致美、崇圣，它们共同激励和彰显着人生价值，指引着人类文明的发展方向，既表现在人们的终极性关怀与不懈追问中，也灌注在生命的每一个场所和瞬间。带着这份浓浓哲学味的人生信念和处世原则，我在数十年的人生经历中未敢有过懈怠，总是努力前行，处处感悟着这种致极性和超越性的哲学魅力。

对哲学学术的思考，需要深厚的历史感，要善于从哲学的历史发展中把握人类哲学思想的演进逻辑，尤其要关注马克思主义哲学和思想史上的变革及其后续影响，还要善于寻找马克思主义与中国哲学和文化的交汇点，探寻其中国化的基础和途径。而每个哲学家的研究实际上是高度个性化的，需要在中西马哲学的结合中构建起自己对于哲学和哲学观的独特理解，探析把握时代性哲学问题的自觉意识和方法论原则。正是基于这样的认识，我主张探索一条个性化的哲学研究道路，从对元哲学问题的探讨开始自己的哲学之旅，尤其关注哲学研究的方法论。在1986年中国辩证唯物主义研究会于西安举办的全国“马克思主义哲学与三论”学术研讨会上，我与孙晓文一道提交了《马克思主义哲学的发展与现代科学方法论》和《关于哲学形态学的思考》两篇论文，首次提出了哲学形态学的研究思路和方法，主张探索马克思主义哲学的当代形态，进而关注哲学思维的致极性特征，探索哲学研究方法论，并由此出发梳理哲学史，探讨当代哲学问题。《哲学研究方法论》60多万字，被纳入"武汉大学学术丛书"出版，先后获得教育部和湖北省的社会科学优秀成果奖。我较早提出应当重视马克思主义哲学的实践唯物主义本性，拓展和深化对于马克思主义哲学本质的认识，与博士时期的导师夏甄陶教授就此合写了近10篇相关论文，提出了以实践唯物主义为指导、以人与世界关系为对象的马克思主义哲学新体系。马克思主义认识论问题研究，由真理标准问题大讨论率先激发，成为改革开放以后马克思主义哲学研究的突出领域，也是我长期关注的领域。我先后开展了关于认识本质、认识过程、认识中介与认识方法论等问题的系列研究，所著《马克思主义认识论研究》被纳入袁贵仁和杨耕教授主编的"马克思主义哲学基础理论研究丛书"，由北京师范大学出版社出版。

社会认识论是我用力最深和最有独到见解的研究领域。在我看来，社会认识即人们对社会的对象性认识和人类社会总体的自我认识的统一，社会认识论探讨人们认识社会的特殊本质、特点、过程和方法，致力于揭示人类社会的自我认识之谜。多年来，我带领团队成员将社会认识论研究逐步拓展到社会认识方法论、人文社会科学哲学、实践哲学、社会信息学等，进而拓展到对国家治理的多维思考。中国辩证唯物主义研究会为此专门成立了社会认识论专业委员会，聘请我担任会长。通过评审，该专业委员会组建起了由来自50多个高校的70多位成员组成的理事会，极大拓展了社会认识论的研究视域和研究队伍。

马克思曾经指出："哲学家们只是用不同的方式解释世界，而问题在于改变世界。"在我看来，这段话被恩格斯和共产国际刻写到马克思的墓碑上，成为其墓志铭，就是要彰显马克思主义哲学的科学性和实践性的双重品格，帮助人们更加科学地认识世界和更加合理地改变世界。为此，我历来倡导理论与实践的统一，践行中华文化的"知行合一"，并将其贯穿在工作和学术研究中。

我们主张哲学研究不仅要深入社会实践和人的日常生活，也要进入人的精神家园。我先后协助杨叔子院士主持完成教育部重大课题攻关项目"培养和弘扬中华民族精神研究"，进而作为首席专家主持完成了教育部重大课题攻关项目"马克思主义与建设中华民族共有精神家园研究"，出版了系列丛书，主编了覆盖小学、中学、大学和面向社会的《中华民族精神》系列教材，主编的《民族精神——精神家园的内核》被评为全国优秀社会科学普及作品。

以多种方式服务于社会文明进步

将哲学理念运用到各种工作领域，以多种方式服务于社会文明进步，也是哲学工作者的重要职责。

在担任华中科技大学党委副书记期间，我将热情与智慧投向全校学生和学生工作队伍，每年给新生做"大学与人生"学术讲座，鼓励学工战线教师干部做"有思想的实践者"和"会实践的思想者"，极大激发了学工战线同仁们的创新创造热情，先后开创了"党旗领航""烈士寻亲""红色寻访""衣援西部""公德长征""医援西部""心灵之约"等学生工作品牌；积极推进大学生文化素质教育，形成了《大学·文化·人生》学术著作；倡导大学生文化素质教育的实践导向，主张在"全员育人"的同时推动"全员自育"，先后获得了湖北省高等学校优秀教学成果一等奖和全国教育科学研究优秀成果奖。

我作为国务院学位委员会第六届和第七届马克思主义理论学科评议组成员，自2005年起全程参与了我国马克思主义被设立为一级学科的学科和学术建设，参加全国相应博士、硕士学位授权点的评审工作，尽心竭力开展调研，提出意见和建议，也拓展和深化了对于马克思主义的研究。作为教育部社会科学委员会委员、马克思主义学部委员、学风建设委员会副主任，积极参与高校人文社会学科学术建设，参与有关政策规章制定和实践运作，推进中国人文社会科学话语体系建设和学风建设。作为教育部高等学校哲学类专业教学指导委员会首届秘书长和后续的副主任委员，积极参与组织高校哲学院系和哲学学科学术活动，推进哲学的学科建设。作为教育部第三届高等学校文化素质教育指导委员会秘书长，努力协助主任委员杨叔子院士，积极推进全国大学生文化素质教育，同时积极参加大学生命教育，提升教育者和受教育者的生命意识。作为湖北省第十一届政协委员，积极参与社会调研，就协商民主政治建设、绿色发展、文化遗产保护发掘等先后提出十余项政协提案，多项提案被列为重点提案，由省委、省政府、省政协主要领导亲自督办，发挥了应有作用。作为中共湖北省委决策支持顾问、湖北省人民政府咨询委员会委员等，积极关心湖北经济社会发展，及时建言献策，多项成果被主要领导批示，获得采用。

在担任国家治理研究院院长后，更是聚焦于国家治理问题研究，确立"聚焦重大问题、服务国家战略"宗旨，制定了"全球治理、国家治理、省域治理、县域治理、基层乡村治理"的研究版图，每年主办国家治理高峰论坛和全球治理东湖论坛，持续推进重大理论和实践问题研究。作为首席专家主持教育部重大课题攻关项目"推进国家治理体系和治理能力现代化若干重大问题研究"等，完成中宣部、教育部和湖北省的重要委托科研项目，深入开展国家治理的理论和实践研究，推出系列研究成果，获得多项重要奖励。国家治理研究院先后被评为湖北省高等学校人文社会科学重点研究基地、湖北省"十大改革智库"、"湖北省十大新型智库"，成为国家治理湖北省协同创新中心，入选中国智库索引(CTTI)和中国智库综合评价 AMI 中国核心智库；2018 年 1 月进入中国大学智库机构百强榜，位居第 18 位；2018 年 12 月进入"中国大学智库百强榜"高校 A 类智库。

重视对于科技前沿的成果及其哲学和方法论意义的探讨，关注复杂性问题、合理性追求、大数据等带来的深刻社会变革和对人文社会科学研究创新的方法论启示，开启人文社会科学哲学研究。与团队成员运用大数据的理论与方法开展中国绿色 GDP 绩效评估，在国内外首次用 GDP 总量、人均 GDP、绿色 GDP、人均绿色 GDP 和绿色发展指数五个指标综合评估湖北省和全国经济发展的绿色状态，先后发布了《中国绿色 GDP 绩效评估报告》2016 年、2017 年湖北卷和 2017 年、2018 年全国卷，勾画出了中国绿色发展地图，引起了高度关注，获得教育部高等学校科学研究优秀成果奖(人文社会科学)二等奖等。

目前，我们正在自觉将大数据运用到国家治理问题研究，创建大数据、智能决策与国家治理现代化工作坊，作为首席专家主持的国家社会科学基金重大项目"大数据驱动地方治理现代化综合研究"取得初步成果，经过中期评审，有幸获得国家社科规划办的滚动支持。

走向世界开展国际对话

哲学是世界的哲学，应当影响和造就哲学的世界。

基于这种认识，我的学术研究中有非常鲜明的世界意识和国际化特征。先后去到数十个国家和地区参加数十次国际学术会议，从事重大国际问题专题研究，做学术讲座，开展国际交流与学术合作，先后主办十余个高端国际学术会议。

对于国际学术交往的特别关注，既源于对哲学的人类性和世界性品格的理解，也得益于对于“文化围城”的特殊感悟。1995 年 9 月到 1996 年 9 月，应英国文化委员会邀请和资助，我到英国伦敦大学学院哲学系从事博士后研究。我当时已经是教授、博士生导师和武汉大学哲学系系主任，也被对方看作高级访问学者，受邀参加了一些重要活动，发现了各种形式的文化误解与文化隔阂，产生出对“文化围城”的特殊感悟。1996 年 1 月，我应邀在牛津大学现代中国研究中心就此做了专题讲座，借用钱钟书先生讲婚姻、家庭和爱情的《围城》，来探讨中西方之间的“文化围城”现象。所谓“文化围城”，就是一些东方人向往西方，不惜全盘西化，同时也有西方人批判西方，并寄希望于东方。超越“文化围城”需要观念的变革，也需要有效的桥梁。依托于这种认识和熟练应用的英语，我努力身体力行，搭建桥梁，探寻对于“文化围城”的超越之路。

首先，借助于各种机会和海外资源走向海外学术论坛，彰显中国学术。自 1991 年首次出境参加国际学术会议以来，先后应邀并获资助去到数十个国家，参加各种重要学术会议，做会议发言或讲座，承接国际合作项目，开展合作研究，介绍中国的学术和社会发展情况，产生了很好的学术反响。先后担任亚太学生事务协会主席、国际信息科学研究会创会主席、世界政治学会发展与政策分会副主席、国际哲学家协会常务理事、国际价值与哲学研究会理事等，在世界政治学大会、世界哲学大会、国际学生事务会议、国际信息科学研究会议、国际价值与哲学研究会等重要的学术论坛上传播中国声音。

其次，积极开展重要国际问题的专题研究。先后获十余项国际国内学术奖励或合作基金，就加拿大多元文化主义、德国统一与新种族主义、英国保守主义、欧洲一体化、亚洲价值观、美国价值观、科技进步与人文精神、过程哲学与生态文明建设、国际学生事务等开展研究。还深入一些国家访问并开展国别哲学与文化研究，先后就古巴哲学与文化、越南哲学与文化、日本文化与中日关系、俄罗斯民族精神、印度哲学与文化、韩国文化与现代化、非洲哲学与文化等开展研究。先后十余次应邀去台湾、香港和澳门地区参加学术会议，探讨中华传统文化现代转型和大学生命教育等。

再次，邀请国际学者为中国撰写哲学专著和学术论文。在英国研修期间，成功邀请 42 位顶级英美哲学家为当代中国撰写专题哲学和个人学术自述，主编了《当代英美哲学地图》和《当代英美著名哲学家学术自述》，其与本人学术专著《对话与反思——当代英美哲学与其他》于

2005 年由人民出版社出版。

又次，结合所在单位和工作，以中国为中心设置主题主办国际学术会议。1989 年 4 月在陕西师范大学主办“长安·东亚·环太平洋文化国际学术研讨会”，开启国际学术交往之旅。作为党委副书记分管学生工作期间，首次将国际学生事务引入大陆高校，在华中科技大学召开了亚太学术事务协会 2007 年年会。自担任国家治理研究院院长以来，每年主办全球治理东湖论坛国际学术会议，已经先后举办了七次重要国际会议，分别探讨了全球治理与国家责任、绿色发展、国际组织、人类命运共同体、“一带一路”、大国关系和地缘政治等的关系问题等，取得了很好的学术进展。同时积极开展多种形式的国际学术对话，促进国际合作。

主编的《民族精神——人民的精神家园》和合著的《在观念激荡和现实变革之间——马克思实践观的当代阐释》先后被译为英文、俄文、土耳其文、吉尔吉斯斯坦文出版。在抗击新冠肺炎疫情中，应邀参加“金砖国家治国理政研讨会暨人文交流论坛”等多种国际学术会，向国际朋友介绍中国抗疫情况和经验，加强了国际友谊与合作。

教书育人与英才共舞

教书育人是教师的天职，与英才共舞是教师最为快乐的事情。

自 1984 年 12 月硕士毕业后，我便在陕西师大任教。1988 年 1 月从中国人民大学哲学系毕业后，一直在大学教书，为本科生、硕士生、博士生上课，既有基础课、专业课，也有公共课、研讨课。授课重视从问题出发，澄清基本概念、基本命题和基础理论，力求逻辑严密、表述准确，同时又努力做到旁征博引、生动活泼、视野广阔，争取知识性和思想性统一、互动性和启发性共舞，受到学生喜欢。

从 1989 年起成为硕士生导师，1993 年起成为博士生导师迄今，已经指导了 120 多位硕士生和博士生。我努力把社会认识论研究与高端人才培养内在结合起来，鼓励研究生将社会认识论的前沿问题设为博士学位论文选题，共同推进社会认识论研究。大家先后撰写了 60 多篇社会认识论系列博士学位论文和博士后出站报告，已经毕业的有：《社会本体论》《社会理解论》《社会理想论》《社会评价论》《社会认识进化论》《实践意志论》《社会记忆论》《实践合理性》《实践规范论》《社会心态论》《实践批判论》《实践生存论》《社会风险论》《村治的逻辑》《国民素质论》《社会阶层论》《虚拟自我论》《技术生存论》《社会活力论》《社会信仰论》《社会时间论》《认知公正论》《社会认同论》《社会空间论》《文化交往论》《社会开放论》《文化自觉论》《精神家园论》《社会资本论》《民族认同论》《社会道德论》《社会真理论》《技术规律论》《社会幸福论》《信息复杂性》《虚拟空间论》《社会想象论》《生命价值论》《社会制度论》《社会共识论》《生态社会论》《认知极限论》《社会有机论》《城市正义论》《社会信用论》《社会预警论》《社会形象论》《生态权益论》等；正在研究的有：《民粹主义论》《道德底线论》《社会安全论》《传播正义论》《模糊认识论》《社会性格论》《社会危机论》《社会速度论》《社会情境论》《社会节奏论》等。要特别感谢同学们的积极参与和奉献！此举把学术开拓、学科建设与高端人才培养内在结合起来，在博士生培养上形成了独特体系、丰硕成果和鲜明特色。

随着新媒体发展，网络课程以其传播广泛迅捷而引起重视，我也较早开展网络课程。我所主讲的本科生课程“人文社会科学哲学”入选教育部 2009 年度“国家级精品课程”；主讲的中国大学视频公开课“哲学导论”2015 年入选教育部“第二批国家级精品视频公开课”；主讲的“人文社会科学哲学”视频课 2016 年入选教育部首批“国家级精品资源共享课”；主讲的中国大学慕课“哲学、文化与人生智慧”2020 年入选教育部“首批国家级一流本科课程（线上课程类）”。“哲学、文化与人生智慧”已经播出六轮，数万人听取，产生了很好的学术影响。由我牵头的“社会认识论人才培养模式研究虚拟教研室”，获批国家教育部首批虚拟教研室试点单位，开启了社会认识论研究、教育教学和人才培养的全新天地。

教师的授课不仅在大学的课堂，也在各种形式的学术报告、理论宣讲、干部培训课程中。影响有影响力的人，是教师的责任。多年来，我应邀参加各种形式的重要宣讲，先后给省委省政府、高校、企业和社会组织等做各种专题讲座，受到普遍好评。主讲的课程“价值多元化进程中的中华文化建设与民族伟大复兴”被中组部评选为“全国干部教育培训好课程”。

开展以学生为中心的教育，与英才共舞，帮助学生健康成长，是教师的最高价值。我在教学中坚持理论与实践相结合的原则，尊重学生权益，重视与学生的方法论沟通，启迪独立思考，鼓励大家由敢于“胡说八道”到“能说会道”，由敢于“胡思乱想”到“能思会想”，关心大家的学业和生活，尤其重视心灵的沟通，建立了深厚的师友情谊。作为教师，最为快乐的事情是看到自己指导的很多学生都在各自岗位得到了很好的发展，展示出人生价值。仅就在高校任教的而言，不少人成长为大学教授、硕士生导师和博士生导师，担任各种行政职务，数位成为教育部长江学者特聘教授、国务院学位委员会学科评议组成员等。

“以智战疫”彰显社会责任

学术研究既要随时关注常态性的重大问题，也要能够积极应对非常态的社会事件。

2020年初，新冠肺炎疫情汹涌袭来，我以高度的敏锐性和强烈的责任感自觉冲到抗疫对策研究一线，积极组织跨学科团队全力开展抗疫对策研究，以“智”战“疫”，彰显智库和学者社会责任，取得显著成就。2020年1月23日，武汉暂时关闭离汉通道。我于1月28日主动通过朋友圈等向国内外发出《关于协同开展“新冠肺炎防治与公共卫生治理现代化综合研究”的邀请函》，为国家治理研究院启动该重大项目，并提出首批十个重要课题。在学校和各界支持下，组织起50多人的跨学科团队开展对策研究，密切跟踪疫情发展和阻击战需要提出对策建议。从1月31日起共计提出120多份对策建议案，刊发在我主编的《国家治理参考》(抗击新冠肺炎疫情专辑)中，提交给湖北省新冠肺炎疫情防控指挥部和中央有关部门，涉及国家全局的宏观层面的建议案则通过多种渠道以内参等方式上报中央或公开发表，很多建议变成政策。

我于2月25日被湖北省新冠肺炎疫情防控指挥部聘请为湖北省新冠肺炎疫情防控综合专家组成员，担任应急管理和城市安全运行专家组组长，深感责任重大，提出了第二批十个重要课题，积极开展抗疫对策研究。在疫情中主持完成中宣部特别委托项目“重大突发疫情对社会心态和思想舆论的影响研究”，取得重要研究成果。还有幸被中国工程院聘为课题专家组成员，参与重大课题咨询。我们和胡瑞敏教授团队共同提出的武汉城市分区分级解封的仿真实验和建议案被武汉市新冠肺炎疫情防控指挥部采用，并收到对方发来的感谢信。关于高校差异化复学复研的仿真实验和工作建议被湖北省和教育部采纳，发挥了积极作用。

在疫情期间，我应邀于2020年3月22日为清华大学和华中科技大学2.5万学生党员"同上一门党课"，讲授视频党课"新时代公共卫生安全与国家治理现代化——新冠肺炎阻击战与中华民族伟大复兴"，受到广泛好评，被评为中宣部2020年"优秀理论宣讲报告"。我还应邀在《光明日报》《中国改革》《国家治理周刊》等发表多篇文章，应邀为湖北电视台抗击新冠肺炎疫情系列"云课堂"做"公共卫生安全与国家治理现代化"专题讲座，为一些高校和企业做视频讲座，彰显抗疫精神，受到普遍欢迎。

此外，我先后成功主办了"新冠肺炎疫情与全球体系演变"视频对话会，邀请国际学者在《光明日报》智库对话整版探讨"新冠疫情加剧世界百年未有之大变局"，举办"建构强大的公共卫生体系与国家治理现代化"高峰论坛，产生重大影响。把人才培养与抗击新冠肺炎疫情结合起来，带领研究院同仁和同学们推出一批重要研究成果，以应对重大疫情为契机，展示了教书育人和服务社会的热情与智慧。

正是依托于以上的学术和生命历程，我形成了一些初步的学术成果，可以作为文集来出版。它们都是特定时期的产物，记载着当时的所感和所思，有着时代的印记和局限，刻写着个人的学术历程。要特别感谢我的生命历程中来自各方面的关心、指导和帮助！感谢华中科技大学哲学学院、华中科技大学出版社的策划和指导！感谢杨玲博士的悉心操持！当前世界百年未有之大变局和中华民族伟大复兴战略全局都在演进历程中，很多问题的探讨还在进行中，希望也欢迎来自各方面的批评指教！谢谢大家！

欧阳康

2022年6月

哲学研究个性化道路初探

出版说明

《哲学研究个性化道路初探》的出版由《欧阳康自选集》更名而来。《欧阳康自选集》自1999年出版至今，已过去23年。该书出版作为湖北省青年社会科学工作者协会与华中科技大学出版社(时为华中理工大学出版社)献礼中华人民共和国成立50周年，联合推出的“荆楚青年人文学者文丛”(后简称“文丛”)之一，引起学界高度关注和重视。作者欧阳康教授与“文丛”其他各位作者在20世纪80年代中期即已崭露头角，对湖北省21世纪最初10年至20年学术态势的影响力举足轻重，时至今日业已成长为各专门领域的大家、名家。《欧阳康自选集》既是欧阳康教授学术生涯先期20年左右学术耕耘的阶段性总结，更是他进入21世纪新阶段的起跑线，获得湖北省政府首届图书奖提名奖，被部分高校列为参考书，产生广泛影响。这些年来，欧阳康教授始终秉持科学批判精神和探索创新意识，不断延展自1986年首倡建构的社会认识论这一新兴学科，而且密切关注时代演变、人类实践和中国发展中亟须解答的理论热点和现实问题，探讨“哲学研究的世界化”“马克思主义哲学的当代视野”“中国特色社会主义现代化”“国家治理现代化”等重大问题，推出了大批优秀学术研究成果，持续探索个性化的哲学研究道路。

欧阳康教授将丰厚的创新性学术研究成果运用于学科建设和人才培养，先后培养了120多位博士生和硕士生，指导撰写了60余篇社会认识论系列博士学位论文，构建起具有鲜明特色的社会认识论研究体系，形成了具有较大规模的学术团队。中国辩证唯物主义研究会为此专门成立了社会认识论专业委员会，聘请欧阳康教授担任首任会长。该委员会举办了多次重要学术会议。在教育部首批虚拟教研室建设试点单位评选中，欧阳康教授牵头的“社会认识论人才培养模式改革虚拟教研室”成功入选并已经卓有成效地开展活动。

为汇集欧阳康教授的学术成果，促进优秀学术研究成果的推广应用，并为华中科技大学社会认识论人才培养模式改革虚拟教研室提供更多更好的参考书目，我们推出“欧阳康文集”，并将《欧阳康自选集》更名为《哲学研究个性化道路初探》纳入其中。鉴于《欧阳康自选集》初版时间较早，我们进行了比较系统的修订，以使这部具有广泛社会影响的学人学术思想生长足迹原委原貌更加立体化地呈现给读者，同时为深入探讨当代哲学问题和推进社会认识论高层次人才培养改革奠定更为坚实的基础。

本次将《欧阳康自选集》更名为《哲学研究个性化道路初探》之余，内容修订坚持以学术研究为先导，注重修订工作的科学性、系统性。我们尽量保持作者哲思原貌，体现哲学观照时代的使命关怀，尽可能地做得科学、稳妥，希望能给读者学习和研究带来帮助。

本次修订的主要内容为：

(1)依照出版规范和标准审慎编校，全面核查全书涉及的引文、页下注及参考文献的准确性，确保直接引用有据可查，间接引用有据可依。

(2)为各章补充了章导读，便于读者高效抓住每章的内容精华，特别是在自主阅读时能带着问题捋着要害，避免和思想精华擦肩而过。

(3)对不便于读者理解的少量字词和语言表述做了全面审视，尽可能修改为切近或便于读者理解的规范表述，使全书更加完善并适应时代的发展。

本次修订工作从2017年开始，迄今已逾5年。我们始终得到作者的鼓励和支持，得到华中科技大学哲学学院、哲学研究所领导和研究人员的关心和指导，得到中国辩证唯物主义研究会社会认识论专业委员会和有关高校相关专家学者的关心和支持，得到教育部首批虚拟教研室建设试点单位“社会认识论人才培养模式改革虚拟教研室”教研团队的指导和帮助，得到华中科技大学出版社领导和编辑部、出版科、营销中心同事们的全力支持和配合，责任编辑付出了辛勤的劳动。来自读者的意见、建议也对本书修订发挥了十分重要的作用。限于篇幅，恕不在此一一列名，我们谨向他们表示衷心的感谢！

《哲学研究个性化道路初探》承载着欧阳康教授多年来艰辛探索个

性化哲学研究之路的思考。在他看来，作为新中国成立后出生、成长的一代人文社会科学工作者，能够伴随国内哲学研究空前发展的大好时机而进行学习研究，并以自己的方式来关注和参与其讨论，促进其发展，是哲学爱好者之大幸。不久前欧阳康教授主讲的中国大学慕课"哲学、文化与人生智慧"入选教育部首批国家级一流本科课程。他在该课中曾经这样形容哲学："哲学是一项智力探险活动"，其目标是促使人们爱智、求真、向善、致美和崇圣，由此，"哲学就像雅典王子提修斯手中的线，帮助人们走出思想的迷宫"，"哲学也像洞悉一切的魔镜，帮助人们更好认识自我、确立发展方向"。《哲学研究个性化道路初探》正是这种哲学观的系统探讨和方法论构建，相信本次出版能够激发人们更多的哲学热情和兴趣，并给广大哲学工作者、研究者以更多、更深远、更有益的思想启示。

华中科技大学出版社

《哲学研究个性化道路初探》编辑部

2022 年 6 月

初版序一

学者的成功主要是靠自己持之以恒的刻苦钻研，但社会的关怀与扶植对于青年学者的成长也是不可缺少的条件，至少可以使他们在学术道路上走得更快一些。其道理正如初结果或初成材的树木总得多浇点水、多施点肥并给以必要的修剪一样。

湖北地区的传统人文学科，在全国颇具优势，在国际上也有相当影响。除历史渊源与院系调整等原因外，政府与社会多年来对学者的关心与扶植，也起了相当重要的作用。回想我们与新中国同步成长的这一代学人，在学术生涯初期如果没有湖北省社联、湖北省哲学社会科学研究所(今省社科院前身)满腔热情的关怀、帮助与荐引，是很难在较短时期崭露头角于全国的。改革开放以来湖北省更加重视青年学术骨干的培养，湖北省青年社会科学工作者协会的建立及《青年论坛》的创办，标志着新一代人文社会科学学者的群体崛起。可以毫不夸张地说，湖北青年人文学者群体的迅速成长，早在20世纪80年代中期即已引起国内外学术界的极大关注。

现今出版的这套丛书作者，大多在20世纪80年代中期即已初露头角，而现今已成为各个相关领域的学术骨干或学术带头人。他们的学术生涯已经成熟并渐趋辉煌，其多年积累的学术成果业已具备自选结集的条件。他们幸运地成长于改革开放时期，因而能够在较好的环境以较高的起点开始自己的学术工作。他们的责任很重，承前启后、继往开来，对湖北省21世纪最初十年或二十年的学术态势的作用可说是举足轻重。自选集的出版乃是他们二十年左右学术耕耘的总结，也是他们进入新世纪、新阶段的起跑线，预示着他们未来学术业绩的辉煌。

但无论如何也不能自满，自满乃是学者停滞的开端。做学问一靠勤奋，二靠踏实，三靠谦虚。任何大学者的大成就，对于历史文化长河来说都不过是涓涓细流，而且并非任何人都具备堪称涓涓细流的资格。已知有限，未知无涯，真诚的学者仿佛在知识海洋上作永无止境的远航。长江是历史的见证。东坡云："大江东去，浪淘尽，千古风流人物。"唯有真诚的学者与真诚的探索，才能经得住时间的筛汰而流传久远。时下学风趋于浮躁，急功近利、哗众取宠者渐多，我深愿这套丛书的作者都能站稳脚跟，以扎实的步伐坚定地走自己的路。每个人的最终成就可能有大有小，但绝对不要追求成为昙花一现的名人。江汉学脉，世代绵延，吾人有厚望焉。

章开沅

1999 年 2 月于桂子山

初版序二

大江东去，川流不息。她象征着华夏文化，源远流长，推陈出新；她又象征着中华英俊，代有人出。长江后浪推前浪，“为有源头活水来”。最近，华中理工大学出版社策划出版的“荆楚青年人文学者文丛”，正是顺应了这种历史的自然规律，为人文科学的发展推波助澜。丛书的作者们，我大半都比较熟悉，目睹他们成长，在社会科学界相继崭露头角，成为相关学术领域中有相当知名度的青年学者。他们中间，有的在专门史方面很有造诣，有的在经济社会史研究上颇有名气，有的在史学理论探索上积累甚丰，有的以科社或哲学等基础理论见长。他们的研究方向，几乎涵盖了文史哲的主要领域，同时他们又都是湖北省青年社会科学工作者协会的主要负责人。这是一群生机勃勃的力量，这是一支承上启下的队伍，这是人文科学的希望。

当前，我们正面临信息革命-知识经济的挑战。知识更新的频率，急剧加速！这对我们学术界的梯队建设提出了崭新的要求。我们必须更新观念，要打破按部就班、论资排辈的传统思路，加快新生代的崛起。为此，社会应该为他们的加速成长倾注更大的力量。为他们创造更多的条件，提供更大的舞台，为他们披荆斩棘、摇旗呐喊！不如此，加快梯队更新，便是一句空话。当然，新生代也必须清醒地认识学术的传承性，并刻苦地加快自身研究手段、研究方法和知识结构的现代化。

华中理工大学出版社做了一件有远见的事情，为我省青年社会科学家提供了一次好机会，让他们能把自己最精华的成果展现给社会，让社会来了解他们、认识他们。我还希望更多的出版社、更多的论坛、更多的评奖，能让出更多的机会给新生代。这样，我们中国的人文社会科学事业，就大有希望了。

夏振坤

1999 年 2 月 24 日于武汉东湖

初版序三

“荆楚青年人文学者文丛”出版，编者嘱余作序。余踌躇有日，竟不能决。盖时下作序，颂词多而诤言寡。从俗应景之篇，恐两无裨益；诤言又惟恐有失，故难言也。既而转思“文丛”出版究属盛事，不可不贺；欣喜之余，似亦有不能已于言者。且闻开沅、振坤两兄已欣然命笔于前，余亦难辞附骥。故铺纸灯前，略陈所感。

十年浩劫之际，雾塞苍天，百花凋谢，黄钟毁弃，瓦缶雷鸣。秀杰之士，或横遭践踏，或曳尾涂中；学术荡然，英才敛迹；国运民生，危如累卵。“文丛”作者诸君，当时或方在龆龀，或正值少年；亦未尝免于浩劫之累，成材之望几希。一发千钧之时，幸四凶殄灭，“全会”召开，妖氛尽涤，大地春回，诸君得以步入黉宫，由是而涵濡于典籍之海洋，驰骋于思想之旷野，于兹二十余年矣。其间颖脱而出，头角崭然者颇不乏人，不独“文丛”作者为然也。余谓诸君之长有三：一曰跨十年浩劫前后之经历，故体验不凡；二曰沐双百方针之英策，故思想活跃；三曰处改革开放之环境，故视野广阔。后生可畏，洵非虚语。新叶蓊蔚于芳林，不特学术之幸，亦民族之幸，宜乎吾辈为之雀跃也。然望之切则期之周。爰缀数语，与诸君共勉。

余意为学之道，首在为人。为人之道，首在立志。志之所在，学之所归也。张子所谓“为天地立心，为生民立命，为往圣继绝学，为万世开太平”，其标的之高虽似难于企及，然取法乎上，不可不勉。当有忧国忧民之热忱，关怀人类之激情，追求真理之渴望，然后始克有恢弘气象，高尚人格，卓尔独立，涅而不淄。苟汲汲于一己之私，乃至曲学阿世，虽胸罗万卷，亦不过假寇以兵，资盗以粮，殊无足取。我中华民族之血泪史断不可忘，立吾国于当代之志断不可夺。为学之鹄，舍此无他。此余拳拳企望于诸君者也。

学贵创新，非创新不足以言学。口耳之学，辗转传抄，拾人牙慧，是稗贩之技，非为学之道也。学者意必自立，言必己出，见人之所未见，发人之所未发，是谓创新。然创新当以求实为本。若夫虚玄不实之大言，耸人听闻之诡论，虽或能博喝彩于一时，终无益于国计民生，亦无助于人类智慧，其将如泡沫之湮灭也必矣。然创新求实，言之易而行之艰。盖人类知识积累已历数千年，当代更有“知识爆炸”之说；新说林立，浩如烟海，而又日新月异，层出不穷。庄生有涯无涯之叹，当时已然，今则更不可同年而语。取知识于宝藏，已不啻以蠡酌海。欲立一得之见，增涓滴之功，则更属难能矣。然而学问之道，岂别有捷径哉？必也毕一生精力，孜孜以求而已。涵濡百家，驰骋中外，融会贯通，积厚发薄，然后可以言创新。倘能发人所未逮，则虽一纸之微，胜数卷皇皇空论者多矣。虽然，窃以为创新之义，亦不妨从宽解说之。于前人已发之学，踵事增华，发扬光大，精益求精，或使详尽而缜密，或使应用于实践，此亦创新之一途，且价值不必在提出全新学说之下，未可遽以述而不作目之也。以诗为譬，盛唐之于初唐，于格律以至题材皆无突破；而李杜如中天之日，睥睨万代，非沈宋之俦矣。文艺如此，人文社会科学何独不然？此事亦大难，苟非兀兀穷年亦不足语此。时下浮躁之风颇盛，“轰动效应”之说孔炽，“突破”也，“开创”也，“填补空白”也，其声不绝于耳，乃至有以论著字数论成就者，余窃为之惴惴焉。恳望诸君勿为所动。日就月将，水到渠成，实至名归，终成大器。所谓不患人之不己知，患己之不能，实不易之论。诸君当不独以优秀论著鸣于当世，抑且以优良学风贻于来者，实任重而道远也。

言为心声，文如其人。风格各异，势所必然。强求一律，反成八股，千人一面，索然无味矣。然文字究为作者表达思想之工具，读者理解作品之媒介，简洁晓畅之功，似不宜置之不顾。孔子云：“辞达而已矣。”苏子瞻谓辞至于能达，则文不可胜用；又讥扬雄“好为艰深之辞，以文浅易之说；若正言之，则人人知之矣”。欧阳永叔赞吴充之文“发而读之，浩乎若千万言之多，及少定而视焉，才数百言尔。非夫辞丰意雄，霈然有不可御之势，何以至此”？余每诵斯言，心有戚戚者久之。常思文事之难，在以简洁晓畅之词语，达深刻繁难之思想，而非反是。今青年作者文字佳者固不为不多。然亦有中西混杂，佶屈聱牙，读之不知其为西语抑为汉语，以示深奥者；有百字亦足以说清而必拉成千言，以炫渊博者。窃以为此风不可长。学术诚无国界。吸收外域名词术语乃至表达方式，乃吸收人类文明成果必然之途，且大有利于丰富汉语，此无疑也。然此种吸收，必使融入汉语系统及语境之中，成为有机成分。不然，是以汉字书外文，以汉语作洋腔，国人读之将如诵天书，不知所云矣。此等文字即以译著目之亦断难视为佳作，而况国人自著之书乎？“言之无文，行而不远”，不可不察也。

世界胸怀，时代眼光，民族特色，个人风格，融四者于一身，斯承先启后一代新人之风貌乎！挂云帆而济沧海，是所望于诸君。纷纷多言，耻躬之不逮，聊申献曝之忱耳。是为序。

陶德麟

1999 年 4 月 18 日于武汉大学

目录

CONTENTS

第一章　在深度分化与高度综合中创建哲学学科群

——20 年来我国哲学研究的发展轨迹及其未来走向

本章回顾 19 世纪与 20 世纪之交，改革开放 20 年来我国哲学发展的思想轨迹，为我国哲学未来的发展提出宝贵意见。

1978 年真理标准的讨论是我国哲学当代发展的起点。形式主义、两极对立思维、历史虚无主义、拒斥西方等这些过去的思想桎梏被破除，哲学进入以马克思主义为指导、古今中外融会贯通、不断自我更新、全面发展的新格局。哲学研究也从整体混沌状态走向分化，科学技术哲学、伦理学、美学、逻辑学、宗教学等分支哲学将哲学进一步深化，构成哲学学科群。

本章剖析 19 世纪与 20 世纪之交我国哲学研究存在的学科分支的分类方式不够完善且存在缺少沟通的问题，两极对立思维仍有待克服且有脱离现实的倾向，以及哲学工作者急功近利，损害学术质量和学术风气等问题同时对我国哲学发展的未来做出展望并提出建议：在民族性和世界性、传统性与现代性之间保持张力，寻求统一；尊重哲学原典，在回到原典的基础上开拓创新；营造鼓励个性的社会环境，促进哲学的多元化发展；在哲学的分化中注重体系性，深度分化，高度综合，建设既与世界接轨又有中国特色的哲学体系。

中共十一届三中全会以来，我国的哲学研究以马克思列宁主义、毛泽东思想和邓小平理论为指导，依傍着改革开放和中国特色社会主义现代化建设的迅速发展，继承历史优秀传统，吸取国外有益成果，加强马克思主义在意识形态中的指导地位，得到了前所未有的发展，取得了巨大成就。本文从一个角度梳理20年来我国哲学发展的思想轨迹，透视其现存问题，探析其未来走向。

一、回溯20年来我国哲学发展的思想轨迹

1. 从真理标准讨论到哲学观念的变革

1978年的真理标准讨论，既是我国哲学当代发展的历史起点，又是逻辑起点。历史地看，重新确认"实践是检验真理的唯一标准"，在当时具有双重目的和双重意义。在哲学上批判绝对真理论和天才论，在政治上批判"两个凡是"和个人迷信以及相应的政治意识和政策等，也相应地达到了双重目的。在社会政治方面，它为全党全民摆脱"两个凡是"的思想禁锢，确立正确的思想政治路线鸣锣开道，从而为中华民族自觉地从事社会政治变革，以经济建设为中心，改革开放，迅速加入世界现代化进程起了思想奠基的作用。在哲学方面，它直接地恢复和强化了实践在检验思想观念的真理性方面的权威性，其更深层的影响，则是为马克思主义哲学以及全部哲学反思自身提供了一个科学的参照系统，进而引起了马克思主义哲学观以及整个哲学观念的变革。首先，马克思主义哲学作为一种真理体系不是包罗万象、永恒的和万能的，而是人类哲学思维发展的特定阶段，是现代多种哲学流派中的一种具体形式，它的真正科学性、真理性和革命性在于它能始终随着社会实践的发展而自我发展。其次，哲学研究有别于政治行为。哲学本身的学术性、科学性要求哲学研究的自主性和开放性。哲学可以作为政治的理论基础但不应当成为政策的奴仆。再次，哲学是一个具有多种分支的复杂体系，马克思主义哲学在哲学体系中应当占有指导地位，但不应被看作是唯一的，不能否定其他各种哲学的生存地位和研究意义。中国哲学的当代发展需要各种分支哲学的相互补充和彼此支撑。又次，哲学家是哲学研究的主体，是发展哲学的基本力量，恢复和强化哲学家的主体地位和主体精神是在新时期发展哲学的重要主体性条件。正是哲学观

念的根本变革，为我国哲学的当代发展提供了条件，创造了可能。正是哲学家的个性的发挥，不仅使20年来我国哲学发展产生出个性化的走向，而且促进了我国哲学的多样化发展。

2. 由对马克思主义哲学的片面理解到马克思主义哲学的全面发展

在中国人民社会主义改革与建设伟大实践推动下，以真理标准讨论为契机，当代中国的马克思主义哲学研究也获得了前所未有的发展。马克思主义由于其在中国革命实践中的巨大成功而被确定为中国共产党的指导思想和理论基础，马克思主义哲学成为我国哲学界的主导哲学，这对于一个社会主义国家无疑是绝对必要和完全正确的。过去我们对马克思主义哲学的理解在很大程度上受到苏联模式的影响，又有比较严重的教条主义色彩，以致马克思主义哲学不仅在内容上脱离当代实践和科学，在形式上也非常单一、僵化。20年来，我国马克思主义哲学工作者批判性地审视和更新了原有的哲学观念、哲学概念、哲学命题，创制和运用了一批新的哲学研究方法，以对人的主体性关注为轴心，以对马克思主义哲学的实践本性的深入反思和全面阐释为重点，以哲学体系的整体建构为统摄，以对各分支哲学的深入探析为标志，经历了由分到总、由静到动的全面反省和探索过程。不论在对马克思主义哲学的整体理解还是在对各种具体问题的研究方面，都取得了极为丰硕的成果，还开辟了一大片全新的研究领域，为马克思主义哲学形态的当代更新创造了条件。20年来马克思主义哲学中国化的又一伟大成果集中体现在邓小平理论的形成和发展上，它为马克思主义哲学在深入当代中国实践中发挥指导作用的同时获得巨大丰富和发展，提供了典范。

3. 由否定中国传统哲学到深入发掘和弘扬中国传统哲学思想精华

对中华民族优秀历史文化传统和哲学思想精华的重新确认、深入发掘和自觉弘扬，使我国哲学研究获得了深厚的本土历史之根和历史文化之源。从表面上看，拒斥西方哲学与历史虚无主义是相悖的，然而，两极相通，由于特殊的复杂原因，它们却一度同时在我国思想理论界并存，使我国哲学既失去世界哲学的依托，又脱离中国传统哲学的基地。改革开放后一度盛行的“全盘西化”倾向，强化了传统与现代的对立，中国传统哲学与文化曾经受到冷落和轻视。中国传统哲学的当代发展依赖于两个方面的思想解放：一是从日丹诺夫的“哲学史是唯物主义和唯心主义的斗争史”的对子结构中解放出来;二是从批孔反儒、否定传统的思想倾向中解放出来。经过文化热、国学热、儒学热、新儒学热等躁动之后,中国哲学终于能够从各种西化或全盘西化的范型中挣脱出来追寻自身精神与特点的把握和阐发,从传统与现代的对峙和对抗中走向传统与现代的健康互动。各种研究方法被引入中国哲学史研究。与西方哲学研究相似,中国哲学研究经历了由通史向范畴史、断代史、专题史和部门哲学的发展走向,并正在回到经典的过程中走向新的创造与综合。对中国传统哲学源头如原始儒学、原始道家思想等的发掘,对周易的现代诠释,以及对新儒学的研究等,使我国内地的哲学研究与我国港台地区,以及欧美的中国哲学研究相呼应,融为一体,使对中华民族优秀思想文化资源的发掘成为一种区域性以至世界性的课题。中国哲学与文化讲究天人合一、人人和谐、群己互动,崇尚人格理想,追求智真善美的统一等,对于中华民族文化的现代化具有十分积极的意义。

4. 从根本拒斥西方哲学到自觉吸纳当代世界哲学

20 年来我国哲学的空前发展是在与当代西方哲学的相互作用中实现的。世界化是 20 年来我国哲学发展的重要走向和成果之一。1949 年以来,曾经有一段时间,由于政治方面的原因,西方哲学被不加分析地视为资产阶级哲学而拒斥于国门之外,偶有译介也只是为了给批判提供靶子,这就使我国哲学研究隔离于当代世界哲学的发展。1978 年以来的改革开放,包含着中国的哲学研究向世界哲学的全面开放。西方哲学尤其是当代西方哲学迅速成为我国哲学研究中的显学之一。西方哲学研究在我国的当代发展是以批判日丹诺夫关于“哲学史是唯物主义和唯心主义的斗争史”的论断及其教条化理解作为发端的,其重要任务在于尽可能客观地按照西方哲学发展的历史进程去探索其内在逻辑和发展规律,自觉吸收其有益的思想成果。从总体上看,20 年来,外国哲学研究的成果主要表现在以下几个方面。其一,哲学史研究由通史走向专史、断代史、问题史,并在新的基点上进行新的整合。哲学家们立足于现代哲学的高度来梳理西方古代哲学、近代哲学和现代哲学,出版了一大批高水平的欧洲哲学史的专著和教材,其中既有通史又有断代史,既有流派史也有问题史、范畴史,还包含着许多人物和著作的研究成果。其二,对当代西方哲学的研究由比较零散的流派、人物评价转向深层的系统翻译和系统研究。当代西方哲学的引进曾经对我国思想、文化和哲学研究以极大冲击和推动,经过了带有思想宣泄性的躁动而逐渐沉静下来转入深沉的思考和研究的历程。翻译作品由单本走向系列,由选著走向全集,为深入系统的研究提供了直接文本。《亚里士多德全集》的翻译出版,其作为我国第一套汉译西方哲学家著作全集,标志着我国西方哲学研究的一个里程碑。其三,世界各国哲学研究全面展开,阿拉伯哲学、印度哲学、非洲哲学、日本哲学、韩国哲学等进入新的层面。应该说,活跃的世界哲学研究不仅丰富了中国人民的智慧和思想,也使我国哲学在与世界哲学的交流与互动中获得了新的宏大背景和丰富的思想资源。

5. 从整体的混沌走向各分支哲学的分化和独立建构

20 年来我国哲学的又一突出成就是哲学研究由整体混沌的不分化状态走向分化,科学技术哲学、伦理学、美学、逻辑学、宗教学等一批分支哲学逐渐得以恢复或建构,形成了具有一定规模的哲学学科群。20 年前我国的哲学研究单一贫乏,缺乏分化,带有整体混沌的色彩。改革开放以来,社会经济和思想文化的多样化发展要求也促进了哲学的分化和深化。分支哲学的建构既是分化的必然,又是深化的需要。对科学技术的重视引发了对科学技术与哲学和社会关系的再思考,导致科技哲学的复兴。哲学家们立足于新的时代高度阐发马克思主义哲学的自然辩证法,发掘中国传统自然哲学,吸纳西方科学哲学,诠释现代新技术革命的哲学意义,对现代系统科学进行方法论提升,对科学技术及其社会功能和效应进行全面思考等。近年来围绕着对工业技术文明的反思,对人与自然关系再认识,以及生态环境、人类中心主义、克隆现象等全球性热点问题的讨论,使科学技术哲学变得异常活跃。伦理学在 20 年里经历了从无到有进而到建设有中国特色的伦理学体系的发展历程。马克思主义伦理学的现代建构,西方伦理思想中合理成分的自觉吸收,中国传统伦理思想及其现代意义的发掘和阐发,三位一体,形成了推动当代中国伦理学发展的合力。转型时期的复杂的社会道德现象,尤其社会主义市场经济建设所需要的道德观念和所引发的伦理问题,不仅给伦理学研究以极大推动,而且促使伦理学研究的分化和深化。经济伦理学、生态伦理学、职业伦理学、医学伦理学、家庭伦理学等众多分支学科的迅速发展,表明伦理学研究正更加自觉地走入生活,走入实践，走入千家万户。当代中国美学的建构以具有全民参与特点的“美学热”为自己的社会和群众基础，经历了由评介近现代西方美学和整理中国美学史到创立有中国特色的美学体系的过程。马克思主义美学在当代中国美学的建构中发挥着主导作用。从对美的本质的追问到实践美学的确立，从实践美学、后实践美学、生命美学等的论争，到审美文化的兴起，对美的探索与追寻走入各行各业和个人生活。美食、美服、美居、自然美、园林美、诗歌美、戏剧美、音乐美、舞蹈美、书画美、环境美等，美成为中国人生活追求的普遍目标。逻辑学在我国的发展在很大程度上是以直接引进当代西方逻辑学为契机的，经历了由经典逻辑向现代非经典逻辑的发展历程。归纳逻辑、模态逻辑、多值逻辑、次协调逻辑、科学逻辑、辩证逻辑的兴起和发展，推进了我国逻辑学的现代化进程，而逻辑学与人工智能的结合更将展示出自己的发展前景。相比之下，宗教学在我国是一门更为年轻的分支学科。长期以来宗教被片面地理解为人民的精神鸦片，受到压制和禁止。随着改革开放，党的宗教政策的调整和宗教信仰自由的实施，宗教学也作为一门分支学科而得以确定并得到承认，对基督教、佛教、伊斯兰教、道教等具体宗教的研究正在深化。目前，宗教学研究学者、宗教界人士和宗教管理人员三支队伍已经开始组织起来，协同互助，这就为作为整体的宗教学研究奠定了更为广泛的基础。

6. 从元哲学问题的追问到体系性的建构

综观我国哲学以至各分支哲学20年来的发展历程，从总体上看，有以下特点。其一，以对元哲学问题的追问和反思作为自己发展的起点。在一般意义上，对“哲学是什么”的追问和反思指导着全部哲学的探索。正是依据对哲学是什么的回答和理解，哲学家们分别探索着各分支哲学的本质和特征。例如，对马克思主义哲学的实践性和实践在马克思主义哲学中地位和作用的探讨，深化了马克思主义哲学观，引发了实践的唯物主义理解，并成为建构新的哲学体系的基本原则。中西哲学史研究中对“两个对子”观念的破除，科学技术哲学中对科学的本质及其与哲学和社会的关系的探讨，美学中对美的本质的反复追问，伦理学中对善与恶作为伦理学中特殊矛盾的确认，在逻辑学中对矛盾律、排中律及其地位的反思，宗教学中对宗教本质的反思和宗教是否与社会主义相协调等根本问题的深度追问等，都成为各学科发展中的关键因素。其二，由翻译和引进国外已有研究成果和发掘中国古代思想文化资源到在马克思主义的指导下进行相对独立的研究和创造，几乎各学科都经历了这一共同的历程。其三，由反省和重新界定已有哲学概念、范畴命题和理论，到提升新概念范畴、命题和创立新的理论体系。其四，由分散零碎的研究走向体系性的建构，尤其是建构有中国特色的理论体系。

二、透视当前我国哲学研究中的若干问题

当前我国哲学研究中存在的问题很多，本文从方法论上提出几个普遍性问题。

1. 各类别的领域分割

20年来我国哲学研究形成了马克思主义哲学、外国哲学、中国哲学三足鼎立而与伦理学、美学、科技哲学、逻辑学、宗教学等其他分支学科相伴相随的局面。这是可喜的但也带来了问题，那就是各类别的领域分割实际上妨碍着哲学研究的内部融通与综合。目前通行的学科分类目录实际上是国别标准、学派标准和领域标准三个方面并用设立的，其间必然存在着相互交叉的情况。例如：一方面，马克思主义哲学既发源于西方，是外国哲学的内在组成部分，又在当代中国获得了巨大的发展，已经成为当代中国哲学的实际内容；另一方面，马克思主义哲学、中国哲学和外国哲学都同时包含着伦理学、美学、科技哲学、逻辑学、宗教学的内容等，因此本身要求一种综合性的跨学科研究。与各类别的学科领域分割相关，我国的哲学工作者自觉不自觉地被分归到各个具体的二级学科并主要在各自的学科范围内活动而少有学科间的交流与合作。这实际上既妨碍着各具体分支哲学的深入发展，也不利于哲学的整体发展。

2. 两极对立的思维模式

长期以来我国的哲学研究往往自觉或不自觉地在两极对立的思维模式中展开：要么是马克思主义的，要么是非马克思主义的；要么是唯物主义的，要么是唯心主义的；要么是形而上学的，要么是辩证的；要么是西化的，要么是国粹的；要么重视传统，要么青睐现代；要么重视理论，要么重视实践；要么重视个体，要么重视集体；要么关注理性，要么关注非理性等。这就把本来相互依存的对立面推向极端，然后各执一

端，加以强化，轻视对方，走向了片面。这种思维模式妨碍着对哲学问题的全面理解。近年来这种情况有了较大的改变，但还没有从根本上真正解决，常常在学术研究和讨论中自觉不自觉地表现出来，有待逐步加以消除和克服。

3. 脱离现实的致思走向

改革开放以来，哲学工作者好不容易从“哲学万能论”的圣辉中解脱出来，却又常常受到“哲学无用论”和“哲学贫困”的困扰。哲学研究与现实脱节，跟不上时代发展的步伐，尤其是跟不上处于迅速变化发展之中的中国改革开放和社会主义现代化建设，这既是社会对哲学的批评，也是哲学工作者的自省。究其原因，非常复杂。但从哲学研究工作者自身的活动方面来反省，却不能否认哲学研究中自觉不自觉地具有一种脱离现实的致思走向。哲学思维具有高度的抽象性和思辨性，它不满足于把握事物的外表现象和个别属性，而要进入事物的普遍本质和运动规律，因此它在形式上具有对现实的一定超越性。但这绝不意味着哲学可以脱离现实。哲学作为时代精神的精华，只有切实立足于现实，才有自由驰骋的坚实基地；只有与时代的发展保持密切的联系，才能在内容和形式上不断充实和更新。

4. 急功近利的浮躁情绪

改革开放以来，中国人民长期压抑的精神状态得以解放，理论工作者的理论探索和创作热情得以激发，表现出极大的创造力。在总结历史经验、反思失误教训和向国外学习的过程中，情绪性的宣泄往往多于冷静的深层思考，表现出某种急躁和浮躁，这在一开始是难免的，也是可以理解的。值得注意的是，随着社会变革的深化，尤其是受到经济大潮的冲击，哲学研究逐渐边缘化了，哲学研究和教学队伍发生了分化。职业的哲学工作者的学术活动与其工资待遇、生活条件直接挂钩，使急功近利的倾向得以强化。不少哲学研究、写作与出版带有明显的功利色彩。一些作者所追求的主要不是学术的质量和品位，而是其作品的直接功利效应。这就造成了哲学研究中大量低水平的重复，既缺乏深度分化，又缺乏高度综合，耗费了大量时间、精力和财物，却少有实质性的突破和进展。这既妨碍哲学的发展，也损害了哲学的形象和声誉，还耽误了不少人才的发展。

三、前瞻我国哲学发展的未来走向

从总体上看，影响我国哲学跨世纪发展的因素主要有三个方面：其一，中国和世界的历史、现实和未来所提出的哲学问题和所提供的哲学资源；其二，当前我国哲学研究已取得的成就、经验和尚存的问题与教训；其三，我国哲学工作者的自觉意识、哲思能力和努力程度。在这三个方面中，相比之下，前两个因素是既定的和相对客观的，而哲学家的主体性因素则尤显重要。从这个意义上说，研究哲学的未来走向就是研究我国哲学工作者在世纪之交和未来应当做什么和怎么做。笔者认为，我国的哲学研究应当贯通古今、融会中外、解放思想、致力创新，以马克思主义为指导，为富民强国、振兴中华锻造更加锐利的思想武器。

1. 立足本土，走向世界

中国的哲学研究必须始终深深扎根于中国的悠久历史和火热现实，尤其是立足于当代中国的社会主义现代化建设，使中国的哲学研究具有丰富的民族内容和民族特色，这是毫无疑问的。但哲学以人与世界的关系为对象，而人与世界的关系具有超地域、超民族、超国度性，因此，哲学研究应当具有世界性、全球性、人类性。过去有人认为，越是民族的，越是世界的。如果我们有世界他国他民族所没有的东西，它就是世界水平的。其实，这里只讲了民族哲学的世界性的一个方面。中国哲学的世界性的更重要之处是在世界主流哲学问题和主要哲学论坛上发表自己的独到见解，取得自己的独特地位以至主导地位。这就要求中国的哲学家们不仅研究那些为中华民族由于其特殊的历史文化而独有的哲学问题，也要去研究那些为人类所共有并为各国哲学家所共同关注的哲学领域和哲学问题，并争取在这些哲学领域和哲学问题上的发言权，占领制高点。要关注当代人类实践、当代科学及其最新成果，回答其所提出的新问题，吸收其所提供的新材料，促进哲学的当代发展。要关心当代世界哲学，自觉地把中国的哲学研究纳入人类思维发展的总体进程之中。在当代世界哲学论坛中，一方面是古老的自然哲学、社会历史哲学、人的哲学、宗教哲学、道德哲学等传统分支哲学都在与当代实践和科学的撞击中探寻着自己的当代命运和当代意义；另一方面是实践问题、语言问题、逻辑问题、符号问题、价值问题、意义问题、理解问题、情感问题、女权问题更加鲜明地体现出来，成为新的生长点。

在这方面，我们由于语言、文化背景和研究范式方面的差异，在研究水平上还有很大的差距。但从总体上看，只有向这一系列领域进军并做出我们自己的创造，中国哲学才能真正自立于世界哲学之林。在民族性与世界性之间保持适当张力并双向推进是我国哲学未来发展的重要走向。

2. 扎根传统，走向现代

哲学发展有个很重要的特点，就是要不断地回到和回答一些原初性和根本性的问题。对这些问题的时代性解答构成了哲学发展的历史，形成了一定的哲学传统。任何时代的哲学都必然非常深刻地受到其前的哲学传统的影响。传统哲学是现代哲学之根，现代哲学是传统哲学之树。根有多深，树有多高。因此，只有扎根传统才能真正走向现代和未来。当代世界哲学有多种传统。对中国的哲学研究者来说，必须予以重视的哲学传统主要有三个方面。首先是中华民族自身的哲学传统，包括儒、释、道、墨等各家各派，它们是中华民族文化精华的集中和荟萃，应当受到足够的重视。其次是西方哲学传统，包括古希腊、古罗马哲学文化传统和希伯来文化传统，它们演绎发展出后来的整个西方文化和哲学。不懂得西方传统哲学，就不可能真正理解现代西方哲学。但是，最重要的是马克思主义哲学传统。马克思主义哲学本来是在西方哲学发展历程中产生的，但它在中国的传播和实践中获得了自己的中国形式和中国内容，已经与当代中国人民的生活实践、智慧和情感融为一体，成为当代中国文化的内在组成部分。中国化了的马克思主义哲学，包括毛泽东哲学思想和邓小平哲学思想，是中华民族对于世界哲学的一份重要贡献，应当成为中国哲学走向21世纪的主导性理论体系和思想资源。正是上述三个方面的哲学传统构成了我们走向现代哲学的坚实历史基地。既注意传统哲学的现代性，又注意现代哲学的传统性，在传统性与现代性之间保持张力和寻求统一，是我国哲学未来发展的又一重要走向。

3. 回到原典，着力创新

绵延不断、丰富多彩的哲学史是由哲学家的著作和学说组成的。从学术研究的角度看，尊重哲学传统，尊重哲学史，尊重哲学家，就是要认真研读他们的原著，以便真实准确地把握其哲学思想。为什么近年来不断有人倡导回到孔子、孟子、老子、庄子，回到柏拉图、亚里士多德、笛卡儿，回到康德、黑格尔、费尔巴哈，回到马克思、恩格斯，等等，其真实原因和积极意义正在于此。回到原典，就是要踩准、踏实那铺就了哲学发展史的一块块砖石、一级级阶梯，一步一个脚印地把握每个时代的哲学家所达到的极限思想和理论，准确把握哲学发展的内在逻辑，预示其未来走向。在此基础上去从事真正超越于前人的创造，去做出真正具有原典性的贡献。应当明确，回到原典本身并不是目的，超越过去的原典和创造新的原典才是目的。为此必须激发哲学家的创造精神。哲学是自由理论的最高表现，批判性地审读原典才能系统准确地诠释原典，在系统诠释的基础上才能有所超越，有所创新。21世纪的中国哲学家不仅应当向世界奉献中国哲学的古代原典，也应当做出自己的创造性贡献，奉献出新的世界级原典。

4. 强化个性，走向多元

我们主张哲学研究要世界化，这不是要取消哲学研究的个性，而是要强化个性，并使之提升到世界级的个性水平。哲学追求普遍的、无限的东西，但哲学家对普遍性和无限性问题的真正追求及其积极成果却必然是高度个性化的。只有真正具有个性的哲学才能对社会发生影响并在人类理性思维发展进程中留下自己的痕迹。不同哲学家之间的个性差异和不同时代的哲学家之间的时代差异，对于哲学的繁荣和进步，不仅是必然的，也是必要的。强化哲学研究的个性，从根本上说就是把求新、发展和创造确立为哲学研究中始终不渝的基本目标，不断强化哲学工作者从事个性化研究的自觉性和实际能力。为此，一方面，要鼓励哲学工作者努力更新知识、拓宽视野、更新思路、转换方法，尤其是强化他们的批判意识、自主意识、学派意识、创造意识等；另一方面，应在哲学学术活动中切实贯彻“双百方针”，鼓励自由思考，提倡平等探讨，保护个性特色，以真正学术的方式来解决个性化的学术研究中可能出现的种种问题，造成真正有利于个性化研究的社会环境。哲学研究的个性化必然带来哲学研究的多元化发展，造成一种生动活泼的学术局面。

5. 加速分化，促进综合

当代世界哲学发展的重要趋势是在深度分化的基础上高度综合，形成了具有鲜明时代特色的哲学学科群。所谓深度分化，即哲学内部和哲学与非哲学之间以越来越具体的方式联系起来，产生出越来越多的新的分支哲学，使当代哲学表现出主题分化和个性强化的发展趋向。

所谓高度综合，则是各种哲学流派之间的交织与互渗日益增强，哲学规范的通约和转换渠道增加，哲学方法的互鉴互通增强，人类哲学思维在分化的基础上向着整体化方向发展。当代哲学学科群的体系结构表征着人类哲学思维在当代的广度、深度和缜密程度。在我国，建构哲学学科群，可以从以下几个层面展开。其一，元哲学层面，要加强对于哲学观、哲学形态、哲学方法论的研究，多注意哲学观念的时代性变迁及在各分支哲学中的具体延展，注意解决哲学自身发展的元问题，注意以真正哲学的态度和方式来研究和发展哲学。其二，分支哲学间关系层面，要注意研究和理顺各分支哲学间的关系，找准各分支哲学在当代哲学体系中的位置。其三，在各分支哲学内部，要注意解决历史与现状、理论与著作、体系与问题等内在关系，建立起既有相对稳定性又有极大开放性的分支哲学形态。其四，亚分支哲学层面，要努力在哲学与实践、科学、文化等的相互结合和渗透关系中建立和发展各种新兴的亚分支哲学系列。在深度分化的基础上高度综合，在高度综合的指导下加速分化，建设一个既能与世界哲学体系有机接轨对话，又有浓烈中国特色的哲学学科群，应当成为我国跨世纪哲学发展的基本战略。

第二章　从真理标准讨论到建构马克思主义哲学的当代形态

——面向21世纪的我国哲学发展战略构想

本章侧重回顾改革开放20年来的思想成果，面向21世纪提出我国哲学发展构想，指出改革开放20年来，我国哲学进行了深刻的变革，进入学术化、科学化发展的新阶段，展现出世界化、民族化、个性化的特征。

为进一步探索和建构马克思主义哲学的当代形态给出五方面的建议：

一是，把握当代大实践和大科学的时代特征。当代人类活动与科学理论有着规模大、层次细、效应广、影响大、综合性强等诸多特征，哲学研究应该注意到其世界化、整体化、一体化与民族化、多元化、多样化两方面特征，兼顾人类实践和理论的积极效应和消极效应，正确地认识与把握这个时代。二是，吸收人类文明进程和世界哲学发展的积极成果，提炼中国传统哲学的优秀资源，将人类性与个体性、世界性与民族性统一起来，丰富自身内容。三是，依据经典，全面、系统地把握马克思主义哲学的唯物性、辩证性、历史性、人道性和实践性，把握马克思主义哲学的科学本性。四是，强化哲学研究的学科群意识，注重元哲学在分支哲学中的具体延展，同时也要注意分支哲学、亚分支哲学自身的整体性，理顺其关系，结合成有机的网络体系。五是，发挥马克思主义哲学解释世界、改造世界的功能，对现实、实践和理论进行批判，促进人与世界关系的健康可持续发展。

20年前在我国思想理论界轰轰烈烈开展的关于“实践是检验真理的唯一标准”的大讨论，不仅为全党全民的思想解放和重新确立实事求是的思想路线提供了哲学依据，为中共十一届三中全会的召开奠定了坚实的哲学理论基础，也为哲学自身的自我反思和自我发展提供了正确的外部参照系和强劲的动力，促使我国马克思主义哲学研究的视角转换和观念变革。20年来，我国的马克思主义哲学研究伴随改革开放和中国特色社会主义现代化建设事业的发展，依托当代人类实践、科学和哲学的巨大成就，得到了前所未有的发展，取得了极为丰硕的成果。时至今日，我们有必要也有可能在回顾总结20年来以至20世纪以来思想文化和理论成果的基础上，面向21世纪，研究我国哲学发展战略，建构马克思主义哲学的当代形态。本文提出笔者的初步构想，向识者讨教。

一、20年来哲学发展的思想轨迹及其启示

在1988年全国高校纪念中共十一届三中全会理论讨论会上，笔者提交了一篇学术论文，题目是《从实践标准的探讨到实践唯物主义的建构——十年来哲学发展的思想轨迹及其启示》。该文认为真理标准讨论在当时具有双重目标，这就是在哲学上批判绝对真理论和天才论，在政治上批判“两个凡是”等。相应地，真理标准讨论也达到了双重目的。在社会政治方面，为全党全民摆脱“两个凡是”的思想禁锢，确立正确的思想政治路线鸣锣开道，为中华民族自觉从事社会政治变革、迅速加入世界现代化进程起了思想奠基的作用。在哲学方面，它直接恢复和强调了实践在检验思想观念的真理性方面的权威性，更深层和更重要的则在于为马克思主义哲学反思自身提供了一个科学的参照系统，进而引起了马克思主义哲学观的变革，提出了发展马克思主义哲学的紧迫任务，开始了马克思主义哲学向着学术化、科学化方向发展的新阶段。该文认为，10年中哲学变革和发展的主要动因在于哲学家的主体意识和哲学精神的恢复与强化，哲学家们批判性地审视和更新了原有的哲学观念、哲学概念、哲学命题，创制和运用了一批新的哲学研究方法，开展了对哲学学的深入研究，开拓了一批新的研究领域，进行了对哲学体系的改造和新体系的建构。在10年的哲学发展中，以对人的主体性的关注为轴心，以马克思主义作为实践的唯物主义的探讨为重点，以对各

分支哲学的深入探析为标志，以哲学体系的整体建构为统摄，马克思主义哲学经历了由分到总、由静向动的全面反省和探索过程，取得了极为丰硕的思想理论成果。正是在此基础上，马克思主义哲学在 1978 年以来的第二个 10 年里继续有所开拓和发展。

自 1988 年以来，我党我国人民经受了 1989 年前后的苏联东欧剧变和我国的政治风波的考验，在思想上、政治上更加成熟和稳健。邓小平同志 1992 年的南方谈话，促使了全党全国人民的又一次思想大解放，再次重申了解放思想、实事求是、一切从实际出发的思想路线，为党的十四大的召开奠定了思想理论基础，其在当代中国思想政治发展史上的特殊地位和作用，可与当年的真理标准讨论相媲美。中共十一届三中全会确立党在社会主义初级阶段的基本路线，确立社会主义经济建设为全党全国工作的中心，坚持四项基本原则，坚持改革开放，从思想政治上解决了中国社会向着现代化发展的基本方向。党的十四大决定建立和发展社会主义市场经济，进一步从经济运行体制上解决了当代中国如何实际地进入世界经济贸易体系，进入全球一体化的历史进程的问题。它不仅意味着社会主义观念的一次重大更新，也是中国特色社会主义现代化建设的关键一步。

20 年来全党全军和全国人民精神生活中最重大的思想理论成果，便是邓小平理论的酝酿、形成并被确立为中国共产党的指导思想和理论基础。邓小平理论代表着中华民族自我意识的时代性升华，是马克思主义在当代中国发展的全新阶段，也是世界共产主义理论和社会主义运动发展的全新形态，已经并将对人类文明的未来发展发生极为深刻而久远的影响。

正是依托中国社会经济政治文化生活的迅速变革及所取得的积极成果，马克思主义哲学研究在这第二个 10 年得到了进一步的发展，其突出表现是其世界化、民族化与个性化进程得到明显加强。

马克思主义哲学研究的世界化主要指哲学工作者的全球意识和世界意识得到了进一步的张扬和提升。一方面更加自觉地面向当代世界人类实践和科学的最新成就，积极地探索当代人类所面临的各种形式和类别的“全球问题”“发展困境”等，从中获取发展自身的思想材料和丰富资源；另一方面更加自觉地与当代世界各种哲学流派开展交流与对话，批判地吸收其积极成果，扬弃和克服其不足，从而在思想上保持和发扬自己的超越性和主导性。

马克思主义哲学研究的民族化指哲学研究的民族意识得到进一步的张扬和提升。一方面更加自觉地把马克思主义哲学研究与发掘和弘扬中国传统文化精华结合起来,从中国传统思想文化中发掘优秀民族文化资源;另一方面使马克思主义哲学更加贴近和深入中国的社会主义现代化建设实践,从亿万人民的现实生活和生产实践中寻找和创造中国马克思主义哲学的民族形式和民族内容,使之具有更为坚实的中国文化基础和民族形式。正是在这个过程中,马克思主义哲学也在中国传统文化的现代化过程中发挥出更加积极的作用。

马克思主义哲学研究的个性化指哲学研究的个性意识和特色意识得到进一步的提升和张扬。学者们一方面在对普遍性哲学问题的探索中努力保持和强化自己观察和分析问题的独特视角和研究思路,形成自己的独到见解,使得研究不断深化,造成一种在同一问题上“百家争鸣”的局面,另一方面则不断发现新问题、开拓新领域、建构新学科、创造新学派,形成一个在哲学论坛中“百花齐放”的多样化发展局面。

正是在这样一个世界化、民族化、个性化之间相互促进、互补发展的过程中,我国的马克思主义哲学研究取得了长足的进步,为我们今天从总体上探索和建构马克思主义哲学的当代形态奠定了基础,创造了条件。

哲学形态是哲学的理论内容与形式结构的动态有机统一。特定哲学以其理论形式凝练和提升当时的时代精神,融成具有时代特色的哲学形态,并随时代的变迁和哲学思维的发展而处于动态演进历程之中。探索和建构马克思主义哲学的当代形态,从思想方面来看,可以也有必要从以下方面具体展开。

二、立足大实践和大科学,以哲学方式把握人与世界关系及其当代特点

马克思主义哲学是现时代的时代精神的精华。当代世界的时代精神正是深深地蕴含在当代实践和当代科学之中。实践和科学是人处理自身与世界关系的两个最基本层次或两种最基本形式,也是研究和发展马克思主义哲学的最重要的对象性前提和现实基础。当代人类实践和科学在深度分化的基础上高度综合,形成了具有鲜明时代特色的全

球性大实践和大科学。这里所说的“大”，不仅是空间意义上的，指规模大、范围宽、面积广，也是结构方面的，指层次细、形式多、分支繁、包容性强，还是功能方面的，指效应广、影响大、综合性强等。①

在实践层面上，人与自然关系在全球范围内的对立与和谐，在人与社会关系上历史向世界历史的转变，人性异化演变成具有全球影响的个性问题，形成在全球问题与个性问题之间保持张力的当代大实践体系。以哲学的方式关心和研究当代大实践，一方面要将发展着的实践中的问题提出和提升为哲学问题，并以哲学的方式来加以研究和处理，使实践问题得到哲学的解释，并由此而达到对于实践发展的哲学把握；另一方面要将从实践中提升出的新的哲学问题纳入哲学实践论之中并使之得到充实、调整和发展，形成具有时代特色的大实践观，使其反映和指导实践的势能得到提高，并能够在以哲学方式帮助人们更好地从事实践方面发挥更大功能。为此，我们不仅要关心当代大实践的正面的和积极的一面，即全球发展、全球协作、全球效应，也要关心其负面和消极的一面，即全球困境、全球危机、全球制约，要重新反省和评价近代工业技术文明和经典自然科学所实际依据的人与自然关系理论，在人的自然化与自然的人化的双向运动中建立人与自然在全球范围持续和谐发展的理论。我们不仅要看到当代人类活动所具有的世界化、全球化、整体化、一体化的方面，还要看到其中分散化、多样化、多元化、民族化、个性化的方面，正确认识和处理和平与对抗、改革与发展、传统与现代的关系，处理好发展人的类特性和保护人的个性的关系，促使理性与非理性的和谐与统一，促使人性的合理实现和发展，揭示当代大实践的发展动力和主体性前提。在此基础上建立起具有时代特色的大实践观并使之成为马克思主义哲学当代形态的重要内容。

在科学层面上，当代科学的特点是由过去自然科学一花独放，到人文科学、社会科学逐渐分化出来并迅速成长起来，走到科学前沿，形成包含自然科学、人文科学和社会科学在内的当代大科学体系。科学的发展一方面反映着又引导着实践的进步，另一方面又必然推动哲学的发展。马克思主义哲学对于当代大科学的关注也有双重的目的和任务。一方面要根据当代科学的实际发展来更新和充实自己对于科学的

① 陶德麟，欧阳康. 马克思主义哲学的当代视野[J]. 武汉大学学报，1995(2).

理解和解释，建立、完善和发展自己的大科学观；另一方面要提升和概括当代科学的哲学意蕴，并以此来充实和更新自己的哲学内容，完善和发展自己的哲学形态，在此基础上发挥哲学思维对于科学研究和科学发现的指导功能。哲学地关注当代大科学，不仅要看到其深度分化的趋向，即科学研究向着专门化、精细化、微观化的方向发展，形成了多方面、多层次的庞大复杂的现代科学体系，也要看到其高度综合的一面，即各门具体科学研究之间相互交叉、渗透、移植，产生出许多交叉学科、边缘学科、横断学科，要在深度分化与高度综合的统一中把握当代大科学的现代走向。我们不仅要看到当代科学对于促进社会生产力发展、提高社会生活水平的积极功能，即主体性效应方面，还应看到科学的限度及其不合理使用给人类的生存和发展可能带来的消极功能即反主体性效应方面，以哲学的方式促进当代科学的健康发展和合理应用。

三、放眼当代世界哲学，把握和促进人类哲学思维的未来发展

建构马克思主义哲学的当代形态，不仅必须立足于当代大实践和大科学，还必须依托当代大哲学。哲学的发展具有总体性和全局性，是人类性与个体性、世界性与民族性的有机统一。正如中国的改革开放和社会主义现代化建设只有加入世界现代化的宏大历史进程才能实质性地展开一样，马克思主义哲学的当代发展更不能脱离人类文明的总体进程，更离不开世界哲学发展的宏观背景。当代实践和当代科学各自的深度分化与高度综合，客观上也促进了当代哲学的深度分化与高度综合，改变了当代马克思主义的哲学背景和哲学基础。我们必须从根本上改变忽视甚至拒斥当代西方哲学的态度和做法，把非马克思主义哲学及其研究成果纳入马克思主义哲学的当代视野，作为建构马克思主义哲学当代形态的重要思想资源。当代哲学的深度分化即哲学内部和哲学与非哲学之间以越来越具体的方式联系起来，从而产生出越来越多的新的分支哲学，使当代西方哲学表现出主题分化和个性强化的发展趋向。当代哲学的高度综合则是随着当代人类实践的全球化和科学的一体化发展，各种哲学流派之间的交织与互渗日益增强，哲学规范的通约和转换渠道增加，哲学方法的互鉴互通增强，人类哲学思维在分化和多样化的基础上向着整体化方向发展。正是在这种总趋势下，

一方面是古老的自然哲学、社会历史哲学、人的哲学、宗教哲学和道德哲学等传统分支哲学都在与当代实践和当代科学的撞击中探寻着自己的当代命运和当代意义，获得了新的理论内容和现代形态；另一方面是实践问题、语言问题、思维问题、逻辑问题、符号问题、价值问题、意义问题、生态问题、理解问题、解释问题、情感问题、女权问题等更加鲜明地凸现出来，形成一系列具有新的当代特色的分支哲学。从而成为马克思主义哲学与当代西方哲学之间的新的结合点，成为探索和建构马克思主义哲学当代形态的新的问题群和新的生长点。

批判地吸收中国传统哲学的优秀思想资源对于中国的马克思主义哲学研究具有不可替代的基础性作用。哲学既是自己时代精神的精华，又是在以往的传统哲学的基础上发展起来的。中国传统哲学是一个十分浩瀚的精神世界，经过近三千年的绵延和发展，形成了包含多种学派和思潮的十分庞大和复杂的思想体系。中国哲学的最大特点是对外关注天人关系、群己关系、人我关系，对内关注知行关系、理欲关系、义利关系等，注重对人自身的整体把握，强调人与自然、人与社会、人与人的和谐统一。中国优秀思想家们历来强调知识与德行、理智与情感、认识与行动、理性与信仰、法度与自由、责任与道德、权利与义务等的统一，主张仁智双彰、美善相乐、德才兼备，讲中庸、讲仁义、讲和谐、讲礼仪、讲统一、讲内省，重视人格修炼、道德崇高，寻求智、真、善、美的有机和谐统一。这些思想中的某些内容尽管带着中国漫长封建专制文化的历史痕迹，有其消极的方面，但如能正确扬弃其所具有的历史局限，在新的时代条件下加以提炼和阐发，纳入新的思想文化体系之中，并成为现代中国文化的有机内容，则可为马克思主义哲学形态的当代建构提供极为宝贵而丰富的思想材料。

四、全面反思马克思主义哲学的科学本性，综合把握马克思主义哲学的基本规定

马克思主义哲学的当代形态应当是马克思主义哲学本性的动态表现。全面准确理解马克思主义哲学的基本规定是建构马克思主义哲学当代形态的内在根据。如何理解马克思主义哲学，我国学界颇多歧见。我们认为，应当根据马克思主义经典作家的一贯论述，尤其是《关于费尔巴哈的提纲》，在与各种非马克思主义哲学的比较中系统掌握马克思

主义哲学的本质规定。从总体上看:第一,人与世界关系及其时代特点是马克思主义哲学的主要对象;第二,人在人与世界关系中居于中心和主导地位,人作为主体而对人属世界的自觉能动把握和对属人世界的自觉能动创造,影响和制导着人与世界关系的发展方向。应当关心和重视人在人与世界关系中的主体性地位和人在自觉能动活动中的主体性原则;第三,对事物、现实、感性都不能仅从客体的、直观的和自在的方面去理解,还应从主体的、能动的和实践的方面去理解;第四,应在环境的改变与人的活动的一致中合理地理解革命的实践和实践批判的意义;第五,马克思主义哲学不仅要以唯物主义的哲学方式辩证地、历史地理解和解释世界和人与世界关系,还要以唯物主义的哲学方法帮助人们自主地、人道地和实践地改变世界,改善和发展人与世界关系;第六,马克思主义具有唯物性、辩证性、历史性、人道性、实践性,是辩证的、历史的、人道的、实践的唯物主义。

马克思主义哲学的唯物性是在与各种形式的唯心主义的比较与论争中凸现出来的。作为一种新唯物主义,马克思主义哲学承认关于世界统一性问题研究的意义,并在唯物主义与唯心主义关于世界本原问题的漫长争论中坚定不移地站在唯物主义立场上,旗帜鲜明地反对各种形式的唯心主义,坚决捍卫世界的物质统一性原则,坚持物质对于意识的根源性、先在性、本原性、基础性,承认意识对于物质的派生性和依赖性,并根据当代实践、科学和哲学研究的最新成就,对世界的物质本原和物质统一性做出符合时代水平的说明,提供了关于自然、社会和人类的内在统一性的科学的哲学世界图景,创立了自己的新唯物主义。

马克思主义哲学的辩证性是在与机械论、形而上学的比较中凸现出来的。它包含着对费尔巴哈的旧唯物主义的直观性的科学批判,也奠定在对黑格尔唯心主义辩证法的神秘性的合理改造的基础之上。马克思强调对世界的实践理解,这实际上就是辩证的理解。辩证法的批判性和革命性是在现实世界的辩证运动中得到表现和实现的,它不仅是自然辩证法,也是社会辩证法、历史辩证法、人性辩证法、思维辩证法、实践辩证法等,是真正具有广泛性、普遍性和有效性的辩证法。它不仅是客观辩证法,也是主观辩证法、活动辩证法。它不仅关注人与世界关系的自在的辩证运动,而且把人的感性实践活动作为一种积极因素加入到人与世界的辩证运动过程之中,通过实践来影响人与世界关系的辩证发展方向和过程,并在这个过程中达到对于人与世界关系的辩证理解。马克思主义哲学是一种合理形态的辩证法,是辩证的唯物主义。

马克思主义哲学的历史性也是在与旧唯物主义的非历史性相比较中凸现出来的。它具有双重含义:其一是在观察、理解和说明任何哲学对象与哲学问题时都应加以自觉贯彻应用的强烈而又深沉的历史视野、历史逻辑和历史方法;其二是对于人类社会历史的密切关注、深刻理解和独到解释。黑格尔在社会历史观上第一次正确地把人类历史描写为一个辩证运动和发展过程,并试图揭示这个过程的内在规律性,从而显示出巨大而深沉的历史感,但他把社会历史的本质及其运动规律归结为那神秘的绝对精神及其外化,最终达不到对社会历史的唯物主义解释。旧唯物主义在自然观上是唯物的,但在对社会历史的哲学解释上则完全是唯心主义的,原因在于他们不懂得也无法正确解释社会历史的复杂性和多样性,缺乏一种总体的、辩证的、历史的和实践的视野和方法。马克思和恩格斯创立历史唯物主义,在于他们把认识的出发点放在人类的实际社会生产和社会生活上,坚持不是从观念出发来解释实践,而是从物质实践出发来解释观念的东西,不仅重视对于社会历史一般规律的整体把握,而且注重把握各种具体社会形态,强调在对人体的解剖中探索把握猴体的钥匙,在物质利益的分化和阶级利益的对立中揭示阶级社会的特殊矛盾结构和阶级斗争的根本原因,并在对资本主义的历史和现实矛盾的深刻分析中揭示出社会发展的未来走向,建构起未来共产主义的理想模型,并通过将其诉诸群众、诉诸无产阶级、诉诸实践来引导社会历史的发展方向,促进历史向世界历史的转变,促进人的自由全面发展。

马克思主义哲学的人道性或为人性也是在与旧唯物主义的非人性相比较中凸现出来的。在马克思主义产生之前,人道主义始终是资产阶级的重要思想武器,有着唯心主义的特定内涵。与资产阶级和唯心主义强调人、尊重人甚至抽象地发展人的能动方面形成鲜明对照,旧唯物主义却忽视人、漠视人甚至敌视人,即使在自称为人本主义者的费尔巴哈那里,所看到的也只是抽象的人,是理想化了的爱与友情。马克思认为,人的本质在其现实性上是一切社会关系的总和,因而只有在一定的社会关系中才能得到实现;而要消灭资本主义条件下的异化,就必须与对现实制度的改造结合起来，而这正是共产主义的任务。正是在这种意义上，马克思把共产主义、唯物主义内在地联系起来，把自己的哲学叫作“实践的人道主义”，认为正像元神论作为神的扬弃就是理论的人道主义的生成，而共产主义作为私有财产的扬弃就是对真正人的生活这种人的不可剥夺的财产的要求，就是实践的人道主义的生成一样……共产主义则是以扬弃私有财产作为自己的中介的人道主义。[①] 从总体上看，马克思主义哲学对于人的关注至少包含以下基本点：①无论在现实还是在观念中都应以现实的、活动着的个人作为出发点；②现实的个人本质上是一种世界历史性的存在；③人的类特性是人的自由和自觉的活动，即劳动；④私有制的产生伴随着也加速了人类的阶级分化；⑤资本主义私有制所造成的劳动异化只有通过消灭造成异化的条件才能消除；⑥人类解放与个性解放之间具有某种特殊的内在一致性。在马克思看来，一方面，单个人的解放只有在全人类的世界历史性解放中才能得到彻底的实现；另一方面，每个人的自由发展是一切人自由发展的条件。因此人类解放与个人解放、每个人的自由全面发展与一切人的自由全面发展之间互为条件，共同构成世界历史进步的共产主义运动。这种共产主义，作为完成了的自然主义，等于人道主义，而作为完成了的人道主义，等于自然主义，它是人和自然界之间、人和人之间的矛盾的真正解决，是存在和本质、对象化和自我确证、自由和必然、个体和类之间的斗争的真正解决。它是历史之谜的解答，而且知道自己就是这种解答。[②] 正是在这种意义上，马克思主义哲学可以看作一种人道的唯物主义。

马克思主义哲学的实践性是在与所有非马克思主义哲学的比较中凸现出来的。实践性是马克思主义哲学的最本质、最重要特征之一，是马克思主义哲学区别于和超越于一切唯心主义和旧唯物主义的最根本之处。对人类社会实践的深切关注和科学理解，并把实践观确立为新哲学的基础，是当年马克思实现哲学史上伟大革命变革的关键一环。马克思强调以唯物主义的能动性观点科学地理解和解释实践，认为实践既是人与外部世界进行物质、能量和信息变换的最基本方式，又是有

① 马克思恩格斯全集(第 42 卷)[M]. 北京：人民出版社，1979：174.

② 马克思恩格斯全集(第 42 卷)[M]. 北京：人民出版社，1979：120.

意识、有目的地进行的,是人的理智、情感、意志等内在本质力量的对象性表现,它集中体现着人类理性的机巧,实现着人的内在尺度与外在事物尺度的统一。实践是一种革命的、批判的活动,它表现着人的创造性本质,引起外部世界的合目的性变化,是人与世界关系发展和社会文明进步的最积极力量。马克思强调从科学实践观的角度来理解人、人的世界和人与世界关系及其时代特点,帮助人们更好地生产、生活,处理人与世界的复杂关系。正是在这种意义上,马克思把自己的哲学叫作实践的唯物主义,并将其与共产主义者联系起来,认为实际上和对实践的唯物主义者,即共产主义者说来,全部问题都在于使现存世界革命化,实际地反对和改变事物的现状。[①]

这里尤需注意的是,马克思主义哲学的唯物性、辩证性、历史性、人道性和实践性都不是单独的、孤立的,而是系统的、互渗的,只能在整体中加以理解,而实践性则既是马克思当年实现哲学变革的最根本之处,也是综合系统理解马克思主义哲学科学本性的最关键之处,它是马克思主义哲学保持自己的科学性、革命性和批判性,从而能够不断自我更新、自我发展的最重要之处。

五、透视我国哲学研究中的主要问题,强化哲学研究的学科群意识

马克思主义哲学形态的当代建构,既应是我国哲学研究进程合乎逻辑的承接和发展,又应是对其现存问题和局限的克服与超越,带有形态学意义上的革命性。

1978 年以来,我国的哲学研究取得了长足的进步,形成了马克思主义哲学、西方哲学、中国哲学三足鼎立而与其他分支哲学相伴相随的局面,相应地形成了以各主干分支哲学为轴心的若干研究群体,这无疑是可喜的。目前存在的一个显著问题是各分支哲学及其研究者之间存在着相互分离与彼此脱钩的情况,各研究者主要在学科内活动而少有学科间的交流与合作。不仅研究中国哲学、西方哲学、马克思主义哲学的人之间少有跨学科的沟通与对话,即使研究马克思主义哲学的人也被分属于辩证唯物主义、历史唯物主义、马克思主义哲学史与马列主义经

① 马克思恩格斯选集(第 1 卷)[M].北京:人民出版社,1972:48.

典著作、毛泽东哲学思想等不同的分支学会，而少有实质性的跨分会和跨分支哲学交往与合作。在这种情况下，学者们对我国跨世纪哲学发展战略的探讨也往往仅仅从各自所在的分支学科出发并局限于自己所熟悉的学科内部，而缺乏对于哲学发展的整体视野和整体规划。例如，在马克思主义哲学研究中，多年来大家一直关注的体系探索与建构，实际上是在脱离当代中国哲学和西方哲学的背景下展开的，是在马克思主义哲学内部谈马克思主义哲学的改革与发展，这实际上难以有真正符合时代要求的突破与进展。近年来，不少学者意识到了这种缺陷与隔障并力图有所超越，但尚未找到合理有效的途径。这种情况如不尽快改变，势必会妨碍我国哲学研究的深化和发展。我们认为，马克思主义哲学的当代形态，无论就其理论内容还是形式结构而言，都应当是包含着多方面、多层次、多分支而又有严密内在逻辑结构的哲学学科群。这种学科群的体系结构表达着人类哲学思维在当代的广度、深度、真度和缜密程度。

把对哲学学科群的探索与建设作为我国跨世纪哲学发展战略，实质上是要按照哲学思维发展的内在规律和哲学学科自我建构的内在逻辑来更加自觉地研究和发展哲学，促进我国哲学研究的深度分化与高度综合。具体来说，这种研究有必要从以下几个层面展开。

第一，元哲学层面，要加强对于哲学观念、哲学形态学、哲学方法论的研究。注意哲学观念的时代变迁及在各分支哲学中的具体延展，注意解决哲学和马克思主义哲学自身发展中的元问题，注意以真正哲学的态度和方式来研究和发展哲学。

第二，分支哲学间关系层面，要注意研究和理顺各分支哲学间的关系。按照目前我国国务院颁发的学科目录，哲学分为马克思主义哲学、中国哲学、外国哲学、伦理学、逻辑学、科学技术哲学、美学、宗教学等8个二级分支学科。这种分法实际上是国别区域标准与学科性质内容标准混用的，其间一定包含着许多交叉与互渗，同时也难免留下一些空档，需要我们着力加以研究和解决。建设哲学学科群，其重要任务之一就是要创造条件，尽快理顺这些分支哲学之间的关系，找准马克思主义哲学在当代世界哲学体系中的位置。

第三，在各分支哲学内部，要注意解决其历史与现状、理论与著作、体系与问题等内在关系，建立起既有相对稳定性又有极大开放性的分支哲学形态。应当说，各分支哲学都有其发展的历史，都有其重要的人物和著作，也有其问题和体系等。处理好各分支哲学内部各个方面的关系结构，注意到内部体系的完整性与科学性，至关重要。在马克思主义哲学这个二级分支学科中，既有马克思主义哲学史、马克思主义哲学原著、马克思主义哲学原理的关系，也有认识论、本体论、实践论、价值论、评价论、方法论等分支哲学，还有马克思、恩格斯、列宁、斯大林、毛泽东、邓小平等人物哲学，这就构成一个有机网络。只有对它们之间的关系做综合性的考察与整体性建构，才能理顺其关系，建设起结构合理的分支哲学体系。

第四，亚分支哲学层面，要努力在哲学与实践、科学、文化等的相互结合和渗透关系中建立和发展各种新兴的亚哲学分支系统，如社会哲学、历史哲学、政治哲学、教育哲学、文化哲学、科学哲学、语言哲学等，又如社会认识论、科学认识论、道德认识论、文化认识论等，再如社会本体论、社会评价论、社会进步论、社会风俗论、社会心态论、社会理解论、社会理想论、社会决策论、社会认识方法论、社会认识进化论，等等。一方面通过这众多的亚分支哲学系列与现实的社会实践与科学之间达到更加细致的相互沟通与渗透，使哲学能有更坚实的实践和科学基础。另一方面通过这众多的亚分支哲学而使原来处于内部分离状态的哲学分支学科之间更加有机地结为一体，形成网络体系。

六、强化马克思主义的批判精神，突出马克思主义哲学的规范功能

探索和建构马克思主义哲学的当代形态，就其目的和功能而言，是要更好地发挥马克思主义哲学不仅唯物地、辩证地和历史地解释世界，而且人道地、实践地改造世界的功能。因此，马克思主义哲学不仅是描述性的，也是革命的、批判的、规范性的。它不仅要以唯物主义的方法尽可能真实地反映和描述人与世界关系的历史和现实，还要在人的尺度和物的尺度、内在尺度和外在尺度、合目的性和合规律性的统一中评价人与世界关系的历史和现实，批判其不合理方面，预示其合理化方向。为此，马克思主义哲学必须进行多种批判和多重建构。一方面，立足于对人与世界关系的历史、现实和未来走向的洞悉来批判理论，使理论更加科学化；另一方面，依据科学的理论来批判人与世界关系的现实

和人的实践的不合理性,使人的实践更加合理化。一方面以哲学方式帮助人们从事理论批判,另一方面帮助人们从事实践批判。一方面批判对象,另一方面批判自我。在多重批判的基础上,既规范对象,又规范理论;既规范认识,又规范实践;既使理论趋向于合理的实践,又使实践趋向于科学的理论,使理论与实践在科学性与合理性的双重基础上展开其有机动态统一进程,促进人与世界关系的健康、持续、和谐、协调发展。

第三章　以真正哲学的方式研究和发展哲学

本章是《哲学研究方法论》一书的绪论，简要梳理了世纪之交我国哲学发展面临的难题，为我国哲学研究的提供了方法论上的基本思路。站在世纪之交，我国哲学面临着两大挑战，一是来自西方的“非哲学”“否定形而上学”的诘难，二是来自国内市场经济转型的挑战。两个挑战都体现出哲学没有跟上时代发展的现状。对西方而言，处于至尊地位的哲学不能适应时代的多样性和多元性；对中国而言，哲学相对于市场经济的蓬勃发展也表现出滞后性。哲学应该加快自身反思，加强与人类活动各领域的互动，使自身成为时代精神的精华。

反思我国哲学研究，仍然存在着方法论缺陷。要克服这些缺陷，就要把握哲学世界化、个性化的走向，做世界化的哲学。哲学与科学都是人类探索世界客观规律的活动，既有共通，也有相异。本章以科学探索的方法论为鉴，提出了建构哲学方法论的基本思路，提出了哲学研究的四个原则：先导性原则、历史性原则、主导性原则、具体性原则。与这四个原则相应，《哲学研究方法论》一书也将从四个问题域进行进一步的阐述：元哲学问题研究、哲学思维方式的发生与演进研究、马克思主义哲学研究、分支哲学研究。

一、透视来自“非哲学”的诘难

世纪之交，人类哲学精神正孕育着强烈而深刻的内在躁动。这种躁动，既有对20世纪以来丰硕哲学研究成果的庆幸与欣喜，也有对开创哲学新纪元的憧憬与企盼，更多地来自对哲学现状的担忧和对哲学前景的困惑。而从哲学研究者的视角来看，尤为引人注目也值得予以关注的则是当代西方哲学所面对的来自“非哲学”的诘难和挑战。

“非哲学”实质上也是一种哲学，但严格来说它不是一种具体的哲学流派，而是一种哲学态度、哲学思潮，一种对于哲学现状的非难，对于哲学传统的嘲弄和对哲学意义的贬损。“非哲学”兴起于西欧大陆，其影响则遍及西方世界。“非哲学家们”大都不是不懂哲学的外行，而是一些功底深厚甚至颇有影响的哲学家。他们的具体研究领域和方向各异，却不约而同地拒斥作为阿基米德点的哲学，并常以宣布哲学的终结、死亡、毁灭而惊世骇俗。海德格尔提出要“摧毁形而上学”，“克服形而上学”，进而宣布“哲学的终结”。列维纳斯宣称“超验的毁灭”，认为黑格尔代表的传统哲学只关心同而忽视了异，这实际上只抓住了统一而忽视了多样。而一旦研究视野引向异，则哲学失去其地位。德里达也尤其强调差异在哲学研究中的地位，认为古典哲学都是以同一为根据并且贯穿着同一性思维方式，而实际上同一并不是差异的根据，反过来差异才是同一的根据，为此他提出解构同一性思维，解构形而上学，以至解构哲学。拉康提出“与一切被称为哲学的东西断绝关系”。在他看来，哲学以其高度的抽象性和概括性去研究普遍实在的实在或实体，去寻求某种永恒不变的知识和真理，造就一种“主人话语”，即以一种主人的姿态和身份来与非哲学发生关系，寻求一种类似主人的权力与控制。这种“主人话语”是与他所倡导的“精神分析话语”相反对的。为此他主张揭示哲学的压迫性和专制性，并与之断绝一切关系。罗蒂从批判基础主义入手，指出分析哲学与西方传统哲学的一脉相承关系。在此基础上对整个西方哲学传统所赖以确立的三个基本要素进行批判。它们是柏拉图关于真理和知识的学说、笛卡儿关于心灵的学说和康德的哲学观。罗蒂认为，现代分析哲学和大陆哲学实际上不过是康德哲学的新变种，并没有从根本上摆脱表象这一概念的支配。分析哲学力图通过语言分析来获得语言学意义上的精确表象。现象学则力图通过本质还原和先验还原来获得这种表象。而这种表象理论实际上是一种“镜子理论”或视角隐喻，其核心观念即认为认识就是精确地表现心灵以外的东西，哲学的中心任务就是充当最一般的表象理论。罗蒂坚决反对表象理论和镜子理论，认为哲学并不是一种万古不变的研究方式，而是一种人类对话，为此他宣布传统哲学观念和传统哲学思维方式的终结，主张进入一种叫作“后哲学文化”的时代。

从历史上看，哲学在其生存和发展过程中，总是要和来自内部和外部的各种哲学和非哲学思潮进行对话与争辩，因此，出现对任何哲学的个别非难本不足为奇。况且，现代西方哲学正是以对柏拉图、亚里士多德发端而以黑格尔哲学告终的西方古典哲学传统的批判作为发轫之处的。“几乎 20 世纪的每一种重要的哲学运动都是以攻击那位思想庞杂而声名赫赫的 19 世纪德国教授开始的……我心里指的是黑格尔。”①因此，对西方哲学传统的批判已称不上是什么新鲜事。

然而，当今西方的“非哲学”思潮之所以不容忽视，首先在于，“非哲学家”们对历史上和现有哲学的诘难，往往不是针对某个具体的哲学问题或哲学答案，而是从“什么是哲学”这个哲学研究的基础性和根本性问题上提出问题，并要求哲学观、哲学研究方式的根本性变革。这抓住了哲学思考的特点和根本。而对于这类问题，一旦提出，则是任何严肃的哲学家所无法回避，也是不能置若罔闻的。

其次，“非哲学”的矛头不仅指向西方古典哲学，而且指向现代西方哲学，把西方现代哲学与西方古典哲学联系起来做一体化的思考，体现了一种历史性和总体性思考。“非哲学家们”往往借助现代西方哲学的成果来批判西方古典哲学，然后沿着同样的思路剥夺现代西方哲学的生存权，从而迫使现代西方哲学为自己的合法性和生存权辩护。例如，罗蒂就曾经成功地借助分析哲学的成果批判西方现代哲学中的基础主义、本质主义，然后指出其无非是想以更精致的方式解决西方古典哲学所提出的问题，因而在本质上仍然是不合理的。他说：“我认为分析哲学在蒯因、后期维特根斯坦、塞拉斯和戴维森那里达到了顶峰，就是说，超越和取消了自身。”②

---

① 怀特. 分析的时代：二十世纪的哲学家[M]. 2 版. 北京：商务印书馆，1981：7.

② 理查德·罗蒂. 后哲学文化[M]. 上海：上海译文出版社，1992：8.

再次,在对历史上和现实中的哲学的非难态度的背后,实际上隐含着"非哲学家们"对哲学的未来生存和发展基础的特别关注和深层思考。海德格尔在他的《哲学的终结》一书中明确提出两个问题:第一,现时代的哲学已经进入了自己的最后阶段,这意味着什么?第二,在哲学终结之际,留给思想的任务是什么?从根本上说,"非哲学家们"不是要取消任何哲学的生存权,而是要求哲学更加符合新的时代,从而要求哲学观和哲学形态的根本变革。在社会经济政治文化迅速变革的今天,这很难说是一种无病呻吟,也不完全是在同风车作战,而恰恰是针对哲学研究的现状而对其未来的一种深层思考。

最后,"非哲学家们"对后哲学时代和后哲学文化的建构尽管不无奇稽之处,但他们主张取消哲学的至尊、至上和终极地位,主张哲学与其他各门具体科学的融合,主张哲学与非哲学的平等对话,提倡一种有限的哲学功能观,却从一定侧面反映出当代西方文化的多样性和多元化特征,反映出哲学与新时代文化之间的新型关系,这大概是非哲学思潮能在西方世界引起如此巨大影响的重要原因。

马克思曾经指出,真正的批判要分析的不是答案,而是问题。问题往往是变革和发展的先导。正是问题的提出暴露出理论的内在矛盾,从而有可能在对问题的思考与回答中发现新的出路,引出新的变革与发展。只有那些根本性的问题才有可能带来根本性的突破与革命性的变革。正是在这种意义上,当代西方哲学中的"非哲学"思潮显得尤为值得重视。"非哲学家们"从各种角度以多种方式对西方哲学的生存与发展提出了根本性的诘难与挑战,暴露出西方哲学的内在矛盾和弊病,引起西方哲学界的震动与反思,无疑将对西方哲学的发展产生重大影响。我们可能不同意他们所做出的种种结论,却绝不能忽视他们所提出的问题,尽管他们的提问方式和回答方式都更富于破坏性和毁灭性,但人类哲学思维并不会因此而中断和消亡,而且这也并不妨碍我们对其所提出的问题进行建设性的思考,并引出有利于哲学发展的创造性结论。应该说,正是以他们所提出的问题为向导,一方面可以使我们更加明晰地透视现代西方哲学的内在矛盾、局限和弊端,从而更加自觉地对其加以批判、克服和扬弃;另一方面则更加有利于我们自觉地去反思"哲学是什么"这类根本性问题及其现代意义,从而更为积极主动地从事符合时代要求的哲学创造,去推进人类哲学思维的发展。

二、正视来自市场经济的挑战

自从 1978 年关于实践是检验真理的唯一标准的大讨论以来，我国的哲学研究获得了长足的发展。但它始终未能从根本上摆脱“哲学无用论”的阴影。而随着中国的整个经济体制由计划经济经过有计划商品经济向社会主义市场经济转轨，哲学的地位似乎进一步边缘化了。沸腾的经济生活疏远和冷落了哲学。哲学工作者则日益明显地感受着失落。哲学系难办，哲学书难出，哲学课难教，哲学学生难招，哲学似乎真的深深陷入了一种生存危机和发展困境之中。

难道市场经济真的不需要哲学吗？回答是否定的。整个西方哲学的历史发展是在非计划经济体制中演进的。马克思主义哲学也是在资本主义社会中产生和发展的。在当今完备的国际市场经济条件下，当代世界哲学得到了前所未有的发展，达到相当的高度和水平，在当代人类文化中占据着重要地位。中国的市场经济当然也不会例外。不少有远见卓识的企业家、金融家、管理家实际上已经发出了他们自己的哲学呼唤。那么，市场经济需要什么样的哲学呢？这已成为影响和制导哲学发展的关键性问题。

完备的市场经济体系是一种以需要为主导的生产、消费、流通和管理体系。任何事物的存在均以是否有其特殊的市场需要为基本依据。而社会的需要体系又不是完全自发地产生的，而是由生产者和消费者共同创造出来的。一方面是只有具备需要、符合消费要求才会有相应的生产，另一方面是只有生产出符合需要、便于消费的东西才能真正产生和创造出对它的需要。这正是市场经济条件下生产、需要与消费之间的内在相关性和辩证法。从这种角度看，市场经济对哲学的冲击，实际上是以其特有的方式提出了哲学在我国的生存权和发展模式问题。过去在我国，哲学的生存和发展主要依靠计划经济体制和社会政治方面。随着社会经济体制转轨，哲学由于尚缺少适应市场经济需要的足够能力和素质，相对于社会经济政治文化的迅速变革与发展而言，在内容上和形式上均显现出相对的滞后性，既引不出现实对自己的足够需要，又不能完全满足社会的需要。在这种情况下，社会对哲学的冷落不仅是必然的，也是必要的。它从生存的高度提出了哲学的发展问题，要求哲学的迅速变革与发展。

从这种视角和思路来观察和思考市场经济与哲学的关系，问题便发生了转化并进入更深的层次，不是市场经济是否还需要哲学的问题，而是市场经济需要什么形态和功能的哲学的问题；不是哲学有无用武之地的问题，而是现有哲学还不充分具备满足新的社会需要的形态和功能，因而尚无武可用的问题；不是市场经济刻意冷落哲学，而是社会通过对现有哲学的冷淡而表达着自己的新的哲学需求和哲学选择。正是借助暂时的冷落所提供的机遇与动力，哲学工作者才有可能通过冷静的反省与深层的探索而"幡然奋起"，从生存的高度提出发展的问题，并有机会更加客观地回顾哲学发展的历史，更加清醒地反思哲学研究的现状，更加自觉地明确自己的发展方向。

真正的哲学应当是时代精神的精华。现时代的时代精神正是孕育在当代人类实践和科技文化的不断发展之中，也孕育在亿万中国人民对于有中国特色的社会主义现代化的探索与建设过程之中。具有鲜明时代特色的当代大实践、大科学和大哲学为马克思主义哲学的当代发展既提供了对象性基础，也培育着主体性条件。它们既为马克思主义哲学的当代发展提出了紧迫要求和强劲动力，又提供了极为丰富的实践材料和思想资源。

三、探寻哲学发展的突破口

立足于当代世界和中国的实践来研究和发展哲学，从何做起？从哲学研究工作者的角度看，我们认为，关键之处，是要自觉反思哲学研究方式，调整哲学研究思路，强化哲学工作者的主体意识，以真正符合哲学精神的方式来研究和发展哲学。

哲学的产生、形成和发展，不是某种纯粹精神的自在运动，而是通过人的自觉能动活动并作为哲学家的研究结果而实现的。哲学工作者在一定观念指导下所从事的研究和探索活动，对哲学理论的发展起着十分重要的作用，是理论联系实际的中介、哲学把握对象的桥梁。哲学的变革与发展，不仅根源于对象世界的整体运动和时代性发展，反映着人类实践和科学的发展水平和时代特点，而且直接依赖于哲学家的思维水平之提高，记载着他们的研究能力的增强和认识的深化。

辩证地考察哲学理论发展与哲学研究方式之间的互动关系，不难看出：一方面，一定的哲学理论要求并依托于一定的哲学研究和思维方式;另一方面,一定的哲学研究和思维方式又必然造就和表现为一定的哲学理论。二者之间在性质、内容和水平上有一种内在相关性,互相要求、互相依托、互相表现。而从发展理论的角度看,对于原有稳态相关性的打破和新质新水平相关性的建构来说,先导和主导方面则是哲学研究和思维方式的变革与更新。哲学理论不会脱离人而自己发展和自己运动,理论的发展正是依托于哲学家的研究和思考才有可能,而哲学研究和思维方式正是哲学家的思维和活动方式的方法论方面。

巴甫洛夫曾经指出,科学是随着研究法所获得的成就而前进的。研究法每前进一步,我们就更提高一步,随之在我们面前也就开拓了一个充满种种新鲜事物的更辽阔的远景。科学研究是这样,哲学研究也是这样。哲学作为理论化、系统化的世界观,它对对象世界的把握、对时代脉搏的触摸和对时代精神的反映,都是通过哲学家的研究活动而实现的。哲学研究方法,既是对哲学家的哲学观念、活动方式、思维方式和行为方式等的提炼、概括和总结,又对哲学家们观察思考问题的角度、把握客体的途径和方式,以及研究手段的筛选和运用等具有指导和制约作用。在这种意义上,不同学派之间的差别,应当能在其哲学观念、研究思路和方法方面的差别中找到根源。在哲学研究方法的先进程度、哲学研究主体的认识水平和哲学理论形态的科学程度这三者之间大体上保持着在水准和量度上的对应性。对同一客体和问题的不同水平之哲学界说,反映着不同研究主体的认识水准,根源于其研究方法之间的优劣新旧。而哲学理论的更新与发展,则有待于哲学研究方法的更新与创制,有待于使哲学工作者的研究方式更加符合哲学的发展本性。

反思和更新哲学研究和思维的方式与方法,从根本上说,是为了更好地促进以符合真理的方式研究、对待和发展哲学。马克思曾经指出,对真理的探讨应当是符合真理的。符合真理的探讨本身就是扩展了的真理。同此思路,我们也可以说,对哲学研究而言,符合哲学本性的探讨既是哲学发展的必要条件,其本身也是对哲学的一种发展。但过去我们对此注意不够,哲学思考的视野总是或主要是指向非哲学对象或非哲学世界,而很少指向自身。可以说,哲学是重视反思的方法的,但哲学对自身恰巧缺少足够严肃和充分的方法论反思。人们有时自觉或不自觉地以非哲学甚至反哲学的方式来对待哲学,尤其是以不符合马克思主义哲学本性的方式来对待马克思主义哲学，这不仅妨碍哲学的发展，甚至会危及哲学的生存。

客观反思我国哲学研究，尚存不少问题。

首先，过去我们的哲学研究中自觉不自觉地存在着严重的“自我中心化”倾向。“自我中心化”是心理学家皮亚杰对儿童幼稚心理境态的一种描述，是人的一种不成熟的表现。在哲学研究中一些人自觉不自觉地以马克思主义哲学正宗自居，对东西方各国哲学包括对马克思主义的哲学研究及其成果基本上持拒斥的态度，使得我们的马克思主义哲学研究与中国传统哲学以及当代西方哲学研究严重脱节，也脱离了当代哲学研究应当具有的人类文化背景和实践科学基础。

其次，我们当前的哲学研究还不自觉地沿袭着近代以来西方的形而上学思维方式，造成内部的板块分割和机械分类。马克思主义哲学、中国哲学、西方哲学研究之间少有实质性沟通与合作。本体论、认识论、辩证法、实践论、价值论、历史观、方法论等分支哲学研究未能在哲学研究的总体体系中恰当定位。哲学史、哲学原著、哲学原理之间彼此脱节或相互重复的情况均时有发生，研究者们各自往往限于狭小的领域而缺乏哲学研究应有的宏大视野和胸怀。

再次，从总体上看，我们的哲学研究还缺乏深度分化，也缺少高度综合；既缺乏在分支哲学、部门哲学中的发掘与建设，相应地也缺乏在元哲学层面上的提升；既缺乏足够的分析，也缺乏足够的思辨，等等。

克服哲学研究的上述方法论缺陷，强化哲学研究中的主体意识，一个重要的方面，是要预测哲学发展的趋向并使之成为哲学研究的自觉向导。哲学未来如何预测？这有多种途径。

其一，把握中国和世界哲学发展的历史轨迹，即运用“趋势外推”法。正是历史的轨迹往往会以变形的方式延伸到未来。然而未来包含着历史却不全是它的简单延伸和直接继续，因此要有强烈的历史感又不能囿于历史。

其二，把握现实中的矛盾，这包括现有哲学理论与哲学现实的矛盾和理论体系的内在矛盾等。矛盾的存在表明内部结构的不合理状态，对不合理状态的解决将会影响哲学的发展历程并且导向未来。

其三，发现未来哲学的萌芽。这种萌芽既存在于现实的哲学研究中，也可以从世界哲学的发展过程中寻求借鉴。

把握哲学未来走向，从研究方式的角度看，有两个测度，一是世界化，二是个性化。

真正的哲学是世界化的哲学，只有世界化的哲学才是真正的哲学。过去我们对此认识不够，应从世界哲学的范围提高哲学研究的使命感。当代中国哲学研究的对象域和使命域都要走向世界。哲学的世界化恰恰是市场经济的要求。怎样达到世界化？达到世界化的途径就是个性化。当今世界哲学中有影响的哲学都是个性化的哲学。个性化的水平越高，对世界的影响力越大。市场经济既是高度世界化的经济，也是高度个性化的经济。最明显的特征之一便是通过专利制度在全世界范围内保护知识产权和发明创造。哲学社会科学的创新既需要鼓励，也需要保护。这就需要个性化的哲学研究，以发挥和强化哲学工作者的个体和群体主体性，搞出自己的特色，搞出自己的"专利"来。为此必须强调独特的研究思路和研究方法，探索个性化的哲学研究道路。

四、建构哲学研究方法论的基本思路

哲学研究方法论，顾名思义，就是关于哲学研究方法的学问，是对哲学研究的方法论反思。

方法是主体依据对客体发展规律的认识而为自己规定的活动方式和行为准则，是人们实现特定活动目的的手段或途径，是主体接近、把握以至改造客体的工具或桥梁。在科学的探索活动中，研究方法常以规范、章程、条例、准则等相对确定的形式表现出来，并作为一种带有约束性甚至强制性的规定，制约着人们的眼界和视线，规定着人们的研究范围和关注焦点，指导着人们的思维行程和活动程序，从而最终影响甚至决定着主体对客体把握的广度、深度和正确程度。合理而且科学的研究方法，通过对研究主体的思维、行为和活动等在方向、方式、节奏、强度、顺序、速度等方面的支配、调节和控制，使主体的自觉活动模式与客体的自发运动形式相吻合，使主体的主观活动逻辑与客体的客观发展逻辑相接近，从而充当与客体相互作用的中介，是主体观念地把握客体的必要条件。相应地，研究方法的科学更新，既是研究主体认识深化的结果和表现，又是其在更新的角度、更深的层次上全面准确把握特定客体的重要条件，是科学进步的重要动力之一。

科学研究是这样，哲学研究也是这样。要使哲学理论不断获得发展并臻于完善，就必须注意对哲学研究方法的自觉反思和科学更新。哲学研究方法，既是哲学家的活动方式、思维方式和行为方式等的提炼、概括和总结，又对哲学家观察和思考问题的角度、把握客体的途径和方式，以及研究手段的选用等具有指导和制约作用。从总体上看，哲学研究作为一种学术研究，既有与一般的科学研究所共通的研究方式和研究方法，又有自己作为哲学研究所特有的方式和方法。

就其共通的方面来看，哲学研究与科学研究一样要经历考察对象、收集材料、考据材料、发现问题、诠释对象、提出假设、形成观点、论证主题、表达思想、传播观念、评论成果等各个环节，并在其中综合性地运用诸如观察与思考、分析与综合、归纳与演绎、抽象与具体、历史与逻辑等思维与逻辑方法，其中也难免渗透着直觉、灵感、顿悟等非理性的方法。

就其特殊的方面来看，哲学研究不同于科学研究或其他非哲学研究之处，在于它的研究的各环节、各步骤、各阶段之中，都渗透着一种强烈的哲学观念、哲学意识、哲学原则、哲学思路、哲学提问、哲学理解、哲学评价、哲学反思、哲学诠释、哲学透析等。哲学研究，就其方法论特征而言，是一个从非哲学的对象世界发现和提升哲学问题，并以哲学方式来加以处理，最终回到非哲学中去的过程。而哲学的思维方式和方法则贯穿其中。

与哲学研究方法的这两个方面或层次相适应，哲学研究方法论的建构也可以在两个方面或层次上建构：广义的哲学研究方法论，涵盖哲学研究与科学研究相共通的方法与为哲学研究所特有的方法这两个大的方面或层次；狭义的哲学研究方法论，主要涉及为哲学研究所特有的研究思路和方法。鉴于对科学研究的一般方法在科学研究方法论中已有比较全面、深入和充分的论述，我们的研究将限定为狭义的哲学研究方法论，即主要集中在那些专属于哲学研究的思路和方法方面。

哲学研究有些什么特殊的思路和方法？这可以说是一个仁者见仁、智者见智的问题。哲学研究关注那些最普遍、最一般的东西，但哲学家们对这些最普遍、最一般的东西的关注和思考又是高度个性化的，各有其独特的思路、视角和方法。因此，对于哲学是否有某些共同的方法，哲学界一直存有争议。有的学者主张哲学无定论，认为没有一个共同的哲学观念和统一的哲学方法。在我们看来，哲学研究确实有其个体性、民族性、时代性、历史性、地域性差异，但也还存在着某些超个体、超民族、超地域、超时代而为人类理性思维在哲学层面上所共有的东西。这些东西自觉不自觉地以其具体形式渗透在哲学家个体的思维和研究活动中，以至我们可以从方法论上对其加以概括和提升，探索和建构哲学研究方法论。

哲学研究方法论应当如何建构？这同样是一个见仁见智的问题，完全允许也应当鼓励人们从各种角度进行探索和思考。在笔者看来，这里有四条原则尤为值得关注。第一，先导性原则。哲学观念是哲学研究的核心，也是哲学研究方法论的先导。正是在对哲学的性质、对象、特点和功能等元哲学问题的反复追问和回答中，哲学研究得以展开和实现。第二，历史性原则。哲学就是哲学史，哲学研究和思维方法更不可能脱离历史上的哲学。从方法论的角度研究哲学史，从对哲学史的深刻把握中体会其方法论更迭，对于哲学研究方法论的建构至关重要。第三，主导性原则。马克思主义哲学在当代中国的哲学研究中居于主导地位，概括马克思主义哲学的历史发展及其方法论原则在哲学研究方法论的建构中占有极为重要的地位。第四，具体性原则。哲学研究不能浮在纯粹抽象的概念层面，也不能仅限于宏观的总体性问题，还必须深入各门具体的哲学分支以及具体的哲学问题之中。从方法的角度看哲学理论，在哲学中提炼方法，这正是哲学研究方法论的基本根据和建构原则。

正是依据以上原则，《哲学研究方法论》一书从四个方面展开自己的思路并相应形成四编的结构体系。[①]

第一编，元哲学问题研究。该编从提出和回答“哲学是什么”和“哲学不是什么”入手，历史地回溯古今中外哲学家关于哲学的各种界说，在与科学和神学的比较中全面界定哲学，进而考察哲学的性质、对象、特点和功能，论述哲学思维的高度抽象性与思辨性、致极性与超越性、革命性与批判性等特点，提出建构哲学形态学和哲学研究法的基本思路，主张强化哲学研究工作者的主体性，强化哲学研究中的批判意识、前导意识、世界意识、个性意识和学科群意识，更好地发挥马克思主义哲学不仅以唯物主义方式理论地解释世界，而且以唯物主义的方式实践地改造世界的功能。

---

① 欧阳康.哲学研究方法论[M].武汉:武汉大学出版社,1998.

第二编,哲学思维方式的发生与演进研究。该编首先运用发生学的方法,考察人类哲学思维在原始神话中孕育、发生和提升的历史进程,进而将西方哲学的历史发展划分为本体论、认识论、主体论、实证论、人本论五种思维和研究方式,分别探讨其各自产生与形成的社会历史文化背景和理论渊源,揭示其思维模式的基本要素和整体构架,并考察其各自所面临的诘难与挑战,力图在历史与逻辑的统一中揭示西方哲学思维发展的历史逻辑。

第三编,马克思主义哲学研究。该编从探析马克思主义哲学变革的实质及其现代意义入手,考察马克思主义哲学在当代中国的发展历程,在与非马克思主义哲学的比较中全面阐发马克思主义哲学的基本规定,将其界定为辩证的、历史的、人道的、实践的唯物主义,在此基础上考察马克思主义哲学的当代视野和当代形态,提出了建构马克思主义哲学体系的科学原则。

第四编,分支哲学研究。本编把哲学研究方法的关注融会到对各种前沿和热点哲学问题以及分支哲学的探讨和建构之中,分别就实践的唯物主义、本体论、认识论、价值论、社会认识论、社会评价论、文化学、历史观、人和人的主体性、传统文化与现代化,以及有中国特色社会主义等问题的深入研究和创造性探讨提出了自己的独特思路和方法。正是通过对此类具体哲学分支和哲学问题的方法论探讨,哲学研究方法论的更新与哲学理论本身的发展内在地结合和融会起来,成为推进哲学变革的积极力量。

第四章　哲学史研究的方法论问题

本章是对哲学史的研究方法所作的阐述与探讨。哲学和哲学史有着密不可分的关系，哲学史的研究方法也是哲学研究方法的一项重要内容。总体来说，哲学史研究有四种主要的方法：传记的方法、文化史的方法、观念史的方法、问题史的方法。这几种方法既有差异又相互融通，不能简单的肯定或否定，而是要与对哲学的理解、哲学研究目的联系起来考察，选择恰当的方法。

想要合理运用各种研究方法，就要有具备三点认识。其一，哲学史与现代哲学有着天然的联系。一方面，哲学都以历史上的哲学为依据，也是对历史上的哲学的超越，且必然被后起的哲学所超越；另一方面，历史上的哲学都有其局限性，因而只有被现代哲学所吸收才能展现其价值。其二，哲学理论具有逻辑上的共性与历史形态的个性，哲学史研究需要从当前已有的哲学体系出发，回顾历史上各种哲学为此提供的诸要素，并促进已有哲学的更新与发展。其三，哲学具有超时代性与超历史性，哲学史不仅是过去人类思维的反应，也蕴含着现代与未来思想的萌芽。在客观解释历史的基础上，也要注重揭示这些潜在的发展因素。

人们普遍认为，研究哲学，必须学习和研究哲学史。恩格斯早就指出，一个民族要想登上科学的高峰，究竟是不能离开理论思维的，但是理论思维无非是才能方面的一种生来就有的素质。这种才能需要发展和培养，而为了进行这种培养，除了学习以往的哲学，直到现在还没有别的办法[①]。那么，应该如何学习和研究哲学史呢？本文提出以下一些看法与识者共同探讨。

一、历史上和现实中的哲学史研究方法概览

从哲学史家关于哲学史的论述及其哲学史著作中，大体可以看出以下几种主要的方法。

其一，传记的方法，也就是最常见的治史方法在哲学中的应用。这种方法有两个主要特点：一是强调"从哲学家本人的哲学观点出发"[②]，为此必须尽可能详尽地研究哲学家的个人生活经历，个人气质，心理特征，主要著作，主要观点的提出、发展与演进等；二是对哲学思想的历史发展，"依主题依次显现给每一哲学家的情况来处理它，那些明确的概念和清楚的争端将随着史实的进展而逐渐呈现出来"[③]。就是说，严格按照哲学"史实"所提供的材料来勾勒哲学思想的历史演进。这种方法完全立足于史实，与史料保持着密切的接触，从而有助于更为客观地、如实地和准确地把握历史上的哲学家和哲学思想的历史演进。但如果过度关注哲学家个体、强调客观史实，则又存在另一种可能，即陷入细枝末节而难以窥见哲学思想发展的总体图景。英国哲学家索利运用这种方法来撰写《英国哲学史》。

其二，文化史的方法，也可以叫作背景-主题研究方法。这种方法立足于对哲学与其社会文化和历史时代关系的把握，把历史上的所有哲学均置放到它们赖以生成的那个社会历史时代和文化背景之中来加以考察。罗素可以看作这种研究方法的倡导者。在他看来："哲学乃是社会生活与政治生活的一个组成部分：它并不是卓越的个人所做出的孤立的思考，而是曾经有各种体系盛行过的各种社会性格的产物与成

① 马克思恩格斯选集(第4卷)[M]. 北京：人民出版社，1995：285，284.

② 索利. 英国哲学史[M]. 段德智，译. 济南：山东人民出版社，1992：1.

③ 索利. 英国哲学史[M]. 段德智，译. 济南：山东人民出版社，1992：1.

因。"[①]因此，就其与社会历史时代的关系而言，"哲学家们既是果，也是因。他们是他们时代的社会环境和政治制度的结果，他们（如果幸运的话）也可能是塑造后来时代的政治制度信仰的原因"[②]。正是基于这种看法，罗素为他所撰写的《西方哲学史》提出的任务是："在真相所能容许的范围内，我总是试图把每一个哲学家显示为他的环境的产物，显示为一个以笼统而广泛的形式，具体地并集中地表现了以他作为其中一个成员的社会所共有的思想与感情的人。"[③]这种研究方法的优点是气势恢宏、时代感强，有利于揭示和了解历史上各种主要哲学家和哲学思想的时代背景与同时代社会文化基础。但正是由于它侧重于关注哲学家和哲学思想与历史时代的横向联系，因此不仅难度极大、难以把握，而且有可能忽视哲学思想发展的历史渊源和总体脉络。

其三，观念史的方法，也可以叫逻辑-历史的方法。这种方法的特点是："从笔者设想的哲学观点出发"，将"哲学上那些基本问题在一开始便提了出来，接着指明确定和解答这些问题所采取的每一步骤；凡与主要问题无关的东西，均置之度外，不管它们在一些哲学家的心目中可能多么重要"[④]。黑格尔可以被看作这种方法的主要倡导者。黑格尔认为，对于一般的历史研究来说，毫无偏见地陈述事实，这应当说是一种正当的要求。但对于哲学史研究来说，这种要求只是一种没有多大帮助的空泛的要求，"因为一门学问的历史必然与我们对于它的概念密切地联系着。根据这概念就可以决定那些对它是最重要最适合目的的材料，并且根据事变对于这概念的关系就可以选择那必须记述的事实，以及把握这些事实的方式和处理这些事实的观点"[⑤]。如果这个最初的前提，对于历史题材的看法没有确立起来，则历史本身就必然会成为一个游移不定的东西。"只有当我们能够提出一个确定的史观时，历史才能得到一贯性"[⑥]。黑格尔认为，哲学史研究之所以需要预先确立关于哲学的观念，还有一个重要原因，即是由于哲学的本性。对于其他历史研

① 罗素. 西方哲学史(上卷)[M]. 何兆武，李约瑟，译. 北京：商务印书馆，1963：5，8，9.

② 罗素. 西方哲学史(上卷)[M]. 何兆武，李约瑟，译. 北京：商务印书馆，1963：5，8，9.

③ 罗素. 西方哲学史(上卷)[M]. 何兆武，李约瑟，译. 北京：商务印书馆，1963：5，8，9.

④ 索利. 英国哲学史[M]. 段德智，译. 济南：山东人民出版社，1992：1.

⑤ 黑格尔. 哲学史讲演录(第1卷)[M]. 贺麟，王太庆，译. 北京：商务印书馆，1959：4，5.

⑥ 黑格尔. 哲学史讲演录(第1卷)[M]. 贺麟，王太庆，译. 北京：商务印书馆，1959：4，5.

究，人们对它的对象和题材总体上都有比较一致的看法，而“哲学有一个显著的特点，与别的科学比较起来，也可说是一个缺点，就是我们对于它的本质，对于它应该完成和能够完成的任务，有许多大不相同的看法”。这时，“只有真的哲学概念，才能使我们理解那些根据哲学的真概念从事工作的哲学家的著作”①。就是说，辨析哲学概念，成为研究和撰写真正的符合逻辑的哲学史的必要前提。“这些情况，使得在哲学史里，比在任何别的科学里，更必须先有一个导言，把需要讲述的哲学史的对象首先正确地加以规定”②。黑格尔认为，正是由于没有这方面的规定，在过去的许多哲学史的著述中，“我们什么东西都可以找得到，就是找不到我们所了解的哲学”③。也正是为了写出这种符合自己的哲学观念的哲学史，黑格尔在他的《哲学史讲演录》第 1 卷中，花了相当的篇幅来讨论哲学和哲学史的概念及相关的一系列基本问题，建立了自己的哲学观和哲学史观。黑格尔所主张的这种哲学史方法非常深刻和重要，但有一个根本性问题是这种方法所必然面对而又在自身内部无法解决的，这就是如何在不同的哲学观中确定出他所说的真的哲学观念：你说你的哲学观是真的、合理的、最好的，别人的是假的、不合理的或不太好的，别人也可以对你的哲学观提出同样的“片面性的责难”④，做出同样的否定性或争议性评价。另外，仅从自己所承认或认可的哲学观去整理和研究哲学史，还“易于因强调某些特征而忽略其他一些特征从而失去历史的比例关系”，因此，其“结果往往是片面的，易引出误解的”⑤。

其四，问题史的方法，也可以叫作问题-对话的方法。这种方法把哲学史的发展看作一连串的问题和对问题的回答与对话。因此，研究哲学史，既撇开哲学和其他社会文化形式之间的联系，又舍弃哲学家的个人特质和传闻轶事，而是专注于在问题的提出与回答中展开的哲学史发展的内在逻辑或内在必然性。在这里，一个个哲学家的肖像悄然隐去了，杂乱的、汗牛充栋的著作和手稿也悄然隐去了，剩下来的只是

① 黑格尔. 哲学史讲演录(第 1 卷)[M]. 贺麟，王太庆，译. 北京：商务印书馆，1959：4，5.
② 黑格尔. 哲学史讲演录(第 1 卷)[M]. 贺麟，王太庆，译. 北京：商务印书馆，1959：4，5.
③ 黑格尔. 哲学史讲演录(第 1 卷)[M]. 贺麟，王太庆，译. 北京：商务印书馆，1959：4，5.
④ 黑格尔. 哲学史讲演录(第 1 卷)[M]. 贺麟，王太庆，译. 北京：商务印书馆，1959：4，5.
⑤ 索利. 英国哲学史[M]. 段德智，译. 济南：山东人民出版社，1992：1.

一连串问题。哲学史，也就是问题史。哲学史的发展，就是由一连串的问题和对问题的不断解答而展示出的人类思想进程。德国著名的新黑格尔主义者理查德·克洛纳是这种方法的倡导者。他的两卷本巨著《从康德到黑格尔》就是运用这种方法写成的。该著作力图使读者沿着这样的思路去思考：康德提出了哪些哲学问题，其中哪些被他解决了，哪些遗留下来了；费希特是怎样去解决康德所没有解决的问题的，他又留下了哪些未解决的问题；接着谢林是怎样去解决费希特留下的问题的；而黑格尔又是如何去解决谢林留下的问题的，通过这种方法揭示出整个德国古典哲学发展史的内在逻辑进程。问题史的方法对于揭示哲学史的内在逻辑发展无疑是有其特殊功效的。但实际上历史上哲学问题的产生与演进和哲学家们对这些问题的研究与回答，都不是在纯粹思想的范围内发展和推进的，而是既离不开一定的文化背景和历史时代，又受着哲学家特殊经历和个性特色的强烈影响；完全撇开了它们，要想真正全面、客观、准确地揭示哲学史发展的问答逻辑，恐怕也是非常困难的。

我们认为，这些方法之间尽管不无相通和互渗之处，但它们在研究目的、研究重点、研究范围、研究思路及具体方法方面的差异和区别是显而易见的。造成这些差异和区别的原因很多，根本的是两个方面。一是对哲学和哲学史的理解，这是确定哲学史研究方法的对象性前提：对对象的理解不同，把握对象的方法也就有所不同。二是研究哲学和哲学史的目的，这是确定哲学史研究方法的主体性依据：研究目的不同，达到目的的手段也就有所不同。而在对哲学和哲学史的理解与哲学史研究之间又有着某种内在相关性。这样我们就可以在对哲学和哲学史的理解、研究哲学史的目的和研究哲学史的方法之间发现一种内在的统一性，三者构成一个内在相关的系统。如何理解和看待哲学和哲学史，既依据又服从于一定的哲学研究目的，而哲学史研究方法则是从一定研究目的出发达到对哲学和哲学史的一定理解的手段。

从这个角度看，以上四种哲学史研究方法既生发和服从于与之相关的对哲学和哲学史的理解，又为达到与之相关的哲学史研究目的所必需。这四种对哲学史的理解、研究目的与研究方法，各自内部都有一种相关性和自足性：只要你从某种角度和目的出发来理解哲学和哲学史，你就必然甚至只能采取与之相应的研究方法。此外，一定的研究方法也只是或主要是对某种相对应的研究对象和研究目的发生功效，有着自己特定的对象域和功能域。

在这种意义上，我们不能简单地肯定或否定某种具体方法，而应当将它同它所赖以发生的对象性前提和主体性依据联系起来加以考察；不是简单地和单纯地比较和评价具体的研究方法，而是首先考察其所服从和服务的哲学观和哲学研究目的，在哲学观、哲学研究目的和手段的相关性和统一性中做出功能性和效用性的考察和评价。相应地，当我们要对哲学史研究做出某种具体的方法论抉择时，主要的精力不应仅仅放在各种具体的研究方法自身，而应放在对哲学和哲学史的理解和再理解，即哲学观和哲学史观的再审视上，同时放在对哲学史研究目的的确定和重新确定之上。只有将这两个基础性和前提性问题真正搞清楚了，具体的哲学史研究方法才能真正确立起来。只有当我们在哲学观、哲学史观和哲学史研究目的上真正有所前进、有所突破时，具体的研究方法的科学更新和自我超越才有可能。

实际上，当我们从人类理性精神的致极性和超越性特点来理解哲学，又从人类哲学思维对精神极限和实践极限的不断追寻和不断超越来看待哲学史，并把哲学史研究看作我们当前寻求哲学极限和超越哲学极限，即把握现代哲学和发展现代哲学的必要条件之一时，我们就会看到，这四种哲学史研究方法本质上并不是完全对立、相互排斥和彼此否定的，而是各有侧重、各有功用并且相互补充的；它们可以在一种更具包容性、开放性和超越性的哲学观、哲学史观的统摄下结合起来，并在一种新的哲学研究目的下得以协调，成为哲学史研究方法库中的必要构件。

二、立足现代哲学的思想高度去把握哲学史

黑格尔曾经指出，如果我们要想把握哲学史的中心意义，我们必须在似乎是过去了的哲学与哲学所达到的现阶段之间的本质上的联系里去寻求。[①] 那么，什么是哲学史与现代哲学的本质联系呢？这可以从两个方面来分析。

一方面，历史上的哲学作为人类哲学思维发展历程中的特殊阶段，

---

① 黑格尔. 哲学史讲演录(第1卷)[M]. 贺麟，王太庆，译. 北京：商务印书馆，1959：7.

为现代哲学的产生奠定了基础、提供了材料，是现代哲学的一种历史依据。我们认为，哲学是人类理性精神中那种超越有限、趋向无限的求知欲望和创造本性的集中表现和高度自觉。哲学思维的致极性意味着人们总是以哲学的方式去探索人类在知识和实践方面达到的最高层次、最大成果，并在此基础上寻求对于人、世界、人与世界关系而言的终极存在、终极解释、终极价值等。哲学思维的超越性则意味着，虽然每一个时代和个体所能达到的极限总是有限的，然而随着人类实践和知识范围的拓展，人们总是不断地突破已经达到的极限并去寻找新的极限。正是这种致极性与超越性的内在矛盾与冲突，推动着哲学的产生和发展。而这种发展通过各种哲学体系相互更替的方式得到实现，展现为一个动态演进的哲学发展过程。每个真正的哲学，都是超越了历史上的哲学并在发展人类理性精神极限方面有所贡献的哲学。但每个哲学对人类理性精神极限的超越又都受到历史时代的限制，因而是有限的，必然被后起的哲学所超越。正是这种对于极限的不断探寻和超越，构成了哲学史的发展过程，而任何时代的哲学都必然建立在一定的发展过程之上。我们的哲学，只有在本质上与此前的哲学有了联系，才能够有其存在，而且必然地从此前的哲学产生出来。因此，哲学史的过程并不昭示给我们外在于我们的事物的生成，而乃是昭示我们自身的生成和我们的知识或科学的生成。① 在这种意义上，哲学只有一个，即处于不断发展中的哲学，哲学史就是这个唯一的哲学萌生、成长、发展的历史。因此，哲学是在发展中的系统，哲学史也是在发展中的系统②。哲学系统的历史发展构成哲学史，哲学史的历史演进造就了现代哲学。因此，要研究和发展现代哲学，就必须研究哲学史。我们不仅需要通过哲学史的研究来了解哲学本身，而且哲学史的研究就是哲学本身的研究③，或至少是一种哲学研究。只有真正把握了历史上的哲学及其向现代哲学的超越和运动，才能真正理解现代哲学。

另一方面，历史上的哲学只有真正为现代哲学所关注和吸收，以特定方式成为现代哲学的内在构件和有机组成部分，才能得到肯定和提

① 黑格尔. 哲学史讲演录(第1卷)[M]. 贺麟，王太庆，译. 北京：商务印书馆，1959：7.

② 黑格尔. 哲学史讲演录(第1卷)[M]. 贺麟，王太庆，译. 北京：商务印书馆，1959：7.

③ 黑格尔. 哲学史讲演录(第1卷)[M]. 贺麟，王太庆，译. 北京：商务印书馆，1959：7.

升，展示出自己的历史价值和积极功能。在历史上的哲学向着现代哲学的超越和建构过程中，相比之下，最初期的哲学是潜在的、直接的、抽象的、一般的，亦即尚未高度发展的哲学，而最晚出的、最年轻的、最新近的哲学则是最发展、最丰富、最深刻的哲学。但是，那些先起的哲学并不会随着哲学的发展而完全丧失其意义。每一哲学曾经是而且仍是必然的，因此没有任何哲学曾消灭了，而所有各派哲学作为全体的诸环节都肯定地保存在哲学里。各派哲学的原则是被保持着的，那最新的哲学就是所有各先行原则的结果，所以没有任何哲学是完全被推翻了的。那被推翻了的并不是这个哲学的原则，而只不过是这个原则的绝对性、究竟至上性。[①] 就是说，立足于现代哲学高度来研究哲学史，还在于需要从历史上的哲学中寻找自己的养料、成分、构件，以更好地发挥哲学史的现代意义，从而不断地充实和发展自身。

三、立足于哲学发展的共性来考察历史上哲学的个性

马克思在谈到哲学史研究的方法论时曾经说过，哲学史应该找出每个体系的规定的动因和贯穿整个体系的真正的精华，并把它们同那些以对话形式出现的证明和论证区别开来，同哲学家们对它们的阐述区别开来。哲学史应该把那种像田鼠一样不声不响地前进的真正的哲学认识同那种滔滔不绝的、公开的、具有多种形式的现象学的主体意识区别开来。在把这种意识区别开来时应该彻底研究的正是它的统一性，相互制约性。[②] 马克思所说的那些属于整个体系的真正精华、真正的哲学认识的东西，就是那种贯通在古今中外哲学中的普遍的、共通的、硬核性的东西。正是这些普遍的、共通的、硬核性的东西，使历史上形态各异的哲学相互连接构成哲学的大家族，又正是它们在历史过程中的不断展开、延续，构成了哲学发展的历史逻辑。哲学发展的逻辑过程深深地内在于哲学发展的历史过程之中，哲学发展的历史过程则由于内在逻辑的支配与作用而显示出自己特有的秩序性和方向性。因此，人类哲学思维发展的逻辑过程与历史过程之间必然是一致的，历史

---

① 黑格尔. 哲学史讲演录(第 1 卷)[M]. 贺麟，王太庆，译. 北京：商务印书馆，1959：40，41.

② 马克思恩格斯全集(第 40 卷)[M]. 北京：人民出版社，1982：170.

上的那些哲学系统的次序，与理念里的那些概念规定的逻辑推演的次序是相同的[①]。

当然，哲学发展的历史进程与逻辑进程的一致，不能看作无差别的绝对同一，而是包含着历史时代和个性差异的统一，是多样性和个性化的统一。哲学研究总是追求那些普遍的、绝对的、至上的和无限的东西，但是这种追求只能通过在具体的社会历史文化时代中生活并有其个性和心理特征的哲学家来实现。就是说，人类哲学思维的共性是通过古今中外各形各色哲学的个性而得以存在并得到展示的；哲学发展的逻辑过程是存在于其历史过程之中，并通过历史上形态、风格各异的个性化哲学体系而得到展示的。

由此，要把握哲学的共性与个性、逻辑与历史，必然产生出两种相关而又相异的研究方法。一种是立足历史、个性去把握逻辑、共性的研究方法，另一种是立足逻辑、共性去把握历史、个性的研究方法。前者是我们所熟悉的哲学理论研究方法，后者则是哲学史研究方法。

黑格尔曾经论述了这两种研究方法及相互关系。他说，如果我们能够对哲学史里面出现的各个系统的基本概念，完全剥掉它们的外在形态和特殊应用，我们就可以得到理念自身发展的各个不同的阶段的逻辑概念了。反之，如果掌握了逻辑的进程，我们亦可从它里面的各主要环节得到历史现象的进程。不过我们当然必须善于从历史形态所包含的内容里去认识这些纯粹概念。[②] 哲学理论研究方法立足于而又力图超越于哲学发展的历史与个性，舍弃历史上各个思想家和各种哲学思想的个性差异和来源区别，“完全剥掉它们的外在形态和特殊应用”，而将其积极的成分作为一种构件、要素、成分而纳入一种共时态的体系之中，按照理论的内在逻辑建构成一个统一的哲学体系。

哲学史研究方法则正好相反：它依据于对哲学发展最高水平的理解，立足于哲学的共性和逻辑，去把握和探索各个思想家的个性特征及各时代哲学所达到的阶段性水平。为此，它把共时态的现代哲学系统分解为若干的基本方面、要素、构件，去考察它们各自的历史渊源及其

---

① 黑格尔.哲学史讲演录(第1卷)[M].贺麟，王太庆，译.北京：商务印书馆，1959：40，41.

② 黑格尔.哲学史讲演录(第1卷)[M].贺麟，王太庆，译.北京：商务印书馆，1959：40，41.

历史演进，从其里面的各主要环节得到历史现象的进程，由此确定出各个思想家、各种哲学流派对人类哲学思维发展所做的独特贡献。对这种贡献可以从各个方面来具体度量：或是开创了某些具有长久理论意义的哲学论域；或是对历史上长期悬而未决的哲学疑案做了自己的独到回答；或是对当时的历史时代在哲学层面上做了相对而言更加全面完整的解释；或是在系统总结已有思想材料方面有集成之功；或是为后世探讨提供了具有启迪意义的思想火花；或是以己之鉴为后人提供了具有意义的启示，等等。

当然，对哲学的理论研究和历史研究并不是完全隔离的，而是互为条件的；哲学研究中的历史方法和逻辑方法之间实际上是互相制约、互为补充的。恩格斯在谈到政治经济学史的研究方法时曾经指出，历史研究的重要之处是摆脱各种外在形式和偶然因素的干扰，因此，逻辑的研究方式是唯一适用的方式。但是实际上这种方式无非是历史的研究方式，不过摆脱了历史的形式以及起扰乱作用的偶然性而已。历史从哪里开始，思想进程也应当从哪里开始，而思想进程的进一步发展不过是历史过程在抽象的、理论上前后一贯的形式上的反映；这种反映是经过修正的，然而是按照现实的历史过程本身的规律修正的，这时，每一个要素可以在它完全成熟而具有典型性的发展点上加以考察。[①]

那么，如何去把握哲学史的个性呢？关键是要在“完全成熟而具有典型性的发展点”上找出并把握每一个要素。这可以在不同的层面上展开。小到每一个哲学家，他的思想形成和发展的每一个细节，他的心理气质的每一个特点，他的每一部书及其中的各种观点，他的各种思想的内在联系、矛盾冲突及其历史发展等——在传记史的水平上展开对于思想细节的微观研究。中到一定的哲学流派，它的历史渊源、产生过程、基本概念、主导原则、结构体系、代表人物、主要著述、内部纷争、外部冲突、历史演进、后世影响等——在学派史的水平上展开具有一定规模的中观研究。大到人类哲学思维发展过程中的基本思维方式，它们是哲学思维总体发展过程中的基本环节和发展链条，不仅统摄了一定的时代，经历了自身的发展，而且至今还发挥着重要的影响，是现代哲学思维的基本构件。它们的产生、形成和演进，代表了人类哲学思维发

① 马克思恩格斯选集(第2卷)[M].北京：人民出版社，1995：43.

展的历史性、阶段性水平，它们的变革和更替标志着并推动着人类哲学思维的自我更新和自我超越。人类哲学思维发展历史中前后相继所形成的本体论思维方式、认识论思维方式、主体论思维方式、实证论思维方式、人本论思维方式，以及马克思所倡导的实践论思维方式等，就是在这个层面上对于哲学思维发展史的一种个性化研究。

四、立足于历史上哲学的本来意蕴来阐发其现代意义

如何揭示历史上某种哲学的个性？从研究思路上看，主要可以借助两个方面的参照系统：一是以历史为参照，看其与此前的哲学相比，是否提供了人类哲学思维发展中还没有的新东西，以及这种新东西的大小多少；二是以未来为参照，看其与后起的哲学相比，是否为人类哲学思维的进一步发展提出了新的基础，提供了新的推进因素。

这两个方面结合起来，就是不仅要看一种哲学在历史上所达到的成就、所具有的充分意义，还要看其所包含的发展萌芽、所具有的现代意义。

马克思在谈到政治经济学的方法时写道：哪怕是最抽象的范畴，虽然正是由于它们的抽象而适用于一切时代，但是就这个抽象的规定性本身来说，同样是历史条件的产物，而且只有对于这些条件并在这些条件之内才具有充分的适用性。资产阶级社会是最发达的和最多样性的历史的生产组织。因此，那些表现它的各种关系的范畴以及对于它的结构的理解，同时也能使我们透视一切已经覆灭的社会形式的结构和生产关系。资产阶级社会借这些社会形式的残片和因素建立起来，其中一部分是还未克服的遗物，继续在这里存留着，一部分原来只是征兆的东西，发展到具有充分意义，等等。人体解剖对于猴体解剖是一把钥匙。反过来说，低等动物身上表露的高等动物的征兆，只有在高等动物本身已被认识之后才能理解。① 马克思的这一段话，对于我们探索和揭示历史上哲学的本来含义及其现代意义具有十分重要的方法论意义。我们根据对哲学发展的现阶段的理解来反思历史上的哲学，可以透视它们的范畴、理论对于它们自己那个时代并在那个时代之内所具有的充分的意义，也可以鉴别它们在何等程度上具有跨时代的普遍适用的

① 马克思恩格斯选集(第2卷)[M].北京：人民出版社，1995：23.

意义，进而清理出哪些是应该克服而尚未被克服的东西，哪些是可以作为合理地处理现代人与世界的关系的启迪的源泉，并表露着现代哲学的征兆而应该发扬、发展，使之同现代的时代精神融为一体，从而具有成熟形式和充分意义的东西。

哲学是以问题方式来把握对象世界和处理人与世界关系的。哲学基本问题作为对人与世界之间最根本、最本质关系的哲学概括，具有最大的普遍性和最高的抽象性，同时也具有最大的具体性和最强的现实性。哲学基本问题一旦提出，就不仅具有超地域性和超民族性，成为各地域、各民族理性思维发展的普遍性问题，而且具有超时代性和超历史性，成为各具体时代、各历史阶段的理性思维的共同问题。在这种意义上，正是对以哲学基本问题为主导的哲学问题的系统的研究和回答，使得各地域、各民族、各历史时代、各发展阶段的具体哲学既相互区别开又相互联系起来。各地域、各民族之间的哲学差别主要受不同类型的区域文化和民族文化的影响，使哲学具有一定的地域特色和民族风格。各历史时代、各发展阶段之间的哲学差异则是哲学思维发展不同阶梯和对哲学基本问题解答的不同水平的差异。在人类文明和哲学思维发展的总过程中，每个时代和历史阶段的人们都面临着双重的问题性挑战。一是历史上遗留下来的问题，二是本时代或历史阶段的独特性问题。对历史遗留问题的回答总是既受到时代性问题的影响，从而显现出时代精神对于哲学发展的影响，又对时代性问题的解答具有某种影响和制约作用，从而显现出哲学历史对哲学现实形态的影响和作用。一定的哲学时代，既是对哲学发展中的历史之谜的时代性解答，又是对哲学发展中的现实形态的历史性建构。正是这种解答历史之谜与建构现代哲学形态的活动，又孕育了一种新的可能，即提出超越历史时代的哲学新问题，从而为哲学思维的进一步发展奠定更加宽厚的基础和提供更加强劲的动力。正是在这种意义上，积极开展哲学史研究，不仅有助于理解和把握现代哲学的历史依据，还有助于发现和揭示现代哲学进一步发展的生长点。在客观揭示历史上哲学的本来意蕴的基础上，揭示其以萌芽、征兆、端倪形式存在的发展因素，这对于促进哲学思维的现代发展无疑具有非常积极的作用，也是现代哲学研究中应当充分具备的历史意识和应当自觉应用的历史方法。

第五章　论哲学研究的世界化、民族化与个性化

本章阐述了哲学研究的世界化、民族化与个性化的具体内容。

哲学研究的世界化，从根本上说，是一种哲学胸怀的拓展，由自我中心化的狭隘眼界转向一种真正广阔博大的世界胸怀。它要求我们从人类文明的多样化发展和哲学思维思维的个性化展开来看待当今世界五彩纷呈的哲学流派和哲学学说；也要求哲学视野的转换，由局域狭小的研究范围转向全球的人类的世界范围；要求研究规范的转换与更新，在范畴体系和形式系统方面与世界哲坛通约、接轨、对话。

哲学研究的民族化发生于哲学本身所具有的民族性、根源性。对于当代中国来说，强化哲学研究的民族化走向，有两个基本方面，一是要使中国的哲学研究与发掘和弘扬中国传统文化思想精华更加自觉、有机地结合起来。二是要使中国的哲学研究自觉地与当代中华民族的社会主义现代化建设，与中国人民的现实实践相结合。哲学研究的民族化进程既是中国传统哲学的现代化进程，也是世界哲学的中国化进程。

哲学研究的个性化，从根本上说，就是要把求新、发展和创造确立为哲学研究中始终不渝的基本目标；就是要自觉促使哲学研究的深度分化与高度综合；需要创建并完善必要的社会激励和保障机制；最基础、最重要的还是强化哲学工作者从事个性化哲学研究的自觉性和实际能力。

哲学研究的世界化、民族化与个性化，对于当代中国哲学的发展具有至关重要的意义。

一、哲学研究的世界化

哲学研究的世界化，无疑是哲学本性的内在要求。马克思早就指出，真正的哲学应当成为世界的哲学，而世界也成为哲学的世界。只有当这种哲学冲破了固定不变的、令人难解的体系的外表，以世界公民的姿态出现在世界上[①]时，哲学才能真正掌握世界，成为世界的哲学，成为自己那个时代的时代精神的精华。

马克思所讲的世界的哲学或哲学的世界化，直接地看，是个空间地域概念，区别于“局域的哲学”或“哲学的局域化”，要求我们超越狭隘的区域隔离与分割；而就其本质来说，则是一种境界、视野和胸怀，要求在哲学研究中真正贯彻一种人类境界、全球视野和世界胸怀。而这又只有从根本上消除哲学研究中狭隘的“自我中心化”状态才能真正达到。

但在我们过去的哲学研究中，自觉不自觉地存在着“自我中心化”倾向：在强调马克思主义哲学中国化的过程中；不自觉地使我们的哲学研究脱离了人类科学技术和社会文明现代发展的世界历史进程；自觉不自觉地以马克思主义的“正宗”传人自居，简单排斥和否定其他各国尤其西方学者对马克思主义哲学的研究和发展；简单拒斥和否定当代西方哲学，使马克思主义哲学研究脱离了人类哲学思维的当代发展。

马克思主义哲学本来就是世界的哲学。它的产生不仅深深植根于当时最先进的科学、技术和社会化大生产体系，立足于当时如火如荼的世界性阶级斗争和社会变革浪潮，还批判地吸取了人类哲学思维长期发展积淀的全部积极成果，从而超越并领先于当时的历史时代，真正成为一种世界的哲学并极大地影响了整个世界。然而，由于世界历史的不断进步和人类文明的不断发展，马克思主义哲学作为世界哲学的地位并不是一劳永逸的，它必须随着世界文明的进步而继续不断地世界化才能得以保持、巩固和发展。一旦它脱离了和落后于人类文明的发展，就会自动地丧失其作为世界哲学的资格，失去其影响世界进步的能力。由于各国具体情况的差异，在运用和研究马克思主义的过程中，各

① 马克思恩格斯全集(第1卷)[M].北京：人民出版社，1956：120，121.

国的思想家都必须将其与自己的社会文化和革命实践相结合，这是必然的，也是必要的。但在将马克思主义具体化、局域化的过程中，还必须使之始终保持与人类文明的最新进步和世界历史的最新发展的密切联系，求得同步以至超前发展。也就是说，马克思主义哲学的具体化、局域化过程必须与其继续世界化、全球化的过程同步展开。应该说，马克思主义中国化的根本任务本来就包含着通过运用马克思主义指导中国革命和建设而使中国社会世界化、现代化，从根本上打破近代以来闭关固守的封闭格局，尽快加入世界现代化的历史进程，而马克思主义也在中国社会的世界化进程中得到新的世界性发展。

哲学研究的世界化无疑也是市场经济建设的内在要求。市场经济是一种世界经济。我国的社会主义市场经济建设从根本上说就是要使中国的局部经济运行能够迅速摆脱游离于国际经济贸易和生产体系之外的封闭格局，实际地参加和融会到全球一体化的世界现代化进程中，这绝不是一个单纯的经济与市场问题，而是一场深刻的综合性社会变革，要求人们在思维方式、行为方式、评价方式、情感方式等各个方面进行综合性重大变革，这就为我国哲学研究的世界化发展提出了积极的和紧迫的要求，同时也提供了现实的可能。

哲学研究的世界化，从根本上说，是一种哲学胸怀的拓展，由自我中心化的狭隘眼界转向一种真正广阔博大的世界胸怀，要求我们从人类文明的多样化发展和哲学思维的个性化展开来看待当今世界五彩纷呈的哲学流派和哲学学说，由简单的否定和粗暴的拒斥转向一种真正科学的批判和建设性的探索，崇尚谦虚、宽容、自由，提倡求实、探索、建设，鼓励发现、发明与创造；不斥一孔之见、不拒一得之功，聚细流、纳百川，众采各家之所长，在此基础上进行新的分析、新的综合、新的创造。

哲学研究的世界化，也要求哲学视野的转换，由局域的狭小的研究范围转向全球的人类的世界范围，真正面向当代大科学、大技术、大生产、大社会、大文明、大哲学等，面向当代人类所共同面对和共同关心的全球问题、发展问题。这不是说哲学不应当关注个别的、局部的和民族性问题，而是应把它们纳入总体的、全局的和人类的大范围和大发展过程之中来加以研究和考察，在对人类文明进程的总体性把握和对社会历史的世界性洞察中做出符合时代特点的哲学分析和哲学概括。

哲学研究的世界化，还要求研究规范的转换与更新，在范畴体系和形式系统方面与世界哲坛通约、接轨、对话。规范的通约是学术对话所必不可少的中介性条件。长期以来，马克思主义哲学与中国哲学和当代西方哲学之间在概念、范畴、体系方面的差异和隔离，既实际地妨碍了哲学研究的中国化进程，也妨碍了它的世界化进程。

二、哲学研究的民族化

哲学研究的民族化生发于哲学本身所具有的民族性、根源性。在历史上，哲学作为人类文化的内在组成部分，直接地是依托于各民族的生存实践和思维方式而存在的。各种具体的哲学都有其深刻的民族内容和民族形式，带着鲜明的民族特性和民族风格。正是深深地扎根于民族文化的历史和传统之中，哲学才获得了坚实的实践性和深厚的根源性。历史向世界历史的转变强化了各民族文化之间相互沟通和彼此趋同的方面，也加速了哲学研究的世界化进程，但这并没有取消文化的地域性和民族性，也没有取消哲学研究的民族化走向。恰恰相反，正是在世界化、全球化的历史进程中，各民族和地域文化之间交流和碰撞的机会增多，其间的差异和冲突也表现得格外明显和突出，展示出一体化与多样化同步发展的态势。这种情况在哲学研究中也同样存在。哲学研究的世界化进程是与其民族化进程相互关联的。各民族哲学的发展使世界哲学变得更加丰富多彩，世界哲学的发展为各民族哲学的存在和发展提供更加广阔的舞台。因此，一方面是世界哲学的发展离不开民族哲学的发展，并必须在民族哲学的发展中得到表现和实现；另一方面是各民族的哲学只有保持和发展自己的特殊理论内容和民族形式，才能贡献于世界哲学的发展，立足于世界哲学之林。

中国的哲学有其悠久的传统，是世界哲学的主要渊源和重要组成部分，对人类哲学的形成和发展曾经起过非常积极的作用。近代以来，中国科学技术和社会经济文化严重落伍，哲学的发展也相对落后，并实际地游离于世界哲学发展的主流。中国学人在向西方全面学习的过程中，产生出简单批判和否定中国传统哲学的倾向。20 世纪以来，在对于中国文化发展方向的探讨中，存在着传统主义与反传统主义的尖锐对立和冲突，而反传统主义基本上居于主导的方面，反孔批儒成为文化变革的主潮。新中国成立以来，曾经有一段时间，历史虚无主义当道，极左思潮盛行，极端行为泛滥，中国传统哲学与文化被当作沉重的包袱而抛在一边并受到无端的批判。这就实际上抛弃了中国当代哲学的历史基地，割断了当代中国哲学的历史渊源。中国与外国、传统与现代被绝对地割裂开来和对立起来。既拒斥西方哲学，又否定中国传统哲学，而对于马克思主义哲学的理解又是非常片面的，这就使当时中国的哲学研究一度处于非常尴尬和畸形的状态之中。改革开放以来，随着社会文化的进步和哲学观念的变革，我国的哲学研究重新确立了对于马克思主义哲学的正确理解，找到了自己的世界文化和哲学背景，也逐步意识到了自己的历史基地和传统之根的重要性。尤其是80年代以来，经过了文化热、国学热、儒学热、新儒学热等躁动，我国的哲学研究终于能够从各种全盘西化的研究范式中挣脱出来，去追寻自己的本质精神和历史根源，由中国与外国、传统与现代的对峙和对立转向中外古今的健康互动。中国优秀民族文化重新成为当代中国哲学发展不可或缺的重要思想文化资源，并对中国哲学的理论内容和未来形态发生着非常积极的影响。

对于不同的国家和民族来说，其哲学研究的民族化有不同的具体内容和形式。对于当代中国来说，强化哲学研究的民族化走向，有两个基本的方面。一是要使中国的哲学研究与发掘和弘扬中国传统文化思想精华更加自觉、有机地结合起来，从中国传统思想文化中发掘优秀民族文化资源，并将其加以提炼和改造，使之融入当代中国哲学，成为其内在组成部分，使当代中国哲学具有更加扎实丰厚的民族文化内容。二是要使中国的哲学研究自觉地与当代中华民族的社会主义现代化建设，与中国人民的现实实践相结合，从亿万人民的现实社会生产和文化生活中吸取鲜活的思想内容和理论源泉，在中华民族的现代文化创造中提升和创造具有新的时代特色和民族特点的哲学内容。

哲学研究的民族化进程既是中国传统哲学的现代化进程，也是世界哲学的中国化进程。中国传统哲学要现代化，成为当代中国哲学的思想资源和内在组成部分，就必须对其进行分析和改造，扬弃其已经过时的内容和成分，发掘其中具有超时代意义的成分和内容，并根据新的时代要求来将其加以改造和创造，使其获得时代性内容和形式。而对中国传统哲学的发掘和改造又必须与对世界哲学的学习与回应密切结合起来。世界哲学的中国化不是哲学观念的自在运动，而是由中国的哲学工作者来推进的，其主要形式是向世界哲学的批判性学习和创造性转化，其具体的成果是把世界哲学的丰富内容变成中国哲学的内在组成部分，使中国哲学得到发展。

世界哲学的中国化历程也包含了马克思主义哲学的中国化。在其产生之初，马克思主义哲学是作为一种民族哲学的形式出现的，是德意志民族的哲学。但它所拥有的科学理论内容和普遍指导意义使它迅速为世界其他民族所接受，成为一种世界的哲学。马克思主义哲学的世界化历程，既是它与各民族的实际相结合的过程，也是它被其他民族所认同和接受的过程。通过这个过程，马克思主义哲学由一种民族的哲学变成了多种民族所认同的哲学，变成了一种世界的哲学。而相应的民族哲学也在马克思主义哲学的激发下而走上了自己的现代化历程。这实际上是一个双向互动的过程，并且必然产生双重效果：一方面是马克思主义哲学为中华民族所接受和认同，成为其精神世界的内在组成部分和重要支柱，并由此而获得了民族形式和民族内容；另一方面是中国的哲学在马克思主义哲学的激发下得以更新和发展，走上了自己的现代化历程。

三、哲学研究的个性化

哲学研究的世界化、民族化不是要取消哲学研究的个性，而是要强化其个性，并且使之提升到世界级的个性水平。

历史向世界历史的转变不是消解了而是强化和突出了个人的地位和作用。日益广泛而深刻的世界性联系是以日益鲜明和突出的个性为基础和条件的。只有具备了别人所不具备的个性特征，才能获得吸引和影响他人的势能，并创造出与之建立起对象性关系的可能性。个性所及的范围越广、层次越高，则交往的范围越大、影响力越强。个性化的水平与世界化的水平之间实际上是一种正比递进关系。

市场经济本质上是一种个性化的经济体系。市场独宠具有个性特色与功能的产品。哲学研究也是这样。哲学追求普遍性的、无限的东西。但哲学家们对世界普遍性和无限性的真正追求及其积极成果必须也必然是高度个性化的。只有真正具有个性的哲学才能对社会发生影响并在人类思维进程中留下自己的痕迹。从进化论的角度看，人类理性的进化是以“特化-泛化”的方式来展开的：在某些方面优先取得突破并使其逐渐泛化，提高整个系统的水平，带动整体机能的发展。哲学发展也是这样。每一时代的哲学家们都必须以自己的方式回答“哲学是什么”这个普遍性的问题，建构起自己个性化的哲学观，并进而运用这种哲学观去观察、解释世界，建构起自己的哲学理论体系，创造出个性化的哲学世界。在这里，不同哲学家之间的个性差异和不同时期哲学家之间的时代性差异，哲学研究中产生各种“流”、各种“派”、各种“家”，对于哲学的繁荣和进步，不仅是必然的，也是必要的。各种哲学流派、学说和观点都以一种“片面的深刻”而从正面或反面以自己的方式推进着人类哲学思维的发展。一部哲学史，就是无数个性化的哲学产生、发展和更迭的历史。而当代世界哲坛中各种流派突起、学说纷呈、观点交织的纷繁局面，不仅反映着人类文明的多样化发展，而且标示着当代哲学研究高度个性化的时代性特点。

马克思主义哲学作为一种高度世界化的哲学，其本身也是高度个性化的。它以科学的能动的实践观为坚实基础，将彻底的唯物论、合理的辩证法、能动的反映论、科学的社会历史观、有效的方法论等内在地、有机地结合起来，以鲜明的个性特色区别并超越于历史上和现实中的各种哲学，使人类哲学思维跃迁到一个全新的水平，并影响和造就了一个全新哲学时代。与历史上任何一种有影响的个性的哲学一样，马克思主义哲学在理论上和实践中作用于并影响世界历史进程的过程，也就是它的哲学个性被世界所承认、接受和吸收，从而转化为一种普遍性、共性，使人类哲学思维的平均水平得到提高，人类文明在新的层次上得到发展。这时，又要求马克思主义哲学在新的水平上发展自己的个性，以新的方式在新的层面上进一步世界化和个性化，保持自己作为时代的哲学的领先地位。如果它不能自觉地和及时有效地做到这一点，它就会转化为一种历史的哲学，而失去其在现代的辉煌，失去其在新的哲学时代中的领先地位。马克思和恩格斯当年正是凭借对此的深刻洞悉而极其鲜明地告诫人们，不要把他们的学说当成一成不变的教条，而是看作行动的指南，把它作为伟大的认识工具交给群众，去开辟不断地认识真理和发现真理、认识自我和发展自我的道路。正是由于马克思主义哲学自身蕴含着这种自我更新和自我发展的内在动力和本性要求，它才能在一个多世纪以来的世界风云变幻中保持其个性和独特理论魅力，并使我们在今天对它的坚持和发展成为必要和可能。

在坚持和发展马克思主义哲学中，各个哲学家从不同角度进行创造性的哲学研究,必然在方式、方法、过程和结果上展示出个性。正是凭借于此,马克思主义哲学才能获得自己的时代性和个性,才能得到丰富、充实和发展。历史上,列宁、毛泽东、邓小平同志等正是以其高度个性化的创造性研究为我们树立了成功的典范。然而在我们的专业性哲学研究中,个性化研究没有得到足够的重视、有效的提倡和切实的保障。不少人满足于并停留于解释、论证、阐发,忽视了探索、求新、创造,结果是千书一体、千篇一律、千人一词,庞大壮观的哲学队伍进行着大量的低层次的重复性劳动,既缺少深层次分化,又缺少高层次综合。耗费了大量的时间、精力和财物,却少有实质性的突破和进展。这种状况既妨碍哲学的发展,也损害了哲学的形象和声誉,还耽误了不少人才的发展。中共十一届三中全会以来,情况有了很大的好转,但从造就出一批在当今世界哲学之林中有影响、有地位的世界级哲学大师,取得在当今世界哲学论坛上独特的和不可替代的发言权的角度来看,无疑还有极大的差距。可以说,没有世界级水平上的个性化研究,就不可能真正打入国际哲学论坛,也不可能产生具有世界性和时代性影响的哲学家。正是从这样的角度,我们认为有必要把提倡、开展和保护个性化哲学研究作为繁荣中国哲学研究、促进马克思主义哲学发展的战略性措施郑重地提出来。

哲学研究的个性化,从根本上说,就是要把求新、发展和创造确立为哲学研究中始终不渝的基本目标。在这方面,哲学与科学一样,其根本任务在于追求真理、指导实践。哲学不能总像密纳发的黄昏才起飞的猫头鹰,跟在实践的后面唠唠叨叨,而应像高卢雄鸡,不断地发现新的哲学对象,提出新的哲学问题,做出新的哲学概括,提出新的哲学预见,领先于实践,领先于时代,并以自己的方式指导实践,影响和造就新时代。因此,是否提供新信息、新解释、新理论、新方法,应成为检验哲学工作者是否有所成就及其成就大小的基本标尺。

哲学研究的个性化在当前就是要自觉促使哲学研究的深度分化与高度综合。过去我们的哲学之所以缺少个性,主要原因之一在于大家都停留在一般的概念推演层面,既少有深入具体科学和实践层面,建立各种具体的分支专题,也缺少上升到元哲学层面的高度概括。哲学研究以把握人与世界关系的历史发展及时代特点为主要对象和主要内容。而根据主体-客体相关律,主体和客体之间的相关性在内容、性质、层次、范围和程度上都是现实的、具体的，各有其特殊的实现方式、过程、方法和规律，可以也有必要分类别、分层次、分向度地对它们加以具体研究，从而产生出若干具体的深层次的分支哲学学科，在此基础上进行新的更高层次的综合与概括，建构起新的哲学体系，达到对人与世界关系的整体性哲学把握。这种深度分化与高度综合的个性化研究过程，必须要求并促使当前我国庞大哲学队伍的分化与分流，大部分下沉到具体的科学和实践层面，少部分得以提升和跃迁，真正达到与国际哲学接轨对话的水平。

哲学研究的个性化，需要创建并完善必要的社会激励和保障机制。我们认为，正像社会可以通过专利制度和专利法等来激励和保护科学技术的发现与发明一样，对于哲学社会科学这些高层次的创造性精神生产活动及其成果，社会也应有相应的措施来加以激励和保护。在坚持四项基本原则的前提下，在哲学学术活动中应切实贯彻"双百方针"，鼓励自由思考，提倡平等探讨，保护个性特色，以真正的学术方式来解决个性化的学术研究中可能出现的种种问题，应通过课题设置、经费资助、成果评估、奖惩措施等有效手段引导科研力量投向，支持探索、创新。通过舆论的导向和具体的政策造成切实有利于个性化研究的社会环境。

哲学研究的个性化，最基础、最重要的还是强化哲学工作者从事个性化哲学研究的自觉性和实际能力。哲学家是哲学研究和哲学发展的主体力量。他们的意识和能力水平作为一种主体性条件决定着哲学在一定历史条件下的发展水平。个性化的哲学研究要求哲学家们相对独立地从事批判性和创造性的研究工作，从而对其能力水平提出了更高的要求，需要他们进一步更新知识、拓宽视野、调整思路、转换方法，尤其是强化他们的批判意识、自主意识、学派意识、创造意识等。应该说，在世纪转换之际，下功夫培养和造就出一批具有世界级个性的哲学家，既是中国哲学真正走向世界的必要条件，也是中国哲学研究世界化、个性化发展的最积极成果。

第六章　马克思主义哲学的基本规定

本章阐述了马克思主义哲学的基本规定——功能、对象、方法、特性的基本内容。

以哲学的方式科学地解释世界和指导人们自觉能动地和有效地改变世界，是马克思主义哲学最基本的功能。而这又意味着马克思主义哲学作为理论化和系统化的世界观，作为批判性和反思性的哲学方法论，作为科学性和合理性的理想信念这三个方面互相制约、互相协调、统一发挥作用。

马克思以人与世界关系及其当代形态作为自己的直接研究对象，力求通过对当代人与世界关系的历史性和总体性研究，掌握其中精髓，哲学地集中时代的精华。当代大实践、大科学和大哲学是马克思主义哲学当代视野的主要对象，对此的把握不应当是孤立的，而是历史性和总体性的。

马克思主义哲学有自己独特的方法论原则，这是以人作为主体的自觉能动性的实践活动为中心，去研究和掌握人与世界的总体性关系。人作为主体总是力求掌握那个自己赖以生存的人属世界，并且通过自己的自觉和能动的创造活动去建构一个更加美好、完满和和谐的属人世界。

马克思主义哲学具有以下五个基本特性：唯物性、辩证性、历史性、人道性和实践性。这五个基本特性都是马克思主义哲学在功能方面、对象方面和方法方面的上述规定的内在相关的，是它们在学科特性方面的进一步概括和说明。其中唯物性亦即唯物主义是最基础的，我们可以把马克思主义哲学规定为辩证的、历史的、人道的和唯物主义。

马克思主义哲学是现时代的时代精神的精华。促进马克思主义哲学的自我反思和自我发展，是我们全部研究的根本出发点，也是其理论归宿。作为一种高度自觉的时代性和反思性的学问，马克思主义哲学不仅关注着作为自己对象的人与世界关系的发展，也关注自身的发展，并且努力以自身在内容、结构、体系以至形态的时代性发展来记载、反映和促进、制导人与世界关系的时代性发展。因此，自觉地把自身纳入当代大实践、大科学和大哲学的宏大文化背景之中，并以其为参照系来观照和发展自身，是马克思主义哲学研究的重要任务，也是马克思主义哲学本性的客观要求。应该说，只有真正以哲学方式把握了当代实践、当代科学和当代哲学，马克思主义哲学才能获得对现实的超越性，并创造出社会对自己的特殊需要。正是对当代实践、当代科学和当代哲学的真实把握和透彻理解，为马克思主义哲学的当代发展提供了现实的参照系和必要的思想材料。

一、功能：唯物地、历史地解释世界与人道地、实践地改造世界的内在统一

立足当代人类大实践、大科学和大哲学来反思和发展马克思主义哲学，最直接也是最重要之处，就是要强化和发挥马克思主义哲学不仅理论地解释世界而且实践地改变世界的社会功能。

功能指事物的效用和价值。对一定的主体来说，功能是某事物存在和发展的应有意义和基本依据所在。因此，对功能、效用或价值的关注，是人们作为主体关注一定客体的着眼点。哲学的功能即哲学的社会功用或社会价值。社会需要哲学，正是因为哲学具有它特的社会功能。功能取决于结构。一定的理论体系的内在结构本质上是其对象的内容结构的观念再现。哲学的结构作为哲学内容与哲学形式的统一，取决于哲学的对象和哲学把握这种对象的方式及相应的形式系统。哲学在研究对象和把握对象的方式及其表现形式方面的特殊性，构成了哲学作为人类知识结构和知识体系中相对独立学科的特殊性质。而哲

学功能的实现的特殊途径和方式，又与哲学的特殊性质内在相关。因此，研究哲学的功能问题，必然涉及哲学的性质、对象和哲学思维的方式、方法及社会条件等一系列问题，并须对它们进行一种总体性和一体化的思考。

那么，哲学有什么功能呢？马克思认为，任何真正的哲学都是自己时代精神的精华。[①] 在他看来，任何哲学都是一定时代的哲学，只有真正触摸到自己所处时代的脉搏，映现了自己所处时代的精神，从而真实地把握了自己所处的那个时代的哲学才是真正的哲学。所谓时代精神，是关于一定时代的内容的本质特征的集中表现。一定时代的内容是多方面的，包括经济、政治、文化和科学等的发展状况和水平，包括全部物质文明和精神文明。它们一起构成具有一定本质特征的时代内容。这些内容表现在人们的各种实践活动及其结果中，反映在各种具体的科学理论和观念形态中。作为时代内容的表现和反映，它们一般都具有时代的特征，因而都从不同角度并在一定程度上体现着时代精神。哲学作为人类理论思维的最高形式，则是从总体上把握时代的内容，反映时代的本质特征，因而有可能成为时代精神的精华。时代的内容是由该时代的人们创造的，是该时代的人们积极地处理自己同外部世界的关系的成果。人的智慧是在人们处理自身同外部世界的关系的过程中形成、发展、发挥、表现和实现的。哲学作为智慧之学，作为时代精神的精华，就是人们处理同外部世界关系的活动、方式、智慧、精髓的一种升华。正是一定时代的哲学家通过自己的头脑，以一种特定的哲学层面上的概念、范畴体系，把人们处理同外部世界的关系的活动中最精致、最珍贵的，虽然看不见却又无处不在的智慧、精髓集中到哲学思想里来，哲学也就能以自己的特殊方式把握自己时代的物质文明和精神文明，成为社会文明的活的灵魂。

马克思主义哲学在现时代应当具有和发挥一些什么社会功能呢？马克思指出，过去的哲学家们只是用不同的方式解释世界，而问题在于改变世界。[②] 以哲学的方式科学地解释世界和以哲学的方式指导人们自觉能动地和有效地改变世界，是马克思主义哲学最基本的功能，也是

① 马克思恩格斯全集(第1卷)[M].北京：人民出版社，1956：121.

② 马克思恩格斯选集(第1卷)[M].北京：人民出版社，1972：19.

马克思主义哲学在功能上区别于其他任何哲学派别的根本之处。马克思和恩格斯曾经把自己的哲学称为新唯物主义、实践的人道主义、实践的唯物主义。他们认为，实践的唯物主义者也就是共产主义者。他们强调，实际上和对实践的唯物主义者，即共产主义者说来，全部问题都在于使现存世界革命化，实际地反对和改变事物的现状。①

实践的唯物主义集中地表达着马克思主义哲学的特殊的功能规定性。真正科学的唯物主义，必然是辩证的、历史的、人道的，并且是面向现实的社会实践和各类科学的；它必须以现实的社会实践和各类科学的发展为基础，不断丰富自己的内容，改变自己的形式；它不仅坚持以唯物主义的哲学方式科学地解释人与世界关系，确定人在世界中的地位、作用、使命、职责，规定实现它们的合理途径，并且激励、指导人们作为主体而自觉能动地以实践方式、科学方式和哲学方式处理自己与对象世界的各种关系，不断实现、巩固和强化自身的主体地位。可以说，理论地坚持解释世界的唯物主义和实践地坚持改变世界的唯物主义，既是当代大实践、大科学对于马克思主义哲学的功能呼唤，也是马克思主义哲学的题中应有之义。

实践的唯物主义这一本质的和功能上的特征，不仅使马克思主义哲学区别于历史上只是以不同方式解释世界的各种哲学流派，而且区别于当代的科学主义和人本主义这两大基本哲学派别。我们知道，从古至今的哲学论争，不外乎两个基本问题：一是世界有没有一个统一的本原，这个统一的本原是什么；二是人是否有能力把握这个世界及其本原，人类理性的能力及其所及的范围有多大，程度有多深。对这两个基本问题的不同回答，区分出了唯物主义和唯心主义，可知论和不可知论，主体学派和唯客体学派，以及机械论、形而上学和辩证法等不同派别和观点。对上述两个基本问题，在近现代大体上有三种回答。一些哲学家认为关于世界的本原性和统一性存在，是人类理性所不能达到的形而上学问题，应该加以拒斥和排除；哲学只应该研究那些可以用经验方式加以严格审查和实际验证的科学问题，这就是所谓的科学主义。还有一些哲学家则肯定世界的本体性存在，但他们把这种本体性存在归结为人的情感、意志、情绪、欲望和本能等，因此，研究世界的本体性

① 马克思恩格斯选集(第1卷)[M].北京：人民出版社，1972:48.

存在，就是研究人的这种非理性及其实现方式。但这是不能采用实证的方法来加以研究和把握的。因此，他们否认实证主义和实证方法，这就是所谓的现代人本主义。科学主义和人本主义各自抓住了世界多样性存在中的某一方面，虽各有一定的合理性，但又各执一端，将其片面地加以夸大，就不免陷入极端的片面性，甚至走向荒谬。

对上述两个问题，马克思主义哲学做出了科学的回答。在其看来，世界统一于物质。世界的物质统一性意味着物质的本原性和精神的派生性。人类对于物质世界统一性的认识和理解，是在人类长期实践基础上通过人类的理性思维能力达到的。人类的理性思维能力归根到底也是物质自然界长期发展的产物，而它的最切近的基础就是人类的实践和在实践基础上发展起来的科学。劳动实践对人类自身的创造，包含着对人类理性思维能力的创造。正是由于获得了理性思维能力，人类才能从事自由自觉的活动。又正是通过这种活动，人类才能真正了解和认识自己生存和活动于其中的那个世界，并理论地和实践地对其加以研究和掌握。马克思主义哲学的创始人正是立足于实践，立足于世界由于劳动实践对人类的造就，立足于世界由于人类的出现而产生的物质与精神的二重化，立足于在人类活动中不断产生又不断解决的思维与存在、主观与客观、主体与客体的矛盾，立足于人类通过实践和科学而对人属世界的自觉能动创造和对属人世界的自觉能动创造，从而对哲学史上长期争议不休的重大问题做出了科学的和合理的回答。

马克思主义哲学之所以对人类实践尤为关注，不仅在于只有通过对实践的科学理解才能正确地解决哲学史上长期以来争论不休的哲学问题、理论问题，实现对于人与世界关系的唯物的、辩证的、历史的和人道的哲学解释，而且在于，认识和改变世界的实践与科学也需要正确的哲学批判和哲学指导，才能沿着合理性和有效性的方向正常地、顺利地发展。而以哲学方式帮助人们更加合理自觉和迅速有效地改变现实世界，创造更加美好的理想世界，正是马克思为自己的哲学所规定的重要功能。

马克思和恩格斯曾经指出，共产主义对我们来说不是应当确立的状况，不是现实应当与之相适应的理想。我们所称为共产主义的是那种消灭现存状况的现实的运动。[①] 之所以要积极地推进这种消灭现存状况的现实运动，在于现有的并不都是合理的和有效的，其中难免包含着各种无效的或负效应的东西。不合理的生产方式，不合理的社会制度，不合理的思想观念，等等，都会妨碍社会文明的进步，阻碍人的自由全面发展。这种情况，随着现代社会实践中人类主体性的不断增强而显得更加明显和突出。近代工业技术文明，尤其现代科学技术的发展，极大地增强了人在征服自然和改造社会方面的主体能力，人的本质力量不断以新质新量和新速度在全新的水平上对象化，形成一个越来越广阔、越来越丰富多彩的人化世界。但是，人的本质力量一旦对象化，便有着自己独立的存在形式和运动规律，并成为人们必须赖以生存的自然-社会环境世界的一部分，成为对人的一种制约力量。因此，人在改造自然、社会和自身的实践活动中的能动性的增强，总是伴随着人在自然-人-社会大系统中受动性的增强。由于人类在认识和实践中的无法克服的局限性，人类的活动不仅产生各种有利于人类生存和发展的主体性效应，同时也不可避免地会带来大量阻碍和妨害人类持续生存和发展的反主体性效应。当前我们面临的大量的所谓全球性问题与人类困境，就是人类活动的反主体性效应的现实表现，是以“天灾”形式表现出来的“人灾”。为了发挥和增强人类活动的主体性效应，减少和防止人类活动的反主体性效应，要求人们具有宏观预见、瞻前窥远、察几知微的能力和总体规划、科学决策、系统调控的能力。正是在这里，哲学思维作为理性思维的最高表现有了自己充分的用武之地。无论是对于现存世界的理性批判与实践批判，还是对于未来理想世界的观念建构与实践建构，马克思主义哲学都有自己独特的作用和功能。正是凭借着这种科学的理性批判和理想建构，人们才能在实际活动中有效地从事对现实的自然-人-社会系统的实践批判和对未来理想世界的实践建构。可以说，强化马克思主义哲学作为辩证的、历史的、人道的和实践的唯物主义的社会功能，就是要在提高哲学理性思维素质的基础上，从根本上增强人们从事理性批判和理想建构的能力，为人们更加自觉有效地从事合理的实践批判和实践建构提供哲学的工具和武器。

要以唯物主义的哲学方式帮助人们科学地解释世界和合理地改造

① 马克思恩格斯全集(第3卷)[M].北京：人民出版社，1960：40.

世界，意味着马克思主义哲学应当作为哲学世界观、哲学方法论和理想信念的统一而发挥作用。

马克思主义哲学首先是作为一种哲学世界观而发挥自己的社会功能的。作为人与世界关系及其时代特点的总体性的理论再现，马克思主义哲学实际上是以哲学的概念、范畴和理论体系，科学地揭示了人与世界关系的总体格局、基本性质和发展趋向，提供了一个哲学意义上的世界图景。马克思主义的大实践观、大科学观和大哲学观，就分别从实践、科学和哲学层面论证人在世界中的地位，揭示人与世界的复杂关系，描绘人处理自身与外部世界关系的方式、过程和结果，从而为人们更加自觉地、合理地和有效地处理与世界的各种复杂关系规定了必要的理论框架和逻辑前提。

其次，马克思主义哲学作为最高层次的哲学方法论，是人们自觉地处理同对象世界关系的基本规范和准则。在人们认识世界、改变世界和创造世界的自觉能动活动中，马克思主义哲学不仅作为世界观，也是作为认识论、历史观、实践论、价值论、评价论和方法论的统一而发挥作用，从而为人们更加自觉有效地从事实践活动、科学活动和哲学活动提供必要的思维规范、评价原则和认识方法。

再次，马克思主义哲学作为最宏观的信念和理想，对人们的精神世界和社会行为起着积极的向导和激励作用。马克思主义具有独特的批判性功能，它不是简单地、刻板地描述人与世界的现实关系。而总是以一种批判性态度对这种关系做出审视与评价，并在此基础上激发人们对未来理想关系的追求与构想，探寻一条通向美好未来的理想之路。

从总体上看，马克思主义哲学作为理论化和系统化的世界观，作为批判性和反思性的哲学方法论，作为科学性和合理性的理想信念这三个方面是互相制约、互相协调、统一地发挥作用的。其不断地为人们的现实活动建构起合理的思维前提、理论前提、方法论前提和信念前提，同时又不断地对这些前提进行哲学的自觉审视和批判，实现对前提的重构，从而不仅在人们的精神世界中居于核心和灵魂的地位，而且能够作为一种非常积极的力量去推动和促进人们精神世界的自我重构与自我更新，去开拓精神世界的空间，并且强化其功能。

二、对象：人与世界关系及其时代特点

现代系统论告诉我们，系统的功能取决于系统的要素和结构。要强化和有效发挥马克思主义哲学的社会功能，就必须使马克思主义哲学体系具有与时代发展的需要相适应的新的内容和新的形式，注入新的时代精神和科学活力。哲学的体系是哲学的内容和形式的内在统一。一种哲学体系的内部结构，直接地表现为哲学概念、范畴、命题、原理之间的逻辑展开和逻辑秩序，间接地再现着哲学研究对象的内部联系和实际关系。哲学的体系结构是它所涉及的对象世界的客观逻辑结构的哲学表现，哲学的理论内容则是它所涉及的对象世界总体内容的哲学掌握。哲学的功能，首先在于它以一定的哲学概念、范畴、命题和原理之间的逻辑联系，再现着对象世界的各种要素、层次、结构和关系之间的现实联系。正是由于哲学以一种哲学理论的方式掌握着对象世界，才能对人们的与这对象世界相关的实践活动和认识活动发挥指导功能。哲学的对象域与其功能域之间的这种特殊的对应性和相关性，决定了要强化和发挥哲学的功能，必须着眼于正确确定马克思主义哲学的对象，并进而丰富和发展它的理论内容，使之真正具有承担其功能的内在能力。

哲学的对象是什么？这需要联系哲学的功能来考察。哲学作为人类理性思维的最高形式，其根本任务就在于教人善于从总体上认识、处理和驾驭自己与外部世界的关系。而要做到这一点，哲学就必须以人和世界的总体性关系及其历史演变和运动发展规律为自己的研究对象。自从有了人类，就有了人与世界的关系。人作为主体而从事的全部活动，都是从自身的存在和发展这个基本点出发而对自身与外部世界关系的自觉认识、积极改造与能动创造。人与外部世界关系的多样性，塑造和表征了人的内在本质的丰富多样性和外部世界的丰富多样性，并形成了人的丰富多样的具体活动形式和实践方式。因此，这里讲的人，可以是个体、群体，也可以是人类总体。这里讲的世界，包括自然、社会和人自身及其精神世界。尽管对于个体、群体和人类总体各自来说，与之相对应的世界在界域和范围上有所不同，但人与世界的关系是普遍存在的。这种存在，既是一种实体性存在，又是一种关系性存在，同时还是一种包含着精神因素的存在。人与世界的关系，既是一种

物质性关系，又包含着观念性关系，而且这些关系的具体表现形式是多种多样的。正是在各种关系之中，人才获得和具备了自己的全部本质规定性，世界也才获得了对于人而言的各种意义。每一特定历史条件下的人类活动，则是人与世界关系在该历史条件下的具体表现和具体实现，是人们在特定的时间、空间和社会条件下处理与外部世界关系的具体活动方式。正是这些具体的活动方式及其结果，创造并建构起该时代的经济、政治、文化和科学等具体的时代内容。它们是时代脉搏的载体、时代精神的宿源，因而也是哲学赖以掌握时代文明的活的灵魂、捕捉时代精神的精华的真实而现实的对象。

人与世界的关系是历史地演变着和发展着的。在不同的历史条件下，人类处理自身同世界的关系的活动各有不同的特点、历史形式和具体样态。它们构成了人与世界关系的时代性格局和历史性阶段，也构成了不同历史时期哲学家们所关注的现实对象。对人与世界关系的不同时代格局和历史阶段的哲学反思，形成了不同历史时期的具有时代性特征的哲学，它们以一定的理论形式映现着自己时代人们处理与世界的关系的具体形式和基本特征，集中着自己时代精神的精华。正因为这样，我们可以通过历史的比较和对照去发现哲学史上不同哲学观点、流派、思潮之间在其历史性渊源、对象性前提和时代性基础上的区别，看出传统哲学与现代哲学之间的历史联系和时代差别。

马克思主义哲学按其本质来说是现时代的时代精神的精华，是现时代社会文明的灵魂。它以人与世界关系及其当代形态作为自己的直接研究对象，力求通过对当代人与世界关系的历史性和总体性研究，掌握其中最精致、最珍贵的精髓，哲学地集中时代精神的精华。当代大实践、大科学和大哲学是当代人类自觉处理自身与世界关系的三种基本方式、三个基本方面或三个基本层次，是现时代人与世界关系的具体的、活化的存在形式，也是马克思主义哲学当代视野的主要对象。相应地，大实践观、大科学观和大哲学观，作为对当代大实践、大科学和大哲学的自觉概括和哲学提升，应当成为马克思主义哲学的重要内容和内在组成部分。

当代大实践是马克思主义哲学的最普遍对象，也是发展马克思主义哲学的最本质基础。在历史上，对实践的合理理解和对实践观的合理建构，曾是马克思和恩格斯发起和实现哲学史上伟大革命变革的重要契机和关键所在。从此以后，实践观便成为马克思主义哲学理论体系的重要组成部分和核心内容。然而，马克思主义哲学对实践的理解和其实践观的内容不是一蹴而就、一成不变的，而须随着实践的发展和对实践的认识的深化而不断发展。与马克思和恩格斯所处的历史时期相比，当代人类实践在内容、形式和功能上都有许多新的时代特点。在人与自然关系上，其最显著特征是全球问题的形成。一方面是当代人类首次在全球范围内真正作为一个整体来生存、活动和发展，形成了具有全球规模、全球计划、全球协作、全球控制和全球效应的当代大生产、大实践；另一方面是当代人类的生存和发展在全球范围内面临着困境、危机和极限。这就要求马克思主义哲学重新反省和评价近现代工业技术文明和经典自然科学所实际依据的人与自然关系理论，在人的自然化与自然的人化的双向运动中建立起人与自然关系的持续和谐协调发展理论。而人与自然关系的时代性转变，又是与在人与社会关系方面的历史向世界历史的转变，以及世界历史的形成密不可分的。当前自然-人-社会之间在全球范围内的高度一体化和整体化发展，既是当代大实践赖以形成的基础和前提，又是其结果和表征。当代大实践的发展为马克思主义哲学的当代发展既提供了对象性前提和基础，也提供了客观要求和动力。正是在对当代大实践中所蕴含的哲学问题的提升、概括和解释之中，马克思主义哲学必然在内容和形式上都获得符合时代要求的新发展。

科学是人类认识世界和解释世界的典型形式，是人类实践最为重要的推进因素和制导力量，也是哲学的最重要的基础。科学的发展一方面反映着又引导着实践的进步，另一方面又要求并必然推动哲学的发展。恩格斯早就指出，随着科学的每一个划时代发现，唯物主义都要改变自己的形态。既然如此，要想及时有效地推进和发展哲学，就必须自觉地关注科学的发展并吸收其成果。马克思和恩格斯当年正是立足于当时自然科学的最新成就，并从中提升出具有时代意义的哲学问题，促成了哲学形态的变革与发展。一百多年来，随着人类实践在广度和深度、内容和形式上的迅猛发展变化，人类科学以几何级数加速度地发展起来，形成了包含自然科学、人文科学和社会科学在内的具有鲜明时代特色的当代大科学体系。当代大科学体系的形成和发展，一方面要求建立与之相应的大科学观念，从而要求并促进哲学和科学观的变革与发展；另一方面改变了当代哲学的科学基础，从而要求并必然促进马克思主义哲学从内容到形式的整体更新。

马克思主义哲学的当代发展不仅必须立足于当代大实践和大科学，还必须依托于当代大哲学。哲学的发展具有很强的历史继承性和内在相关性。任何具体的哲学的产生和发展，都离不开其前的哲学和同时代的哲学，都离不开对历史上哲学问题的回答和对同时代哲学争论的参与。当年，马克思和恩格斯正是立足于当时历史上人类文明的全部积极成果，尤其是批判地吸收了德国古典哲学中的合理思想，并在与各种形式的唯心主义、形而上学、非历史的和反人道的哲学思潮的论争中，创造了自己的哲学，促成并实现了哲学史上的伟大革命性变革。一百多年来，实践的发展和科学的发展要求也促进了哲学的发展。当代实践和科学的深度分化与高度综合也促进了当代哲学的深度分化与高度综合，从而改变了马克思主义哲学的哲学背景和哲学基础。如果说创立马克思主义哲学时的重要哲学思想来源是德国古典哲学，当今研究和发展马克思主义哲学则决不能忽视和脱离当代世界哲学。应该说，马克思主义哲学作为时代性的哲学，其本身就是当代世界哲学中的内在组成部分。因此，紧密联系当代世界哲学的发展来研究和发展自身，是马克思主义哲学本性的内在要求。

当然，马克思主义哲学对于当代大实践、大科学和大哲学的把握不应当是孤立的，而应将其纳入人与世界关系及其当代形态的整体性和过程性关系中，进行一种历史性和总体性的把握。所谓历史性，即不仅要研究人与世界关系的现状，而且要回顾其历史，考察其发生渊源和由来，还要展望其未来，预测其发展趋势和前景。追本溯源、瞻前窥远，在与历史和未来的连接中把握现实，才能真正理解和掌握人与世界关系的现代形态。所谓总体性，即不仅要分别研究当代大实践、大科学和大哲学，也不仅要研究处于对应两极中的人和世界，而且要把握它们之间的关系；不仅要把握这种关系，而且要把握这种关系发生发展和实现的前提和基础；不仅要把握这种关系的各个表现方面、各种实现方式，而且要在这多样性关系中发展其共通性、统一性，从而达到对人与世界关系的系统总体性把握。

三、方法：人对人属世界的自觉能动掌握和对属人世界的自觉能动创造的内在统一

马克思主义哲学不仅有其区别于其他哲学的功能性和对象性规定，还有自己独特的方法论原则，这就是以人作为主体的自觉能动的实践活动为中心，去研究和掌握人与世界的总体性关系。这种方法既不同于唯心主义的单纯思辨方法，也不同于旧唯物主义的单纯直观方法。

毫无疑问，作为一种哲学，马克思主义哲学有着与一般哲学所共有的研究对象、研究方法和表述方式。这就是其都在从不同的角度和重点研究人与世界关系并都要运用哲学概念、哲学范畴和哲学命题进行哲学思考和哲学阐释。这些概念、范畴和命题所具有的高度的抽象性、概括性和普遍性，使它们能够成为哲学家们从哲学高度对人与世界关系进行哲学思辨和哲学概括的工具。这些概念、范畴和命题的逻辑展开和逻辑联系，构成了哲学家们哲学地思考和再现人与世界的总体性关系的形式系统。

然而，由于自己独特的功能性和对象性规定，马克思主义哲学不仅有与一般哲学相通的研究规范和研究方法，还有自己的独特研究角度、研究思路与研究方法。这就是以人作为主体而在现代社会实践基础上通过实践、科学和哲学等多种方式而对人属世界的自觉能动掌握和对属人世界的自觉能动创造为基本线索和基本内容，去揭示人与世界关系的现代形态和现代特点。

马克思在创立其新世界观时，是以对实践和主体性的科学阐述来划清他的哲学与一切其他哲学的原则界限的。他说，从前的一切唯物主义——包括费尔巴哈的唯物主义——的主要缺点是：对事物、现实、感性，只是从客体的或者直观的形式去理解，而不是把它们当作人的感性活动，当作实践去理解，不是从主观方面去理解。所以，结果竟是这样，和唯物主义相反，唯心主义却发展了能动的方面，但只是抽象地发展了，因为唯心主义当然是不知道真正现实的、感性的活动本身的。[①]在马克思看来，首先，对于事物、现实、感性不能像旧唯物主义者那样仅仅从客体的和直观的方面去理解，还要而且应当从主体方面、实践方面

① 马克思恩格斯选集(第1卷)[M].北京：人民出版社，1972：16，17.

去理解，从它同人的本质的联系上[①]去理解；其次，要发挥和强调人的能动方面，但不能像唯心主义者那样仅仅从抽象的方面去发展，而应当立足于人的真正现实的、感性的活动去发展。因此，马克思尤其强调革命的、实践批判活动的意义，认为环境的改变和人的活动的一致，只能被看作是并合理地理解为革命的实践。[②] 从实践的方面、主体的方面、能动的方面去理解人与世界关系，理解人在世界中的地位，理解人对世界的自觉能动掌握和自主能动创造，是马克思主义哲学的基本原则之一，也是其主要方法之一。

在马克思主义哲学看来，在人与世界的复杂关系中，人既是受动的，又是能动的。人是在自然界的漫长进化过程中通过自身的劳动而从自然界中分化和提升出来的，似乎有一种对于自然界的超越性。但人对自然界的超越性并没有从根本上改变外部自然界对于人的优先地位。人仍然是自然界的一部分，必须依赖自然界并服从自然界的规律才能生存、活动和发展。但是，人对自然界的依赖和服从不同于动物对自然的依赖和服从。动物只能通过机体的适应性改变来顺应自然界的变化，人则要积极能动地作为主体来自觉地掌握和利用自然界，把自然界变成人的物质的和精神的生活与活动的一部分，使之成为人的"无机的身体""精神的无机界"。由此可见，只有从人的主体性存在、活动和发展出发，才能理解人与世界关系和人在世界中的主体地位。

人是一种社会存在物。人只有在一定的社会关系和社会组织中，以社会性主体的身份出现，才能在人的意义上按人的方式实现对自然界的掌握和利用，也才能达到对社会力量的掌握和使用。社会关系和社会组织本来是作为人掌握自然界的社会形式和工具而发挥作用的，但它们一旦形成之后便具有一种独立于其中任何个体的存在方式和运动形式，有自己的不以任何个体意志为转移的总体性运动规律，成为人所赖以生存和发展的世界的一部分，也成为人们必须在理论上和实践上不断对其加以认识和掌握的对象。马克思指出，因为人的本质是人的真正的社会联系，所以人在积极实现自己本质的过程中创造、生产人的社会联系、社会本质，……有没有这种社会联系，是不以人为转移的；

① 马克思恩格斯全集(第42卷)[M].北京：人民出版社，1979：127.

② 马克思恩格斯选集(第1卷)[M].北京：人民出版社，1972：16，17.

但是，只要人不承认自己是人，因而不按照人的样子来组织世界，这种社会联系就以异化的形式出现。① 所谓“按照人的样子来组织世界”，就是把人作为主体的“内在的尺度”运用到对象上去，使外部世界成为人的内在本性的合理显现，使社会关系和社会组织真正成为巩固人的主体地位、强化人的主体能力、发挥人的主体功能的积极力量。

从人的功能性特征和价值性追求来看，人作为主体总是力求掌握那个自己赖以生存的世界（人属世界），并且通过自己的自觉能动的创造活动去建构一个更加美好、完满和谐的对象世界（属人世界）。这就要求人不断地强化和发挥自己的创造性、主体性。历史的发展表明，在人与世界的关系中，一方面是人的主体性的强化，另一方面是对象化了的主体能力又作为一种客体性力量加入自然力量之中而对人的活动加以更大的约束，使人的受动性也相应增强起来。当代全球一体化的历史进程，一方面使个人、群体以至人类在全球范围内既相互依赖、相互制约又相互促进相互激励；另一方面要求人的主体性在全球范围内增强、发挥和实现，从而在人类进一步强化自身的主体性方面提出了更高的能力方面的要求，要求人类更加自觉有效地去寻求限定中的超越，去创造更加美好的未来理想世界。马克思主义哲学自觉地以当代人类的这种时代性追求为自己的任务和使命，就应当以此为基本线索，去考察外部世界怎样通过人类实践而不断转化为属人的世界，掌握自然世界、社会世界、人性世界的相关发展规律，掌握人与世界关系的历史进化过程、现实结构和未来走向，真正成为能够促进人类主体性自我强化、自我更新的主体性哲学。

四、特性：唯物性、辩证性、历史性、人道性、实践性的内在统一

就其与各种形态的非马克思主义哲学的区别而言，马克思主义哲学具有以下五个基本特性或基本规定：唯物性、辩证性、历史性、人道性和实践性。这五个基本特性都是与马克思主义哲学在功能方面、对象方面和方法方面的上述规定内在相关的，是它们在学科特性方面的进一步概括和说明。在以上五个基本特性中，唯物性亦即唯物主义是最

① 马克思恩格斯全集（第42卷）[M]．北京：人民出版社，1979：24，25．

为基础的，其他四个特性则从不同角度对马克思主义的哲学唯物主义加以说明和限定，使其与各种形式的哲学流派既区别开来又联系起来，获得自己的丰富而独特的哲学内涵。在这种意义上，从总体上看，我们可以把马克思主义哲学规定为辩证的、历史的、人道的和实践的唯物主义。

1. 马克思主义哲学是一种新唯物主义哲学

马克思主义哲学是一种新唯物主义哲学。面对哲学史上唯物主义与唯心主义围绕物质与意识何为世界本原的长期争论，马克思主义哲学旗帜鲜明地站在唯物主义的哲学立场上，坚决地和不妥协地反对各种形式的哲学唯心主义，坚持世界的物质统一性的根本原则，并根据当代实践、当代科学和当代哲学研究的最新成就，对世界的物质本原和物质统一性做出符合时代水平的说明，提供了关于自然、社会和人类的内在统一性的科学的哲学世界图景，创立了自己的新唯物主义哲学，开始了唯物主义哲学发展史上的全新阶段。

1）坚持世界统一性研究的现代意义

坚持对于世界统一性问题的唯物主义回答，包含着一些重要的理论前提，即对于近代以来拒斥形而上学、否定研究世界本原问题必要性的哲学思潮的否定；意味着承认哲学基本问题的讨论在当代的必要性和可能性；意味着承认本体论研究在马克思主义哲学体系中的地位和意义。

我们曾经谈到，近代以来的实证主义思潮在拒斥形而上学的旗帜下，根本否定世界本原问题研究的必要性和可能性，根本取消唯物主义与唯心主义关于世界统一性及其基础的争论，根本取消本体论研究的必要性和意义，割断自己与几千年哲学发展传统的联系，要把哲学视野引向仅仅研究那些可以被经验地证明的实证性问题。

在马克思主义哲学看来，关于世界统一性问题的本体论研究是既不能取消也无法回避的。

第一，从历史的角度看，世界的本原问题作为一个最为根本性的和基础性的哲学问题而被提出来，是有其历史的和理论的必然性的。它哲学地反映着人类产生以后统一的世界分化为物质与意识这两大类现象这样一个最为重要、最为根本和最为普遍的现实状况，也记载着人类理性思维在自我追寻和自我反思中的哲学升华。在哲学史上，人与世界关系之所以被哲学地抽象为物质与意识、存在与思维的关系问题，正因为这种对立是人类社会产生以后统一的世界内部发生的最为根本和重要的变化，也是最为广泛、最为普遍的对立。而面对分化了的世界去追寻自身与对象世界的关系，去说明世界的统一性及其基础，正是人类理性思维的最自然的追求，也是其最重要的任务。人类理性思维有一个重要趋向，便是寻根究底、追踪溯源。面对分化了的和多样化的世界去探寻其统一性和终极性基础，去寻求解释世界的阿基米德点，这正是人类理性思维向着哲学层面升华和跃迁的最根本动力，也是其最重要意义。因此，唯物主义与唯心主义之间围绕世界统一性问题的长期争论不是无谓的概念之争，而是有着重要历史基础并反映哲学思维特点的一种真正的哲学探讨。

第二，从现实的角度看，关于世界统一性及其基础的本体论探讨不是也不可能是可以一劳永逸地得到解决的。恩格斯早就指出，像唯心主义一样，唯物主义也经历了一系列的发展阶段。甚至随着自然科学中每一个划时代的发现，唯物主义也必然要改变自己的形式。[①] 哲学发展的历史和现实证明了恩格斯的总结和预言。人类实践和科学的每一次具有时代意义的重大发现、发明和创造，都不仅现实地改变着世界的多样性和统一性的存在状态，而且观念地改变着人们对于世界统一性及其基础的哲学理解，要求并必然引起哲学在内容与形式相统一意义上的形态学变革。近代以来关于原子、电子的物理学发现之所以酿成一种哲学危机，并引起哲学物质观的变革，正反映了哲学世界图景对于现实世界和科学的依赖性。当代相对论、量子力学、系统科学和人文社会科学等的最新发展，更是改变了当代哲学的实践基础和科学基础，需要对世界的统一性及其基础做出新的哲学说明。这不是取消了哲学基本问题，而是要求对哲学基本问题做出具有时代特色的哲学回答。

第三，就其学科地位而言，本体论研究在整个哲学体系中处于不可或缺的基础地位，对其他分支哲学研究也具有前提作用。物质和意识何为世界的本原，这是本体论研究的核心问题，对这个问题全面系统、科学合理的哲学解答，涉及对自然-人-社会-意识之间多因素内在交互作用的整体把握，因此，对世界本原问题的本体论研究涉及人与世界关

---

① 马克思恩格斯选集(第4卷)[M].北京:人民出版社,1972:224.

系的所有基本方面。正是由此，对本体问题的科学合理回答实际上成为回答其他哲学问题，比如认识问题、价值问题、实践问题、评价问题、人的问题、语言问题、逻辑问题等的重要前提条件。不管人们是否自觉地注意到这一点，他们对于各种具体的哲学问题的理解和解释，实际上都是依据一定的本体论前提的。本体论研究的深化和时代化，才能为其他分支哲学以至整个哲学的发展创造条件。正是在这种意义上，我们才能理解为什么当代逻辑实证主义的重要代表、著名美国哲学家蒯因要在实证主义"拒斥形而上学"一百多年后重新做出"本体论的承诺"，也才能够理解自然哲学的复兴和社会本体论的重建何以成为当代哲学发展的重要走向。

最后，从马克思主义哲学的功能看，它的一个重要任务就是以哲学的概念、范畴和理论体系，科学地揭示人与世界的总体格局、基本性质和现实图景，向人们提供哲学意义上的世界观，使之成为统摄人们精神世界的精神支柱、基本信念和内在灵魂，并进而为人们更加自觉有效地从事实践活动从哲学层次上提供理论框架、逻辑前提和方法论原则。而马克思主义哲学的这种功能在很大程度上正是通过对人与世界关系的本体论研究来实现的。因此，对于马克思主义哲学来说，不是要不要研究本体论的问题，而是怎样研究的问题，是如何根据当代实践、科学和哲学的最新成就坚持和发展唯物主义的问题。

2）坚持唯物主义的一般原则

作为一种唯物主义，马克思主义哲学与一般唯物主义有着许多共同的基本哲学原则、立场和观点，这就是坚持物质对意识的先在性、本原性、基础性和决定性，坚持意识对于物质的后发性、派生性、反映性和依赖性。

在发生学意义上，马克思主义哲学坚持物质对于意识的先在性，认为先有物质世界，后有意识世界，人的意识是物质自然界长期进化发展而产生的积极结果和产物，意识运动是物质运动发展到相当发达水平才出现的。人的意识的发生经历了由无机界的反应特性到有机界的刺激感应性，由动物感觉和心理向人的意识和思维的漫长演化过程。因此，物质不是精神的产物，而精神却只是物质的最高产物①。正是在这

① 马克思恩格斯选集(第4卷)[M].北京：人民出版社，1972：223.

种意义上，马克思主义哲学从根本上反对一切形式的创世说、有神论和宗教唯心主义。

在共时态意义上，马克思主义哲学坚持物质对于意识的本原性和基础性，坚持意识对于物质的派生性和依赖性，主张人的意识是一种高度组织起来的物质即人脑所特有的一种机能和功能，主张人的意识思维的发生与运动依赖于人的物质性感知思维器官及其所展开的神经-生理-脑电运动。意识离不开其物质基础，是其派生物，物质却可以独立于意识，是其本原。意识对于物质的相对独立性最终不能改变和超越物质对于意识的决定性、本原性。这正如恩格斯所说：我们自己所属的物质的、可以感知的世界，是唯一现实的；而我们的意识和思维，不论它看起来是多么超感觉的，总是物质的、肉体的器官即人脑的产物。[①] 正是在这种意义上，马克思主义哲学彻底划清了自己与一切形式的主观唯心主义和客观唯心主义的原则界线。

就其内容而言，马克思主义哲学坚持唯物主义的反映论原则，坚持意识的内容是对其对象的反映，坚持思维的逻辑是对存在运动的规律的程序性再现。人的意识思维活动不管在其形式上是多么复杂多样，怎样具有主观性、选择性和创造性等特征，就其内容而言都有其对象性前提和客观性基础，都有对于其对象的再现性和反映性特征。因此，强调人在认识活动中的主体性、能动性、创造性，不能否认意识对于对象的客观性、反映性、再现性。马克思说，观念的东西不外是移入人的头脑并在人的头脑中改造过的物质的东西而已。[②] 列宁则说，感觉是客观世界即世界本身的主观映象。[③] 正是在这种意义上，马克思主义哲学划清了自己与一切形式的主观主义、唯心主义的原则界线。

3）强调新唯物主义的独特规定

然而，作为一种新唯物主义，马克思主义哲学不仅区别于各种形式的唯心主义，而且区别于和超越于历史上和现实中的各种形式的旧唯物主义，代表着唯物主义哲学发展史上的全新阶段和现代形态。从总体上看，马克思主义哲学主要由于其以下基本特性而区别于和超越于

---

① 马克思恩格斯选集(第4卷)[M].北京：人民出版社，1972：223.

② 马克思恩格斯选集(第2卷)[M].北京：人民出版社，1972：217.

③ 列宁选集(第2卷)[M].北京：人民出版社，1972：117.

各种形式的旧唯物主义。

其一,辩证性。与旧唯物主义者在思维方式方面的直观性和形而上学性不同,马克思主义哲学批判地吸收唯心主义辩证法的合理内容,使自己的唯物主义与辩证法相结合,成为一种“合理形态”的辩证法,或者叫辩证的唯物主义。

其二,历史性。旧唯物主义者不能在社会历史领域彻底贯彻唯物主义哲学原则从而最终背叛自身。马克思主义哲学则自觉地立足于人类的社会化或社会化了的人类,并将唯物的、辩证的哲学原则彻底贯彻到对人类社会历史现状与未来的科学合理解释,说明了自然-人类-社会之间的物质统一性,也说明了人类社会的内在本质和特殊运动规律,创立了历史的唯物主义。

其三,人道性。旧唯物主义敌视人,抽象地理解人、对待人,不能说明人的本质及其特性。马克思主义则关心人、重视人,把强化人的主体性、发展人的个性,创造符合人的本性的人道主义环境,促进人的自由全面发展看作自己学说的全部出发点和最终归宿,提出要实践人道主义,创立了自己的人道的唯物主义。

其四,实践性。旧唯物主义不理解革命的实践批判的活动的意义,找不到实现自己的哲学理想的真实道路。马克思主义哲学则立足于科学的实践观来理解人,理解自然界及其变化,理解人的全部社会生活,理解人的思维的真理性、现实性及其力量,强调对于世界的唯物主义理论解释和唯物主义实践改造,创立了自己的实践唯物主义。

以下我们便分别来具体地考察马克思主义哲学区别于旧唯物主义哲学的基本特性。

2. 马克思主义哲学是辩证的唯物主义

马克思主义哲学的辩证性是建立在对费尔巴哈唯物主义的直观性的科学批判和对黑格尔唯心主义辩证法的神秘性的合理改造这两块基石之上的。

在马克思看来,唯物主义在其发展历程中主要有三种形态:纯粹的唯物主义,直观的唯物主义,新唯物主义。费尔巴哈是直观的唯物主义的主要代表。他冲破了唯心主义的哲学垄断,恢复了唯物主义的王位,极大地影响了马克思和恩格斯的哲学生涯,促成了他们由唯心主义向唯物主义的转变。但是,费尔巴哈在否定黑格尔的唯心主义时也一道抛弃了其中蕴含的辩证法的合理内核，而使自己站到了直观的形而上学的哲学立场。马克思指出，费尔巴哈比"纯粹的"的唯物主义有巨大的优越性：他也承认人是"感性的对象"。但是，毋庸讳言，他把人只看作是"感性的对象"，而不是"感性的活动"。[①] 他对事物、现实、感性，只是从客体的或者直观的形式去理解[②]，因此，费尔巴哈对感性世界的"理解"一方面仅仅局限于对这一世界的单纯的直观，一方面仅仅局限于单纯的感觉。[③] 直观性成为费尔巴哈唯物主义的主要特点和主要局限之一。为此，马克思指出，直观的唯物主义，即不是把感性理解为实践活动的唯物主义，至多也只能做到对"市民社会"的单个人的直观。[④] 正是在这种背景下，马克思强调革命的实践批判活动的意义，强调对于直观的唯物主义的辩证超越。

马克思主义哲学强调对世界的实践理解，这实际上就是辩证理解。因为实践的最根本特性就是实际地反对和改变事物的现状，使现存世界革命化。因此，它在对现存事物的肯定的理解中同时包含对现存事物的否定的理解，即对现存事物的必然灭亡的理解；辩证法对每一种既成的形式都是从不断的运动中，因而也是从它的暂时性方面去理解；辩证法不崇拜任何东西，按其本质来说，它是批判的和革命的。[⑤] 辩证法的批判性和革命性是在现实世界的辩证运动中得到表现和实现的，在社会历史运动中则正是内在于人的革命的实践批判和理论批判活动之中的，因此它不是一个纯粹抽象的思维法则，而是自然、社会、人和思维世界的普遍规律。但是，马克思认为，辩证法在黑格尔那里头脚倒置了，神秘化了。他把思维过程或观念变成了独立的主体，并把它看作是现实事物以及人类历史的创造物，现实事物等却只是它的外部表现。尽管这种辩证法在当时成了德国的时髦东西，因为它似乎使现存事物显得光彩，但它实际上不过是神秘的主体——客体在自身内部的纯粹的、不停息的旋转[⑥]。为此，马克思认为，必须把它倒过来，以便发现神

---

① 马克思恩格斯选集(第 1 卷)[M]. 北京：人民出版社，1972：16，50.
② 马克思恩格斯选集(第 1 卷)[M]. 北京：人民出版社，1972：16，50.
③ 马克思恩格斯选集(第 1 卷)[M]. 北京：人民出版社，1972：16，50.
④ 马克思恩格斯选集(第 1 卷)[M]. 北京：人民出版社，1972：16，50.
⑤ 马克思恩格斯选集(第 2 卷)[M]. 北京：人民出版社，1972：218.
⑥ 马克思恩格斯全集(第 42 卷)[M]. 北京：人民出版社，1979：163，176.

秘外表中的合理内核，把作为推动原则和创造原则的否定性的辩证法①运用于对旧唯物主义的直观性的改造，使之与费尔巴哈的唯物主义的基本内核有机结合起来，成为“合理形态”的辩证法，即辩证的唯物主义。

正是因为马克思主义哲学的辩证法不仅与对现实世界的唯物主义理解密切相关，从而具有坚实的客观基础，而且是与对人的社会历史实践的合理理解内在相关的，从而更加全面、彻底。它不仅是自然辩证法，也是社会辩证法、历史辩证法、人性辩证法、思维辩证法、实践辩证法等，是真正具有广泛性、普遍性和有效性的辩证法。它不仅是客观辩证法，也是主观辩证法、活动辩证法。它不仅关注和尊重人与世界关系的自在的辩证运动和过程，尤其把人的感性的实践活动作为一种积极的、革命的因素自觉地加入人与世界关系的辩证运动过程之中，通过实践的合目的性展开来影响人与世界关系的辩证发展方向和过程，使之向着有利于人的方向变化，创造出更加美好的、理想的和人道的进化过程。当代大实践、大科学和大哲学的产生和形成，则在更大的广度和深度上揭示出自然-人-社会大系统的普遍联系和辩证运动，证明并且发展着马克思主义哲学对于世界的辩证理解和解释。

3. 马克思主义哲学是历史的唯物主义

马克思主义哲学的历史性具有双重的含义：其一是在观察、理解和说明任何哲学对象与哲学问题时都自觉贯彻应用强烈而又深沉的历史视野、历史逻辑和历史方法；其二则是对于人类社会历史问题的密切关注、深刻理解和独到解释。正是在二者的结合上，马克思和恩格斯创立了自己的历史的唯物主义。

历史的唯物主义是马克思和恩格斯对于人类哲学思维进程的独创性贡献。在马克思主义哲学之前，尽管历代贤者仁人一直在探索人类社会历史的奥秘，并且不无精彩之论，但从总体上，由于缺乏真正符合人类社会历史进程的辩证的、唯物的、人道的和实践的观点和方法，因此在总体上看是唯心主义历史观占着统治地位，未能达到科学。

黑格尔在社会历史观史上第一次正确地把人类的历史描写为一个辩证运动和发展的过程，并试图揭示这个过程的内在规律性，从而显示

① 马克思恩格斯全集(第42卷)[M]. 北京：人民出版社，1979：163，176.

出巨大而深沉的历史感，甚至“向我们暗中指出了唯物主义的历史观”①。但作为一个彻底的客观唯心主义者，他把社会历史的本质及其运动规律归结为那神秘的绝对精神及其外化，从而最终不能达到对于社会历史的唯物主义解释。恩格斯指出，黑格尔把历史观从形而上学中解放了出来，使它成为辩证的，可是他的历史观本质上是唯心主义的。②

如果说在自然观上费尔巴哈还称得上是一个尽管是直观的然而仍然是伟大的唯物主义者，则他在对人类社会历史的哲学解释上完全是唯心主义的。他反对黑格尔的绝对精神和宗教唯心主义，却由于直观唯物主义的历史意识和实践意识而陷入对人的抽象理解和对“爱”的新宗教的盲目尊崇，不自觉地陷入唯心主义泥坑。马克思和恩格斯指出：当费尔巴哈是一个唯物主义者的时候，历史在他的视野之外；当他去探讨历史的时候，他绝不是一个唯物主义者。在他那里，唯物主义和历史是彼此完全脱离的。③

唯物主义与历史观的辩证有机结合之所以这么困难，从根本上说，在于人类社会历史本身所特有的复杂性和多样性。作为宇宙运动中的最高级形式，人类社会历史过程包含着整个世界中从低级到高级的全部运动形式和全部过程性特点：自然的、社会的、人的；个体的、群体的、类的；物质的、意识的；感性的、理性的；需要的、动机的；生产的、消费的；理智的、情感的；现实的、理想的；必然的、偶然的；客观的、主观的；可逆的、不可逆的；目的的、手段的、结果的；观念的、实践的；自觉的、盲目的；价值的、评价的；过去的、现在的、未来的，等等。面对这样一个极其复杂的活性的有机系统整体，如果缺乏一种总体的、辩证的、历史的和实践的视野和方法，则难免陷入片面性。列宁正是在这种意义上深刻指出一切旧的历史理论的两个最主要缺点：第一，以往的历史理论，至多是考察了人们历史活动的思想动机，而没有考究产生这些动机的原因，没有摸到社会关系体系发展的客观规律性，没有看出物质生产发展程度是这种关系的根源；第二，过去的历史理论恰恰没有说明人民群

---

① 普列汉诺夫哲学著作选集(第1卷)[M].北京：生活·读书·新知三联书店，1962：482.

② 马克思恩格斯选集(第3卷)[M].北京：人民出版社，1972：423.

③ 马克思恩格斯选集(第1卷)[M].北京：人民出版社，1972：50.

众的活动，只有历史唯物主义才第一次使我们能以自然史的精确性去考察群众生活的社会条件以及这些条件的变更。[①]

从方法论上看，唯物主义历史观的创立依赖于马克思和恩格斯在社会历史方法论方面的伟大革命变革，得益于他们所建构的科学的社会历史认识模式。[②] 在马克思和恩格斯看来，认识社会历史，归根到底，就是要发现那些作为支配规律在人类社会的历史上为自己开辟道路的一般运动规律[③]。为此，他们强调把认识的出发点放在人类的实际社会生产和社会活动上，并把改造社会作为引导社会认识活动及其发展方向的目标和目的，且使之贯穿认识发展的全过程。他们强调对于自然-人-社会大系统的整体把握，注重个体、群体和类之间的交互作用，并力图在相互作用着的多种社会要素中找出最根本的、具有决定性作用的因素，这就是社会的物质生产和物质关系。他们坚持始终站在现实历史的基础上，不是从观念出发来解释实践，而是从物质实践出发来解释观念的东西[④]。并在此基础上全方位地勾画社会有机体的立体系统结构。马克思和恩格斯认为，唯物主义历史观不能满足于对社会历史一般规律的整体把握，还要把握其各种具体形态，尤其是当时所处的资本主义社会形态。他们强调在对人体的解剖中探索把握猴体的钥匙，在物质利益的分化和阶级利益的对立中揭示阶级社会的特殊矛盾结构和阶级斗争的根本原因，并在对资本主义的历史和现实矛盾的深刻分析中揭示出社会发展的未来走向，建构起未来共产主义社会的理想模型，并通过将其诉诸群众、诉诸无产阶级、诉诸实践，来引导社会历史的发展方向，促进历史向世界历史的转变，促进人的自由全面发展，从而展示出自身的特殊社会功能。

4. 马克思主义哲学是人道的唯物主义

人道是相对于物道、天道、神道等而言的，指人的尊严、价值、本质和使命等。人道主义作为一种哲学思潮，在不同的历史时代有不同的具体内涵，但从总体上看都是强调尊重人的价值、发挥人的能力、发展人的个性的。马克思曾经把自己的哲学叫作“人道主义”，或者叫作“实

---

① 列宁选集(第 2 卷)[M]. 北京：人民出版社，1972：586.

② 欧阳康. 社会认识论导论[M]. 北京：中国社会科学出版社，1990.

③ 马克思恩格斯全集(第 21 卷)[M]. 北京：人民出版社，1965：341.

④ 马克思恩格斯全集(第 3 卷)[M]. 北京：人民出版社，1960：43.

践的人道主义”[①]。我们运用这个概念表达马克思主义哲学对人的本质、地位、价值、使命和个性的特殊关注,以及对于人类解放与人的自由全面发展的强烈追求。

人道主义最初是指一种具有人道精神,能够促进个人才能得到最大限度发挥的教育制度。文艺复兴后,人道主义成为资产阶级反对神道、反对封建教会专制的思想武器,成为要求充分发展人的个性的社会理想和精神追求。但是在马克思主义哲学产生之前,人道主义始终是资产阶级建立和巩固资本主义制度的重要思想武器,有着唯心主义的特定内涵。与资产阶级和唯心主义哲学强调人、尊重人甚至抽象地发展人的能动方面形成鲜明对照的是,旧的唯物主义却忽视人、漠视人甚至“敌视人”。18 世纪法国唯物主义为了反对上帝创造世界说,力图把人与自然界联系起来,把人看作自然界长期发展的产物,以至否定人对自然物的超越性。他们把人仅仅看作一种自然存在物,一种物质的东西,认为人是植物,人是动物,人是机器等,把人归结为其自然属性而否认人的意识性和社会性。费尔巴哈比 18 世纪法国唯物主义有所进步,他把人看作感性的存在物,承认人是感性的对象,但他谈到的是人自身,而不是现实的历史的人。马克思和恩格斯说,费尔巴哈从来没有看到真实存在着的、活动的人,而是停留在抽象的“人”上,并且仅仅限于在感情范围内承认“现实的、单独的、肉体的人”,也就是说,除了爱与友情,而且是理想化了的爱与友情以外,他不知道人与人之间还有什么其他的“人的关系”。[②] 从 18 世纪唯物主义敌视人,到费尔巴哈所看到的抽象的人,其根本点,在于不懂人的社会本质。马克思说,人的本质并不是单个人所固有的抽象物。在其现实性上,它是一切社会关系的总和。[③] 既然人的本质是一切社会关系的总和,那么,人的本质就只有在一定的社会关系中才能得到实现。要消灭资本主义条件下人的本质的异化,就必须与对现实社会制度的改造结合起来,而这正是共产主义的任务。正是在这种意义上,马克思把共产主义、唯物主义与人道主义内在地联系起来,指出:正像无神论作为神的扬弃就是理论的人道主义的

---

① 马克思恩格斯全集(第 42 卷)[M]. 北京:人民出版社,1979:167,174.

② 马克思恩格斯选集(第 1 卷)[M]. 北京:人民出版社,1972:18,50.

③ 马克思恩格斯选集(第 1 卷)[M]. 北京:人民出版社,1972:18,50.

生成，而共产主义作为私有财产的扬弃就是对真正人的生活这种人的不可剥夺的财产的要求，就是实践的人道主义的生成一样；或者说，无神论是以扬弃宗教作为自己的中介的人道主义，共产主义则是以扬弃私有财产作为自己的中介的人道主义。[①]

从总体上看，马克思主义哲学对于人的关注至少包含着以下基本点。

(1) 无论在现实还是观念中，都应以现实的、活动着的个人为出发点。马克思和恩格斯指出：任何人类历史的第一个前提无疑是有生命的个人的存在。[②] 这是一些现实的个人，是他们的活动和他们的物质生活条件。因此，符合实际生活的观念必须从现实的、有生命的个人本身出发。[③] 我们的出发点是从事实际活动的个人，而且从他们的现实生活过程中我们还可以揭示出这一生活过程在意识形态上的反射和回声的发展。

(2) 现实的个人本质上是一种世界历史性的存在。马克思和恩格斯认为，人有多种规定性——自然性、意识性、社会性、工具性、符号性等，而最根本的是社会性。人的本质是社会关系的总和。而"社会关系的含义是许多个人的合作"。正是在这种合作中形成一定的集体。只有在集体中，个人才能获得全面发展其才能的手段，也就是说，只有在集体中才可能有个人自由。[④] 正是通过一定的集体，个人才能与整个社会、国家发生关系，展示和实现自己的社会性。近代以来的资本主义生产和经济，促成了历史向世界历史的转变，相应地，处于世界历史过程中的个人也成为一种世界历史性的存在。在这里，各个个人的世界历史性的存在就意味着他们的存在是与世界历史直接联系的。[⑤] 相应地，每一个单独的个人的解放的程度是与历史完全转变为世界历史的程度一致的。[⑥]

(3) 人的类特性是人的自由的、自觉的活动即劳动。马克思认为，

---

① 马克思恩格斯全集(第 42 卷)[M].北京：人民出版社，1979：174.

② 马克思恩格斯选集(第 1 卷)[M].北京：人民出版社，1972：24，42.

③ 马克思恩格斯选集(第 1 卷)[M].北京：人民出版社，1972：24，42.

④ 马克思恩格斯选集(第 1 卷)[M].北京：人民出版社，1972：24，42.

⑤ 马克思恩格斯选集(第 1 卷)[M].北京：人民出版社，1972：24，42.

⑥ 马克思恩格斯选集(第 1 卷)[M].北京：人民出版社，1972：24，42.

整个所谓世界历史，不外是人通过人的劳动而诞生的过程。劳动是人的积极、创造性的活动，是人的能动的类生活。通过劳动，人不仅像在意识中那样理智地复现自己，而且能动地、现实地复现自己，从而在他所创造的世界中直观自身。[①] 正是劳动的丰富性，创造着具有人的本质的这种全部丰富性的人，创造着具有丰富的、全面而深刻的感觉的人作为这个社会的恒久的现实。[②]

(4) 私有制的产生伴随着也加速了人类的阶级分化。在阶级社会中，人与人之间不仅有共同的区别于自然存在物的人性、共通性一面，还有由于对生产资料的占有不同和在劳动生产中的地位不同以及分配方式不同而造成的阶级差异。阶级性成为人们之间社会关系的重要内容。在这时，人道性主要甚至首先通过阶级性而得到表现和实现。因此，马克思主义哲学对于人的关注，直接表现为对阶级社会中被压迫、被剥削阶级的关注。从阶级利益的分化和阶级斗争的发展来考察社会历史，考察人的阶级地位及其历史演变，考察被压迫、被剥削阶级的自由和解放，是马克思主义人学的关键之处。在这种意义上，马克思主义哲学的人道性与其阶级性之间具有内在的一致性。

(5) 资本主义私有制所造成的劳动异化只有通过消灭造成异化的条件才能消除。科学技术和工业的资本主义运用，加速了阶级的分化和劳动的异化。无产阶级与资产阶级的尖锐对立和冲突，是资本主义条件下最根本的现实。劳动的异化实际上是人的本质的异化，是无产阶级的被奴役、受压榨，是世界人口的大多数人的非人道的存在。而造成这种状况的根源则是资本主义私有制。因此，消除异化，回复人的本性，解放无产阶级，以至解放全人类，其关键之处，是扬弃私有财产，是消灭私有制，是实践的人道主义的生成。而这正是共产主义的根本任务。

(6) 人类解放与个性解放的内在一致性。正因为每个单个的现实的个人都是一种世界历史性的存在，而资本主义私有制也是一种世界历史性的存在，因此，单独的个人随着他们的活动扩大为世界历史性的活动，愈来愈受到异己力量的支配，受到日益扩大的、归根到底表现为

---

① 马克思恩格斯全集(第 42 卷)[M]. 北京：人民出版社，1979：97，126，127.

② 马克思恩格斯全集(第 42 卷)[M]. 北京：人民出版社，1979：97，126，127.

世界市场的力量的支配。[①] 因此，单个人的解放也只有在全人类的世界历史性解放中才能得到彻底的实现。此外，每个人的自由发展是一切人的自由发展的条件。[②] 因此，个性解放与人类解放、每个人的自由全面发展与一切人的自由全面发展之间互为条件，共同构成世界历史进步的共产主义运动。这种共产主义，作为完成了的自然主义，等于人道主义，而作为完成了的人道主义，等于自然主义，它是人和自然界之间、人和人之间的矛盾的真正解决，是存在和本质、对象化和自我确证、自由和必然、个体和类之间的斗争的真正解决。它是历史之谜的解答，而且知道自己就是这种解答。[③]

5. 马克思主义哲学是实践的唯物主义

实践性是马克思主义哲学的最本质、最重要的特征之一，是马克思主义哲学区别于和超越于一切唯心主义和旧唯物主义的最根本之点，也是正确理解马克思主义哲学所特有的唯物性、辩证性、历史性和人道性之间的内在统一性的最关键思路和最有效视角，是马克思主义哲学保持自己的科学性、革命性和批判性，从而能够不断自我更新、自我发展的最根本动力。

对马克思主义哲学的实践性，或作为实践的唯物主义的基本特征，前文已从各个方面作了论述，这里从总体上集中指出以下几点。

(1) 以唯物主义的能动性观点科学地理解和解释实践，是实践的唯物主义的根本前提。对人类社会实践的深切关注和科学理解，并把科学的实践观作为建立新的哲学的基础，是马克思当年实现人类哲学认识史上伟大革命变革的关键一环。在马克思看来，人的社会生活在本质上是实践的。作为一种感性的、现实的人类活动，实践是人与外部世界进行物质、能量和信息变换的最基本方式。但实践又是有意识、有目的地进行的，是人的理智、情感、意志等内在本质力量的对象性表现，也是人的自觉性和自由精神运动的最现实表现。实践是借助一定的工具而展开的中介性活动，它集中地体现着人类理性的机巧，实现着由客体的自发运动形式向人的自觉活动形式的转换；它是实现人的内在尺度

① 马克思恩格斯选集(第1卷)[M].北京：人民出版社，1972：42，273.

② 马克思恩格斯选集(第1卷)[M].北京：人民出版社，1972：42，273.

③ 马克思恩格斯全集(第42卷)[M].北京：人民出版社，1979：120.

和外在事物的尺度的统一的现实过程。实践又是一种革命的、批判的活动，是人批判地处理自己同外部世界的关系，参加自然界的辩证运动过程，能动地创造自己的社会历史存在和社会生活，建构自己所追求的理想世界的最根本、最现实的途径，因而是人的创造性本质的具体表现形式、实现形式和确证形式。因此，实践是世界物质运动的最高形式和自觉形式，是同物质自然过程既相联系又有本质区别的自觉的、辩证的社会历史过程，它集中表现和实现着人的本质力量和人道主义追求，是人与世界关系得以不断展开、进化和发展的最革命和最积极的力量。

(2) 从实践的角度来理解人、人的世界和人与世界的关系及其时代特点，是实践的唯物主义的基本内容。马克思在创立自己的哲学时，一方面批判了离开感性活动、离开实践去理解人、理解主体，又离开主体、离开人的感性活动、离开实践去理解现实、事物、客体的直观唯物主义；另一方面批判了不知道真正现实的感性活动本身而只是抽象地发展了主体的能动的方面的唯心主义。马克思强调从实践方面来理解人的内在本性和人的价值，认为对现存世界的理论批判和实践批判，对未来理想世界的观念建构和实际建构，是人的最本质的功能特征，也是人的社会价值之所在。人正是通过自己的批判性和创造性实践，参加并影响着现存感性世界及其发展方向，促成它向着人的世界的生成运动。马克思主义者承认外部自然界对于人的优先性和基础地位，承认“天择”对于人的活动的前提意义，同时强调人在实践中的选择、创造对于感性世界的影响和作用，强调“人择”中表现出来的人的本质和人的特性。正是通过这种自觉的选择与创造，人理论地和实践地处理自身与外部世界的关系，现实地和实际地依赖和掌握外部世界，促成人属世界向属人世界的持续转换。

(3) 批判实践、规范实践，在理论上和实际中去自觉地坚持和实践唯物主义。马克思主义者同时又是共产主义者。马克思主义哲学不仅要以哲学的方式指导人们对人与世界关系进行科学解释，尤其要教人善于以唯物主义方式处理和驾驭这种关系。为此，它不仅强调对现实的理论批判，尤其强调对现实的实践批判。而为了使这种理论批判和实践批判是真正科学的和合理的，马克思主义哲学还强调对理论的非科学性和实践的不合理性进行批判，以便在理论上和实践中彻底地坚持辩证的、历史的、人道的和实践的唯物主义。既要从事对象批判，也要从事自我批判；既要从事理论批判，也要从事实践批判；既要批判理论，也要批判实践。通过这种全方位的、严格的、自觉的哲学批判，马克思主义哲学才能不断地自我变革与自我更新。

第七章　社会认识论刍议

社会认识论是关于“人们怎样认识社会”的学说，本章简要考察了社会认识论的特点、实质、意义及方法，旨在为社会认识论做出指导。人的社会认识的特点有：主体与客体相互交织，认识活动与历史运动相互交织，认识产品与认识中介系统相互缠绕。实质上，认识社会是人类社会总体的自我认识，人类社会借此自我调节、自我完善，这是一种自觉意识。社会总体的自我认识又通过每一个个体来实现，并通过社会实践检验进入人们的实际活动。

社会认识论不同于马克思主义唯物史观或社会历史哲学，后两者是一种世界观，而前者是认识论，是研究人类认识的规律而非世界的规律的理论，属于马克思主义认识论的范畴。社会认识论有着十分重要的地位和意义，当今社会，人的近乎无限的建设与创造能力面临着脱离人类控制并转化为破坏性力量的危险。我们需要更科学地认识社会，化解危机。

在方法论上，社会认识的根本方法是遵循社会本身的辩证运动规律，揭示和再现它们。主要有五个基本方法：揭示社会活动历史起源的发生学方法、分析社会认识演化过程的历史方法、解析社会认识的基本要素和结构的要素-结构法、考察认识活动及其功能的活动-功能法、揭示认识能力和社会系统进化的动力-进化法。此外还有多种具体方法，总体上讲，需要遵循几个基本原则：客观性原则、具体性原则、整体性原则、发展性原则和主体性原则。

社会认识论是关于人们怎样认识社会的学说，它以人们认识社会的认识活动为对象，考察人们认识社会的特殊活动结构、进化过程和特殊规律。从另一角度看，人们认识社会，又是人类社会总体对自身的自我认识，因此，社会认识论又是对于人类自我认识之谜的哲学探索。社会认识论作为马克思主义认识论中新兴的分支学科，有别于历史唯物论，在认识论体系中有其独特的地位和功能。当代人类社会面临的严重的自然-社会问题，为开展社会认识论的研究提出了紧迫的要求，而当代社会科学所取得的巨大成就则为社会认识论的研究提供了现实的可能性。社会认识论的系统建构需要多种方法的合理综合运用。

一、社会认识活动的主要特点

社会认识论，顾名思义，是关于人们怎样认识社会的学说。它以人们认识社会的认识活动为对象，考察人们认识社会的特殊活动结构、活动方式、活动方法、进化过程和特殊规律，揭示社会认识“自己构成自己的道路”。

人们怎样认识社会?

当我们直观地把“人”与“社会”看作社会认识结构中的对立两极而与一般认识结构中的“主体”与“客体”简单对应时，问题似乎并不难回答。但只要我们稍微具体地思考一下这里的“人”和“社会”这两个基本方面的实际内涵，便似乎注定要深深地陷入以“自我相关、自相缠绕”而著称的“哥德尔怪圈”。

其一，社会认识结构中的认识主体与认识客体自我相关。在社会认识系统的“解剖结构”中，从事社会认识活动的主体是人，而人只能是社会的人:不论是个体或集团的认识主体，都只能产生和存在于社会之内并在其中获得自己的全部规定、能力、特质和使命。此外，被认识的客体是社会，而社会只能是人的社会:它既是历史上人们交互作用的产物，又是社会人现实存在的基本方式。这样，社会认识活动作为主体观念地把握客体的具体运动，便实际地成为社会的人对于人的社会在观念上的接近运动。作为认识主体的人本身是内在地存在于作为认识客体的社会之中的，而作为认识客体的社会则实际地将那些作为主体而映现着社会的人们包含于自身之中；只有作为认识客体即社会的内在组成部分的人才能成为社会认识主体，同时，只有包含了社会认识主体于其中的社会才是完整的社会并作为客体被真正把握。社会认识是社会的人对包括自身在内的社会的认识，主体和客体在这里自我相关、难解难分。

其二，社会认识活动与社会历史运动内在交织。从过程性上来考察，认识社会的活动以把握运动和发展中的社会历史过程为目标和任务。而这种认识活动作为人的一种自觉能动活动又实际地内在于社会历史的运动过程之中，作为其中不可实际分割和不可缺少的组成部分而存在和发生作用。社会历史过程不仅作为对象而规定着认识的结果，而且作为社会认识活动所赖以存在的宏观背景而制约着社会认识过程。此外，社会认识活动不仅以自身的活动方式及其发展过程影响着社会历史运动的总体格局和宏观样式，尤其以不断地生产出新的社会学说和社会思想而支配和指导人们的社会历史活动，通过改变人们的具体活动模式而影响到社会历史的进程。认识社会，所要认识的不是排除人们认识社会的活动及其产物的纯粹"客观"的社会历史过程，而是要认识包含社会认识运动及其结果在内的整个社会历史过程。这就好像埃舍尔自画像中那个神奇的"反光球"，它不仅反射出举着球的画家、画家的书房，而且要在反光中反射出球自身。这难道不是又一个奇妙而难解的自我相关吗？

其三，社会认识活动的产品与社会认识活动的中介系统自相缠绕。社会认识活动也是一种有中介的活动。各种形式的物质和精神文化产品，尤其是其中的语言符号和工具系统，是社会认识主体观念地掌握社会历史客体的手段和工具。但是，正是在这些文化产品上，我们可以看到它们的多样属性、多重地位和多种功能的自相缠绕。首先，它们是人类以往历史活动（包括观念创造活动）的产物，是社会历史过程的记载和见证，在这种意义上，它们是人们认识已逝社会历史的中介和凭证。其次，它们是现实人进行社会交往的工具和媒介，是现实社会存在的组成部分和基本要素，在这种意义上，它们是现实的社会认识客体之组成部分。再次，它们是未来文明发展的原点，对未来社会的进化发生着不可忽视的影响，是认识主体预测未来社会、观念地建构理想世界的基本依据和现实的参照系统。可见,文化产品在社会认识系统中既属于客体,又可服务于主体;既是认识对象,又须履行"中介"的职能;既是了解历史的窗口,又是预测未来的透镜……这多种属性、地位和功能的相互渗透、缠绕和制约,不能不赋予社会认识活动以更加神奇的色彩。

社会认识系统中这诸要素、诸方面、诸过程之间密不可分的自我相关、内在交织、自我缠绕和相互渗透,无疑是社会认识活动作为人类社会的自我认识活动所独具的特点和特征。它使得认识社会的"斯芬克斯之谜"更加神秘和诱人,却也更加扑朔迷离和令人费解。以至今日,"人怎样认识社会",仍然作为一个久远却又常新的巨大谜团摆在思考和追求着的人类面前,给人们留下了无穷的探索余地。

二、个体对社会的对象性认识与社会总体的自我意识

从某种角度看,人们认识社会,实质上又是人类社会总体进行自我认识的实现形式。因此,社会认识论作为人们如何认识社会的学说,同时又是对于人类社会自我认识之谜的哲学探索。它把人们认识社会的活动上升到社会总体自我意识的高度来加以分析和理解,揭示其特殊的社会功能,同时又在无数个体关于社会的对象性意识(社会学说、观点等)通过一定的社会评价和转换机制而向社会意识的转化中,揭示社会总体的自我意识机制及其实现途径。

人类社会作为人的一种总体性存在方式怎样认识自我?

我们知道,人类社会运动既是一种基于生产力和经济运动的客观的、有规律的"自然历史过程",又是人们追求和实现自己目的的自觉的、能动的活动过程。客观性、规律性与目的性、自觉性的有机统一和内在结合,恰恰是人类社会作为高级的物质运动形式区别于其他运动形式的最本质规定。而这两个方面的实际统一和转换,在现实生活中是通过人类社会的意识和自我意识机制来实现的:生活在既定的社会历史条件下的人们不断地认识自己周围的自然、社会和自身,努力预测社会发展趋向和未来前景,探索历史运动的内在脉搏和基本规律,依据它们在观念中不断地建构起关于未来世界发展理想前景的诱人蓝图,并在实现它的多种可能途径中反复比较研究,力图依据主观需要与客观可能这内外两种尺度的内在统一,对自身行为做出合理的科学抉择和决策,然后据此去积极地发起一定的活动,并自觉地对这种活动进行

有效的监测、调节和控制，使得活动始终沿着合理化的目标前进以达到预期的目的并争取最佳的效益……社会总体的客观运动过程，是在人们的自觉活动过程中得以展开和实现的。而人们的认识和自我认识则贯穿在这整个过程的各个方面和各个环节，并作为社会运动中的信息方面和调节机制，实现着客体的自发运动形式向人们的自觉活动模式的转换，促使个体行为向社会的总体运动规律靠拢与接近。正是由于这种意识和自我意识，人类社会才成为一种自我监测、自我调节、自我评价、自我定向、自我激励和自我完善的自组织系统，社会有机体才能以它所独有的以社会意识为基本内容和基本特征的自觉意识而区别于其他任何非社会有机体。

那么，社会总体的自我意识是怎样实现的呢？这只有借助无数个体对社会的认识才是可能的。人类社会作为无数个体有序结合的总体性和关系性存在，除了其中存在的个体人的感知-思维器官系统（及相关的工具和语言符号系统）外，并没有任何其他的超人类的认识器官。因此，社会作为有机整体要认识自身，也不可能采取任何超人类的方式和手段，只能借助构成自身的那无数具有意识和自我意识功能的个人来进行。社会总体的自我意识，是社会总体借助自身内部的无数个体（及相应的集团）对社会的认识及其成果（关于社会的学说、观念）而实现的一种自我反思。

但是，现实中的个体认识社会，总是从特定方面和角度来进行的，因而总是认识社会的一定侧面或一定层次，不可避免地有其局限性。因此，个体关于社会的对象性意识并非直接地等于社会的自我意识。只有当个体认识社会的观念成果（一定的社会学说、观点、主张等）以某种方式为社会所承认，成为社会意识的一部分时，个体关于社会的对象性意识才能转化为社会的自我意识。这种转化能否实现，取决于它们能否通过社会的某种真理性判断和价值性评价与转换机制。这里的情况非常复杂，常常是在不同的层面和水平上进行的。一般来说，当一种个人意见经过一定的社会信息传播手段而为社会其他成员所了解并发生影响时，它便开始向社会意识转化。真正和最终检验社会学说的是社会实践。各种社会学说、经验等都须以某种方式通过某种途径（如政策、法令、行为规范等）进入人们的实际活动，并得到实现和验证，才能真正证明其科学性和社会价值。由于社会现象的复杂性、人类活动的选择性和历史过程的不可逆性等，社会知识的检验无疑要比自然知识的检验复杂得多。建立和完善一整套行之有效的社会科学的检验、评价与转换机制，是社会认识不断进步的重要条件，也是社会认识论研究的重要课题。

三、社会认识论的理论地位

社会认识论作为人类社会自我认识的哲学探索，从对于社会认识系统历史起源的发生学考察入手，在全面回溯社会认识形式历史演化的基础上，以社会认识主体和社会认识客体通过文化中介而发生的相互作用和内在关系为基本骨架和基本线索，从日常的社会心理层面、决策的社会规划层面和阐释的社会理论层面这三个基本层次去把握人们认识社会的复杂活动，并从回溯性认识、前瞻性认识和追踪性认识这三种基本向度去考察社会认识的发展过程及基本阶段，从主体观念地掌握客体的角度概括总结科学地认识社会的基本方法论原则和基本规律，揭示社会认识加速度进化的特殊机制和自己构成自己的特殊道路。正是这种特殊的对象、任务和方法，把社会认识论作为马克思主义认识论中相对独立的分支学科而与历史唯物论区分开来，又联系起来，获得了自己独特的理论地位和功能。

我国一些论者认为，马克思主义的唯物史观或社会历史哲学就是马克思主义的社会认识论。我们认为，科学的唯物史观具有指导人们科学地认识社会的重要的方法论功能，但就其本身而言，并不就是社会认识论。

从性质上说，社会历史观是一种世界观。作为一种理论体系，它反映的是社会有机体，是以观念形式从总体上再现社会历史的存在状况、内在结构、普遍本质及发展规律的学说，是社会的本体性存在及其运动发展过程的观念再现。可以说，社会历史观是社会存在的“本体论”，它关注和再现的是社会历史主体与社会历史客体通过中介而相互作用及展开的社会历史过程。而社会认识论则是认识论的一部分，是马克思主义认识论的一个分支，它反映的是人们认识社会客体的活动方式、过程、特点及其规律，揭示社会有机体的自我意识机制及其实现途径，它所关注和再现的是社会认识主体与社会认识客体通过中介而相互作用及展开的社会认识运动。

当然，人们认识社会的活动本身是人类的社会活动的内在组成部分；而且，有自我意识的机体的活动和运动方式正是社会存在区别于自然存在的本质特征。因此，科学的社会历史观当然也要尽力把握这种特征（这正是我们过去忽略了的重要方面），以揭示人类社会存在和运动的特殊方式。但是，社会历史观对于社会总体的自我意识的关注，又有自己的特点。它把社会意识作为人类社会生产和社会生活中多种特性中的一种特性，多个侧面中的一个侧面，并力图在与其他特性、侧面的联系中揭示其地位和作用，以更好地描述社会的总体运动方式和总体发展规律。社会认识论的眼界则有所不同，它也关注社会历史的总体运动，但主要是将其作为社会认识产生与发展的宏观背景和发生作用的历史场所来看待，作为社会认识活动发生、发展和实现的社会条件及参照系统。社会认识论所直接关注的，是人类社会的自我意识及其实现的特殊机制本身，它力图通过对社会认识的特殊规律的揭示，解开人类社会的自我认识之谜。

不过，社会认识论与社会历史观的联系也是相当明显的。社会历史观作为一种观念形态的理论体系，是人们在哲学层面上认识社会历史过程所得到的观念产品。唯物史观则是人们以科学的哲学理论方式掌握社会历史过程及其规律性的思想成果，它以哲学意义上的科学社会图景的方式，表现着人们观念中的社会历史。在这种意义上，唯物史观是一种关于社会的知识，是社会历史在人们观念中的哲学再现。社会知识的获得，社会历史观的形成和更迭，依赖于人们认识社会的自觉活动。社会认识论则以这种认识活动为研究对象，揭示人们怎样认识社会和社会怎样进行自我认识。它考察包括社会历史观在内的社会知识怎样获得，从而也就从人的认识活动方面揭示了社会历史观的产生条件和形成过程。因此，在功能方面，社会历史观作为一种总体性的社会历史图景而影响到人们的思想、信念和行动，对于包括人们认识社会的活动在内的各种社会活动都有重要的方法论作用。而就认识结果对于认识活动的依赖关系看，科学地认识社会历史才能获得科学的社会历史学说。而唯物史观要随着社会历史进化而丰富、发展和完善，则又依赖于人们认识社会的活动方式变革、方式更新和水平提高。因此，开展社会认识论研究，促进社会认识活动的科学化，对于唯物史观的进一步丰富和发展具有重要的推动作用。

社会认识论从总体上说属于认识论，是其中的一个分支，但它又不同于一般所说的认识的社会性。认识是人类社会所特有的现象。任何人类认识都是一定的社会人为了一定的社会目的，在一定的社会环境中，借助一定的社会工具和语言符号系统，对于与社会发生一定关系的客体的认识。因此，社会性是人类认识的一种普遍性本质和特征。社会认识作为人类社会的自我认识，当然也有社会性，而且更强烈、更集中。但使社会认识论成为一门相对独立的学科的，是它所特有的对象，这就是人们以社会为对象的认识活动。如果说，通常意义上的认识论立足于一般意义上的认识主体和认识客体之间通过中介的交互作用，以揭示人类认识的最普遍规律，社会认识论则立足于社会认识主体和社会认识客体，通过一定中介的交互作用去揭示人们认识社会的特殊规律，揭示人类社会自我意识的特殊机制。因此，社会认识论与认识论的关系，是特殊与普遍的关系，其差别是两个理论层次之间的差别。当然，认识社会和社会的自我认识，总归是人类认识的一部分，它是受制和服从于人类认识的一般原则和普遍规律的。因此，一般意义上的认识论原理也概括和包含了社会认识活动的普遍属性与一般规定，并对揭示人类社会自我认识的特殊规律有重要的方法论指导作用。此外，认识的一般规律和普遍原则又概括和提炼于各种特殊的认识规律，而对各种具体的特殊规律揭示得越充分、越深刻，则一般规律越具有普遍性和科学性。因此，开展社会认识论的研究，本身便意味着认识论研究的拓展、深化，它对于认识论的丰富和发展，无疑具有非常积极的意义。

在同等层次上，以社会客体为对象的认识是相对于以自然客体为对象的认识而言的。这二者之间，无论在主体、客体，还是活动方式与结果方面的区别都是相当明显的。在客体方面，自然客体主要是先在和外在于人的物质自然界，它们有其独立的存在形式和运动方式，不以人的主观意志为转移；社会客体则是社会人的存在形式、活动方式及其产物，它不仅将社会认识主体包含于自身之内，而且受其所生产的社会观念的影响，是社会的本体性存在和精神性存在交互作用中的统一运动过程。在主体方面，自然认识主体是相对独立和外在于自然客体的人，在通过认识活动以观念方式掌握客体的同时，主体往往是作为某种异构的存在物而实际地对峙于自然客体的；社会认识主体则实际地内在于自己所要认识的社会历史客体及其活动之中，他不仅与他们同构，而且只有自觉地深入社会历史运动中才能真正理解和认识社会。在活动方面，认识自然客体，本质上是人们对一种外部对象的认识。作为一种对象意识，人们可以比较客观地根据客体本来的面目去描绘和理解它，而尽量排除自己的主观因素；认识社会的活动，直观地说是一种对象意识，本质上又是一种自我意识。人们既要尽量排除内在主观性和个体片面性而以一定社会角色的姿态去客观地理解和认识社会，又要借助各种外部参照系来确认和肯定自我在社会体系中的位置以便更好地发挥自身的能动性和创造性；既要确认自我，又要超越自我；个体关于社会的对象意识与社会总体的自我意识的统一，这正是社会认识活动的特点，也是其难点所在。在结果方面，认识自然是在不改变客体现实存在状态的情况下以观念的方式掌握它，使客体的内容以信息的方式进入人们的头脑，成为思想和意识的内容。自然科学知识可以借助严格的实验条件加以检验，具有严格的精确性和确定性；社会认识的成果是在社会历史发展的实际过程中获得的，具体的社会认识主体的特殊的社会地位、知识背景和心理结构也作为一种认知定势而影响和渗入认识的结果中，并且不断地参与到人们创造世界历史的活动之中。由于社会发展过程的不可逆性和社会认识主体所不可摆脱的历史制约性等，社会科学知识很难获得自然科学知识那样的精确性和唯一性。

当然，由于现实生活中自然与社会界限划分的相对性，尤其是社会历史进化加速了人的对象化和自然界人化的双向建构过程，因此，自然认识与社会认识之间的界限也越来越模糊，二者之间明显地呈现出相互渗透、交叉的综合化发展趋势。因此，开展社会认识论的研究，不仅可以从自然认识论的研究中获得某种借鉴，而且对于促进自然认识论的发展也有积极的作用。

四、开展社会认识论研究的必要性和可能性

人类在当代社会实践中所面临的紧迫的自然-社会问题向积极开展社会认识论的研究提出了紧迫的要求。

也许可以这样说，目前人类所面临的全部自然-社会问题，都根源于这样一个日趋明显的事实："人类与自然的力关系发生逆转"，正在人

们现实的生活世界中成为不容忽视的实际状况[①]，人类经过长期积累建构起来的几乎是无限的建设能力由于被不合理利用，正在脱离人类的控制并逐步转化为强大的异己的破坏性力量，破坏着人与自然的和谐关系，损坏着人类自身的最基本的生存条件。

人类创造出来的力量能否有效地受到人类的控制，以一种有利于人类的方式持久地服务于人类的利益，这个问题早已有之。但真正作为一种社会问题而引起人们的关注却是在资本主义大工业产生以后的事。科学技术和工业的资本主义运用，在剩余价值规律的驱使下，魔术般地激发了人类社会的生产能力，创造了巨大的社会财富，迅速地推动了社会进步。但是，财富的增长是如此巨大，它的形式是这样繁多，以至这种财富对人类说来已经变成了一种无法控制的力量。人类的智慧在自己的创造物面前感到迷惘而不知所措了。[②]

面对着这种现实，我们固然不能肯定一些人用“世界末日论”来对人类前景的完全悲观绝望的暗淡描述，却也绝无置若罔闻、盲目乐观的半点理由。在被迫品尝和吞咽着自己用智慧和力量酿制出的“苦果”的同时，冷静回首，从根本上反省人类自身的行为方式和导致这些行为的理论原则，真正在思想上认识上有所进步、有所深化，也许是摆脱现实困境的唯一正确途径。

可以说，人类的几乎是无限的建设与创造能力可以成为同样巨大的破坏与毁灭力量，问题仅仅在于它们怎样被使用和能否被控制。对人类力量的使用和控制，直接的是通过对人们的活动方式及过程的定向、调节和组织来实现的。如果说，今天的现实是历史上人们的活动造成的，那么，人们在今天的活动又将创造出一个明天的现实。因此，人们对未来的关注，对未来理想世界的向往和追求，必须转移和落实到对现实行为的合理抉择和科学决策之上。同时，随着历史向世界历史的转变，人们的所有行动都具有全球性相互关系，以及全球为之承担责任的后果。因此，人们不能不以更加全局性和长远的战略眼光来认真选择和合理决策自己的每一项具体的、局部的活动，使之真正建立在科学

---

① 汤因比，池田大作．展望21世纪[M]．荀春生，等译．北京：国际文化出版公司，1985：36.

② 马克思恩格斯全集(第45卷)[M]．北京：人民出版社，1985：397.

的认识与预见的基础之上，这就为更加科学地认识自然、社会和自我提出了紧迫的要求。社会认识论的研究，当然不能代替现实生活中人们对社会的认识与决策等，但它作为一种社会认识的活动论，却能够为人们更加科学地认识社会提供必要的认识论基础和一般的方法论原则。

积极开展社会认识论的研究，在当代社会科学已经取得重大成就的今天，不仅具有必要性，而且具备了充分的可能性。20 世纪以来，尤其第二次世界大战以来，社会科学迅速走到了当代科学的前沿，不仅取得了一种至少与自然科学地位相当而且并驾齐驱的地位，甚至在当前社会科学与自然科学的综合化、整体化发展中，在相当数量的一些领域中取得了带头学科的地位。因此，"社会科学成了公众最注意和最寄予希望的科学，这是社会科学的历史上前所未有的——虽然这门科学的历史不长"①。当前，社会科学研究正沿着由定性分析向定量分析发展的道路迅速前进。并且由以往主要移植和借鉴自然科学的研究方法发展到根据自己的特殊研究对象和任务而逐步建构起适合自己特点和需要的社会科学方法库。社会科学方法论在当前的普遍兴起，便是社会科学方法库初具规模的一种理论表现。它们一旦被实际地应用于认识社会的活动，便以一种更新的视角和在更高的层次上"使社会科学有可能去理解精神的认识过程并创造控制系统作为社会模型然后去管理社会"②，从而促进社会科学研究的巨大发展。

五、社会认识论的研究方法与基本构架

社会认识论以人们的以社会为对象的认识活动及其结果为对象，考察人们认识社会的特殊活动结构、活动方式、认识手法、进化过程和特殊规律，揭示人类社会自己认识自己的特殊道路。

社会认识论作为人类社会自我认识之谜的哲学探索，本质上是一门反思的科学。黑格尔曾经说过，反思以思想和本身为内容，力求思想自觉其为思想。③ 认识是主体以思想、观念方式接近和掌握客体的自觉

---

① 丹尼尔·贝尔. 第二次世界大战以来的社会科学[M]. 范岱年，等译. 北京：中国社会科学院情报研究所，1982：23，24.

② 丹尼尔·贝尔. 第二次世界大战以来的社会科学[M]. 范岱年，等，译. 北京：中国社会科学院情报研究所，1982，36.

③ 黑格尔. 小逻辑[M]. 贺麟，译. 北京：商务印书馆，1980：39.

活动。认识论的研究以认识着对象的认识或思考着客体的思想为对象。因此,“认识论按其性质来说,是一门反思的科学”[①]。社会认识论作为认识论的一个分支,当然也不例外,而且作为一门反思的科学的性质更加明显和突出。认识社会,本身便包含着对于人们的思想和一定思想支配下的行为与活动的认识,是一种社会总体的自我认识,从而也是一种反思性认识。而社会认识论作为对于这种自我认识的认识,本质上是对反思的认识,或者也可叫作对于反思的反思。因此,社会认识论可以看作更深程度或更高层次上的关于反思的科学。它以人类的进行着的自我认识为对象,是对认识着社会的认识的哲学认识,或对思考着社会问题的思想的哲学反思。

对象的特点不仅决定了社会认识论的性质,而且规定了科学地研究社会认识论的基本任务和根本方法,这就是按照人类社会自我认识产生、发展、进化和实现的内在逻辑和运动规律去揭示和再现社会认识自己构成自己的特殊道路。人们对社会的认识和社会通过这种认识而实现的自我认识,尽管其本身并不是一种绝对独立的实体性存在和运动,而是与社会历史活动内在地交织在一起的,但它们毕竟不是主体在自身内部的纯粹的不停息的旋转[②],仍然是通过现实人的具体活动而实现的,是主体和客体之间通过一定中介而展开的一种交互作用,有其内在的要素、结构、活动、方式和功能,经历着发生、发展、进化的实际过程,走着一条自己构成自己的辩证道路。因此社会认识论作为一种理论体系,它的内容和结构,应该成为人类社会自己认识自己的道路、方式、途径和条件等的观念再现。而这种再现的真实程度决定着社会认识论作为一门相对独立学科的完善程度和科学水准。因此,社会认识论要成为一种客观的论证的科学,就必须按照人类社会的自我认识运动本身所具有的活动规律、建构逻辑和发展道路去展开自己的思路。

黑格尔在谈到哲学的方法时曾经指出:“我认为,只有沿着这条自己构成自己的道路,哲学才能够成为客观的、论证的科学。”[③]在黑格尔看来,哲学的方法是由对象的性质决定的,是对象的“内容本身的内在

① 夏甄陶.认识论引论[M].北京:人民出版社,1989:1.

② 马克思恩格斯全集(第42卷)[M].北京:人民出版社,1979:176.

③ 黑格尔.逻辑学(上卷)[M].杨一之,译.北京:商务印书馆,1966:5.

灵魂”。对象本身走着一条自己构成自己的道路，而这条道路本质上正是一条辩证运动和辩证发展的道路。正是对象运动发展的辩证本性决定了哲学方法的辩证本性，决定了哲学方法只能是一种辩证方法。哲学只有运用这种辩证法，自觉遵循对象自己构成自己的辩证道路，才能成为客观的论证的科学。当然，作为一个彻底的客观唯心主义者，黑格尔讲的哲学对象，是独立存在并至高无上的绝对精神，相应地，他讲的辩证法，不过是绝对精神自我运动的内在逻辑，因而是唯心主义和充满神秘思辨色彩的。但他竭力倡导并坚持按照对象本身的本性和发展道路来从事研究和再现对象，这就不自觉地指出了一条引导我们走出迷宫达到切实地认识真理的合理途径。列宁正是在这种意义上扬弃了黑格尔的唯心主义成分，加以唯物主义改造，并在更广泛的意义上指出：自己构成自己的道路＝真实认识、不断认识（从不知到知）的运动的道路。[①] 人们对社会的认识，和社会通过这种认识而实现的自我认识，都有其内在的辩证运动规律，走着一条自己构成自己的发展道路，按照它们本身的辩证运动规律和发展道路来掌握和再现它们，这正是社会认识论的基本任务，也是科学地研究社会认识论的根本方法。

当然，要想全面、真实地科学揭示和观念再现人类社会自己认识自己的特殊道路，这并不是一件轻而易举的事。社会认识活动中所存在的若干“怪圈”，可以初步地揭示出社会认识活动的复杂性和由对象的复杂性决定的社会认识论研究的艰巨性与困难度。但正是这种特殊的复杂性、艰巨性与困难度，使得积极开展社会认识论的研究有着更加重要的理论和实践意义，并且要求我们尤其重视自觉探索科学的和具体有效的研究方法。笔者曾经提出，对于复杂客体的研究，就像对那多面复合体的认识一样，必须从多种角度，运用多种手段，以多种方式全方位地进行。在社会认识论的研究中也是如此，运用多种具体方法多视角、多渠道、多测度、全方位地考察社会认识问题，也许是较好地解开人类社会自我认识之谜的有效钥匙，具体来说，主要有以下基本方法。

1. 发生学方法

人们对社会的认识和社会总体的自我认识，并不是从来就有、与生俱来的，而是人类社会产生以后才有的事，并且是在人类认识和自我意

---

① 列宁全集（第 38 卷）[M]. 北京：人民出版社，1959：84.

识能力发展到一定水平以后才出现的。因此,认识社会的活动作为一个系统有其起源的历史和发生的过程。揭示这种起源和发生,对于说明整个社会认识问题具有寻根究底、追踪溯源的重要作用。因此,运用发生学的方法研究社会认识系统的起源问题,在整个社会认识论的研究中占据着导向和奠基的重要地位。对社会认识系统起源问题的发生学考察,包含着对于构成该系统的主体(人)、客体(社会)和中介等作为相对独立的要素所由以生成的自然史前提、社会史前提和人类学前提的考察,也包含着对这种起源和发生过程的具体分析和再现。从这个角度看,笔者认为,社会认识系统的最初历史生成,是作为"人-社会系统"从自然大系统中生成与分化的结果而产生的。而这种生成,经历了三次大的历史分化。其一,人类社会作为相对独立的实体性和关系性存在的统一而以自己独特的运动方式与其他自然物相区别,并从自然界中分化出来,从而有可能和必要成为社会自我认识系统中的客体;其二,人类个体作为思想上和人格上相对独立的主体既依存又分离于社会总体,其对社会的认识随之成为必要;其三,个人能够并且实际地在观念中将自身及其活动对象化为客体来加以反观和反思,使"主我"与"客我"在观念中相互分离和对立,产生出个体自我意识,则他们作为相对独立的社会认识主体便成为可能。这三次分化,实际上是社会认识系统中的主客体分化和其间关系在分化基础上全面生成的过程,其结果则是认识活动的实际展开。

2. 历史方法

在对社会认识形成、演化、发展过程的历史分析中揭示社会认识运动的内在逻辑和发展规律,这是社会认识论研究的又一重要方法。可以说,有了完整意义上的人和社会,就有了人对社会的认识,以及和社会借助于这种认识而实现的自我认识。但是,从古到今,人们认识社会的具体形式和社会自我认识程度与水平不是始终如一、一成不变的,它们随着时事变迁、岁月流逝、能力进化和社会发展而经历了一个在形式和内容上都由简单到复杂、由低级到高级、由不成熟到比较成熟、由不完善到比较完善的演化过程。我们今天看到的复杂、高级、比较成熟和比较完善的社会认识形式,是由历史上相对而言比较简单、比较低级、不那么成熟和不那么完善的社会认识形式发展进化而来的。正是在这个发展进化的历史过程中,人类社会自己认识自己的道路不断得以展开和拓宽。而社会认识的发展规律和进化逻辑则深深地蕴含在这个不断展开和拓宽的过程之中。因此，要真正地理解和掌握现有的、成熟的、既定的社会认识形式，就必须去了解它们由以形成和进化而来的种种历史形式和更迭过程；要掌握和再现社会认识活动的进化逻辑和发展规律，就必须具体地研究它们由以表现和实现的社会认识史。对社会认识史的研究，构成了社会认识论研究的重要内容。相应地，科学的历史方法（与逻辑方法相统一的方法）则是社会认识论研究的重要方法。对社会认识形式演化过程的历史考察，包含着对历史上各种具体的社会认识形式由以形成的特殊历史渊源、社会背景、主体条件等的考察，也包含着对这些特殊的社会认识形式本身的具体结构、基本框架、本质特征和实际功能的比较分析，还包含着对其间的承继关系、更迭原因和转换过程的具体考察，等等。从这个方面看，笔者认为，人类社会自我认识形式的历史发展，大体可分作两个基本阶段，即前马克思主义的社会认识史和马克思主义创立后科学地认识社会的历史。在前一阶段中，先后经历了神话、史鉴和实证等具体的认识形式和发展阶段。而后一阶段，则是以马克思恩格斯创立唯物史观为标志，经过列宁、毛泽东的理论和实践，直到今天我们仍在探索和发展之中的科学道路。

3. 要素-结构方法

现实生活中人们认识社会的具体形式多种多样，但都包含着认识主体、认识客体和中介这三个基本要素，它们构成了社会认识系统不可缺少的三个子系统。其中，主体和客体构成了社会认识系统中骨架结构的两极。工具手段等中介系统则是把主体和客体联系起来的中间变量。主体、客体和中介之间既相互规定、相互联系，又相互区别、相互作用，构成了社会认识的关系系统和“解剖结构”。不管具体的社会认识形式多么复杂、多么高级，它总是可以离析为主体、客体和中介这三个子系统，而且它们之间的关系和结构具有相对稳定性，这就使我们能够从对这些子系统及其关系的解析入手，去把握整个社会认识系统的总体。因此，运用要素-结构解析方法，对这各个要素、子系统的内在结构、内部细节进行具体解剖分析，对它们之间关系及演变做具体考察，在社会认识论研究中占有突出的地位。社会认识系统是一个自我认识系统。主体、客体和中介之间自我相关、自相缠绕，使得各个要素本身及系统总体都具有自己的显著特点，表现出格外明显和突出的主体和客体相关律，需要我们着力加以解剖和分析。对社会认识系统的要素-结构分析，包含着对于主体、客体和中介各自的内在实体性构成和关系性结构的分析，也包含着对它们之间关系的性质、形式和作用条件的考察，尤其重要的是对它们各自在社会认识系统中的独特地位、功能及实现途径的研究。笔者认为，借助多种参照系，着力于在相互关系中考察社会认识活动中的主体、客体和中介等基本要素，揭示其特殊性质、结构和功能等，是全面把握社会认识系统的重要条件之一。

4. 活动-功能方法

考察人们认识社会的活动及其功能，是社会认识论研究的主要任务。认识活动是主体和客体之间的认识或观念关系的动态表现，是认识主体借助一定中介而观念地掌握客体的实现形式，其结果或功能，则是造成关于客体的一定观念映象。正是这种映象再现对象的广度、深度、层次、形式、程度等，标示着主体观念地掌握客体的能力大小、水平高低等，表征着主体和客体之间在观念关系方面的相关性程度及其实现水准。因此，对于人们认识社会的活动的态度考察，有必要联系认识的结果(即功能的实现方面)，并从主体和客体通过中介的实际相互作用的具体形式、层次、向度等各方面全面展开。具体来说，大体上包含着三个主要方面。其一，从内容方面看，社会生活极其复杂，有经济、政治和文化等各个主要领域或方面，对这些不同方面的认识，构成了当代社会科学的各门各类，它们同时也是人们认识社会的具体形式，各有其内在特殊性，可以分门别类地加以研究和探讨。其二，从层次方面看，现代社会生活高度分化、层次繁多。相应地，人们对社会的认识也往往是在不同层次或层面上进行的。与社会生活的层次性相对应，社会认识的层次大体有三：日常的社会心理层面的认识、决策的社会规划层面的认识和阐释的社会理论层面的认识。这不同层面的认识各有其具体形式、中介和方法，有必要分别加以考察。其三，从向度上看，任何时代的主体都不仅要认识现实的社会，还要认识已逝的社会(历史)，并且预见未来的社会。对这不同时间关系中的社会客体有不同的认识方式，从过程性上看则要经历不同的具体发展阶段。因此，对社会认识的过程性探讨，可以从对于历史的回溯性认识、对于未来的前瞻性认识和对于现状的追踪性认识这些不同向度来全面展开。

5. 动力-进化方法

研究社会认识问题，一个重要的目的，是为了促进人们认识社会的能力发展、认识结构的及时更新和认识形式的有效变换。揭示社会系统的进化结构，并建构其发展模型，对于实现上述目的具有重要的作用。因此，引入动力学和进化论的方法研究社会认识系统的进化与发展问题，是社会认识研究中不可分割的部分。对社会认识系统的进化研究，主要在于揭示社会认识结构整体更新的动力系统和转换机制。我们认为，社会认识系统的发展，不仅依赖于认识对象的变化，即作为客体的社会历史本身的进化，而且依赖于主体的认知需要(实践要求与认知兴趣等)和认知能力的发展，它们之间相互作用，构成了认识进化的动力方面。而关于社会的知识的积累与更新、思维模式的调整与转换、新规范的提出和使用、新方法的创造与推广，则构成了社会认识结构整体更新的进化机制。并且，随着社会运动尤其社会精神生产节奏加快、周期缩短、频率加速，人们对于社会的认识也呈现出加速度发展的明显趋向，其具体表现则是社会科学在一百多年来的迅速兴起并发挥出越来越大的作用。

6. 探索科学地认识社会的方法论原则

人们认识社会的活动是一种有中介的活动。认识方法在主体观念地掌握客体的中介系统中居于“软件”的地位，起着非常积极的作用。自觉地探索认识社会的科学方法，不仅对于说明复杂的社会认识问题有重要的理论价值，而且对于指导具体的社会科学研究、促进社会认识活动的科学化也有重要的实践意义。当然，在实际生活中人们认识社会和社会自我认识的具体方法是多种多样的，社会认识论作为一种哲学反思，不可能也没有必要去一一罗列各种具体方法，它的任务，在于从总体上提出科学地认识社会所必须遵循的一些基本原则。在这方面，笔者认为，客观性原则、具体性原则、整体性原则、发展性原则和主体性原则等，从不同侧面反映了社会认识系统的特殊内部结构，和人们从事社会认识活动的根本目的，是任何主体力图全面、真实、准确、及时地掌握和再现复杂社会客体的极其重要的方法论原则。

社会认识论是个综合性很强的课题，对其中的任何具体问题的研究和成功把握都只能是多种方法综合运用的结果。笔者提出以上几种方法，并不意味着其中的某种方法能够单独地解决其中所涉及的问题，更不意味着用这几种方法便能解决社会认识论研究的全部问题。笔者之所以着重谈到它们，只是想以它们为引子，力求比较自觉地运用一些现代科学方法来研究社会认识论，而它们同时也确实从不同侧面反映了作者思考社会认识问题的主要视角和作者安排社会认识论的体系结构的基本思路。笔者认为，从对社会认识系统起源问题的发生学考察入手，以对社会认识形式演化发展的历史回顾奠基，在对社会认识系统中主体、客体和文化中介这几个基本要素各自特殊性的具体分析基础上，对社会认识活动从各方面、各层次、各向度做出动态考察，并尝试观念地模拟社会认识系统的进化结构及加速度发展过程，进而初步地概括和总结出科学地认识社会的若干方法论原则，我们就能对复杂的社会认识问题有个初步的了解，并使之以一种理论体系的方式初步地、观念地再现出来。

第八章　深入探析人类社会自我认识之谜

——社会认识论第二期研究构想

本章回顾改革开放以来我国社会认识论第一期研究情况与成果，深入探析了社会认识论研究存在的难题，并对未来第二期的发展做出展望。20 世纪 80 年代中后期以来，我国社会认识论研究产生了丰硕的成果，主要有三个方面：研究课题的确立和论证、学科界说和理论地位的确定、研究体系初步建构。

第一期的研究大致扫清了外围，第二期的研究则要以核心难题为导向，本章提出了十个难题：社会认识系统中主体与客体自我相关；社会历史的可知性与社会认识的真理性；社会价值的多元性与社会评价的多义性；个人对社会的对象性认识与社会总体的自我认识；社会活动的自觉性与社会规律的客观性；认识活动的时空有限性和社会历史进程的无限性；社会观念与社会现实的内在交织；社会交往中社会规范的通约与转换问题；文化体系的中介功能与屏障作用；认知与评价、审美、功利追求的交错与冲突。本章为社会认识论第二期研究提出的任务是：以难题为向导，尽快深入理论核心地带，在此基础上突出社会认识方法论，在科学的高度上寻求突破。本章提出，社会认识论第二期研究要立足已有基础，在如下几个方面做突破：以难题为导向，尽快从社会认识论研究的“外围”进入核心地带；加强国际对话，吸收前沿成果；深入中国的历史和现实，总结经验教训；从科学化认识社会的高度着力。

经过众多学者的共同努力，近年来我国的社会认识论研究取得了开拓性进展，其学术成果和理论地位为学术界所普遍关注、承认和重视。但从真正建设起一门相对独立的认识论分支学科的高度看，尤其是面对当代中国和人类实践所提出的大量挑战性实践问题和理论难题，我们已经做过的工作，严格来说还只能称得上一种前期的基础性和外围性工作。要把这门新兴学科真正建立和巩固起来并使之趋于完善，还需要我们在视野、思路和方法上有更大的自我突破与自我更新。本文在简略回顾、总结社会认识论研究历史和现状的基础上，分析和透视目前面临的重点难题，并根据现时代的特点，提出作者关于开展社会认识论第二期研究的初步构想，以求教于识者并征得更多的有此志趣者共同努力。

一、回顾——已做工作及主要成果

我国的社会认识论研究是在 1978 年以来国内哲学研究大发展的宏观背景中逐渐发展起来的。20 世纪 80 年代初期便有识者提出开展社会认识问题研究的倡议。真正比较深入、专门和系统的研究则是在 80 年代中期，当时各地的一批在读博士、硕士研究生不约而同地选择此课题作为主攻方向，并在各自导师指导下撰写相关博士、硕士学位论文。于是，一批研究力量投向了社会认识论。1987 年下半年起，景天魁和笔者分别在中国社会科学院哲学所和中国人民大学哲学系通过博士学位论文答辩，所撰写的博士论文《社会认识的结构和悖论》[①]与《社会认识论导论》[②]，经修改后分别由中国社会科学出版社选入胡绳先生主编的《中国社会科学博士论文文库》出版。在此前后，一批本方向的专题学术论文论著相继在国内一些重要的学术刊物上发表。1989 年 4 月，由中国认识论研究会、四川省社会科学院哲学所和陕西师范大学政教系等单位联合发起的全国首届社会认识论学术研究会在四川乐山举行，近 50 名学者与会，提交论文 30 余篇，掀起了社会认识论研究的又一个小高潮[③]。笔者自 1988 年以来将本人关于社会认识论的研究成果

① 景天魁. 社会认识的结构和悖论[M]. 北京：中国社会科学出版社，1990.

② 欧阳康. 社会认识论导论[M]. 北京：中国社会科学出版社，1990.

③ 李明华. 全国首次社会认识论学术研讨会综述[J]. 哲学动态，1989(9).

引入研究生教学，先后为7届硕士研究生开设学位必修课，并于1989年起首家招收社会认识论研究方向硕士生，指导首届3名硕士生分别撰成《社会认识的发现机制》《社会认识的评价机制》《社会认识的检验机制》三篇系列硕士论文，于1992年底顺利通过答辩并获得硕士学位。1991年以来，围绕已出版的《社会认识论导论》等学科专著，《中国社会科学》《哲学研究》《中国哲学年鉴》《人民日报》《社会科学战线》等十多家报纸杂志发表了一批书评书讯。学者们对社会认识论的研究现状各抒己见，宣传和深化了社会认识论研究。

在国际学术交流方面，笔者自1988年以来先后与美国、英国和苏联等地的社会认识论研究者建立友好学术联系，先后应邀为美、英、加、日等国合编的国际英文学术刊物《Social Epistemology》(《社会认识论》)撰写了《中国的社会认识论研究》长篇英文稿，该文连同拙著《社会认识论导论》的英文目录和一些评论文章一道发表在该刊1993年第2期。笔者与美国第一部《社会认识论》英文专著作者、美国弗吉尼亚社会科学研究中心研究员斯蒂夫·富勒(Steve Fuller)就社会认识论问题长期进行通信探讨，其成果编译成《关于社会认识论的对话(上、下)》，发表在《哲学动态》1992年第4、5期。

笔者的作为社会认识论第二期研究计划的“社会认识方法论”被国家教委列为“八五”人文社会科学规划项目，社会认识论成为武汉大学马克思主义哲学专业博士研究生培养的新增方向并开始招收博士生。

综观社会认识论的第一期研究情况，笔者认为，它主要是围绕论题的确定、学科的界说、体系的建构、特点的探析和对社会认识活动的分类分层概括而展开的，其成果涉及以下主要方面。

1. 关于社会认识论研究课题的确立和论证

从笔者已经接触的材料来看，各国学者都是在20世纪80年代以来才开始对社会认识问题进行专门研究的。由于这种研究一开始是在不同的社会文化和学术背景中相对独立地展开的，因此各有不同的角度和思路。苏联学者是从坚持历史唯物主义和反映论的原则，批判资产阶级哲学尤其反对新康德主义入手，并从社会事件可知性和社会发展规律性的角度提出问题和展开思路的。他们从社会存在与社会意识的关系入手，辨析社会认识与社会意识的异同，把社会认识作为社会管理的必要准备，从加强社会管理与控制的角度提出开展社会认识问题研究的必要性。[①] 相比之下,英国学者则更多受到大陆经验哲学传统的影响。安东尼·夫诺在80年代中期出版的《关于社会认识的思考》一书实际上是他《关于认识的思考》一书的继续。他力图在自然与社会、自然事实与社会事实、自然试验与社会试验、自然科学与人文科学等的对比分析中,在对人的理性、人的行为、人的价值等的探讨中揭示社会认识的特点。他上承培根、休谟,中接康德、孔德、马克思,直面以波普为代表的现代思想家,力图对现代人类认识中的一些难题做出自己的回答。[②] 大概与其所处社会的科学与文化背景相关联,美国学者斯蒂夫·富勒对社会认识论的研究富于实证的色彩。他的《社会认识论》一书从认识论的现代发展入手,在社会认识论与社会本体论的对比中立论,以西方社会中发达的科学技术与社会现实为背景,在对现代社会科学、人文科学尤其语言学、心理学、社会学、生态学等的具体考察中揭示人类认识的特点,对知识生产的社会组织和哲学在知识生产中的特殊作用做了全面具体的分析,在美国学术界产生了较大影响。[③]

我国学者对社会认识问题的关注尽管各有侧重,但将其作为哲学理论研究深化和深入当代人类实践的一个重要结合点,却是普遍认同的。从理论方面看,它意味着打破过去认识论研究与社会历史观研究相互隔离的状态,使之在新的层面上真正有机、合理、融洽地内在结合起来。一方面,历史观的研究要关注人,关注人的活动和人的自我意识,在“自然历史过程”、“自主创造过程”和“自我意识过程”这三者的具体历史统一中理解人类社会的存在、活动和发展,真正揭示人类社会作为有意识、能创造和善于自我更新、自我完善的自组织系统所特有的生机、活力与进化机制。另一方面,认识论的研究不仅要积极深入个体认识活动的内在生理-心理机制,而且应当拓展到既是其对象又是其宏观背景的人类社会历史文化方面,从而向着“对社会的认识何以成为可能和如何达到科学”的层次上有所前进、有所深化。从社会实践方面看,它意味着从科学地认识和合理地决策的角度重新审视当代人类所面临的“全球问题”与“个性问题”,沿着从认识和自我认识的非科学化导致

---

① 波波夫,休休卡洛夫.社会认识和社会管理[M].赵承先,蔡林海,郭长霓,译.上海:上海译文出版社,1986.

② Antony Flew. Thinking About Social Thinking[M]. London:Blackwell Press,1985.

③ Steve Fuller. Social Epistemology[M]. Bloomington: Indiana University Press,1988.

决策的非科学化引出大量的不合理实践这条思路去发掘和揭示当代活动造成大量反主体性效应的深层原因，寻根治本，少犯错误，少走弯路，提高效率，增强效益，自觉促进人类文明的加速度发展，适速高效地建设有中国特色的社会主义。在这种意义上，开展和深化社会认识论研究，既有其深刻、充分的理论根据，又有其现实、紧迫的实践根据。

2. 关于社会认识论的学科界说及其理论地位探析

一门新兴学科能否建设起来并得到承认，相关因素很多，但较重要的有两条：一是看其是否有比较确定和相对独立的研究对象、任务及方法等；二是看其能否处理好与相关理论的周边关系，即在现有理论体系中找到自己的恰当位置。这两个方面当然地成为社会认识论第一期研究的关注重点。

尽管对什么是"社会认识"人们曾有过不同的理解，但深入的讨论却帮助人们达成了共识。主导性意见认为，社会认识即对社会的认识，或以社会为对象的认识。在这里，社会是认识客体、对象、宾词，社会认识活动即认识社会的活动，它区别于对自然和一切非社会客体的认识。相应地，社会认识论，即关于人们如何认识社会的哲学理论，它以人们认识社会的活动及其结果为对象，力图借助多种参照系来揭示社会认识活动的特殊本质、特点、方式及其规律，其目的在于帮助人们更加科学有效地认识社会、改造社会。社会认识论不是研究一般的认识活动，而是研究以社会这种特殊客体为对象的认识活动；它也不是一般地再现认识活动，而是在人们对社会的认识何以成为可能和如何达到科学的高度上提出问题和展开思路。由于社会认识系统中主体和客体这两个方面自我相关、自相缠绕，因此，人们对社会的认识，实质上又是社会总体的自我认识的实现形式。人们在各方面、各层次和各向度上对社会的认识及其成果，只有以一定方式在一定程度上转化为社会（集团、民族、国家以至人类）的自我意识，才能真正发挥出自己的功能，显现出自己的价值。在这种意义上，社会认识论又是关于人类自我意识的学说，其深层含义在于回答"人类社会的自我认识何以成为可能和如何达到科学"这个更高层次的问题。应该说，在人们对社会的认识和社会总体的自我意识的统一中把握社会认识活动，正是我们从事社会认识论研究的独特思路，也是其独特社会价值之所在。

对社会认识论的学科地位的分析是借助多种参照系多方面、多层次地展开的。就其归属而言，社会认识论属于哲学认识论，是其中的一个分支。一般认识论在最普遍的意义上研究人类的认识活动，社会认识论则在相对具体的层次上研究人们对一种特殊客体——社会历史——的认识活动。因此，社会认识论与认识论的关系可以看作特殊与普遍、具体与一般的关系。正是由于社会认识论以人们认识社会的活动为对象，因此它又与社会历史观有着十分密切的特殊关系。社会历史客体的特点要求人们对它的观念掌握要有自己的特殊方式、方法、活动过程和规律，因此，社会历史观对人类社会存在的特殊性的揭示当然构成了社会认识论研究所必不可少的本体论前提和对象性根据。社会历史观作为一种社会存在的本体论，以人类社会本身的存在和发展为对象，是社会历史运动及其规律的观念再现，而社会认识论则作为一种社会存在的认识论，以认识社会的活动及方法为对象，揭示社会认识活动的特殊方式、方法和规律。二者之间无论在研究的具体对象、思路、方法和结果上都有所不同。

在同层次上，社会认识论主要区别于自然认识论。按照主体-客体相关律，认识系统中无论主体还是客体的变化均会影响到主体和客体之间的具体关系及相互作用的样态。当我们把社会作为客体系统而剥离和凸现出来时，其最直接的参照系便是自然。正是社会客体区别于自然客体的特点使认识社会的活动产生出有别于认识自然的活动的特殊性，使社会认识论研究成为必要和可能。而又由于迄今对社会的认识尚远远落后于对自然的认识，才使得今天全面深入开展社会认识论研究显得格外紧迫和重要。

在下一层次上，社会认识论直接面向各方面、各类型、各层次、各向度的社会认识活动，是对其中相对普遍、集中、共通和相似的那些认识方式、方法的概括、提炼和总结。“社会”不是一个抽象空洞、内容贫乏的僵化概念，而是极为具体丰富、生动活跃的生命有机体。就其内容而言，它包含着经济、政治、道德、宗教、法律等各个方面；就其类别而言，它包含着物质的、精神的、实践的、决策的、评价的、审美的等各种类型；就其层次而言，它包含着日常的、理论的、规划的、操作的各个层次；就其向度而言，它不仅有沸腾的现实，还有消逝中的过去和急速奔来的未来等各个向度。它们都是社会认识的对象。认识社会的活动正是面向各方面、各层次、各向度的具体社会现象而以各种具体方式实际地展开的，并由此而使人类社会从总体到局部均显现出自觉性、目的性和方向性。相应地，社会认识论也正是在对这种种社会认识活动的全面系统的观念把握中获得自己的坚实基础和丰富内容。

3. 关于社会认识论研究体系的初步建构

哲学是一门体系性的学问。一定理论的体系结构既从一定侧面反映和再现着对象的内容和特点，是对象逻辑的一种观念再现，又体现着研究者的观测重点和研究思路，是研究者的主体性的一种表现和实现方式。因此，以不同的理论体系来研究和再现同一对象或课题，既是对象复杂性的必然产物，也是研究者们协同攻关的必要条件和实现方式。在这种意义上，我们这里的任务不是对社会认识论的现有理论体系评优品劣、道长论短，而是探索其侧重点和视角，把握其思路和方法，揭示其作用和功能，以寻求以理论方式科学地把握和再现对象所应有的全面视野和合理思路。限于篇幅，本文仅就国内的两部社会认识论专著的研究体系略示其要。

景天魁把他的《社会认识的结构和悖论》作为他研究“社会认识方法论”这个总体课题的导论，并希望通过它而朝着“哲学-专门科学-社会技术学”的方向努力，因此该书体系明显带有从总体上提出问题、确定边界的特点。作者从探讨社会认识的基本问题入手，在第一篇中辨析社会认识、社会认识方法论和社会认识系统等概念。在第二篇中横向分析社会认识系统的内部结构，将其分为日常的认识方式、科学认识方式、技术认识方式、艺术认识方式、价值认识方式、宗教认识方式、哲学认识方式等而分别加以剖析。在第三篇中分析社会认识系统的悖论并在第四篇中揭示社会认识方法论的思维基础。整个体系展示出作者的广阔视野和深刻思考。

拙著《社会认识论导论》所提出的任务在于尽可能客观科学地揭示社会认识活动的特点，再现人类社会自己认识自己的特殊道路，因此其体系结构实际上是作者尝试运用发生学方法、历史-逻辑方法、要素-结构方法、活动-功能方法、进化-发展方法等，研究古今中外社会认识活动所必需的理论表述和逻辑展开。该书以“绪论”立论，由“历史篇”发端，经过“结构篇”“活动篇”而落脚于“方法篇”，沿着由历史到现实，由要素到结构，由静态到动态，由活动到功能，由现状至发展，由理论至方法的思路，系统概括社会认识系统的原始发生、历史演变、现实结构，以及活动的层次、过程与向度，归纳出科学地认识社会的方法论原则。这种体系既是作者初步探索社会认识问题的理论成果和逻辑思路，也是进一步探索的理论框架和基本指导，具有相当的包容量和开放度。

二、透视——主要难题及初步解析

从方法论上看，所谓开拓新领域，实质上就是发现新的问题，而研究的深化，也就是在更高、更深的层次上去发掘和阐释新问题。社会认识论是个综合性很强、反思程度很高的课题，其建构之艰难，正在于发现和回答深层次问题之不易。在这种意义上，我们充分肯定第一期研究所取得的成绩，不仅因为它标志着我们已经抓住和获得了多少，尤其在于它意味着我们已初步突破了外围，扫清了基地，并进入核心地带，发现了一系列深层难题，从而有可能在对它们的深入探索中获得新的突破性进展。具体来说，社会认识论研究目前至少面临以下难题。

1. 社会认识系统中主体与客体自我涉及、自我相关

这是社会认识系统区别于非社会认识系统最本质的特征之一，是主体-客体相关律在社会认识系统中的特殊表现。马克思主义的主体-客体理论显示，无论在性质、范围、程度和方式上，认识主体和认识客体之间均有某种内在的对应性和相关性。主体对客体的需要和把握客体的能力决定了外部事物转化为客体的范围、程度和层次，成为建立主-客体关系所必不可少的主体性条件。另一方面，客体对主体需要的有用性和其可知可塑性使主体对客体的关注成为必要和可能，成为主客体关系所必不可少的对象性前提。现实的主客体关系正是按照这种主体-客体相关律建立起来的。而在社会认识系统中的主体和客体则更进一步呈现出一种特殊的自我涉及和自我相关。认识的主体是人，是生活在社会之中的人；认识的客体是社会，是人们存在、活动和发展于其中的社会。主体和客体之间共质同构，密不可分地自我相关着。作为社会人的主体要认识的客体是包含自身在其中的社会，社会认识即社会人对人自己生活在其中的社会的认识。不仅如此，这种认识社会的活动本身又是一种社会活动，它也应当被纳入社会认识的对象范围。这就好像埃舍尔自画像中那个神奇的“反光球”，它不仅反射出举着球的画家、画家的书房，而且要在反光中反射出球自身。[①] 正是由这种奇妙而又难解的自我相关，派生出社会认识系统的众多难题。

2. 社会历史的可知性与社会认识的真理性

可知论是认识论研究的必要前提。社会认识论也离不开对社会可知性的论证。社会历史是人的历史，人的自觉活动构成了社会历史的基本内容。社会运动既有目的性、合理性，也有规律性、客观性，因此，社会历史可以被认识并达到真理，这在过去看来似乎是不言而喻的。但现在这种论证受到了来自多方面的挑战，需要我们在更深的层次上做出回答。其一，社会事件具有单一性，社会过程具有不可逆性，一定社会事件一旦转化为历史，便成为后人永远不可能直接把握的“文本”，以后的认识对它说来永远只能是一种解释，而且这种解释是否符合历史“文本”本身，既无法度量，也无法判别。因此，有人认为永远不可能有真正的历史，只能有观念中的历史，而且有多少研究者就有多少观念中的历史，历史认识的真理性是不可能的。其二，社会现实中认识主体与认识客体自我相关，互为主客体，由此必然产生出相互补充、相互顺应或相互制约、相互避讳的“自适应”情况，再加上利害关系和情感因素的渗入，都会从正面或反面妨碍对社会客体的客观正确把握，从而造成社会认识过程中所特有的“社会测不准”现象。其三，社会发展不是单一的而是多元的，不是宿命的而是选择的，受着知识增长的强烈影响，而有限的理性无法对知识增长做出准确的预测，因此对社会未来的预测是不可能的，这样，他们(比如波普)便由对历史决定论和理性普遍性的否证而否定了社会的可知性和社会科学的真理性。以上这些观点当然是我们所不能赞同的，但欲达到对它们的有力驳斥还需精微细致的论证。恩格斯也曾说过，在对社会的认识中绝对真理几乎没有。那么相对真理又怎样才能更加有效地逼近和达到呢?

3. 社会价值的多元性与社会评价的多义性

认知与评价的内在交织是社会认识活动较显著的特点之一，而社会评价中“公说公有理、婆说婆有理”的普遍性则妨碍着对社会评价合理性的理解。在对自然现象的认识和评价中，由于自然客体的价值中

① 道·雷夫斯塔特. GEB——一条永恒的金带[M]. 乐秀成，译. 成都：四川人民出版社，1984.

立性，不同的人们可以对它做出相对客观的认识和比较一致的评价，认识的真理性与评价的公正性比较容易获得承认。社会事件总是一定主体为了满足自身需要而设计、发动和推进的，其过程和结果必然带有明显的价值指向性，它可以满足一定主体的需要却往往难以满足一切人的需要。在社会存在不同甚至背反的利益集团的情况下，一定社会事件及其结果对一定主体的价值满足有时甚至要以牺牲或损害他人的利益为条件，在阶级社会中这种价值的冲突更为明显和尖锐。因此，社会事件的价值往往是不中立的、有指向的、多元的。不同的价值主体与同一社会事件可能处于完全不同甚至根本背反的价值关系中。这种情况必然影响甚至支配着他们对该社会事件的认识和评价，不仅会得出不同甚至相反的观念印象，直至产生偏见，而且会产生不同甚至根本对立的评价，使社会评价产生出明显的多义性。那么，这是否意味着社会评价中不可能有公正合理性呢？当然不是。那么，又怎样来理解和实现社会评价的公正性、合理性呢？这无疑是社会认识论研究的一个重要难题。

4. 个人对社会的对象性认识与社会总体的自我认识

我们曾经提出，人们对社会的认识本质上是社会总体的自我认识的实现形式。个体对社会的认识只有转化为和上升为社会总体的自我认识，才能实现和发挥作用。但社会总体由于没有超人类的意识思维器官，因而只有借助人们对社会的认识，才能达到充分、有效的自我意识。正是在这种意义上，我们认为社会认识论既是关于人们如何科学地认识社会的理论，也是对于人类社会如何科学地从事自我认识之谜的哲学探索，在个体对于社会的认识与社会总体的自我认识的统一中把握社会认识问题，是我们开展社会认识论研究的独特思路。如果这种思路是有意义的和可行的，则向我们引发出一系列有趣而又有必要深入探析的问题。何为社会总体的自我意识？它有哪些具体内容、形式和层次？它需要哪些中介和载体？何以发生和发展？有什么特点和功能？如何得到实现和检验？个体对社会的对象性认识转化为社会总体自我认识的途径、方式是什么？需要一些什么特殊的转换机制和通道？如何有效地促使这种转化更加及时合理地得到实现？等等。对这些问题的科学回答无疑会极大地加深对于社会认识问题的理解。

5. 社会活动的自觉性与社会规律的客观性

认识社会是为了改造社会。追求最高的效率和最大的效益，创造最佳的主体性效应，是科学地认识社会的最高目的。人们总是在一定需要的驱使下按照一定目的而有计划地展开自己的活动，活动中的自觉性突出表现为对活动目的的预期性和活动方案的选择性。但在实际的社会历史过程中，我们却常常看到，预期的目的并不都能得到实现，活动目的的预期性和活动结果的非预期性之间常常显现出巨大的反差，甚至根本背离，而对活动方案的选择也常常受到来自各方面的限定，因而常常陷入“不得不如此”和“不得已而为之”的困难境地。局部的自觉活动之间常常发生的摩擦、碰撞和冲突，不仅常常消解了活动者的预期目的，造成了大量偶然因素和随机事件，而且带来社会整体运动的盲目性、自发性。就像在商品经济体制中，每一个局部的交换都是自觉自愿地进行的，而整个市场却服从于那只“看不见的手”，服从于价值规律的自发调节。恩格斯曾经讲过，只有借助于那无数个力的平行四边形，分散的相互冲撞的力量才能形成一种合力，才有支配社会总体运动的社会规律。这种情况，无疑又为社会认识论研究提出了难题——如何才能真正科学地把握社会规律？认识社会，当然要以把握社会规律为己任。但对所有现实的认识者来说，直接所能接触的都只是人们的具体的、自觉的社会活动，那么，能否从现实的、具体的、有限的社会生活和个人（或集团）行为中概括出具有普遍必然性和客观性的社会规律呢？回答应当是肯定的。那么，怎样才能真正做到这一点并使之得到科学的证明呢？

6. 认识活动的时空有限性和社会历史进程的时空无限性

时间和空间既是事物存在的最根本方式和坐标，也是人类认识的最重要尺度和方法，在社会认识中有着更为特殊的意义。任何具体的社会现象都有其特殊的空间和时间规定性。社会空间既包含有物理学意义上的三维空间，又有不可用数理方式来加以度量的社会关系空间、思维空间、情感空间、感知空间等。时间是生命的专有尺度，也是进化的特有标杆。社会时间既有物理学意义上的一维性、不可逆性、无限性，又标示着社会事件所特有的过程性、流动性、周期性、间隔性、进步性等。社会空间与社会时间的这许多丰富内涵，使得在社会认识中对时间方法和空间方法的应用显得格外重要，也格外复杂，派生出许多复合式矛盾。例如,具体的社会事件的时空具体有限性与认识的抽象性、无限性的矛盾,空间的三维性与思维的多维性的矛盾,时间的一维性与认识的多向性的矛盾,社会事件的流动性、易逝性与认识的稳定性、超越性的矛盾,等等。正确、灵活运用时空方法去全时空地把握社会历史,是深化社会认识论研究的重要突破口。

7. 社会观念与社会现实内在交织

社会存在与社会意识的关系问题是社会历史观的基本问题。社会存在决定社会意识,社会意识反作用于社会存在,二者之间本原与派生的关系不容混淆和颠倒。但在人们的实际生活中,这二者却密不可分地内在交织在一起,成为同一社会现实的两个侧面。一方面,社会观念是社会存在的反映,是其观念化、理论化,而社会存在则是社会观念的模型,是其对象和根据。另一方面,社会观念又通过指导实践活动而不断地转化为现实社会存在,而社会存在则是社会理想(观念)的现实化、对象化。社会观念与社会现实的这种特殊结合,为社会认识设置了新的难题。任何方面和层次上的社会认识活动所面对的客体,都既不可能是纯粹的观念性存在,也不可能是纯粹的物质性存在,而是观念化了的社会现实和现实化了的社会观念。因此,要真正科学地以观念方式把握社会,一方面,既要在社会现实的表象背后去追究造成这种现实的社会观念,又要在对社会观念的深层透视中找到其现实的依据和原型;另一方面,既要努力深刻理解社会现实以验证和发展社会观念,又要努力探索和创造出新的更加美好的社会理想并促使其现实化、对象化,以造就更加美好的现实世界。

8. 社会交往中社会规范的通约与转换问题

对语言符号系统的自觉广泛运用,是人类意识思维活动的特有功能。在对自然的认识中,语言符号系统作为一种人工系统,外在于对象,既不受对象的影响,也不影响和改变对象的现实,因而能够比较超脱、中性、客观地发挥作用。除了一些转换技术方面的问题外,对自然科学规范的规定和使用,人们也比较容易达成共识和一致。而在对社会的认识中,情况则有很大不同。语言符号系统本身已经成为人类生活的重要组成部分。符号化的思维、符号化的行为成为人类活动的本质特征之一。相应地,对语言符号系统的认识和阐释,本身便成为社会认识论的题中应有之义。不仅如此,由于社会世界本身是个价值世界、文化世界，用于记载和表述这种价值文化世界的语言符号系统，尤其是其中专用于表征社会价值文化内容的那些社会规范也不能不染上价值的色彩，被打上文化的烙印。而由于不同时代、不同民族、不同阶级和阶层之间在价值观念、文化背景方面的巨大差异，语言符号系统尤其社会规范体系在它们之间的不通约性是始终和普遍存在的。这里的不通约性，不仅指不同语言符号系统之间在功能特性和相互转换方面的技术性隔离，尤其指它们在所蕴含的价值观念、文化体系、思维方式等方面的深刻隔阂和冲突。正是这种不通约性妨碍着人们之间跨区域、跨民族、跨阶层、跨文化的相互交往、理解、沟通与合作。在全球一体化的今天，研究并切实帮助人们消除这种社会规范的不通约性和隔离，探寻和建立切实有效的规范转换机制，促进人类文明的内部协调与发展，无疑也是社会认识论研究的重要任务之一。

9. 文化体系的中介功能与屏障作用

人是文化的存在物。人正是作为一定文化体系中的具体存在才获得自己真正区别于自然界的特殊规定性。认识人和人的社会，本质上就是要认识人和社会的文化特质及其历史演变和时代特点。因此，在社会认识系统中，一定类型和形式的文化特质，既是作为主体的人的规定性，也是作为客体的社会的规定性，还是所有认识中介和工具的共同规定性。文化中介与社会认识结构中的对应两极处于同质同构的自相缠绕状态之中，发挥着沟通、连接、转换、媒介等积极功能。这是问题的一方面。另一方面，迄今，人类文化还不是完全同质和一体的，有着明晰、严格的内部分化。一定性质和类型的文化体系既然把一定的人和社会联系起来，沟通起来，也就必然将他们与别的文化体系分割开来、隔离起来。在这种意义上，文化体系和文化圈层的差异实际上又成为社会认识的屏障。不同文化体系的差异，从根本上说正是价值观念和思维方式的差异，它们又通过理想信念、认知模式、情感方式、生活状态等差别具体地表现出来。这种种差别与语言符号系统尤其是社会规范体系的不通约性交织和混杂在一起，就会产生某种扩散和放大的效应，严重妨碍不同文化特质的人们之间的沟通和理解，甚至造成民族性的敌意与仇恨，破坏人类的和平、安全与稳定。在这种情况下，强化和发挥文化体系在社会认识活动中的中介性积极功能，减弱和防止其屏障性消极功能，应当成为社会认识论研究的题中应有之义。

10. 认知与评价、审美、功利追求的交错、互渗与冲突

人是追求和创造理想世界的动物。人的理想世界在不同的历史时期有不同的具体内容，但都以一定方式和成分包含着人们对真、善、美、利的具体理解和观念创造。正是对建设更加美好的理想世界的企盼与渴望，作为一种最为根本、持久的内在冲动，激发出人们内在的所有认识与非认知、理性与非理性因素，并使之形成一种对外扩展和自我实现的神圣力量，去求真、求善、求美、求利，去批判性地审视自己的历史与现实，去创造性地建构更加理想的未来。人们不仅从事观念的批判和建构，而且从事实践的批判和建构，在观念地和实际地创造新世界。对理想世界的追求和创造，是社会认识的崇高目的。但也应当看到，真、善、美、利这几个方面并不总是协调一致、互相促进的，它们之间有可能出现分离、背反甚至冲突，使人处于几者不可兼得，而必须有所舍弃或牺牲的境地。在这种情况下，价值评价、审美偏好和功利追求等有可能妨碍真理性认识的获得，甚至导致认识的偏差和失误。另外，由于不同社会体系中人们对真、善、美、利及其相互关系的理解方式和判别标准可能不同甚至正好相反，这就会造成社会理想的冲突，并引发出各种类型的社会矛盾以至战争。如果我们对这方面缺乏足够的重视，对社会认识和社会决策中可能出现的干扰和冲突缺乏警戒和研究，就难以帮助人们自觉地提防和消除干扰，更好地履行自己应当承担的社会功能。

三、展望——第二期研究构想

如果说社会认识论的第一期研究主要是围绕学科的创立和建设这个中心来展开的，则第二期研究应当巩固并立足已有基础，紧紧抓住已经发现的理论和实践难题深入探索，突出“社会认识方法论”这个中心议题，深刻把握当代中国和世界各国的社会实践，在“如何科学地认识社会”这个层面上真正有所突破，有所贡献。

1. 以“难题”为向导，尽快进入社会认识理论的核心地带

科学研究的焦点，总是指向那知与不知、似知与非知，略知与深知的边界。本文前面所列社会认识论研究的部分难题，尽管概括并不一定全面准确，表达也不一定精当，却是我们对社会认识问题深层思考的一些要点。它们一方面反映着社会认识系统的复杂体系结构和深层内在矛盾，另一方面表征着我们的研究思路和视角。能够将它们提出来，说明我们对它们已有一定的觉察和了解，而称之为难题，则表明我们对它们尚处于似是而非、若明若暗之中。也正因为如此，它们能唤起我们的求解欲望和探索热情。这些难题不是彼此隔离、孤立存在的，而是相互交错、相互制约，织成了一张错综复杂的谜网，构成了一个深不见底的迷宫。但也正因为它们一面深深根植于社会认识之谜的深处，因此就像古希腊神话中那条"阿里阿德涅之线"，只要我们沿着它们不断地探索、前进，就有可能以它们为向导去解开谜网，走出迷宫。当然，谓之难题，正在于回答它们之不易。对于它们，也许我们永远不会得到最终的解答。但通过对它们的持续思考和探索，也许还会引出更多有趣而又深刻的新课题，从而帮助我们进入社会认识论的第三期、第四期研究。

2. 继续加强国际学术对话，真正面向人类文化精华

作为人类自我认识之谜的哲学探索，社会认识论研究应有足够的"全球视野"和"人类意识"。过去我们在国际学术交流方面所做的工作，主要局限于与国外的社会认识论研究者之间。由于国外的这方面研究也起步不久，因此还有必要继续在研究中携手共进。除此之外，有两个方面的工作尤需加强：一是对于世界各国人民认识社会活动的全时空考察和概括；二是对于一百多年来尤其第二次世界大战以来迅速崛起并占据现代科学体系前沿的人文科学、社会科学和现代哲学方法论的概括与提升。从有了人和人的社会，就有了人对社会的认识和社会总体借助这种认识而实现的自我认识。这种认识，从空间差异上看有东南西北的文化差异，从时间流程上看则经历了漫长的演进过程，它们有着极为丰富的内容和多样的形式，是社会认识论研究的最基本对象。所谓对它们的全时空研究，就是既要在同时态意义上比较其在东西南北不同文化体系中的方法异同，又要在历时态意义上把握各种认识方式在各个历史时代的沿革变迁，还要将二者结合起来概括出人类社会自我认识的基本方式和基本特征。现代人文科学、社会科学和哲学是现代人类自我认识的专门方式和典型形式，既包含着人类自我反观、自我理解的基本内容，又记载着人类自我探索的基本思想进程，代表着目前人类认识的最高水准和最先进方法，应当成为社会认识论研究的重要内容。

3. 深入中国的历史和现实，总结社会认识活动的成功经验和失败

教训

中华民族历来重人文、重群体、重内省，在社会认识和自我认识方面积累了极为丰富的思想理论和方法。近代以来的中国革命与建设史，既是一部艰苦卓绝的奋斗史，也是一部反复曲折的求索史。成功与失败，经验与教训，需要认真反思，提炼升华。而今改革开放，建设社会主义市场经济，探索一条有中国特色的现代化道路，更是在全新国际背景中的探索和创造，艰难曲折，责任重大，不容有丝毫闪失，需要有科学的社会认识理论的指导和科学方法论的辅助。中国的社会认识论研究，不仅有此便利，尤其有其责任，在对中国的社会认识历史和现实的深刻把握中求得自己的发展，并借此为人类社会进步做出自己应有的贡献。

4. 突出社会认识方法论，在“如何科学地认识社会”这个高度上寻求突破

社会认识论研究的任务不是简单再现人们认识社会的活动，而是探索社会认识科学化的道路，以便为人们更加科学地认识社会提供理论原则和方法论指导。因此，以社会认识方法论为第二期研究的主题，在“如何科学地认识社会”这个高度上立论着力，既是社会认识论的理论逻辑展开的必然，也是社会实践的紧迫呼唤。研究社会认识方法论，当然不能离开人们认识和研究社会的各种具体方法，但作为一种对于方法论的哲学研究，它不应该是对这各种具体方法的简单罗列和描述，而是侧重于揭示如何合理有效地使用各种具体认识方法的方法，是“方法的方法”，或者说方法论原则。因此，社会认识方法论既有相对于各种具体的社会认识方法的普遍性，又有相对于各种一般认识方法和对非社会客体认识方法的特殊性。相应地，对社会认识方法论的探索和建构，既要借助现代科学方法论的宏观背景定位，又要在对古今社会认识方法的历史考察中探新，还要在对中外社会认识方法的横向比较中求同。它将在全面仔细地分析“社会认识科学化”之必要性和可能性的基础上，深入发掘马克思主义哲学关于社会认识的方法论思想，在此基础上对社会观测、社会发现、社会预测、社会理解、社会评价、社会决策的活动与方法进行全面分析，并揭示社会认识的传播机制、检验机制和进化机制，概括出科学地认识社会所应当遵循的方法论原则。在我们看来，以上各种方法，既相对独立，各有其功能，在社会认识活动中发挥着自己的独特作用，又相互联结、依次递进，由比较直观到比较抽象，由比较表层到比较深层，由现实向未来，由说明到理解，由描述到评价，由认知到决策，并进而在传播中得以实现和检验，得到补充、修正和发展，从而形成一个复杂全面的认识过程，达到对于社会客体的比较全面、深刻和准确的把握，形成具有全方位结构和功能的社会认识方法论体系。

第九章　当代人文社会科学哲学：从问题到构架

——社会认识论第三期研究构想

本章回顾1986年以来我国社会认识论两期研究的成果，对第三期研究提出了基本构想。第一期的研究主要将社会认识论建设成了一门独立的学科，奠定了基础；第二期研究则深入内部，攻坚克难，将研究由理论层面向方法论层面延展，并要求我们将其提升到哲学层面；而第三期的主攻方向则应是研究人文社会科学哲学。

本章提出了人文社会科学哲学研究的几个前提与方法问题：首先，人文科学与社会科学既有区别，又有共性，人类社会生活的内在统一性决定了我们应该进行统一研究；其次，人文社会科学哲学是探索人文社会科学的基础、前提及方法论问题的学科，其任务是促进人文社会科学的发展；再次，反思性是人文社会科学的基本性质，而人文社会科学哲学本质上是对这种反思的反思；最后，我们应遵循的基本研究思路是，以难题为向导，吸收借鉴古今中外已有成果，抓住重点问题来建构体系。

本章提出的人文社会科学哲学的研究构架大致如下：进行学科界说；回应热点争论；阐述马克思主义哲学对此的基本思想；明确对象性前提；探讨人文社会科学研究中的基本理论与方法问题。其中，最后一点是人文社会科学研究的主体性内容。

当代科学发展的重要趋势是人文科学、社会科学迅速发展起来并走到科学前沿，成为当代大科学体系中的重要组成部分。相应地，人文社会科学哲学也日益凸现出来并成为当代哲学的重要前沿分支。然而我国哲学界在这方面的研究严重滞后，迄今尚少见这方面的专门学术著述。本文立足于当代大实践、大科学和大哲学的整体背景，依托作者关于社会认识论前两期研究的已有成果，批判地吸收当代西方人文社会科学哲学研究的积极成果，探讨当代人文社会科学哲学研究的若干重要问题和基本构架，提出关于开展社会认识论第三期研究的基本构想。敬请识者指教。

一、简略回顾与透视

楔入一个新的学科，不同的人可能有不同的出发点和视角。我们对当代人文社会科学哲学的关注，是从深入开展社会认识论这个新兴分支学科研究的角度提出的。

自笔者于1986年前后在国内哲学界倡导并实际开展社会认识论研究以来，社会认识论的已有研究大体可分为两个阶段。

第一期研究主要为将社会认识论建设成一个相对独立的分支学科奠基。研究工作主要是围绕论题确立、学科界说、体系建构、特点探析和对社会认识活动的分类分层概括而展开的，其理论成果主要体现为此后相继发表的十数篇本领域的中英文学术论文和《社会认识论导论》等专著、译著。这一时期的又一主要工作是自1988年起尝试将社会认识论研究的已有理论成果引向本科生和研究生教学。自1989年起在国内首家招收社会认识论研究方向硕士生，自1994年起开始招收社会认识论研究方向博士生。到目前为止，已成功培养本研究方向硕士生4名，有在读博士生7名、硕士生2名，形成了具有一定规模和水平的社会认识论研究群体。这样，社会认识论从无到有，由一种个体性研究成果而逐渐为学术界所承认①，成为不少学校的硕士生课程，并在武汉大学成为博士生培养的新方向。

第一期的研究和教学为社会认识论研究的深化扫清了外围，奠定了基础，也暴露出了一系列深层的理论难题，这就引发了社会认识论的

① 韩民青，等.今日中国哲学[M].南京：广西人民出版社，1996：518，542.

第二期研究。在《深入探索人类社会自我认识之谜——社会认识论研究的回顾、透视与展望》[①]一文中，笔者提出并初步解析了社会认识论研究中的十个难题：①社会认识系统中主体与客体自我涉及、自我相关；②社会历史的可知性与社会认识的真理性；③社会价值的多元性与社会评价的多义性；④个人对社会的对象性认识与社会总体的自我认识；⑤社会活动的自觉性与社会规律的客观性；⑥认识活动的时空有限性和社会历史进程的时空无限性；⑦社会观念与社会现实的内在交织；⑧社会交往中社会规范的通约与转换问题；⑨文化体系的中介功能与屏障作用；⑩认知与评价、审美、功利追求的交错、互渗与冲突。我们给社会认识论第二期研究提出的任务是：以"难题"为向导，以"解难题"为契机，尽快楔入社会认识理论的核心地带，在此基础上突出社会认识方法论，在"如何科学地认识社会"这个高度上寻求突破。为此，一方面继续扩展视野，加强国际学术对话，真正面向人类文化精华；另一方面深入中国的历史和现实，总结社会认识活动的成功经验和失败教训。经过我们这个社会认识论研究群体的集体努力，完成了由笔者主持的国家教委"八五"人文社会科学规划项目"社会认识方法论"，形成了《社会认识方法论》学术专著。[②] 该书从方法论上回顾近代以来西方社会和中华民族自我认识的历史发展，透视当代人文社会科学和人文社会科学哲学的方法论特征，将社会认识活动分解为社会观测、社会发现、社会预测、社会评价、社会传播、社会决策等具体的活动方式，从活动与方法的统一中加以探索，在此基础上探讨社会科学知识的传播、检验与进化问题，并提出了科学地认识社会所应当遵循的方法论原则：客观性原则、具体性原则、整体性原则、实践性原则、主体性原则。

社会认识论第二期研究的主要进展是将研究由理论层面向方法论层面延展，使社会认识论理论转化为可供实践和操作借鉴的方法论和方法论原则，从而使社会认识论研究更贴近社会认识活动的现实，为人们更加科学地认识社会提供方法论指导。在研究中，我们致力于从方法论上回答和解决前面曾经提到的十个难题并取得了一定进展，但同

---

① 欧阳康.深入探索人类社会自我认识之谜——社会认识论研究的回顾、透视与展望[J].武汉大学学报，1995(2).

② 欧阳康.社会认识方法论[M].武汉：武汉大学出版社，1998.

时我们也感到上述难题并非都是在方法论层面可以得到解答的，它们更需要在哲学层面做出更加概括性和统摄性的分析和解答。这就是说，社会认识论研究的演化要求我们将其提升到哲学层面，而这正是引导我们关注当代人文社会科学哲学的重要缘由。

社会认识论与人文社会科学哲学如何内在相连呢？在我们看来，社会认识论是关于人们如何认识社会和社会如何通过人们对社会的认识而达到自我意识的哲学理论。人们对社会的认识活动大体上可以分为日常的社会心理层面、阐释的社会理论层面和决策的社会规划层面三个主要层面①。人文社会科学则是在理论层面上展开的社会认识活动的专门化和典型性形式，也是人类社会自我意识的科学理论层面和科学认识方式。社会认识论要在帮助人们更加科学地认识社会和自我方面发挥作用、实现功能，就必须尤其关注人文社会科学，将其提升到哲学层面来加以研究和探索，而这也正是人文社会科学哲学的任务。于是我们将人文社会科学哲学作为社会认识论第三期研究的主攻方向。本研究构想得到了上级主管部门的支持，被批准为国家教委“九五”人文社会科学规划项目。

二、研究人文社会科学哲学的几个前提与方法问题

1. 人文科学、社会科学及其统一性问题

人文社会科学哲学是以人文社会科学为对象，对其进行哲学的研究和分析。那么，什么是人文社会科学？人们对其有不同的理解和界说，有必要做些分析，以确定我们的对象域。

在包括中国和美国在内的不少国家，人文科学和社会科学有着相对明确的区分。社会科学主要指对人类关系的学习和研究领域，包括经济学、政治学、社会学、人类学、心理学、人口学等，而人文科学则是关于人类思想、文化、价值和精神表现的学科，包括语言学、文学、历史学、考古学、法学、艺术、音乐、舞蹈、戏剧、美术、哲学等。在英国，尽管有“Humanities”(人文科学)一词，却基本上没有将其作为一个独立的学科，而是将其归为社会科学。在德国，则不用社会科学，而是以精神科

① 欧阳康.社会认识论导论[M].北京：中国社会科学出版社，1990.

学(或人文科学)将其统摄和概括。在我们看来,这里的分歧,从根本上说根源于人类知识在其发展过程中既深度分化又高度综合的复杂情况,也从一个侧面反映了人文社会现象的复杂性和人文社会问题研究的多样性与综合性。严格来说,人文科学和社会科学之间在研究重点和研究方式等方面是各有侧重、存在区别的,而且它们之间的分化与综合也许正是当代大科学进一步深度分化和高度综合的重要领域和可能方向。但是,从社会认识论的眼界来看,正如人与社会内在一体,人对社会的认识和社会总体的自我认识互为条件一样,人文科学和社会科学之间具有更多的内在相关性和共通性,它们之间的区别相对各自与自然科学的区别而言又属次级的、次要的和不那么显著的。人类社会生活的内在统一性决定了我们可以舍弃人文科学与社会科学之间的区别与差异,而侧重于关注其共性和统一性方面,以便在与自然科学的比较和对照中探讨其现代特点及发展趋势。

2. 人文社会科学哲学的基本规定

如何界说人文社会科学哲学?它有什么功能和使命?人们对其有不同的看法。我们不妨先看看西方哲学界对社会科学哲学的规定与界说。

当代西方哲学中对社会科学哲学的规定五花八门,但概括起来,主要有四种观点[①]。

其一,统一社会科学论,即认为哲学应当通过运用某些普遍概念而使多种多样的社会科学学科得到统一的说明;社会科学哲学的任务在于为各种社会科学提供统一的概念框架,以使其本质、特点和功能等得到批判性的度量和解释。

其二,社会科学的哲学方法论,即认为社会科学哲学应当提供对社会科学的哲学分析和分析方法,以解剖社会科学,消除概念的模糊性并为社会科学的理解提供哲学方法论。

其三,批判社会科学论,即认为社会科学哲学应当对社会科学的使用进行批判和评价,通过为社会科学研究提供道德规范,使社会科学家明确其道德责任,以使社会科学更好地发挥其功能。

---

① Michael Martin, Lee C. McIntyre edited: Readings in the Philosophy of Social Science [M]. Cambridge: Massachusetts Institute of Technology Press, 1994.

其四，社会科学增长论，即哲学应当建构关于社会科学增长的理论模型，以对社会科学知识如何才能更好地增长和发展提供说明。

在我们看来，以上关于社会科学哲学的几种规定尽管有所不同，但它们之间并不是相互排斥的，而是各有侧重、相互补充的，展示出在社会科学哲学界说中的不同视角和测度。借鉴它们，结合我们研究的实际，我们可以做出关于人文社会科学哲学的基本界说。

罗素曾经说过，当我们问“科学是什么”时，我们就已经提出了关于科学的哲学问题。同理，当我们提出和回答人文社会科学是什么之类的问题时，我们就是自觉或不自觉地进行关于人文社会科学的哲学探索。人文社会科学哲学是关于人文社会科学的本质、特点、规律、方法等问题的哲学探索，它舍弃人文社会科学内部各具体学科之间的差异和区别，在与自然科学的参照与比较之下，就人文社会科学是否、能否和何以成为科学等基础性和前提性问题进行探索，为人文社会科学研究提供哲学方法论指导。其任务在于以哲学方式规范人文社会科学研究活动的方式与方法，促进人文社会科学的健康全面发展。

3. 人文社会科学哲学的性质

就其性质而言，人文社会科学哲学是一门高层次的关于反思的哲学。反思，又叫后思。黑格尔曾经说过，反思以思想的本身为内容，力求思想自觉其为思想。[①] 我们曾经谈到，人文社会科学是人们在科学理论层面上对社会的认识，和社会通过这种认识而在科学理论层面上进行的自我认识，因此在本质上是一种反思性认识。而人文社会科学哲学作为对于这种反思性认识的哲学认识，本质上是对反思的反思，它以在科学理论层面上进行着的社会认识和自我认识为对象，是对人文社会科学的哲学反思。

4. 研究人文社会科学哲学的基本思路和方法

（1）以难题为向导，将问题提升到哲学层面来加以解答。我们对人文社会科学哲学的关注与重视在一定程度上是由社会认识论第一、二期研究中所发现和遗留的难题所引发的。因此，认真研究和解析这些难题对于人文社会科学哲学的开拓性研究仍然具有非常重要的向导作用。社会认识论研究的困难正在于它面对着一个又一个的怪圈，和由

① 黑格尔. 小逻辑[M]. 贺麟，译. 北京：商务印书馆，1980：39.

这一个个怪圈相互交织而成的迷宫。回避或绕开了它们，我们就无法求得对于谜底的真正解答。这一个一个的怪圈就像一条条的“阿里阿德涅之线”，我们只有沿着它们不断地深入探索，才有可能以它们为向导去走出迷宫，求得谜底。这正是我们的人文社会科学哲学能够有所进展的关键之处。

(2) 认真借鉴而又不拘泥于西方人文社会科学哲学研究的已有成果。正像当代西方哲学界在科学哲学方面研究的时间和水平各方面远远领先于我们一样，当代西方人文科学哲学研究也在相当大程度上领先于我们。笔者在英国访问期间发现，今天我们自己在研究讨论的不少问题，在20～30年前的西方哲学界已经讨论过，而当前西方哲学界对人文社会科学哲学的研究在体系上已经相当完整，在程度上已经相当细致和深入。因此，认真学习和借鉴当代西方人文社会科学哲学的已有成果，是有效开展我们的人文社会科学哲学研究的捷径，由此可以迅速缩短我们与当代西方哲学界在这一研究领域中的距离并避免不必要的重复和曲折。但是，学习、借鉴只能帮助我们跟上当代西方哲学的步伐而不能引导我们对它们的超越。因此，我们不能拘泥于它们的研究成果而忽视我们自己的开拓性和创造性研究。应该说，在认真学习和借鉴当代西方人文社会科学哲学研究已有丰硕成果的同时，努力强化我们的个性意识和创新意识，积极开展创造性和开拓性研究，是使我们的人文社会科学哲学在不长时间中赶上世界已有水准并达到有效接轨对话的重要保证。

(3) 放眼世界而又切实立足于中国的历史和现实。哲学是没有国界的。当代人文社会科学哲学应当面向当前世界各国尤其发达国家的人文社会科学，去概括、提升和解析其中的哲学问题，因此，应当具有足够的世界意识和全球意识。但对世界性、全球性问题的研究又必然是而且应当是民族化和个性化的。因此我们对当代人文社会科学哲学的研究又必然是而且应当是立足于我国的历史和现状。从历史的角度看，要重视总结和提升中国传统哲学中的人文精神，使之在新的哲学体系中得到提升和弘扬。从现实的角度看，则要立足于我国在深度分化与高度综合中迅速发展的人文社会科学，从哲学角度对其进行反思和提升其哲学问题，为我们的个性化研究奠定坚实基础。

(4) 抓住重点，从问题到构架。着手之初，是先搭架子还是先抓问题？这是一个重要的方法论问题。哲学的逻辑，本质上是一种问题的逻辑。问题之间的联系和对问题的解析，构成体系的骨架。问题不明，则逻辑必然不清。因此，从问题到构架，是我们开展当代人文社会科学哲学研究的重要路径。既然我们是从解决难题入手来提出问题和回答问题的，则我们目前尤当关注的不是建构一个完备的人文社会科学哲学体系，而是发现和发掘当代人文社会科学研究中的哲学问题、哲学难题，在对这些问题和难题的解答中整理出一个问题逻辑，并将其演化为一种形式化的体系结构。正是在这种意义上，我们提出以下问题，作为当代人文社会科学哲学的研究构架。

三、当代人文社会科学哲学研究的基本构架

1. 学科界说

这既是一个前提性问题，也是一个结论性问题。我们依据对人文社会科学哲学的一定理解和初步界说来展开我们的研究，而对其作为一个相对独立的分支哲学的比较全面完整和深刻的理解却实际上只能作为全部研究的结果而达到。作为研究结果的理论前提和演绎性体系构架，实际上是通过在研究过程中对前提的不断反诘、质疑和对问题的不断概括、提升、归纳而得到的。在研究中，我们将尤其关注并论证与人文社会科学哲学的学科界说有关的以下问题并使之作为结论而最终得以确立：①在深度分化的基础上高度综合——当代人文社会科学哲学产生、形成、发展的必然性、必要性和历史-逻辑进程；②当代人文社会科学哲学的性质、对象、任务、特点等；③当代人文社会科学哲学的功能、价值及其在当代大哲学体系中的地位。

2. 当前西方人文社会科学哲学研究中的一些热点问题以及我们的回应

1）自然主义与反自然主义的争论

当代西方社会科学哲学中的自然主义者认为，对社会现象的科学研究应当采用与自然科学研究自然现象一样的方式来进行。某些自然主义者尽管也承认人类行为比自然现象更复杂，因而探索社会科学规律比探索自然科学规律更困难，但他们否认这种差别是本质性的、根本性的。他们认为，社会现象与自然现象尽管在形式上有所不同，但在本

质上都是客观的、因果性的、有规律的，因而是可以观察、试验和概括的；社会科学与自然科学之间除了研究的具体内容不同外，在研究逻辑和研究方法上并没有什么大的区别，自然科学方法在社会问题研究中具有同等的有效性；社会科学的研究结果与自然科学知识一样具有客观性和普遍性，并成为社会科学知识累积性增长的内在组成部分。反自然主义根本否认在人文社会科学研究中运用自然科学方法的必要性和可能性。在他们看来，人文社会现象与自然现象是根本不同的，自然现象具有确定性、普遍性和可量化性，可以对其加以客观的、实证的解析与说明；而人文社会现象，尤其人的思维、情感、意志和行为等则具有非确定性、个别性和非量化性，它们本质上是个意义世界、价值世界，不可能被客观地加以解析和说明，而只能通过理解才能把握。因此，人文社会科学不可能运用自然科学的方法，而必须有自己的独特方法，这就是理解。[①] 自然主义与反自然主义的争论源远流长。自然主义可以上溯到孔德开创的实证主义社会学，反自然主义则可以上溯到德国宗教哲学大师施莱尔巴赫的解释学。二者均在一定程度上得到了经验材料的支持。目前自然主义在人文社会科学哲学中的影响正在减小，但远未消失。

在我们看来，自然主义与反自然主义之间既存在着某些共同基础，又在许多重要问题上存在根本分歧，既有若干我们可以借鉴的地方，也有各自的片面性。深入地回答它们所提出的问题，需要我们在以下四个层面上展开思路、做出解析：①人类社会历史过程中是否存在着像自然过程中那样的客观的、重复的和普遍有效的规律，这是全部探讨的本体论基础和前提；②在认识论意义上，人文社会现象及其规律是否可以科学地认识以及如何使认识达到科学，这是确定人文社会科学可能性和特殊性的认识论基础；③在价值论意义上，人文社会现象的价值特性及其对人文社会科学研究的影响，这是人文社会科学的价值论和评价论基础；④在方法论意义上，人文社会科学研究与自然科学研究之间是否存在着方法论上相互沟通和借鉴的可能性，这是人文社会科学可能性的方法论基础。我们应当在以上几个方面的统一中寻求解答。

---

① Michael Martin, Lee C. McIntyre editd: Readings in the Philosophy of Social Science [M]. Cambridge: Massachusetts Institute of Technology Press, 1994.

2）多元主义方法论与批判的社会科学

这是从自然主义与反自然主义的争论中衍生出来的。多元主义方法论认为自然主义与反自然主义并不是截然对立、水火不容的，而是相容的、互补的，它们各自有助于说明人类社会生活的不同方面，因而可以同时在人文社会科学研究中得到应用，并帮助人们达到对于人类行为的全面完整的理解。批判的社会科学从另一个角度提出问题，其认为我们关于阶级、种族和性别等的许多深层无意识偏见妨碍着我们对人类社会的科学研究，并以变形的方式表现在各种社会思想观念之中。社会科学研究的任务就是以批判的眼光暴露这种种隐藏在社会思想和观念背后的偏见和意识形态，将其提升到自觉的意识层面，以使我们能够超越其影响而变得更加自由。例如，当前英美盛行的女权主义者认为当前的社会科学中存在着反对女性的深层意识，而社会科学的研究就是要把它们提升到自觉意识的表层并以科学方式来加以研究，使其得到批判和否定。通过社会科学批判而帮助人们从偏见、歧视下解放出来达至自由，是批判的社会科学为自己规定的基本任务。[①]

在我们看来，多元主义在方法论上表现出来的灵活性和务实性，和批判的社会科学对人文社会科学的社会批判功能的特殊关注都是不无道理的，值得关注和借鉴。但它们自身未能从根本上对自然主义和反自然主义的争论做出正面的回答，因此还缺乏理论上的坚实基础。我们可以借鉴其思路而展开我们的研究，却不能滞留于其结论。

3）方法论个体主义与方法论整体主义的争论

解释社会现象应当从个体出发还是从整体出发，这是当代社会科学中方法论个体主义与整体主义争议的焦点问题。[②] 方法论个体主义认为个体及其行为是社会运动和社会结构的基础，因此对社会现象的说明和解释只能立足于个体。方法论整体主义则认为在社会中的个体是为社会整体结构所规定的，整体决定要素，因此对社会现象的解释必须从整体出发。方法论个体主义与方法论整体主义的争论基于对社会个体和社会整体及它们之间关系的不同理解，有其社会本体论的分歧。

---

① Peter Winch. The Idea of A Social Science and Its Relation to Philosophy[M]. London: Routledge&Kegan Paul Ltd Press, 1977.

② Rajeev Bhargava. Individualism in Social Science[M]. New York: Clarendon Press, 1992.

在我们看来,其各自对个体与社会(以至人类整体)的关系做了片面的理解。一方面是没有独立的个体,则没有真实的人类;另一方面没有完整的类也不可能有真实的个体。在个体与人类这社会结构的两极之间保持张力,才能对社会现象做出科学的说明。

当代西方人文社会科学哲学研究中还有许多其他热点问题,例如社会科学研究中的说明与理解、真理性与合理性、系统与功能、自我与角色、价值与评价、理性与反理性、合理性与相对主义等等。我们将其列入关于人文社会科学哲学研究中的基本问题来加以探讨。

3. 马克思主义哲学关于人文社会科学的基本思想及其现代阐发

马克思和恩格斯所创立的辩证的、历史的、实践的、人道的唯物主义既是社会思想史上最伟大的理论成果,也是最重要的方法论创造,是我们开展人文社会科学哲学研究较重要、较丰富的思想理论源泉之一,有必要对其加以深入的发掘和系统的整理。这里的研究应当是全面的、系统的,有两点在当前尤为重要。

一是要正面回答包括波普在内的对于马克思主义历史理论和方法的诘难和攻击。我们知道,波普把马克思的历史唯物主义称为历史决定论,通过否定社会规律的重复性和普遍性、否定社会预测的可能性来攻击历史决定论,否定社会科学的可能性。[①] 在我们看来,波普用绝对重复性和普遍有效性作为标准来否定社会历史规律,实际上是用近代的带有形而上学特色的自然规律观来硬套比自然界复杂不知多少的社会历史运动,这不仅在方法论上是不合理的,也暴露出他在思维方式上的形而上学。其实,不是社会历史运动没有规律,而是波普由于其历史的局限而缺乏把握社会历史规律的理论、原则和方法。马克思的历史唯物主义为我们科学地认识社会历史及其规律性提供了正确合理的哲学方法论。

二是要深入发掘和全面阐发马克思关于“人的科学”的基本构想。在《1844年经济学哲学手稿》中,马克思立足于他所特有的实践的唯物主义即共产主义的立场,在深刻批判资本主义劳动异化的基础上,论述了人与自然通过工业和科学而实现的内在统一性,并进而论述自然科

① 卡尔·波普.历史决定论的贫困[M].杜汝楫,邱仁宗,译.北京:华夏出版社,1987:1,2,86.

学与人的科学的内在统一性，认为自然科学往后将包括关于人的科学，正像关于人的科学包括自然科学一样，这将是一门科学。[①] 这种科学将通过工业日益在实践上进入人的生活，改造人的生活，并为人的解放做准备，在这个过程中实现和发展自身。这就从功能和价值上为人文社会科学及其演进发展规定了方向。

4. 自然-人-社会及其相互关系的现实形态及其当代理解——对当代人文社会科学何以可能的对象性前提研究

科学的特点在很大成分上是由对象的特点所造成的。前面我们谈到，当代西方人文社会科学哲学研究中的几乎所有争论都根据或根源于对人类社会现象的理解和解释。因此，对人文社会科学的可能性的研究有必要从对人文社会现象的科学理解中求得其对象性依据。这里主要涉及以下复杂关系：人与社会，个人与人类，社会历史活动中的规律性与目的性、决定性与选择性、必然性与随机性、受动性与意志自由，人在活动中的愿望与条件、目的与结果、理想与现实、预见与反馈、因果关系与偶然突变、预言自适应与社会测不准，行动规律、心理规律与社会规律，意志自由与道德责任等。

5. 人文社会科学研究中的基本理论与方法问题

这是当代人文社会科学哲学的主体性内容，其中至少应当包括以下重要问题。

1）人文社会科学研究中的客观性和主观性问题

客观性和主观性问题是认识论的基本问题，也是人文社会科学研究中的一个基本问题。一般来说，主观性和客观性都是描述主体的意识特征的范畴。主观性指主体意识依赖于主体的生理心理特性和语言符号形式方面，客观性则指主体意识依赖于相应客体的对象性内容方面。正是主体意识具有对于客体的对象性内容的依赖方面，它才可以借助一定的检验方式从与对象性内容的符合、一致关系中得到客观性的检验，并由此而得到真理性的说明。客观性是科学之为科学的基本要求之一。然而在人文社会科学研究中，客观性的追求显得格外困难。其一，人文社会生活中所蕴含的大量的心理、情感、意识等方面的因素深藏于人们的心灵内部，不太可能纯客观地得到反映和再现，需要深层

① 马克思恩格斯全集（第 42 卷）[M]. 北京：人民出版社，1979：128.

的理解和沟通;其二,社会认识和交往中存在着人们之间互为主客体的情况,假象和人为遮蔽常常妨碍客观性的认识和理解;其三,人文社会科学试验中存在着独特的 Resenthel 效应,即试验的愿望影响试验的结果,等等;其四,社会观念与社会现实内在交织,常常造成观念对现实的扰动,等等。在这种情况下,如何对人文社会科学研究中的主观性和客观性问题做出更有说服力的说明,尤显重要。

2)人文社会科学研究中的说明与理解问题

这是当代西方人文社会科学哲学中科学主义与人文主义争论的重要问题之一。科学主义主张社会科学应当也可以像自然科学一样客观地描述和说明对象。人文主义则认为人文社会科学研究不能是描述性的和说明性的,而只能是理解和解释,是理解基础上的解释和解释基础上的理解。在我们看来,说明和理解方法之间并不是完全对立、水火不容的,而是可以相互补充的。这里问题的关键是要自觉地立足于人文社会现象的复杂性和多样性。多样的和复杂的人文社会现象不可能用单一的方法来加以把握,而需要对于多种多样的方法的综合性运用。我们认为,人文社会科学研究既应当是实证性的也应当是规范性的,既应重视文本的制约作用,又应注意解释和理解的相对性、个体性,努力建构科学合理的解释模型,以特殊有效的方式合理地进入和走出社会理解中的解释学循环。

3)人文社会科学研究中的价值与评价

社会事实区别于自然事实的最重要之处在于它同时也是价值事实。任何社会行为和社会事件都有其一定的价值规定性和指向性,因此,对社会事实的认识同时也包含对其价值事实的认识,对社会现象的理解同时也就是对社会价值的评价。不仅如此,社会价值事实还有一个重要特点,即价值非中立性。各种社会活动都有一定的价值指向性,其结果均服从于和服务于一定价值主体的需要。在存在着利益差别的个体、群体、民族和国度之间,这种价值非中立性和价值指向性还常常造成价值取向和价值观念的冲突。一定主体的价值的实现甚至以牺牲他人的价值为条件和代价。这种社会价值事实的内部冲突不仅作为一种对象性事实而影响到对其的认识和评价,还直接影响到作为社会成员的人文社会科学研究主体,对其的认识活动和评价活动及其结果造成干扰和影响。这也从另一个侧面妨碍着人文社会科学研究的客观性和评价的公正性。在这种意义上，尤需我们加强对于人文社会科学中价值事实和价值评价问题的研究，以为建立更加科学合理的价值评价指标体系提供价值论和方法论指导。

4）人文社会科学研究中的合理性、非理性与反理性问题

开展人文社会科学哲学研究是为了促进人文社会科学的健康有效发展，而人文社会科学的重要社会功能是促进人类社会的健全、和谐、协调发展。因此，人文社会科学不仅应当是描述性的，而且应当是规范性的。它们不仅要尽可能客观真实地揭示人文社会运动的历史和现实及其规律性是什么，还要尽可能准确合理地发掘和展示其价值和意义怎么样，并在此基础上对社会发展的未来做出具体的规划和预设。相应地，合理地以观念方式建构合理社会以规范现实行为成为人文社会科学的重要任务，也当然地成为人文社会科学哲学研究的重要内容。[①]合理性是个评价概念，它既与理性相关联，又与非理性和反理性相对应，需要在与它们的比较中得到澄清和研究。对合理性的研究，从定性方面看，包含着合理性假设、合理性类型、合理性基础、合理性的相对性等一系列问题；[②]从定量方面看，则包含着合理度及其检测标准和检测尺度等一系列问题。在定性与定量的统一中深化对于合理性问题的研究，是推进人文社会科学哲学研究的重要方面。

5）人文社会科学中的特殊科学和学科际沟通问题

当代人文社会科学是由若干具体的人文社会科学学科组成的，这各方面的具体学科又可分出许多层次的亚学科、子学科、分支学科等。各方面、各层次的具体学科都有其特殊性质、对象、任务、特点、功能，从而在当代大科学体系中占有自己的特殊地位。而各学科之间，又必然存在着相互沟通和内在协调的问题。因此，学科际沟通也成为人文社会科学哲学研究中不可忽视的重要问题。

6）人文社会科学的进步与发展问题

人文社会科学哲学既以促进人文社会科学的进步与发展为己任，就不能不特别地关注其进步与发展问题。人文社会科学在社会生活中

① Charles Taylor. Philosophy and the Human Sciences［M］. London：Cambridge University Press，1985.

② Martin Hollis. The Philosophy of Social Science［M］. London：Cambridge University Press，1994.

的地位和作用，决定了人文社会科学的进步与发展对社会文明的变革与进步的特殊作用。马克思主义认为，科学技术是第一生产力，这里的科学技术，当然应当包括人文社会科学和社会变革技术。与社会变革一样，人文社会科学的变革也有常规发展与科学革命之分。人文社会科学的变革是在双重批判和双重建构中得到实现的。一方面科学地批判已有的社会理论，另一方面科学地批判社会现实；一方面在发展了的社会实践基础上从事理论批判，另一方面依据更新了的理论从事实践批判；一方面观念地建构更加合理美好的人文社会科学理论，另一方面观念地建构更加科学合理的人文社会蓝图；一方面依据新的人文社会科学理论去建构更加美好理想的现实社会，另一方面依据发展了的社会现实去发展人文社会科学理论。正是在这种观念与现实、批判与建构、观念的批判与实践的批判、观念的建构与实践的建构的交互作用中，人类社会文明得以发展，人文社会科学得以进步。

第十章　邓小平理论与当代世界

本章阐述了邓小平理论与当代世界的联系问题。

学习和理解邓小平理论的方法论问题需要我们有一种自觉的历史意识、一种明晰的世界意识、一种科学的整体意识、一种强烈的实践意识。

学习和了解邓小平理论的历史地位需要我们明白：邓小平理论代表着当代中华民族自我意识的理论水准，邓小平理论代表马克思主义在中国发展的新阶段，邓小平理论代表着国际共产主义理论与实践发展的新阶段。

学习和了解邓小平理论的指导意义需要我们清楚：邓小平理论为中华民族的思想统一和意志统一提供了科学的理论基础；邓小平理论为中国共产党和中国人民提供和重申了“解放思想、实事求是”的正确思想路线；为中国共产党和中国人民提供了坚定、正确的政治路线；为中国人民提供了对于社会主义的新认识，是社会主义事业开了新生面；为尽早实现祖国和平统一提供了正确的指导原则。

邓小平理论的孕育、形成并被确立为中国共产党的指导思想之一，是改革开放以来，中国人民精神生活中的重大实践和伟大思想理论成果。它代表着当代中华民族自我意识的时代性升华，是马克思主义在当代中国发展的全新阶段，也是世界共产主义理论和社会主义运动发展的全新形态。它不仅将对有中国特色的社会主义现代化建设发挥现实的、积极的指导作用，也将对人类文明的未来发展发生极为深刻而久远的影响。

一、学习和理解邓小平理论的方法论问题

如何全面准确地学习和研究邓小平理论，这很难说有一个绝对的标准，却可以从研究视角和理论思路上加以探讨。这里提出学习和理解邓小平理论的几个方法论问题，向识者求教。

1. 要有一种自觉的历史意识

要把邓小平理论的产生、形成和确立与国际共产主义运动史、与中国社会的近代发展史、与马克思主义在中国的传播和发展史，尤其新中国成立以来中华民族的探索与实践、成功经验与失败教训结合起来加以理解，在历史的必然造就和人民的自觉选择这两个方面的统一中理解邓小平理论的历史地位。应该看到，正是国际共产主义运动在自《共产党宣言》发表以来150多年中的波澜曲折，正是苏联社会主义在十月革命成功后80余年中的历史性挫折，正是中国共产党人在1949年以来近50年的艰难探索，凸现了邓小平理论的当代意义。邓小平理论正是产生在这样的一个极为特殊的历史关头：中国共产党人既不能从马列主义、毛泽东思想中找到关于自己未来发展道路的现成答案，又不愿放弃马列主义、毛泽东思想和社会主义道路；既要往前走，又还不清楚应该向哪里走和应该怎样走。因此，邓小平理论的产生，既是几十年来国际共产主义运动经验教训的深刻反省和理论总结，又代表着当代中华民族的时代性探索和创造，是历史必然性和人民自觉性在当代中国的时代性统一。

2. 要有一种明晰的世界意识

要立足于当今世界现代化和全球一体化的历史性进程，立足于当代社会主义与资本主义在新世界格局中的竞争和较量，立足于当今世界各种社会主义模式的比较与论争，来看邓小平同志提出的建设有中

国特色社会主义的必要性和特殊意义。应当看到,社会主义在中国的成功与否及其成果大小,不仅决定着当代中国的命运,而且在相当大的程度上影响和代表着社会主义在世界上的命运。应当承认,当代资本主义正是在与社会主义的较量与竞争中自觉与不自觉地向社会主义学习,改善和强化了自己的学习能力,拓展了自己的发展空间。而中国特色社会主义理论的提出和完善,尤其社会主义市场经济建设在当代中国的成功实践,不仅意味着科学社会主义理念的一次战略性跃迁和提升,尤其表明社会主义运动的一次战略性调整与变革。它意味着中国共产党人的学习能力和纠错能力的极大增强,从而有可能从根本上放弃各种对于社会主义的空想、幻想和误解,使中国的社会主义理论和实践与中国的历史与现实更加内在地和有机地结合起来,通过最大限度的自我变革、自我更新、自我发展、自我完善而最快地增强自身的实力,改变与当代资本主义的力量对比,增大在国际交往与竞争中的势能,确立社会主义在当今世界的新形象和在世界经济政治文化体系中的特殊地位。这不仅代表着中国社会发展的未来,也是邓小平代表中华民族对世界共产主义运动以至人类文明的一个重大贡献。要有一种严肃的批判意识,要把邓小平理论看作中国共产党人不断自我反省、自我超越,不断解放思想、实事求是,不断反"左"防右、批判各种错误思潮,不断探索和创造的积极思想成果。邓小平理论是在继承和发展马列主义、毛泽东思想精髓,纠正毛泽东同志晚年错误和"两个凡是"理论的基础上形成的,也是在与各种形式的"左"和右的错误思潮的斗争中发展起来的。邓小平同志的最高明和最成功之处就在于,不管国际风云如何变幻,不管国内情况如何复杂,始终坚持坚定正确的政治路线和思想认识路线,坚定不移地以经济建设和发展生产力为中心,坚持四项基本原则,坚持改革开放,勇于和善于排除来自各方面的干扰,使社会主义的航船始终行进在正确的方向和道路上。我们学习和理解邓小平理论,至关重要的就是要坚持和树立科学的批判精神,善于从总体上、根本上、战略上提出和思考问题,勇于和善于对各种形式的错误思潮开展针锋相对的斗争,不断解放思想,不断自我批判、自我超越,不断有所创造、有所前进。

3. 要有一种科学的整体意识

要把邓小平理论的丰富思想和多方面内容有机结合起来,从整体上加以系统把握，全面、准确、完整地加以理解，把握其精神实质和方法。邓小平理论的哲学基础是辩证的、历史的、实践的唯物主义。邓小平同志强调既解放思想，又实事求是，立足于当今世界现代化发展的总体趋势和中国优秀历史文化传统，以中国人民的整体和长远利益为根本出发点，探索一条有中国特色的社会主义现代化建设道路。为此他强调紧扣和平与发展这两大当代世界主题，以一国两制方式解决历史遗留的香港、澳门和台湾问题，完成祖国的统一大业。他主张要善于吸收、借鉴全部人类优秀文明成果，包括学习发达资本主义国家的管理方式和经营方式，真正面向世界、面向现代化、面向未来。他从生产力标准的高度出发重新理解社会主义，认为社会主义的优越性应当表现为生产力发展速度和提高人民的生活质量上，社会主义就是解放和发展生产力，消除剥削和两极分化，最终达到共同富裕。为此他把价值概念引入社会主义及其评价标准，提出“三个有利于”的问题，把有利于发展生产力、提高社会主义国家的综合国力和改善人民生活作为衡量和评价各种事物的标准，把人的问题、利益问题、价值问题凸现出来。他强调把利益和效率结合起来，以利益为基础去提高效率；把个体与集体结合起来，以个体为基础去造就真实的集体；把理想与现实结合起来，以现实为基础去创造美好的理想未来。这样，以经济建设为中心的有中国特色的社会主义现代化建设直接与每一个以至全体社会成员的根本利益和全党全军全国的各项工作内在联系起来，由此而获得了极大的感召力和最广泛的主体性动力。

4. 要有一种强烈的实践意识

要把邓小平理论看作既是一个科学的理论体系，也是甚至更是一种科学的、开放的实践原则和科学方法，是探索和创造未来的指导原则。应把学习和研究邓小平理论与我们现实的工作和生活实践紧密结合起来，以其为指导原则去探寻和创造自己的特色。社会主义市场经济，本质上是一种特色经济、个性经济。只有具有独到特色和个性的东西才被人们所需要，才能在交往中保持较高的势能。世界化的国际交往要求世界级的个性特色，这正是“特色理论”的思想精髓。能否借助一般来发现自己的特殊，依托共性来创造自己的个性，在宏大的整体文化背景中给自己以准确合理的地位，发现和创造出最低投入、最大产出的高速发展道路，这正是检验我们学习邓小平理论有效与否及其成果大小的基本标尺。

二、邓小平理论的历史地位

1. 邓小平理论代表着当代中华民族自我意识的理论水准

从社会认识论和当代人学的双重角度看，自从有了人，便有了人对外部世界的认识，也开始了人的自我意识。流传已久的“斯芬克斯之谜”，表明了早期人类自我意识的发端。而阿波罗神庙大门上镌刻的“认识你自己”的名言，则一直警示着人类的自我反省。然而，认识史表明，如果说正确全面地认识外部世界并不容易，则正确全面地认识人自身更为困难。当人对外部自然界的认识已经高度发展并形成系统化的自然科学体系之时，人对社会和自身的认识却长期徘徊、滞后，陷于迷惘，以致在实践中屡屡受挫。人文社会学科迄今为止仍在为自己的科学化、理论化的地位而奋斗，不能不表明人类自我意识的局限。

过去我们谈到自我意识，较多地谈的是个体的自我意识，而少有谈到民族自我意识。其实，从民族学、文化学的角度来看，一个民族之作为一个民族而自觉存在，正在于该民族的成员具有某些共同心理素质、共同思维方式、共同价值观念和共同情感方式等，即民族共同意识。一个阶级、一个政党之作为自觉的、有组织的阶级和政党，也正在于有其共同的阶级意识和政治意识。这种共同意识本质上正是对自身的性质、使命、职责、前途、命运的共识，因而是一种阶级自我意识、政党自我意识、民族自我意识。正是凭借着这种共同自我意识，一定的阶级、政党以至民族才能真正成为自觉的、有组织的社会有机整体，才能在一定的阶级、政党和民族内部形成意志统一和行为协调。共同自我意识的水平决定着意志统一的程度和社会有机体的自组织水平。

那么，一定阶级、政党和民族的共同自我意识怎样才能产生、形成、更新和发展呢？我们的研究表明，一定阶级、政党和民族的共同自我意识的水平并不是该阶级、政党或民族的所有成员的意识水准的简单加和关系，而是由其中的先进思想家所代表和表征的。在个体的和每次发生的意义上，一定阶级、政党和民族的共同自我意识直接地只能通过个体对阶级、政党以至民族的对象性认识转化而来。[①] 一定的先进思想家个体又往往是一定阶级、政党和民族的代言人、代视人。他们对于一定阶级、政党和民族的性质、特点、使命、前途的认识水平，实际上代表着这一定阶级、政党和民族的认识水准。他们的认识成果通过一定的社会性检验和传播，为一定阶级、政党和民族的成员所普遍接受，成为其共识，则转化为一种阶级自我意识、政党自我意识和民族自我意识。一定社会的一定时代可能会产生多种相异甚至背反的理论或“主义”，它们在社会实践中彼此论争，相互比较，在实践中经受检验，有的被淘汰了，有的被消解了，有的则得到实践的证明并得以实现，被一定的阶级、政党和民族所认同，成为其指导思想和理论基础，成为一定阶级和民族的共同意识，转为一种阶级意识、政党意识、民族意识。

邓小平理论正是当代中国广大劳动群众和工人阶级的阶级意识、中国共产党的政党意识和中华民族的民族意识。它之所以以邓小平同志的名字命名，正在于以邓小平同志为首的第二代中央领导集体集中了全党、全国和全民族的智慧，荟萃了当代中国时代精神的精华，使中华民族的自我意识得到跃迁和提升，为全党、全国人民的意志统一提供了科学的理论基础和方法论指导。

2. 邓小平理论代表着马克思主义在中国发展的新阶段

近代以来，中国成为半殖民地半封建社会，中国人民也由此开始了对民族独立和强国富民之路的积极探索与不懈追求。一百多年来中国人民在前进道路上经历了三次历史性巨变：辛亥革命，建立社会主义和建设社会主义，相应地产生了三位伟人：孙中山、毛泽东、邓小平。孙中山是中国资产阶级民主革命的先行者，他发动辛亥革命，推翻封建君主专制，开创了近代资产阶级民主革命。他提出的以民族、民权、民生为主要内容的“三民主义”，代表着中国民族资产阶级的最高思想水准，是马克思主义传入中国之前中国新兴资产阶级的阶级意识的最高水平，也代表着在没有马克思主义指导下中华民族自我意识所达到的理论水准。孙中山晚年所提出“联俄、联共、扶助农工”的“三大政策”，表明了他受到马克思主义和共产党影响后的巨大思想进步，成为国共合作的基石和民族团结的指导。遗憾的是，他过早逝世而未能将其进一步推

① 欧阳康．社会认识论导论[M]．北京：中国社会科学出版社，1990．

向前进，可以说，三民主义的创立标志着近代以来中华民族自我意识史上的第一次重大飞跃。

毛泽东和中国共产党的第一代领导集体是在无产阶级革命和建立社会主义的历程中凸现出来的民族领袖。毛泽东思想是马克思列宁主义与中国人民推翻三座大山、建立社会主义的实践相结合的又一次重大提升，代表着社会主义革命历程中中华民族自我意识的又一次重大飞跃。没有毛泽东思想，就不可能有中华人民共和国的建立和中华民族的统一与独立。

邓小平理论产生于对马克思列宁主义和毛泽东思想的全面完整理解，以及对中国特色社会主义现代化发展道路的深入探索。邓小平和党的第二代领导集体之高明，正在于紧紧抓住中国社会由建立社会主义向建设社会主义这样一个时代性的主题转换，紧扣什么是社会主义和如何建设社会主义这个根本性主题，既解放思想，又实事求是，在全新的世界现代化背景和中国现代化进程中创造性地继承和发展马列主义、毛泽东思想，成功地探索和实践了一条有中国特色的社会主义现代化发展道路。邓小平理论的产生，使中国人民从“两个凡是”、个人崇拜、教条主义、唯心主义的迷惘中解放出来，促成了中华民族自我意识史上的第三次飞跃，代表着马克思主义在当代中国的全新形态。

3. 邓小平理论代表着国际共产主义理论与实践发展的新阶段

有中国特色的社会主义现代化建设，是在苏联解体、东欧剧变，世界社会主义处于低潮，国际共产主义遭受重大挫折的情况下得以展开和推进的。社会主义在中国的成败，不仅影响着中国人民的命运，也代表甚至决定着社会主义在当今世界的命运。历史的经验和教训表明，问题不在于当年马克思和恩格斯所设想的社会主义模式行不行，而在于今天我们能否找到一条既符合世界现代化潮流又符合各国历史与现实的社会主义建设和发展道路。社会主义在各国的理论和实践必须也必然是有各自特色的。只有有特色的社会主义才有生命力和活力，才有号召力和感染力。没有抽象的、一般的社会主义，只有具体的、现实的社会主义。而任何真正的、现实的、特殊的社会主义都是与最广泛社会大众的最切身利益最密切相关联的。邓小平理论的最成功之处正在于不仅彻底坚持“实践是检验真理的唯一标准”，坚持实事求是的思想路线，而且提出了生产力标准，把“三个有利于”作为衡量一切行为和一切政策的合理和正确的标准。这样一来，社会主义才由抽象的理想转化为与最广大人民群众的现实需求内在结合的自觉运动，成为对每一个社会成员都有现实内在感召力、吸引力的实践。改革开放以来中国的成功实践，开创了当代社会主义的全新模式，使国际共产主义运动得以延续和发展，并将影响人类文明发展的未来。正是在这种意义上，我们可以毫不夸张地说，邓小平理论不仅是当代中华民族的最重要精神指南，也是当代中华民族对国际共产主义理论和世界人类文明的一个最重要贡献。

三、邓小平理论的指导意义

坚持和实践邓小平理论，对于中国和世界的未来都有极为重要的指导意义。

邓小平理论为中华民族的思想统一和意志统一提供了科学的理论基础，成为当代中华民族自我意识的核心，全党、全军和全国人民的灵魂。这对于澄清和克服当前社会上存在的各种错误思想和混乱观念，抓好党的自身建设，具有重要的导向作用。

邓小平理论为中国共产党和中国人民提供和重申了“解放思想、实事求是”的正确思想路线，为中国社会主义建设提供了正确的方法论原则。“解放思想、实事求是”是邓小平理论的核心，也是马克思主义的精髓。坚持一切从实际出发，解放思想，实事求是，坚持实践是检验真理的唯一标准，在实践中检验和发展真理，中国人民的革命和建设事业才有了正确的方法论指导。

邓小平理论为中国共产党和中国人民提供了坚定、正确的政治路线，这就是党在社会主义初级阶段的基本路线。坚持以社会主义经济建设为全党全国一切工作的中心，坚持四项基本原则，坚持改革开放，坚持物质文明和精神文明建设两手抓，两手都要硬，这就使中国不仅能够傲然自立于世界文明之林，而且能为人类文明的跨世纪发展做出更大贡献。

邓小平理论为中国人民提供了对于社会主义的新认识，使社会主义事业开了新生面。邓小平同志要求我们认真学习和探索什么是社会主义、怎样建设社会主义这样一类带有根本性的问题，确认社会主义的本质就是解放和发展生产力，贫穷不是社会主义，落后不是社会主义，低速度不是社会主义。他要全党全国大力发展社会生产力，大力发展科学技术和教育文化，大力发展社会主义国家的综合国力，大力改善和提高全体人民的生活水准，这是社会主义的真实含义。邓小平同志提出的“生产力标准”和“三个有利于”标准不仅是“实践标准”在社会生活中的具体化，也是其在社会主义现代化建设过程中的拓展和深化。

邓小平理论为尽早实现祖国和平统一提供了正确的指导原则，这就是“一国两制”，和平解决香港、澳门和台湾问题，既不影响香港、澳门和台湾的社会稳定与社会经济高速发展，又能使民族团结和国家统一早日实现。

邓小平理论为我们提供了正确认识国际形势和正确处理国际关系的方法论原则。邓小平同志紧紧抓住和平与发展这两大世界性和时代性主题，在世界现代化的总体背景中把握发展中国家的特殊困难和问题，强调面向世界、面向未来、面向现代化，积极吸收包括发达资本主义国家在内的当代人类所创造的一切文明成果，为人类文明的跨世纪发展做出自己的应有贡献。

邓小平理论为每一个人认识自己的优势和长处，去发现和发展自己的特色提出了要求，也提供了方法论指导。邓小平理论本质上就是一种特色理论，而创造特色正是社会主义市场经济的最基本要求。每个行业、每个部门、每个单位以至每个个人，都只有发现和创造了别人所不具有的特色，才能创造和引发出别人对自己的需要，才能实现自己的积极功能，才能把个人的发展真正融会到国家、民族的发展大业之中，才能在民族振兴的伟大事业中实现自己的真正发展。

第十一章　中西哲学比较与当前我国的人学研究

人学研究已经成为我国的一门显学，对我国现代化建设有着极其重要的意义。尽管不能将哲学等同于人学，但从根本上说，哲学问题的出发点与归宿都是人自身。西方哲学中有着科学主义与人文主义的长期对立，这二者本质上是从理性与非理性两个不同的角度来看待人，但近年来二者表现出相互交流趋同的情况。相较而言，中国传统人学注重对人的整体把握，强调理性与非理性统一，但缺乏必要分析和分化带有整体混沌的色彩。中西方人学思想各有优劣，我们应该立足马克思主义的人学思想加以批判吸收。马克思主义人学的基本特点是从实践角度来理解人，是一种实践人学，是我们创造当代新人学的立足点。人学研究的目的是促进人的自我理解和自我塑造，我们应当立足当代社会实践，着眼当代人学研究前沿问题，来建构当代人学体系。

人学成为当前我国哲学研究中的一门显学，这既有深刻的世界哲学与文化背景，又是我国改革开放和社会主义现代化建设的客观要求，也是我国哲学研究深化的逻辑必然。自觉地把我国当前的人学研究置放到中西哲学与文化比较的宏大背景之中，不断强化我国人学研究的世界意识与个性意识，努力发掘和阐发马克思主义的人学思想，在理论地认识人和实践地塑造人的双向互动关系中保持张力，这样才能把我国人学研究与人的现代化建设同步引向深入。

一、正确理解西方哲学的历史演进及其当代特点

从根本上说，哲学就是人对人自身和人与世界关系的自我反思。人当然不仅仅关心人自身，也关心人以外的事物和世界，但人对外部事物和外部世界的关照，无论其出发点还是其最终归宿，都是人自身。在这种意义上，哲学尽管不能被归结为或等同于人学，却决不能也不会没有人学，或忽视对人的研究。实际上，无论在东方还是西方，无论在古代还是现代，人的问题始终是哲学与文化的主题。科学主义与人本主义的区别，也不在于其是否关心人、研究人，而在于关心和研究什么样的人，在于怎样去关心人和研究人。其区别是对人的关注方式和关注重点有所不同。更具体地说来，可以看作是到底关心理性的人还是关心非理性的人；是以理性主义的方式关心人，还是以非理性主义的方式关心人。在人的理性与非理性的二重分化和理性主义与非理性主义的对立与冲突中把握西方哲学的历史演进及其当代特点也许是更好地把握当代西方哲学的可行思路之一。

在谈到西方哲学与文化传统时，我们往往重视古希腊传统而忽视希伯来传统，这是非常不妥的。在发生学意义上，西方哲学与文化形成过程中最值得关注和探讨的事件之一，便是哲学中人的理性和非理性的二重分化，以及理性主义传统与非理性主义传统的萌发与形成。古希腊哲学以苏格拉底、柏拉图为代表，关注世界的本原问题，承认理性能力的至上性，让美德服从于知识，让情感依附于理智，最终形成以理念论为标志的理性主义传统，并制导了其后整个西方哲学的发展方向，以至怀特海说，整个两千年来的西方哲学史不过是柏拉图哲学的一系列注脚而已。然而，同样影响了西方哲学与文化的还有希伯来传统。希伯来人孕育和贡献了犹太教，它突出人的情感、意志、信仰方面，让知

识服从于道德，让理智服从于信仰，形成了以信仰至上为取向的非理性主义传统。希伯来文化的非理性主义传统在后来西方的基督教哲学与文化中得到了保存和发扬。

综观西方哲学与文化的历史演进，不难看出，它实际上贯穿着理性主义人学与非理性主义人学的对立与冲突。亚里士多德强化和发展了理性主义哲学传统，并使之成为后来西方哲学的主流。同样值得重视的是，以基督教哲学与文化为代表的非理性主义传统不仅未被淹没，反而在中世纪时期占统治地位，使理性成为信仰的奴仆，使本体论探讨成为论证上帝存在的工具。文艺复兴本质上是理性从信仰统摄下的解脱与复兴，当时兴起的人文主义，实质上是新的理性主义。以理性对抗神性，以人权反对神权，以理智统摄信仰，正是文艺复兴的基本目标。此后的西方人道主义哲学与文化思潮，都主要是对人的理性及其价值的张扬，是在理性主义的旗帜下展开的人学研究。费尔巴哈的人本主义，可以看作古典人本主义的集成，也可以看作近代以来理性人本主义的终结。

现代人本主义，从根本上说，是非理性主义的。与科学主义思潮拒斥形而上学，根本否定研究世界本原问题的必要性和可能性不同，人本主义者承认研究世界本原问题的意义，但反对以物质或精神为本，而主张以人为世界之本，又以情感、意志、性本能、生命冲动等非理性方面为人之本，进而倡导直觉、顿悟、体验等非理性方法。他们以非理性反对和取代理性的地位，在对传统理性主义的批判中确立了非理性主义的地位。

然而，理性主义并没有也不可能被逐出哲学圣殿。科学主义思潮，从根本上说，是一种理性主义思潮。无论是以孔德为代表的实证主义，还是后来的经验批判主义与逻辑经验主义，尽管主张限制理性于可被经验证实的范围，但实质上仍以严格逻辑分析的方式研究和张扬理性，使之更加精确和有效。正是当代科学主义和人本主义把人的理性和非理性割裂开来、对立起来，在理性主义与非理性主义之间各执一端，各自走到了片面的境地，以致近年来转引出人本主义科学化和科学主义人本化的双向趋同情况。研究和借鉴西方人学的发展历程，要求我们克服理性主义与非理性主义各自的片面性，在理性与非理性、理性的人与非理性的人之间保持张力、寻求统一。

二、正确认识中国传统哲学的优势及其局限

与西方人学分割人、肢解人，在理性主义与非理性主义的分化与冲突中颠簸演进不同，中国传统人学的最重要特点是注重对人的整体把握，强调知识与德行、理智与情感、认识与行动、理性与信仰、责任与道德等的统一，主张仁智双彰、美善相成、德才兼备，讲中庸，讲和谐、讲统一。寻求真、善、美的有机和谐统一，构成了中国传统人学的基本格调。中国哲学中对人的研究主要在天人关系、群己关系、人我关系等外部关系和知行关系、理欲关系、义利关系等内部关系这两个方向上展开，由此而形成了儒、墨、道、释等各家各派，表现出各种不同的人生理想和人生态度。中国传统思想文化为当代中国的人学研究奠定了深厚的历史-文化基础，提供了极为宝贵而丰富的思想材料。

中国传统人学注重对人的整体把握，这既是一个明显优点，从另一种角度看，也可以说是一个缺点，这就是对人的理性和非理性方面既缺乏深度分析又难以达到高度综合。西方人学通过理性主义与非理性主义各自的极度发展而各达至一种“片面的深刻”，从而为在此基础上的高度综合奠定了基础；而中国传统哲学对人的把握则由于缺乏必要的分析和分化而带有整体混沌的色彩，难以在新的高度上达成新的综合。中国传统人学的不分化状态还表现在对社会伦理-政治实践缺乏必要的分析，又尤其是在长期延绵的封建专制制度和意识形态的统摄下展开，难免渗入了许多具有封建糟粕的东西，现在有必要予以深刻的批判和自觉的扬弃。

三、立足马克思主义人学整合中西方人学思想精粹

中西方人学思想各有特点和优劣，有必要在比较和分析中加以扬弃、整合。我们所应遵循的基本理论原则和思路方法应是马克思主义的人学思想。马克思主义哲学并不是一个“人学空场”，而是有着丰富精湛的人学思想，有待去发掘和理解。其中《1844年经济学哲学手稿》《关于费尔巴哈的提纲》《德意志意识形态》以及马克思晚年的人类学笔记等文本尤其值得关注。马克思主义人学思想的最基本特点是从实践的角度来理解人，理解人与世界的关系及其历史演进和时代特点。在马克思主义哲学看来，正是在人的实践中，物质与意识、肉体与灵魂、

认识与行动、理智与情感、知识与德行、理性与信仰、个人与社会等既分化开来又统一起来，形成主体客体化与客体主体化的双向运动。正是在这个不断建构、提升、创造的双向运动中，人类社会不断得以进化和发展，人性的异化得以克服，人不断地争取和创造着自由。马克思主义人学是一种实践人学。正是立足于马克思主义的实践人学，我们可以超越中西方人学各自的局限而整合其精华，并创造出当代人学的新体系。

四、立足当代人的现代化建设来建构当代人学体系

人学研究的目的是促进人的自我理解和自我塑造，实现人的现代化。为此，必须立足于当代社会实践来建构当代人学体系。一方面使人学体系成为当代人类实践的一种观念形态，另一方面使人学理论成为人的现代化建设的精神动力和向导。当代人类在实践中面临的问题应当被提升为当代人学研究的前沿问题。就其宏观层次而言，全球问题与人类困境、民族矛盾与区域冲突、人性扭曲与个性丧失可看做三个基本层次。这三个层次又都在横切层面上包含着各种具体问题。在全球范围内，既有东西方之间的冲突与对抗问题，也有南北之间的协调与合作问题，人与自然关系上的生态危机已威胁到人类的生存和发展，造成增长极限和生存危机。在各民族和国家之间，一体化与多样化、全球性与民族性的冲突正日益尖锐地表现出来，造成各种区域性战争和文化冲突。在各民族和国家内部，还存在着各自的特殊问题和矛盾。在个性层面，各种形式的信仰危机、信任危机、吸毒、性放纵、暴力等，表明理智与情感、知识与德行、理性与非理性的巨大冲突，人的自由与个性解放问题不断地以新的形式凸现出来。这就形成一个各种问题交织互渗的问题群体系。正是在对这种种问题的深入探讨和理论诠释中，当代人学体系才能得以建构和发展。

第十二章　在个体与类之间保持张力

——论人学研究的对象域及其学科特点

本章探讨的是人学研究的基本问题：其对象和基本特点。当代人学研究有着类本位说与个体本位说的争论。类本位说认为，人类经历了群体本位和个体本位之后，正在走向类本位时代，人学是这种走向的反映和表达；个体本位认为，只有个人才是最现实、最具体、最基本的人，人学的对象应当是个人。本章指出，个人、群体和类之间的关系是密不可分地内在相关的。在发生学意义上，三者同步发生、同步演进；在共时态意义上，三者相互规定、互为条件；在进化论意义上，三者相关发展、共同演变。马克思将人类社会发展分为：人的依赖性、物的依赖性、人的自由全面发展三个阶段。目前人类正处于第二个阶段到第三个阶段的过渡时期，既需要发展个性，又需要发展类性。

本章指出，人学是一门高层次的关于人的自我意识、自我反思的学问，其目的在于促进人的自我理解、自我评价与自我规范，有着三个基本特点：反思性、理解性、规范性。人学研究应当以反思和理解为基础，合理运用科学方法，以自我规范为最高目的。

研究对象的合理确定对一定新学科的有效建立和健康发展具有至关重要的定向作用。在我国,人学研究尽管已有时日,但从总体上看仍属开创阶段。肇创之初,在研究对象与研究方法这类前提性问题上多花些时间和精力,多做些比较深入细致的讨论,对于以后的深入探讨和有效交流,甚为必要。本文认为,个人和人类是人的存在形式的两极。人学研究以人为对象,它的研究应当在个体与类之间保持张力,在个人与人类的有机相关性和互为参照性中展开自己的研究思路,在人与世界的多方面、多层次、多向度参照关系中达到人在哲学层面上的自我观照和自我理解。当代人所面对的问题,既有个体问题,也有群体问题,还有类的问题。因此,个人、群体和类应当整体性地进入人学研究的视野,成为其研究对象。

一、确定人学研究对象的方法论问题

对人学研究对象,我国哲学界歧见颇多,其中至少存在着两种显然不同的意见,不那么准确地概括起来,一是类本位说,二是个体本位说。类本位说认为,当代人类已经是或正在走向以人类为本位的时代,因此人学研究对象应当以人类为本位,人学,甚或哲学,即类哲学。个体本位说则认为个人是社会的基础,人学应当对完整的个人及其本质、存在和历史发展规律进行整体性思考,人学的着眼点应当是完整的个人。

我们认为,个人和人类是人的存在形式的两极:至小至个人,至大至人类。如何看待和处理个人与人类的关系,过去是、现在是、将来仍然是人在实践活动和理论活动中必然面对的永恒课题,也应当是哲学的永恒课题。至于当前我们对人学研究的对象性设置中到底应当以个人还是以人类为本位,或是其他,则既取决于我们对个体与人类的关系及其历史发展和当代特点的认识和理解,也取决于我们对人学性质和人学研究方法的理解。在这两个方面的结合上,我们认为,类本位说和个体本位说各自从一定侧面反映了当代人类和个人之间关系的一定特点,体现着其倡导者理解人的一种视角、思路和方法,各有一定的合理性和深刻性。但由于二者均站到了张力两极的一端,仅仅强调其中的一极,因而各自还有其一定片面性和局限性。对个体和对类的关注不应当是彼此对立和排斥的,而应当是互容和互补的。从现代“人类问题”和“个体问题”同步发展同样尖锐的客观现实出发,从当代人学应当帮助人在哲学层面上达到一种全面正确的自我理解和自我规范的特殊使命和方法论要求出发，笔者认为，人学研究应当在个体与类之间保持张力，在个人与人类的有机相关性和互为参照性中展开自己的研究思路，在人与世界的多方面、多层次、多向度参照关系中达到人在哲学层面上的自我观照和自我理解。

二、人学研究的对象及其历史演变

人学研究以人为对象。如何理解人的存在及其历史发展和现代特点是确定人学研究对象的重要的对象性前提，或曰历史-现实依据。

类本位说的基本论据是：人类社会的历史发展可分为群体本位、个人本位和类本位三种形式；人类在经历了群体本位、个人本位以后，正在走向类本位时代。人的哲学，即作为哲学的未来状态的类哲学，既是对人类的这种发展走向的反映和表达，也是为了促进人对自身的这种本质变化的自觉意识。我们认为，类本位说和类哲学的提出是有非常积极的意义的，它立足于对人的历史发展及其主要阶段的一种整体理解来展望哲学发展的未来状态，表达了倡导者对人的类存在、类本质、类特性及其发展前景的特点关注，具有很强的时代感、前瞻性和启发性。但这种学说可能面对的重要诘难和挑战在于：如何全面理解个人、群体和类之间的关系？如何准确概括人类的历史发展及其主要阶段？能否将其简单地划分为群体本位、个体本位和类本位这样三种历史形式和前后相继的线性发展历程？对“类”问题的关注应在多大程度上和范围内影响到我们的现实人学研究？

个体本位说的基本依据是，在个体、群体和类这三种人的存在形式中，只有个人是最现实、最具体、最基本的人，个人比人类、群体的内涵丰富；当代社会现实提出的主要是个人的存在和发展问题，而这在社会主义国家尤其中国的条件下更为突出，等等。因此，人学的对象应当是个人。我们认为，把人学研究对象明确地定位于个人，这与我们过去的哲学研究忽视人，尤其忽视个人形成鲜明对照，既有明确的针对性，也有非常积极的现实性。但这种主张除了需要回答与前述类本位说相似的诘难与挑战外，还必须特别回答诸如下列问题：如何正确看待个人在人的诸种存在形式中的特殊地位？如何评价西方人本主义的贡献与欠缺？如何理解当代西方哲学对于个人主义的反思和批评？如何使我们的人学研究既面向当代世界文化又能自觉克服西方某些哲学学派的极端性和片面性？等等。

由上不难看出，这里问题的关键在于正确理解和说明个人、群体和类之间的关系及其历史发展、现代特点和未来走向。我们认为，无论在发生学意义上，还是在共时态结构与历时态演进过程中，个体、群体和类作为人存在的三种层次性形式，都是密不可分地内在相关、互为条件、互织互渗、互促互动的；当代人的发展，既是个体的发展，又是群体的发展，也是人类的发展；当代人所面对的问题，既有个体问题，也有群体问题，还有类的问题。因此，个人、群体和类应当整体性地进入人学研究的视野，成为其研究对象。具体表述如下。

（1）在发生学意义上，个人、群体和类是作为人的三种存在形式而同步发生、同时形成、同步演进的。关于人类起源的发生学研究表明，人猿相揖别的漫长过程，既是人作为相对独立的类实体性和类关系性存在而以自己独特的生存和活动方式与其他自然物相分离，从而从物质自然界中分化、独立出来的过程，又是人逐渐摆脱动物的社群性而凭借一定社会组织形式而与自然界直接抗争和共同创造生活的过程，也是个体逐步获得自我意识和才干而在社会中相对独立的过程。原始人类、原始群体、原始个体是原始人存在的三种基本层次和基本形式。尽管在这时人类的整体性存在受到地域和人种的分割，但在每一个发展时段中，生活在不同地域的人们都以大体相似的形式和水平发展着自己的类本质、类特性和类活动，从而实现着人对自然界的了解和通过人作为社会体的存在来对自然界的统治[①]。

（2）在共时态意义上，个人、群体和类作为人存在的三个基本层次，无论是在实体性上、关系性上，还是活动论上均是密不可分地内在相关、互为条件和相互关照的。有学者认为，只有个人才是最客观、最现实、最具体、最基本的人，人类是对个人的共性的一种抽象和概括。我们认为，把个人与类的关系看作具体与抽象的关系，这种看法是值得商榷的。个人之作为人，正在于他有着作为类的人的全部规定性。在这里，个人是通过先天遗传和后天习得这两种基本渠道而从人类那里获得自己作为人的规定性的。我们可以说，没有个体就不会有人类；反过

① 马克思恩格斯全集(第46卷·下)[M].北京：人民出版社，1980：218.

来也可以说，没有人类也不会有个体。要在个体与人类之间划分谁更基本、更现实、更重要而只取其一端，其结果必然是丢掉全部。在实体性意义上，个人是实体性的，人类也是实体性的，实体性个人正是作为实体性人类的细胞才能作为个人而存在。在关系性上，个人是关系性的，人类也是关系性的，个人只有在类关系之网中才能获得自己作为人的规定性，离开了个人和类，也就无所谓人的关系。在本质论意义上，人的类本质既在与非人的存在的比较中得以展示其特殊性，又在与个人特质的比较中得以展示其普遍性，而个人的特质只是在人的类本质的基础上才能获得和展开并使类本质得以丰富和充实。在活动论意义上，人的个人生活和类生活并不是各不相同的。一方面，个人的生命表现，即使不采取共同的、同其他人一起完成的生命表现这种直接形式，也是社会生活的表现和确证；另一方面类生活必然是较为特殊的或者较为普遍的个人生活。[①] 正是在个人所从事的类活动和类生活的个人实现过程中，人类社会得以存在和发展。在价值论意义上，个人、群体和类之间相互依存、相互为用，处于密不可分的价值相关性之中，构成价值创造的主体性存在形式。

(3) 在进化论意义上，个体、群体和类在人的发展历程中既相互制约又相互促进，在范围、程度和水平等各方面处于相关发展的共变过程之中。马克思曾经以个人、群体和类的相关发展及其程度，将人类社会的发展史大体划分为三个主要阶段或三种基本形态。在最初的社会形态里，人的生产能力只是在狭窄的范围内和孤立的地点上发展着，人的类存在受到空间地域和种族的分化与隔离而在较低水平上得到实现。在较低水平上，单个人显得比较全面，与之相应的是以“人的依赖关系”为纽带而组织起来的群体。应该说，在这个阶段，不发达的类和不发达的群体及不发达的个人处于相互对应的范围、程度和层次之上。在第二大社会形态里，以个人的相对片面发展为条件，形成了普遍的社会物质变换、全面的关系、多方面的需求以及全面的能力的体系，人的依赖关系转换为对于物的依赖性，在此基础上形成了人的独立性。正是借助于物(尤其货币)的中介功能，建构起了世界市场以至世界经济体系，人类关系得以在全球范围内建立起来，个人也成为世界性的个人。在

① 马克思恩格斯全集(第42卷)[M]. 北京：人民出版社，1979：122，123.

世界市场上，单个人与一切人发生联系，但同时这种联系又不以单个人为转移，因为每个人的片面发展造成一切人之间的相互依赖，而这种依赖又通过对物的依赖性表现出来。因此，尽管有这种物的联系比单个人之间没有联系要好，但由于个人并不能自觉地掌握这种联系，因而人的类存在也常常在整体上处于盲目的失控状态之中。第三大社会形态是以建立在个人全面发展和他们共同的社会生产能力成为他们的社会财富这一基础上的自由个性[①]为特征的。在这里，一方面是每个人的自由全面发展和个性的充分实现，另一方面是自由人所自觉结成的联合体；一方面是每个人的自由全面发展，另一方面是一切人的自由全面发展。自由个体、自觉群体和自组织人类之间互为条件、相互对应、共同发展。

(4) 就其当代特点而言，人类正处于马克思所描述的由第二阶段向第三阶段过渡的时期，既需要发展人的个性，促进人的自由全面发展，又需要发展人的类性，促进人类的充分多样发展。作为这种需要的负面表现，当代人类既面对着严重的全球问题、生存问题，又面对着严重的个性问题、心态问题。应该说，类的生存和发展与个人的自由个性在当代社会中具有同等重要的地位。正是在这种意义上，我们曾经指出当代人类面临的严重困境是全球问题与个性问题、人类问题与个人问题内在交织，加上民族问题、信仰问题、宗教问题等，构成了一个复杂的问题网。它们妨碍着人类的生存和发展，妨碍着个人的自由全面发展，应当成为人学研究的对象和人学理论的重要内容。

正是由于个人、群体和类之间在历史上与现实中这种密不可分的内在联系，我们可以从其中的任何一个方面或层次入手开展我们的研究。就我们对人学研究对象的设定来看，却不能限定于其中的任何一个方面，更不能由于重视和突出强调其中的某一方面而忽视以至舍弃其他的相关方面，而必须在个体与类这人的存在形式的两极之间保持适度张力，确定出人学研究的完整的对象域。只有这样，人学作为人的自我意识、自我反思、自我理解、自我规范的理论才能获得其广泛而坚实的对象性基础并发挥出自己的功能。

---

① 马克思恩格斯全集(第46卷·上)[M].北京：人民出版社，1979：104.

三、人学的基本特点

在我们对于人学研究对象的规定中，实际上已经包含和贯通着我们对人学性质的理解——人学是一门高层次的关于人的自我意识、自我反思的学问，其目的和宗旨在于促进人的自我理解、自我评价与自我规范。

对于人学的学科性质，不少论者已经指出，它不同于一般的关于人的科学，而是关于人的哲学。这正是在已经有了各种关于人的具体科学之后还要开展人学研究的必要性之所在。那么，作为哲学的人学怎样区别于关于人的各种具体科学？有论者认为，这主要在于关于人的各门具体科学只研究人的某一方面或侧面，而人学则研究人的整体，或叫完整的人。这样，在研究对象方面，人学与人的科学之间的关系是整体与部分、全面与局部的关系。让我们进一步追问：怎样才能哲学地研究完整的人？科学能否研究完整的人？怎样才能证明人学能够达到对于完整的人的哲学把握？这些问题显然不能从对象方面来得到回答，而只能从主体方面，从学科的性质和特点方面，从主体的研究思路和方法方面来加以回答。我们认为，从总体上看，人学研究具有以下特点。

首先，就其学科性质而言，人学研究具有反思性。黑格尔曾经指出，哲学不似别的科学可以假定表象所直接接受的为其对象，或者可以假定在认识的开端和进程里有一种现成的认识方法。哲学作为"对于事物的思维着的思考，具有反思的性质。反思以思想的本身为内容，力求思想自觉其为思想。[①] 我们认为，黑格尔关于哲学的反思性的规定原则上适用于作为哲学的人学。人学区别于关于人的科学的最重要学科特点，在于它是对于人的自我意识和哲学反思。人学研究的反思性首先是由其对象即人的特性所决定的。人，不论是作为个体、群体还是类，都有三个最根本的特性：一是自然性；二是意识性；三是实践性。正是这三个根本特性的内在结合，造成了人区别于非人的总体性存在和运动方式，使人以其自觉性、自主性、创造性活动而自立于世界之中，由此造成了人的内部，即个体、群体和类及其间的特殊交往和组织方式，也造就了人的其他各种属性、特点和规定性。如果说对人的这各个方

① 黑格尔.小逻辑[M].贺麟，译.北京：商务印书馆，1980：37，39.

面、层次、属性、特点的研究构成了关于人的各种具体科学的研究对象，则人的哲学，应当抓住人的总体性特征而达到对人的整体系统把握。人学研究的反思性也是由人学研究的特点决定的。哲学地把握人，不是像具体科学那样客观地描述人的各个方面、层次或属性，而是从中概括和提升出关于人的哲学问题来加以哲学的追问和回答，做一种寻根究底、追踪溯源式的探索，求得一种总体性的理解和反思。

其次，就其研究方式而言，人学研究具有自我理解性。如何研究人？在近代以来的人学发展史上一直存在着科学主义与人本主义的争论。科学主义者主张对人文社会现象的科学研究应当采用如研究自然现象一样的方式来研究人，“使人类科学具有实证性质，把它建立在观察的基础上，并用物理学的其他部门采用的方法来进行研究”①。他们认为，应当在关于人的科学和社会科学中寻求自然科学意义上的客观性、实证性、可度量性，使人文科学像自然科学那样成为可以用经验和可检验形式加以阐述的命题，成为自然科学那样的硬科学。人文主义者则突出强调人文社会现象与自然现象的根本区别，断然拒绝自然科学方法在人文社会科学中的应用，强调人的科学指向人自身，而人的思想、观念、情感、意志和行为等本身具有个别性、非确定性和非量化性，不可能以自然科学的方式而被客观地加以描述和解释，而只能通过理解才能把握。因此，理解是人文科学最本质的方法论基础。在我们看来，人位于宇宙生命进化阶梯的最高台阶，其生命活动奠基于包含了物质世界、生命世界的各种运动形式，服从于各个层次的运动规律和发展规律，因此，对人的科学研究，有必要通过各方面、各层次的思路和方法来加以把握。在这种意义上，我们认为，在对人的研究中，完全排除自然科学的方法是不应当也是不必要的，但仅仅采用自然科学的方法也是显然不够的。正如人与自然、人与社会不是截然对立、彼此隔绝的一样，自然科学方法与人文科学方法也不是相互排斥、水火不容的，而是相容的、互补的。它们各自有助于说明人类社会生活的不同方面，可以同时在人的科学中得到运用，并帮助人们达到对于人类行为的全面完整的理解。不过这里尤需注意的是，从人学作为一种关于人的哲学所特有的反思性质出发，从人学研究的目的在于促进和提升人的自我理

---

① 圣西门选集(上卷)[M].何清新，译.北京：商务印书馆，1962：126.

解出发，理解方法在人学研究中占有尤为重要的地位。在人学研究中存在着一个非常典型的“怪圈”，或者说悖论性难题，即认识主体与认识客体自我相关，或人学研究者与其所研究的人之间的内在相关性，因而他们有可能自觉或不自觉地把自己的兴趣、爱好、情感和价值取向转化为一种强烈的认知定势和理解模式而渗透到对于客体的观察、理解和解释之中，并进而对他们的研究结果的真实性发生双向影响。一方面，如果他们的内在认知定势和理解模式不符合对象的本性和规律，而他们对此又缺乏足够的自觉和自律，则可能导致偏见、歧解以至谬误；另一方面，如果他们的认知定势和理解模式与对象的本性和规律相一致，又得到了适当、适度和适时的应用，则有助于对人的正确理解和真实把握。应当看到，人在活动中所特有的自觉性、价值性、个体性、情意性等特征，决定了理解方法在人学研究中的特殊必要性，而且这种理解除借助外部自然界来理解人以外，还需要借助群体和个体来理解人的类存在、类特性和类发展，也需要借助群体和类来理解个人，借助类和个体来理解群体，等等。这种理解本质上是人的自我理解。正是个人、群体与类之间的相互沟通、内在交感和互为参照，使人的自我理解成为可能。正是在这种意义上，我们认为应当高度重视和充分发挥理解和自我理解方法在人学研究中的特殊作用。

最后，就其功能而言，人学研究具有自我规范性。人学研究的意义何在？这可以分出若干层次。直接来讲是为了达到对人的哲学理解，提供关于人的全面理解图景，对人的历史与现象、本质与表象、活动与功能、存在与发展等做出合理的解释和说明。在更高层次上，不仅说明人的历史和现状如何，还要揭示人的现状和未来应如何，给出关于人的发展未来前景的理解图画，从而给人以目标、信念、理想，给现实生活以希望。更进一步则是要指出达到理想境界的道路和途径，解决人的自我发展和自我完善的合理有效途径，为人们应当如何合理地行动提供借鉴、提供规范，这正是人学研究的最高社会功能。

第十三章　从功能角度深化主体-客体问题研究

人们对主体-客体关系有多种角度的解释，有本体论、特征论、关系论等。这些解释都无法界定和解释人与人关系中的主体性问题，在人际关系的社会网络中，主客体之区分具有极大的相对性。本章认为，主体和客体的关系主要是一对功能范畴：主体意味着主动、能动、积极、支配地位等，客体意味着被动、受动、消极、受控地位。人的主体性即人的这种功能属性，当人在与对象的关系中获得了积极、能动地位时，他就成为主体，他的对象就成为了客体。人的主体性体现为，在认知关系、价值关系、审美关系及实践关系中，不是被动接受对象的属性，而是主动地选择、加工、发掘并培养自身的能力，对客体进行变革与创造。

主体与客体的关系是相对的，人的主体性也具有相对性。首先，人的主体性源于自身需要并受客体制约；其次，人的主体地位的实现取决于人的能力；再次，人的主体性功能的要通过主体性活动来实现。人的主体性功能实现的标志是人的需要得到满足，潜力得以现实化，主体地位得以确立。一定的活动过程及结果可能会脱离人的控制，转化为异己的力量，使人丧失主体性地位。这就需要人在新的条件下重新巩固并升华自己的主体性地位。

一、主体-客体的特性

对主体-客体的研究开始是侧重从本体论角度展开的。主体是人，客体是自然。人的规定性便等于主体的规定性，自然的规定性便等于客体的规定性。于是人们一方面用人与自然的关系来说明主体与客体的关系，另一方面用主体与客体的关系来说明人与自然的关系。这种界定很难说是完全错误的。因为只有人才能是主体，而自然只能是客体。但是这种界定有明显的局限性。一方面，客体不仅有自然，还有社会和思维等，它们与主体处于不同的、具体的对象性关系之中；而自然界本身也并不都是客体，只有与一定主体发生了对象性关系的自然存在物才转化为客体。另一方面，人并不都是和总是主体，他们也有作为客体而存在和活动的时候，这在人与人之间互为主体和客体的情况下尤为突出。因此，仅从实体的意义上考察主体-客体关系是远远不够的。

于是，人们进一步从特征分析的角度考察主体和客体的规定性。通常认为，主体有自然性、社会性、意识性、实践性、能动性等，客体则有客观性、对象性、社会性、历史性等。这种分析和界定深化了对主体和客体各自的特性及其关系的认识，当然是必要的和有意义的。但是，在社会历史过程中，主体人和客体人之间在以上几个方面的规定性几乎是共同的：作为主体的人不等于纯粹的精神，他们不仅有意识性，也有客观性、对象性；作为客体的人不等于纯粹的物质，他们不仅有自然性，也有意识性、实践性等。因此，仅仅凭借这些为主体和客体所共有的规定，我们实际上无法有效地区分具体的主体和客体。

有人进一步从内容和关系的角度分析主体与客体范畴，提出主体与客体之间始终处于物质、能量和信息的变换关系之中。这种变换关系包括实践关系、认知关系、价值关系、审美关系等。各种关系有其不同的具体内容、表现形式和实现方式等。这种研究丰富了我们对主体与客体之间关系内容的认识。但是，仅仅了解这些关系是远远不够的，还必须找到一个标准或一种规定来区分这种种关系中的主体和客体，说明什么样的人在何种条件下何以成为这种种关系中的主体，以及什么人或物在何种条件下何以成为这种种关系中的客体。

由上可见，这里问题的实质和核心在于如何界定和解释人与人关系中的主体性问题。在人际关系的社会网络之中，有人在一定的对象性关系中成为主体，则必然有人相应地成为客体；主体和客体之间的区分具有极大的相对性。正是这种情况，要求我们找到或设置一种具有广泛适用性的科学标准，以便将在各种复杂关系、各种具体内容和各种情况下的主体和客体相对准确而又简便地区分开来。在笔者看来，功能标准适合并能满足这种需要。

二、主体-客体的范畴

我们认为，主体和客体范畴既不是纯粹的实体性范畴，也不是一般的关系范畴，而是或主要是一对功能范畴。功能通常指一定事物或人在一定对象性关系中的地位、作用、影响和意义等。而主体和客体则是标示一定的人或事物在一定对象性关系中的特殊地位、作用、影响和意义的功能范畴。从功能方面看，主体意味着主动、能动、积极、支配等，客体意味着被动、受动、消极、受挫等。因此，人们又常常把主体态势、能动作用、积极态度和支配地位等看作一种主体性功能，而把被动态势、受动作用、消极态度和受控地位等看作一种客体性功能。从功能方面看，主体与客体之间的关系即主动与被动、能动与受动、积极与消极、支配与受控的关系。

人的主体性即人的这种功能属性，指人在与一定对象的关系中所具有的这种主动态势、能动作用、积极态度和支配地位。当一定的人在与一定对象的关系中获得并实现了这种功能属性时，则他（们）成为这一对象的主体，这一定对象相应成为其客体。而人们在一定对象面前丧失了这种功能属性时，则相应地失去其主体地位。

人的主体性在主体与客体的各种关系中都必然地以一定方式具体地表现出来并相应地得到实现。

在认知关系中，人作为认识主体，不是消极被动地等待客体信息和直观地反映客体的表象，而是积极主动地识别、选择、接收和采集客体的各种信息，并自觉地进行信息加工、处理、检验、评价、储存和传输，由现象进入本质，由表层进入深层，在不改变客体的现实存在状态的前提下，借助一定的语言符号系统，使客体以信息内容的方式进入人脑，成为思想观念的内容，成为人的精神世界的一部分。人则由此而达到其作为主体对于客体的观念掌握。

在价值关系中，人作为价值主体，不是被动地等待客体功用的自我呈送，也不是简单享用客体的现成属性，而是力图根据自身的复杂需要和价值追求，去发现和发掘客体对于自身的有用属性，做出恰当的评价与选择，决定对其的褒贬取舍，并通过自己的积极努力，去创设各种必要的条件，克服、限制、减弱和预防客体的消极属性和不利功用，获取、发挥、强化和创造客体的积极属性和有利功用，使客体的价值属性得到最大限度的发挥和实现，使自己的价值需要得到最大限度的满足。人则由此而达到作为主体对于客体的价值掌握。

在审美关系中，人作为审美主体，不是满足于对客体的审美特性的自然观照，而是积极培养、发掘和强化自己的审美需要和审美情感，并据此去积极发掘和体验客体的审美特性，达到一种情感的体验和心灵的沟通。不仅如此，主体还根据自己的审美需要和审美追求而努力抵制、消除和批判客体中的虚假、邪恶和丑陋的方面与因素，努力培养、塑造那些真实、善良、崇高的方面与因素，进行美的建构与创造。人则由此而达到其作为主体对客体的审美特性的全面占有与掌握。

在实践关系中，人作为实践主体，不是满足于简单适应客体的现实存在状况，而是力图根据自己的发展着的需要和能力，在一定目的和意图的支配下，对客体进行实际的变革与创造，并对其进行实际的享用和消费，使之实际地进入自己的生活世界，以至转化为自己有机身体的内在组成部分，成为自己的主体性存在的现实物质基础。人由此而达到自己作为主体对于客体的实践掌握。

在实际生活中，主体与客体之间的多种关系并不是完全分离和各自独立的，而是内在统一和相互协调地交织在一起的。相应地，人的主体性也往往是在与具体的客体之间这多种关系的统一中综合性地表现出来并具体地得到实现的。

三、人的主体性功能

人的主体性不是凭空而起，也不是无限的和万能的，它有着自己特殊的根源、背景及实现方式，以及独特的检测标准和不同的实现程度。

首先，人的主体性功能根源于人们对一定客体的功能需要和客体对主体的制约性。人作为主体有各种形式和内容的主体需要，它们是人作为主体而生存、活动与发展的各种内在必要性。人的主体需要只能通过与一定客体(包括环境)的物质、能量和信息变换来满足,由此而产生出对于外部世界和对一定对象物的依赖性。那些具有满足主体需要的属性的一定对象物由此而转化为客体,并相应获得对于主体的作用力和制约性。人作为主体对客体的需要和依赖不同于动物对世界的需要和依赖。人作为主体对世界的需要和依赖是通过自己的自觉能动的创造活动而对世界的掌握和运用而实现的。因此,承认人的主体性,首先是以承认人对外部世界的依赖性和对象世界对于人的外在地位和制约作用为前提条件的。

其次,人的主体地位的确立和主体功能的实现,是根据人的主体能力。主体能力是在社会实践中形成而又潜在于人的机体内部并在主体与客体的对象性关系中表现出来的客观的、能动的力量,是作为主体的人所具有的为了满足自己的主体需要而在一定社会关系中从事主体性活动的内在根据和内在可能性。如果说,主体需要使人们对客体的主体性活动成为必要,则主体能力使人们对客体的这种主体性活动成为可能。主体能力作为人的内在本质力量,包含着“人本身的自然力”、“经验-知识力”和“情感-意志力”等多种要素,是个体人在其孕育、萌生和成长的过程中,通过对人类长期积累形成的社会历史文化的学习、吸收和同化而发展起来的。作为一种必不可少的内在根据,主体能力的性质和类别,决定了人们可能采取的主体行为与活动方式,决定着人的主体性功能的作用方向;主体能力的大小和强弱,则决定了人们从事活动的效能与效率,决定着人的主体性功能的层次与水平。

最后,主体性活动是人的主体性功能的实现途径。活动是人的内在本质力量在一定环境条件下对一定对象的施展和运用,它包括认识、评价、审美和实践等多种具体形式,是人的能力的一种有方向、按程序、有节制的输出与发挥。在主体性活动中,发展着的主体需要被人们自觉设置为活动的目标;客体的运动逻辑为人们的观念所掌握并转化为主体的活动逻辑;随着人的工具性操作和中介化动作,人的主体性功能在环境的合目的性改造和客体的合目的性变化中得到表现和实现。

人的主体性功能的实现不是自发的、盲目的,而是自觉的、有目的的。自我意识是人的主体性的重要标志,也是自觉主体的重要条件。在内容上,人的自我意识包含着其对自身作为主体的需要与能力、职责与使命、优势与缺陷、目标与方向、途径与手段等的认识，因此在本质上是一种主体意识。在活动过程中，人作为主体的自觉性是通过自决、自主、自控等功能状态表现出来的。自决指人作为决策主体对自身活动目的及行动方案的相对独立的认识、选择、预见和决策。自主指人们作为活动主体而主动地发起一定的活动并积极地排除干扰，将其推向前进。自控指人们作为调控主体而在活动过程中对活动方向、方式、强度、速度、节奏、频率、周期等不断进行的自我监测、及时调节和有效控制。

人的主体性功能，实现于人对活动过程的有效控制及对活动结果的有效掌握，其标志是人的主体性需要得到满足，人的本质力量得以对象化、现实化，人的主体地位在新的水平上得以重新确立、巩固和升华。在人与自然的关系上，它表现为自然界的人化和人的自然化之间的双向运动，是自然界为人的生成，也是人在更高的水平上复归又超越于自然。在人与社会的关系上，它表现为个体的社会化和社会的个性化，是社会结构的进化和个性的进一步升华。在人与人的关系上，它表现为不同的个体（及相应的集团）之间互为主-客体的交互作用，在这种交互作用的基础之上通过自发的或自觉的协作、冲突与融合而形成的群体力、合力，以及人在更广泛基础和更高水平上的全面发展。在人与自身的关系上，它表现为自我意识的不断强化和自我调控能力的不断增强。总之，人们的一次次活动为自身的进一步加速度发展奠定了更坚实的基础，提供了更强劲的动力，创造了更优越的条件。这就是人类活动的主体性效应，也是主体性功能的现实实现。

常常也有这种情况：由于种种原因，一定的活动过程及其结果脱离了主体的控制与掌握，转化为一种异己的对象或力量，带来了大量的非预期的不良作用和影响，妨碍了人们作为主体的进一步生存、活动与发展，成为人类进步和历史发展的阻力与障碍。它们实质上是人们活动的反主体性效应，是对人的主体性功能的否定与反对，削弱甚至破坏着人的主体地位。目前人类在世界范围内感受到的“生存危机”“发展极限”等全球问题，就是人类过去的非合理化活动所造成的反主体性效应的集中而典型的体现。

可见，人的主体性地位的确立和主体性功能的实现不是一蹴而就、一劳永逸的事，而是随时面临着被削弱以至丧失的危险，需要在新的条件下和新的水平上不断加以巩固、重新确立并使之不断升华。可以说，在任何时代和任何条件下，最大限度地追求、创造和发挥人的主体性功能，最大限度地克服、预防和消除人类活动的反主体性效应，都是人们活动的基本宗旨，也是我们今天所说的主体性原则的基本要求。

第十四章　探寻主体性原则的合理界说

主体性原则能否作为一个马克思主义原则被确立，取决于能否对其做出合理的界说，以及能否对其在马克思主义中的地位做出适当说明。本章根据马克思主义原理和人类活动的历史与现实对此进行探讨，提出了四个基本思路。

第一，主体性原则不是一个本体论命题，而是一种活动论规范，是一种功能原则。马克思主义的主体性原则作为一种科学的活动原则，既客观反映了人在世界中的主体地位和活动方式，也把发挥人的主体功能作为目的来规范人的活动。

第二，主体性原则不是随心所欲的原则，而是以承认客体制约性和主体自身的限定性为前提的。马克思主义认为，人是受着各种限定的存在物，人的主体性则在于自觉地认识、掌握和超越这些限定，争取自由。

第三，主体性原则不是马克思主义的唯一原则，而是马克思主义原则体系中不可缺少的一条，不能人为拔高或无端贬低其地位。

第四，主体性原则不是空洞贫乏和纯粹抽象的理论原则，而是内容丰富和现实具体的实践原则，它鼓励人们进行追求和创造。

综观国内哲学界关于主体性原则的争论，不难看出，主体性原则能否作为一个马克思主义原则被确立并得到普遍承认，取决于能否对其做出科学合理的界说，以及能否对其在马克思主义原则体系中的地位做出适当的说明。笔者不赞成简单地、笼统地否定主体性原则，认为应当根据马克思主义基本原理和人类活动的历史与现实，对其进行积极的建设性探析和严谨的界说，以更好地发挥马克思主义哲学对当代人类实践的指导功能。兹提出以下基本思路，就教于识者。

思路一：主体性原则不是一个本体论命题，而是一种活动论规范，它反映了人在世界中的主体地位，揭示人应当如何通过自觉能动的创造性活动来处理自身与世界的关系，发挥自己的主体功能，创造出最大的主体性效应。主体性原则作为马克思主义的主体-客体理论在主体活动中的现实运用，本质上是一种功能原则、效应原则、价值原则。

什么是主体性原则？能否从本体论角度来界说它？这是争论的焦点之一。一些论者为了论证主体性原则的普遍性，自觉或不自觉地接受和运用本体论的论证方式，将其推广到整个物质自然界。而另一些论者则由否定主体性原则在物质自然界的普遍性入手进而全盘否定主体性原则。这里问题比较复杂，但它至少说明，对主体性原则的本体论界说有可能导致对主体性原则的否定。

我们知道，无论从字面上还是实际含义上，原则作为言论或行动的规范和准则，都是并只能是从活动的意义上提出并在制约和制导人的活动方式与方向上发挥作用。一项原则能否成立，一看它是否有其现实基础，二看它是否符合人们的价值取向。科学的活动原则应当正确地反映和概括人们的实际活动方式，并将其加以提升和引导，使之向着更加健康、更加自觉和更加有效的方向发展。马克思主义的主体性原则作为一种科学的活动原则，一方面在于它客观地反映了人在世界中的主体地位和人在处理自身与世界关系的活动中所自觉不自觉地采取的主体态势和主体方式；另一方面在于它把确立人的主体地位、发挥人的主体功能、追求人的主体效应作为一种目标和目的，转化为一种规范、标准，上升为一种普遍的活动原则，来制约和引导人的活动。

笔者曾经提出，主体、客体主要不是一对实体和关系范畴，而是一对功能性范畴。[①] 主体与客体之间存在着主动与被动、积极与消极、能动与受动、支配与受控的功能关系。人并非都是和总是主体，只有在与一定客体的关系中通过自己的自觉能动活动而获得对其的主动态势，发挥出能动的积极作用并取得支配地位的人所具有的功能属性，它在人们的自决、自主、自控的活动过程中得到现实的表现，并在活动结果及其所产生的有利于人的主体性生存、活动、发展的积极效应中得到现实的实现。人的主体地位能否确立及是否巩固，人的主体功能能否有效发挥及发挥的程度，最终要看其活动的结果及所产生的主体性效应。正是对于主体性效应的追求，作为一种目标和规范，作为一种价值取向，制约着人的整个活动方式和过程，使人成为主体，使自发的、潜在的主体转化为现实的、自觉的主体。主体性原则，正是人们的这种功能追求和价值取向的提炼、概括、强化和升华。

思路二：主体性原则不是随心所欲的原则，而是以承认客体制约性和主体性自身内在限定性为前提的原则，是要求主体发挥内部潜能创造条件去超越外部制约性而有效地掌握客体的原则。

提出主体性原则是否意味着完全无视外部条件的制约性和否定客体的作用，是否会导致“唯主体主义”“主观主义”等，一些人对此表示担忧。应该说，这种担忧不是毫无道理的。历史上各种形式的旧唯物主义者“只是从客体的或者直观的”方面看问题，否定了人的主体性；各种形式的唯心主义则脱离现实感性世界，因而只是“抽象地发展”了人的“能动方面”。现实中的“唯主体主义”与“唯客体主义”之争，实质上是历史上两极对立模式的延续和展开。

马克思主义认为，人是受着各种限定和制约的受动的存在物，人的历史发展不是消除了人的受动方面，只是改变着受动性的具体内容和形式。人的能动与人的受动之间在性质和量级上呈正比例相关性。人的主体性则在于自觉地认识、掌握和超越这种种限定和制约，变受动为能动，在新的必然面前去争取自由。具体来说，人的主体性来源于两个方面：其一，来源于主体对客体的功能需要和客体对主体的制约性；其二，来源于主体观念地和实践地掌握客体的能力与客体的可知性、可塑性。

---

① 欧阳康. 从功能角度深化主体-客体问题研究[J]. 哲学动态，1991(3).

人要作为主体而生存、活动和发展，必然有各种层次和内容的需要，它们只有通过与一定客体的物质、能量、信息变换才能得以满足，由此产生出主体对客体的依赖性。一定客体由于具有满足主体需要的功用性而获得对主体的作用力和制约性。人作为主体对客体的掌握和对自身需要的满足，又根据自身的能力。能力是人作为主体而生存、活动和发展的内在根据。需要使主体对客体的掌握成为必要，能力则使主体对客体的掌握成为可能。客体由于主体能力的作用而显现出可知性、可塑性。主体对客体的需要与依赖性，与客体对主体的功用和制约性之间，与主体把握客体的能力和客体的可知性、可塑性之间，在内容、性质、范围和水平上都具有对应性和相关性，它们是主体-客体关系得以建立的双重必要条件，构成主体-客体相关律的具体内容。

马克思主义的主体性原则正是主体与客体之间这种以客体为基础、以主体为主导的特殊相关律在主体的活动指导原则中的表现和运用，它以承认各种内部制约性为前提，要求人们发现和提升内在需要，发掘和发挥内部潜能，自觉能动地处理好与客体的关系，不断强化和发展自身的主体地位。在这里，否定了外部环境和客体的制约性，则人的主体性失去了对象性前提和实际意义。而离开了主体的自觉能动的创造性活动，则主体-客体关系既无从建立，也无从实现和发展。

思路三：主体性原则不是马克思主义的唯一原则，也不是最高原则，而是马克思主义原则体系中不可缺少并与其他原则并存和协调发挥作用的重要原则。

主体性原则在马克思主义原则体系中居于什么地位，这是涉及主体性原则能否确立的重要问题。笔者认为，人为地拔高和无端地贬低以至完全否认主体性原则，都不符合马克思主义的科学本性。

马克思主义哲学既是科学的世界观、历史观、人生观，又是科学的活动论、价值论、方法论，它应当而且能够从科学信念与行为准则等方面给人的活动以科学的指导。对主体性效应的追求对所有人类活动都具有导向作用，因此主体性原则在马克思主义原则体系中必然占有显著地位并将随着人类主体性的不断强化而日益突出。但是人类活动受着多方面的制约，人的主体性的发挥与实现也有着复杂多样的具体形式和内容。因此，马克思主义的活动原则不是单一的，而是多样的，是多种相关原则有机协调而成的原则体系。主体性原则作为这个原则体系中的一个,不是与其他一系列原则相背离或相抵触的,而是相互顺应和相互补充,共同发生作用的。应该说,背离了或否定了其他各种原则,则主体性原则难免走偏方向,而否定或抛弃了主体性原则,则其他原则也难以得到有效的贯彻和实现。下面试举几例。

在人与自然的关系上,主体性原则并不否定自然界的外在性和优先原则。在这里,主体性原则就是要求人们在承认自然界的现实制约和优先原则的前提下,以主体的姿态积极从事活动,参与自然物质运动并在尽可能大的范围内和尽可能高的程度上从事对于自然物质运动的自觉能动掌握和对人化自然的积极能动创造。

在认识领域,主体性原则并不否定认识的客观性原则。认识的最重要本质是反映,是对于客观对象的观念再现。但反映又不可能是镜面似的直观照射和简单映现,而是主体的内在认知定势与客体信息之间的交互作用,是主体有选择地接收、采集、加工、保存和传输客体信息的过程。正是在对各种干扰的排除、对各种偏见的克服、对有效信息的采集、对深层含义的理解和对客体形象的观念建构中,显示出认识主体的能动作用。因此,人在认识中的主体性不是否定和远离认识的客观性,而是实现认识客观性、科学性、真理性的必要条件。从这种意义上说,只有真正坚持和贯彻了科学的主体性原则,才能真实理解并切实达到认识的客观性。

在社会历史领域,主体性原则并不否定历史的规律性和决定论原则。社会历史运动既是一种自然历史过程,又是人的自主创造过程和自我意识过程。人是社会历史的主体。个人是主体活动的最基本单位。社会历史又有其超越于其中任何个体的总体运动形式和发展规律。因此,个体主体性的发挥必然有其社会历史制约性并带有不可避免的局限性,但个体的生存和活动、个性和特质必然以各种方式在不同程度上影响社会的总体结构和面貌,正是人们作为个体主体和群体主体而对社会历史和现状的不断回溯与评估,对社会发展模式的不断选择与建构,对理想社会的不断追求与创造,构成了社会运动的实际过程,影响甚至制导着社会发展的方向。因此,只有强化人的主体性,才能增强历史运动的自觉性;只有坚持科学的主体性原则,才能真正说明和贯彻科学的、辩证的历史决定论原则。

思路四:主体性原则不是空洞贫乏和纯粹抽象的理论原则,而是内容丰富和现实具体的实践原则，它鼓励人们自觉努力地追求和创造真善美的具体统一，具有鲜明的时代性和实践性。“建设有中国特色的社会主义”可以而且应当看作马克思主义的主体性原则在当代中国社会实践中的现实展开和具体运用。

人的主体地位是通过人的自觉追求而得以确立、巩固、强化和发展的。真实性、功利性、合理性、正当性、完美性、协同性、正义性等，既是人的主体性得以确立的条件和标志，也是主体性原则的具体目标和内容。相应地，它们也是主体性原则的具体内容。它们作为一种人的“内在尺度”和价值倾向而贯穿和渗透在人的各种活动中，既作为一种内在驱动又作为一种目标体系而激发和制导人的主体性行为，并在主体性活动过程及其积极结果和主体性效应中得到现实的实现，从而成为人类主体性发展和社会文明进步的积极因素。当然，人们对真、善、美、利的追求是具体的、历史的，在不同国家、民族、集团和个体那里有不同的具体内容，在不同时代有不同的层次和水平，因此，主体性原则在内容上也是具体的、历史的。在当代中国，它集中表现在“建设有中国特色的社会主义”这个总目标、总任务、总原则上。建设有中国特色的社会主义，有着丰富的理论和实际内容。它立足于中国的特殊历史与现状，顺应了世界现代化的历史趋势，坚持了社会主义的基本方向，走出了一条有中国特色的特殊道路，体现了中华民族的根本利益和中国共产党的基本宗旨，代表了中国人民在现阶段的共同追求，从而能够切实有效地调动和激发全国人民的主体性，产生出巨大的感召力、凝聚力和创造力，成为全民族意志统一的基本精神力量。

第十五章　论思维的个体发生

对每一个个体来说，思维都不是与生俱来的，而是有一个成长的过程。在思维的个体发生中，既有考察内在机体的结构性发育，也有外在的对象性活动。遗传因素是思维的前提和潜能，而后天的社会环境、成长经历决定着个体发展的实际情况。不同水平的机能组织不是同步出现、同步发育，而是前后相继、由低级向高级推移。个体处理的环境也从简单到复杂，最终与人类社会、人的自我实现相对应。个体思维还需要对人类思维系统发生进行简略重演，以此作为延续和发展的前提和基础。

思维发展大致经历了如下几个阶段：首先是无条件反射，是对环境刺激的一种直接反映形式，随着个体与环境之间相互作用的发展，人信号化、条件化的反应逐渐形成，感觉感受更加精细化，最后经过理性化、符号化，理性思考形成并成人的主要思维方式。这样一个与外部相互的过程同人脑的内在结构相符合，人从动物进化而来，在出生时就已经具备相对于动物而言跟复杂的先天结构，但仍不完善，只具有无条件反射能力。在后天的成长过程中，思维能力才逐渐成熟。

思维世界是中介化的世界，有着信息化、符号化、工具化、模式化的特征。中介化使得人类思维形成了一个庞大的社会语言符号系统，并使每个个体能够快速学习和掌握。思维的个体建构发端于个体生命的孕育，直到个体作为基本成熟的思维主体进入社会，贯穿整个发育期，这个过程是多种因素相互制约而又相互促进、协调发展的过程。

人类思维是由现实的、具体的、活生生的个体思维组成并在其中得到直接表现和实现的。个体思维是人类思维的实际的和直接的存在方式。对于每一个体来说，他的思维都不是与生俱来、从来如此的，而是伴随着生命的孕育与延续、机体的发育与成长，经历着一个渐进的发生、形成与成熟的过程。我们在现实的、成熟的思维主体那里看到的具有完备结构和功能的思维，既是个体思维发生、培育、建构过程的结果与继续，也是人类思维长期演变、进化的灌注、积淀和结晶。个体早期生活与活动的社会历史环境，以及受其制约的个体思维的发生与建构过程，直接或间接地影响着个体思维的结构、质量和功能。因此，研究思维的个体发生，对于理解和解剖现实的、成熟的个体思维，以至把握整个人类思维，都具有重要的意义。

思维的个体发生，即“思维着的精神”这朵古老的历史之花在现实个体身上的具体迸发，是一种特殊的心理现象在个体头脑中的形成，是一个特殊的精神世界在个体生活中的建构，而这一切首先取决于个体作为思维主体的思维能力的实际获得。思维的这种个体发生，以个体的感知-思维器官发育的相对成熟作为物质基础，以个体对思维工具、方法和语言符号中介的基本掌握与运用为必要条件，以对感觉和知觉内容的理性解释和对外部客体内容的理性再现为标志；意味着个体人脑这个有限的物理世界中孕育出一个发展着的思维世界，意味着个体作为相对独立思维主体的基本形成，从而也是人的主体性的生成。

人作为思维主体不是完全内向的和封闭的，而是外向的和开放的。他的内在智慧和能力必然要在对外部客体的掌握（同化、顺应、改变以至创造）中表现出来，并得到对象性的实现。相应地，人的思维世界也不是一个“自我旋转”的封闭世界，而是存在于人们处理与外部世界关系的对象性活动之中，并且通过这种活动而不断地对象化、现实化。正是这种对象性活动的范围表征着思维世界的广袤，其方式表征着思维世界的性质，其水平标志着思维世界的能级，其结果则是内在的思维世界的外在的对象性表现。因此，考察思维的个体发生，不仅要考察内在机体的结构性发育和功能性进步，而且要考察其外在的对象性活动，看其范围的拓展、方式的更新和水平的提高。正是在二者的相关发生与发展中，可以看出思维世界的演化与进步。

一、思维的个体发生中的几个基本关系

思维的个体发生，从作为直接起点的个体的胚胎孕育，到个人作为相对成熟的、独立的思维主体，包含着人的婴、幼儿期和几乎整个青少年期。在这个过程中，各种复杂因素相互制约而又相互促进，呈现出复杂的非线性交互作用。要全面正确地揭示这个复杂过程，有必要注意正确理解和掌握以下几对基本关系。

1. 人类种系的先天遗传与个体潜能的后天开发

不论从逻辑还是历史的角度看，人类个体的生命孕育和产生都是思维赖以发生所必不可少的前提条件和直接起点。但这种个体人作为前提和起点的东西，恰巧是人类种系长期进化发展的结果和产物。它不仅体现着父母亲代的生活环境，而且承继着人类总体系统发生的最基本和最重要的成果。我们知道，人类作为自然界长期进化的最高产物，经历了漫长的演化过程：由无机物到有机物，由有机小分子到生物大分子，由单细胞到多细胞，由无脊椎动物到脊椎动物，由水生到陆生，由卵生到胎生，由非哺乳类到哺乳类，由变温动物到恒温动物，由森林古猿到猿人、智人、新人……经历了一次又一次的质变、飞跃，才造就了具有最精巧机体、最聪颖智慧和自主创造能力的人。人类在亿万年自然进化史中所获得的全部成果，都积淀、内化和浓缩到现实机体的每一个细胞、染色体和基因中，通过它们而得到巩固、保存和记载，又通过生物基因以遗传方式留给后代，由此建构起人类种系历史延续和发展的链条。在此链条上，每一代人都以遗传方式从父母亲代中获取遗传基因所携带的遗传密码，并按照它所传递的遗传信息在新的环境和条件下发展自身；又在适当的条件下以相同方式将自身所蕴含和保存的遗传信息作为基因密码传给子代，使自己的类本质与类规定在他们身上得以保存、再现、传递和发展。在这里，遗传的实际发生是个别的、暂时的，发生在具体的父母亲代与儿女子代之间，但每次过程中所传递和接受的东西是人类种系所共有的和最本质的东西，是人类在长期进化史中经过“天择”和“人择”而汰选、保留和积淀下来的精髓。正是它们作

为一种“先在条件”为个体的发育和成长提供了必不可少的生物学前提。一方面,这使个体有可能依据必要的外部条件逐步发育出具有正常结构、形态、特质和功能的机体,尤其是具有特殊功能的感知-思维器官系统,使个人与他人、与群体、与类之间由于共同的生理性、心理性和社会性特征而相互联系,从而为个人作为相对独立的主体从事社会性认识与实践活动创造了必不可少的机体条件。另一方面,正是这种遗传基因也预先规定和限制着个人发展的最高阈限。这种阈限在不同的时代有所变化,在不同具体个体那里也上下浮动,但在一定时代中在总体上处于一个基本的范围和水平,从而大体上决定着个体成熟的思维的可能范围、素质和潜能。现代遗传学在分子水平上的研究,以及现代心理学、教育学等在家谱分析、血统分析以及孪生子分析中得到的大量实证材料表明,家族、父母亲代的遗传素质对子女后代的机体发育,尤其智力发育状况,发生着某些非常重要而且明显并难以改变的影响,从而显现出先天遗传因素在思维个体发生和形成中的特殊作用。

当然,先天遗传因素所提供的仅仅是思维个体发生的一种可能性、前提或潜能。它要转化为现实,成长为现实的思维,还需要后天的社会性开发、培养与教育。这就好像再优秀的种子也需要足够的日光、养料、水分及适宜的气候等才能发芽、生长、开花、结果一样,思维之花的每次迸放,也不仅需要各种必要的物质文化养料,尤其需要充分完备的社会环境,各种精神文化因素的熏染、灌输;需要长期的、有目的的、有计划的培养、学习与教育等。而且,人的思维能力在本质上不是人脑的自然属性,而是一种高级的社会属性。因此,它绝不是人脑结构的自然物质发育可以产生和获得的,而是只有在社会中才能逐步发育和成熟起来的。后天的社会环境、思维环境的状况,实际上决定着遗传基因的实现情况,即个体后来的实际状况。可以说,“绝大多数基因起着决定个体某种特性的潜能范围的作用,而个体过去和现在的环境则决定他在此范围内的表现型(即他的现实状态)。目前在分子水平上做出的解释是明确的:基因的结构决定着相应的蛋白质的结构,而基因同精巧的、对环境刺激做出反应的调节机制间的相互作用,则决定着所造成的蛋白质的数量。”[①]正如我们在现实生活中所看到的,没有良好教育的人

① 利伯特,等.发展心理学[M].刘范,等译.北京:人民教育出版社,1983:116.

难以获得优秀的思维素质;从小脱离人的社会生存环境而为动物所抚育的“狼孩”“猴孩”“熊孩”等,空具人的躯体而不能获得社会的人的思维能力;即使那些出身名门贵族的“皇族贵子”,一旦失去了正常的社会环境,也难免变成智力低下者。[①]

2. 个体机体的结构发育与功能进步

思维的个体发生以具有相对完备功能的感知-思维器官系统作为自己的神经生理基础,因此,它离不开机体结构的正常发育。机体发育,不仅指人的身体的宏观结构与物理特性的变化,如身高、体重、力量等的增长,尤其指人的感知-思维器官系统在微观结构上更加组织化、精细化、机能化,相应地在功能上更加专门化、综合化、完善化。从系统论的角度看,系统的功能取决于系统的结构,而人的思维的功能则取决于人的感知-思维器官系统的生理结构。从发生学的意义上看,人的感知-思维器官系统在组织结构方面的发育进化与其功能水平的增长提高之间,必然存在着相互适应、正比递进的关系。

现代神经心理学、脑科学、发生认识论、儿童心理学等研究的最新成果表明,人脑内部包含着若干不同水平的机能组织。这些不同水平的机能组织,并不是在一开头便同时出现、同步发育,而是前后相继、由低级向高级推移的。一定机能的脑组织结构的出现及其发展,为个体的一定功能创造了条件,使它的出现成为可能。而不同机能组织的出现和发育顺序则相应地决定着脑的思维功能的出现顺序。那些较高结构的机能组织(例如语言符号区)则总是与相应的功能(如运用语言符号,尤其是书面文字语言的能力)相关出现在个体成长的较晚期。而一种高级的机能组织及其功能一旦成熟并得以巩固,则把整个感知-思维器官系统的整体功能迅速提高到一个新的能级,使之获得质的飞跃和革命性进步。正是由此而使个体进化与思维世界的进化显现为连续性与阶段性的统一。

3. 个体活动与活动环境

思维的实际发生,是个体在为处理自己与环境关系而不断从事的

① 相传明成祖朱棣夺取建文帝的皇位后,为永保皇位,便将建文帝的小儿子朱文圭自幼带到北京隔离关押,终身监禁。于是这位血统高贵的皇族贵子在经过自2岁至55岁的长期孤独生活后,也成了见牛马亦不能认识的智力低下者。参见邵道生:《论早期教育在智力发展中的作用》,《人民教育》1980年第7期。

一系列积极活动中实现的。巴甫洛夫曾经指出，所有的生命，从最简单的有机体到最复杂的有机体，当然也包括人在内，都是一长串与外界环境越来越达到最复杂程度的平衡的系列。不同发展程度的有机体，在其机体结构和功能方面的发展水平与其所生活的环境的复杂程度之间，存在着内在相关性。机体结构越复杂、功能越高级，则它所依赖的环境条件也就越复杂；所需驾驭的环境条件越高级，则对它的机体结构功能方面的要求也越高。二者之间必须处于相互对应的平衡协调关系之中。人是最高级的有思维和自我意识能力的社会性存在物，它有着最为复杂和高级的自然-社会-思维环境，也必须从事最为复杂的处理自身与环境关系的积极活动。而从发生学的角度看，正是由于任何个人从一开头便必然不可逃避地处于与这种最复杂环境的复杂关系之中，并必须学会相对独立地处理各种复杂关系，才逐步地发展出了包括思维和实践能力在内的主体能力。

任何个体从生命产生的那一刻起，便与环境处于双重的功能关系之中。一方面是对环境的依赖，另一方面是对环境的掌握。环境既作为个体的先天遗传因素赖以发育、实现所必不可少的社会条件而为个体的生存与发展提供着机会和可能，又作为个体无法摆脱的外在力量而制约和引导着个体的发展方向。因此，如果说遗传基因决定了思维的生物和生理的方面，环境则决定着思维发生的社会的方面。我们知道，人的社会性的高度强化是以人的某些动物性生理机能的相对退化为条件的。社会个体的独立生存和活动能力相对减弱，造成了个人对他人、对社会在生理和情感上的高度依赖。社会依赖性作为人的一种社会特性积淀到个体的遗传因素之中，导致个体生命不仅需要较长的孕育期，而且出生后长期不能独立生存，必须经过较长的生理依赖和社会学习期，才能达到对环境的掌握。这里讲的环境与人类思维原始发生时期所依赖的环境在内涵上当然大不相同。原始人类思维发生所依赖的环境，主要是几乎还未经实践的历史改变的自然界和正在形成中的还处于原始状态的关系十分狭窄的社会环境，整个说来，这还是一种处于蒙昧状态的环境。而现代个体思维发生所依赖的环境，主要是人化的自然，是家庭和社会越来越着意于投资和建设起来的智力环境。它们为新生个体发展出更加良好的智力素质和思维素质提供了可能。个体人生存发育的现实环境在内容和结构层次上是复杂多样的：自然环境、家庭环境、语言环境、道德环境、智力环境、文化环境等等。它们反映着人的主体性生成过程中的多种需要，也反映着社会对个体的多方面期待与塑造。社会通过创设多方面的环境条件并使其内化到个体的生理、心理、思维和行为结构之中，达到对个体发展方向的制约和引导，培养出适合自己需要的新的社会主体。当然，在个体孕育和发展的不同具体时期和阶段，环境中的不同因素或方面以不同方式发挥着不同的作用。在胎儿孕育期，环境主要通过父母尤其是母亲的中介对个体发生作用，母体成为胎儿生存发育的直接小环境，成为个体与环境交互作用的桥梁。婴儿期则以家庭为直接生存环境，并通过它与自然-社会大环境发生关系。在儿童、少年以至青年期，环境的内容不断丰富、层次不断增加、形式日益复杂、范围日益广阔，知识和智力方面的比重越来越大。相应地，个体的感知尤其是思维能力，也在处理与复杂环境的关系的积极活动中逐渐发展和成熟起来。

个体对环境的依赖是通过个体对环境的掌握而实现的。个体自主的、积极的活动是人处理、协调与环境关系的最基本方式。正是这种活动为思维的发生与发展既提出了要求，也提供了可能。因此，它也是思维个体发生的内在动力和实现机制。可以说，"儿童整个心理的发展是在他跟周围环境——物质的、特别是社会的环境——的经常的相互作用中进行的。正在成长着的人跟他周围世界的这种积极交往的过程就是心理发展的原因"①。个体在活动中的积极性，产生于对他人、家庭、社会以至整个环境的需要和依赖。这种需要和依赖一开始完全是本能的、自发的，甚至尚未被婴孩所意识到。随着个体认识和自我认识能力的发展，它们作为"被意识到了的本能"而转化为动机，成为个体积极活动的内在动力。个体的"一切动作，即一切行动、一切思维或一切情绪，都是对一种需要的反应。如果不是由于一种动机的活动，任何儿童或成人都不会在外表上做出任何动作，甚至不会完全在内心产生什么活动；这种动机总能转变成为一种需要（一种基本的需要、一种兴趣、一个问题等等）"②。在人的各种需要中，生存的和生理的需要是最基本的需

① 柳布林斯卡娅. 儿童心理发展概论[M]. 李子卓，等，译. 北京：人民教育出版社，1961：35.

② 皮亚杰. 儿童的心理发展[M]. 傅统先，译. 济南：山东教育出版社，1982：24.

要，是全部活动的原动力。在此基础上产生了人的心理依赖感、情感冲动、认知兴趣、求知欲望等，进而发展出自我完善、自我发展、自我实现的意志努力等。它们在个体发育的不同时期有不同的具体内容、表现形式和比重，大体上按照“生理→心理→社会”、“生存→发展→自我实现”的方向，形成一个由低级到高级的需要-动机系列。

个体从事积极活动的动力不仅来自内在的冲动，还来自社会的期待与培养。个体的成长与发展，不仅具有个体的和生理学的意义，而且具有总体的和社会学的意义，关系到社会发展的未来。因此，每一时代的人们向往未来，便必然把关注的重点转移到对新一代的关心和培育上。父母、家庭以至社会必然根据儿童成长的一般规律，不断为儿童提出发展能力、提高素质的要求，为他们设置出一个由阶段性目标所组成的目标系列，并使其为儿童所认识和了解，转化为他们的活动动机、内在标准和发展动力，促使他们不断地为实现这些目标而努力。同时又为他们创设出各种必要的条件和环境，促使个体能力既循序渐进又迅速有效地发展起来。这样，个体对社会的需要和依赖，以及社会对个体的期待与塑造，便从内部和外部为个体能力的发展提供了动力，成为思维个体发生、形成的动力系统。“在儿童主体和客观事物相互作用的过程中，亦即在儿童不断积极活动的过程中，社会和教育向儿童提出的要求所引起的新的需要和儿童已有的心理水平或心理状态之间的矛盾，是儿童心理发展的内因或内部矛盾。这个内因或内部矛盾也就是儿童心理不断向前发展的动力”①。

个体的积极活动包含着多种形式和内容，如对环境的积极适应和顺从，对前人已有知识、经验的学习和掌握，对语言符号系统和工具系统的学习和运用，对自身行为的自觉意识和自我调控等。个体的活动一开头主要是自发的甚至是本能的、求生的机体运动，随着认识和自我认识能力的发展，个体在活动中的自觉性、自主性、目的性不断增强，活动方式也沿着由低级向高级、由简单向复杂、由比较单一到多样综合的方向发展，并先后采取动作、游戏、学习、劳动等主导活动形式。正是在这些活动的不断展开和重复过程中，外在的活动结构逐步内化为内在的思维和心理结构，个体的思维世界逐渐丰富、完善和成熟起来。

---

① 朱智贤. 儿童心理学[M]. 北京：人民教育出版社，1980：72.

4. 思维的个体发生对种系发生的重演

重演是生物存在和进化过程中的普遍现象，指生物机体的个体发育与某种系的原始发生之间在过程性上有一种相似、重复或再现的关系。生物个体的发生和发育过程，在其展开方式、先后次序、发展阶段、动态模型和进化规律等方面，总是以一定方式重复或再现其种系生成和进化的历史过程，成为种系发生的重演。由于这种重演，种系的最基本特性和本质规定在个体的结构和功能中得以保存、巩固和再现，个体则由此获得与种系的相类性质和承继关系。19 世纪著名生物学家、达尔文主义者海克尔把这种现象叫作“生物重演律”或“生物发生律”，认为它是“生物学发生之根本律”。他说：“个体发生就是种系发生的短暂而迅速的重演，它是由遗传（生殖）和适应（营养）的生理功能所决定的。”[①]根据“有机进化的基本规律”，“无论是人类，还是其他的有机体，其‘胚胎史是种系发生的缩影’”。“个体进化和种系进化的因果关联”，作为“一切生物发生研究的最高规律，对形态学和心理学都是普遍适用的”。[②] 恩格斯依据当时生物学和心理学的研究成果，明确指出：正如母腹内的人的胚胎发展史，仅仅是我们的动物祖先从虫豸开始的几百万年的肉体发展史的一个缩影一样，孩童的精神发展是我们的动物祖先、至少是比较近的动物祖先的智力发展的一个缩影，只是这个缩影更加简略一些罢了。[③]

思维的个体发生之所以必然重演人类思维系统发生的历史过程，从根本上说，在于现实个体的每次发生都以人类思维的种系发生和系统进化所获得的结果和基因作为自己的前提和基础，并且是其延续和发展。遗传基因作为人类种系延续和保存的最基本链条，不仅预先规定了个体的结构、形态和功能，而且必然将人类种系达到这种结构、形态和功能的进化历史、发展阶段和基本秩序等的信息刻写于自身，并使之在个体孕育和发展的过程中得以展开和表现，从而也就规定了个体思维发生、成熟所必然经过的道路和途径。

---

① 恩斯特·海克尔.宇宙之谜：关于一元论哲学的通俗读物[M].上海外国自然科学哲学著作编译组，译.上海：上海人民出版社 1974：76，134.

② 恩斯特·海克尔.宇宙之谜：关于一元论哲学的通俗读物[M].上海外国自然科学哲学著作编译组，译.上海：上海人民出版社，1974：76，134.

③ 马克思恩格斯选集(第 3 卷)[M].北京：人民出版社，1972：517.

不过，思维的现实发生毕竟是在与人类思维的系统发生完全不同的自然-社会历史条件下进行的，并且是以其相对成熟和完善意义上的结果作为前提的，有着原始发生所不可比拟的内在根据和外部条件。因此，这里的“重演”不是刻板的、直观的、反射式的再现，而是以简略的、概括的、缩影的和加速的方式的“重演”。它不需要重现人类思维在其漫长进化史上所经历的一切细节和方面，而是以简洁的方式再现其主要方面、关键环节和基本阶段；它舍弃了人类思维进化中的各种曲折、反复和偶然方面，沿着其必然的、基本的方式和道路展开自身；它不再需要漫长的、艰苦的进化过程，而是在较短的时间中依据一定的外部条件迅速走完自己的全过程。我们知道，人类在现实中所具有的机体结构和形态功能是在生命经历了几十亿年的漫长进化过程之后才获得的。而个体胚胎的形成与孕育，从卵子受精开始，经历了由单细胞到多细胞的分裂过程，3 个月时便形成了胚胎，有了发育到一定程度的四肢、清晰可辨的五官、跳动着的心脏，到 5 个月时出现了所有重要的反射功能，在 270 天左右便发育到足以跨入外部世界的程度，重演了由生命起源到人类种系发生几十亿年中所经历的漫长过程。

二、感知系统与感受能力的理性化发展

感知器官的成熟和感受能力的理性化发展，既是思维形成所必不可少的前提条件，也是其重要标志。

1. 思维环境与感觉

感觉世界不是人所独有的，而是人和动物所共有的。从低等动物到高级动物，都有自己的感受能力和感受方式。有的动物的某些感受能力甚至远比人要敏锐、精细得多。但人的感觉在总体上不同于并超越于动物感觉之处，在于它有人的思维的参与。正是由于思维的参与，人的感觉世界发生了根本性的质变和飞跃。这就好像在一个特定系统中注入了新的更高级的要素并使之将原来系统中的要素统摄、组织和协调起来，形成新的结构和功能，从而不仅使整个系统发生了质的飞跃和能级的提升，而且原来的要素也在这个系统中获得了新的特质和新的功能。

不仅人的感觉离不开人的思维，人的思维也离不开感觉。一方面，感觉只有在与人的思维的关系中才能得到升华并获得意义；另一方面，

思维只有在感觉的基础上才能发生、发展并得到实现。

感觉是我们对周围环境刺激的一种直接的反映形式。贝纳特指出："感觉是指将环境刺激的信息传入脑的手段。"[①]在这里，感觉是作为环境与思维相联系的桥梁和中介而存在和发生作用，并在其同环境与思维的关系中得到定义的。

首先，从环境与感觉的关系来看，我们曾经谈到，人需要并依赖于环境，环境也对人发生着作用和影响。那么，人与环境的这种双向作用是如何实际发生和实现的呢？直接地只能通过人的感觉。外部环境不管其具体内容如何，总要借助一定的载体而以物理的、化学的、机械的等感性方式存在并对人发生作用。人则只能通过专门接受这些感性信息的感官系统才能对环境的刺激做出反应，引起感觉，并进而对人的机体和思维世界发生作用。人也只有通过感觉，才能认识、适应和同化环境，并根据感觉的需要通过感性的活动来改变和创造环境。如果没有任何感觉，人就成为一个完全封闭的系统，外部信息无法输入，内部信息无法输出，人与环境的相互作用无法正常进行，人也无法得到正常的生存与发展。

其次，从思维与感觉的关系来看，在内容上，思维世界是外部世界的信息内容在人脑中的特殊存在方式，而感觉器官系统则是外部刺激和外部信息向人脑输入的门户和窗口，是连接外部世界与人的内在思维世界的通道和桥梁。正是外部世界的各种刺激不断引起人的感觉器官和运动-效应器官的积极活动，并将各种刺激输入人脑，才引起思维器官和中枢神经系统的相应活动。思维正是对各种分散的、零碎的、易逝的感觉进行分析、综合、整理、加工，并使之系统化、条理化、符号化、逻辑化的过程。通过这个复杂的过程，外部信息借助一定的中介系统和转换机制而进入人的思维世界，成为思维世界的内容。如果没有感觉器官系统的中介作用，人的思维世界就无法与自己的对象世界发生关系。

由此看来，思维是大脑与环境之间的信息相互作用，而感觉器官系统及其功能则是这种相互作用赖以进行的中介系统和转换机制。人的

---

① 托马斯·贝纳特.感觉世界——感觉和知觉导论[M].旦明，译.北京：科学出版社，1985：2.

感觉器官系统由于其特殊的生物结构和生理功能，既与外部感性世界有同构性和相关性，能够接受和感知现实世界的各种信息与刺激，又与人的神经系统和思维器官相连接，能够将各种外部的、物理的、化学的、机械的刺激转化为各种感觉、知觉，并将其输入人脑，使之成为意识事实，成为思维世界的内容。同时，它也能将思维世界的内容，包括思想观念、情感意志、价值取向、审美追求等灌注到对特定外部信息的接收、采集和探索之中，发展出特殊的感受和知觉能力，发动或导致特殊性质与形式的感性实践活动，造成外部世界的相应改变，等等。可见，正是由于人的感觉器官系统的特殊结构与功能，实现着“外部环境的感性刺激⇆人的生物、生理现象⇆人的心理、精神现象”之间的双向作用与变换。

可以说，离开了人的感觉，则人的思维将是难以想象并无法正常进行的。即使那些思维世界已经基本形成，具有正常思维能力的主体，一旦失去了感觉，或感觉通道受到严重阻碍，思维也难以正常进行。对于思维的个体发生来说，离开了感觉，离开了人的感觉的形成及其理性化发展，则是完全不可能的。在发生学的意义上，对成长中的婴儿进行感觉剥夺，无异于取消他们赖以成为社会人的自然-社会环境，尽管他们的某些低等的生理机能仍能得到发展，但他们的社会性发展前景必然丧失，因为他们的思维既没有现实的对象，也没有必要的材料和动力，从而也无从发生。

正是由于感官系统与感知能力在思维个体发生中的这种特殊地位和作用，我们不能不首先探索人的感觉世界的形成及其演变。

2. 无条件反射与先天感受能力

与思维相比，感觉是人的机能中较多受到遗传基因的作用并与人的生物机体如生理状况相关联的功能，它带有较多的先天性、获得性，而较少后天性、习得性。作为人维持机体生命的必要条件，它在最初常常以无条件神经反射方式出现，在机体孕育和生理发展过程中自发地发展起来并发生作用。

人的各种感觉器官是作为人的机体所不可缺少的内在组成部分而在个体生命孕育的早期便优先发展起来的。我们知道，卵子受精后 7 天左右进入子宫，在那里开始进行分裂而迅速增殖，形成两层基本的细胞群。外面一层后来发育成胎盘和其他支撑组织，里面一层则发育成人的胚胎。到3个月左右,胚胎基本形成,有了成形的四肢、清晰可辨的五官、跳动的心脏和较大的头颅。以后胎儿继续发育出毛发、指甲、外生殖器,机体结构和躯体比例及各种机能不断发展。

胎儿的先天感受能力是随着感觉器官的发育而同步显现出来的。可靠的试验证明,人类胎儿在受孕后49天时就能用身体运动来对接触的刺激做出反应,在怀孕21周时具有了对声音做出反应的能力,其他主要神经反射机能已基本形成,在胎儿6个月时,科蒂氏器官已经可与成年人相比。在胎儿发育的最后3个月里,对于出生后适应新环境最为重要的那些反射的机理(如吞咽、便溺、消化道肌肉运动等)已提前准备就绪。到胎儿初生时,其几乎立刻就具有瞳孔反射、求食反射、游泳反射等多种无条件反射机能。

与外感受系统相应发展起来的还有内感受系统,包括交感神经系统、体液、肾上腺等,它们随时通报机体内部的平衡与不平衡、协调与不协调、稳态与非稳态,以及饥、渴、冷、暖、困、乏、喜、怒、忧等各种内部状态,并使之以一定方式表现出来,为机体的生理调节与生物运动提供依据和指导。

在这里,无论是外感受系统还是内感受系统,都是作为机体的组成部分并作为个体生命赖以存在和延续的必要条件而发展起来的。它们的作用和功能在一开头基本上是自发的、无意识的,是对刺激的直接反应。一旦一定的刺激出现,就必然出现相应的反应,因而在性质上基本上是生理性的、无条件的,所以通常被称为无条件反射能力。个体的早期发育主要是生命和生物机体方面的,相应地,这一时期其所需要的环境也主要是具有生物学意义的内容。因此,其同环境的联系也主要通过感受器官的无条件反射而与自己所需要的环境相联系,并摄取自己所需要的那些内容。由于这种先天的感受能力的有限性,其一开始还只能对复杂环境中的某些直接的、物理的、化学的、生物的刺激做出无条件的直接反应,周围环境中的其他丰富的文化、社会、思想内容尚不能对其直接发生作用,不具备对其而言的意义。随着个体与环境之间相互作用的发展,思维能力逐步发展起来并加入感知觉过程之中,个体感受能力的社会方面也迅速发展起来了,条件反射与理性思考逐渐成为个体与环境相互作用的主要方式。

3. 条件反射的形成与感受能力的理性化发展

如果说无条件反射是刺激物与乳儿之间的直接的、固定的神经联系，那么，条件反射就是信号刺激物所引起的反射，是人的信号化、条件化反应方式。条件反射的形成，依赖一定的条件并通过一定方式表现出来。

在神经生理基础方面，条件反射的形成依赖大脑皮层上的暂时神经联系，要求大脑皮层结构达到一定的成熟和分析器的发展达到一定水平。当大脑皮层尤其是其中的感觉区发展到一定水平时，外部刺激通过神经通道作用于大脑皮层，在特定区域引起兴奋。当这种刺激再次出现时，就会在大脑皮层的另一区域引起更强的、集中的兴奋中心。根据优势原理，原来的较弱的无关刺激物所引起的兴奋，必然被后起的和强化的无条件刺激物引起的兴奋中心所吸引，兴奋运动的过程有了自己的方向性。经过多次重复，大脑皮层上的这两个兴奋中心形成暂时联系，原来是无关的刺激转化为强化刺激物的信号，并引出原来只能由强化刺激物才能引起的反射活动，这也就是条件反射的形成。由于这种神经联系不加以强化就会逐渐消退直至消失，因此被称为暂时神经联系。正是由于这种暂时神经联系，一定的信号刺激可以引出这个信号代表的意义所带来的反应，个体的第二信号系统才能逐渐发展和成熟起来。

在外部环境方面，条件反射的形成依赖信号刺激的强化、反复，尤其是专门的训练。初生的乳儿大多数时间处于睡眠状态，多依赖无条件反射机能而处于寄生状态，随着个体对环境的逐渐适应和机能的强化，逐步向相对独立的生活世界发展。与之相应，环境的各种刺激也在重复中日益强化。谢切诺夫说："儿童未来心理发展的一切基础，是从他跟外部物质世界的实际接触中形成的。"[①]随着日益频繁和强化的教育与训练，外部环境中的社会性因素更多地作用于幼儿，条件反射也在与环境的习得性相互作用过程中迅速发展起来。

在感知方式上，条件反射的形成意味着由不分化的、笼统的感觉方式向分化的、精细的感受方式转化。乳儿初生时的无条件反射是不分

---

① 柳布林斯卡娅．儿童心理发展概论[M]．李子卓，等译．北京：人民教育出版社，1961：93．

化的，他们常常以整个机体的动作来回答来自某一方面的刺激，不由自主地手脚并用或全身运动。他们尚不能分辨各种具体的刺激，也无法分别做出反应和回答。但是，从乳儿出生后第二个月开始，他们各种感官的功能便开始逐渐分化并相对集中起来。他们首先是通过视觉的、听觉的，然后是通过肤觉的，最后是通过嗅觉的和味觉的分析器来形成条件反射。在这时，他们开始分辨不同的图形，尤其是母亲与其他人的不同脸形，对鲜艳明亮的玩具进行追踪；对各种声音加以分辨；追寻可口的食物而回避不适的食物，并对熟悉的气味和环境做出安稳的反应，对不适的气味和环境做出烦躁不安的反应，等等。这各种感觉以后更加精细和准确地发展起来。感觉环境由此变得更加丰富、复杂和多样，促使儿童心理进一步发展。

在分化了的精细化和多样化的感觉的基础上，通过整理与综合，逐步形成知觉和表象，为思维的发生和发展准备了条件。知觉是对传入的刺激的注意和对分散的感觉的整合。知觉过程是从刺激中抽象和整合出有关信息，并建构起关于一定客体的整体印象的过程，它包括对感觉的分析与整合。由于感受能力的发展和分化，幼儿初步可以以各种感觉方式对同一客体做出各种反应，如对苹果的形状、颜色、软硬、味道等的分别感受，并将这些通过不同的感觉受纳器所得到的分散的、零碎的感觉加以分析与整合，形成关于苹果的整体映象。这种知觉的形成，实际上是感官系统和中枢神经系统相互协调作用整合的结果，意味着空间意识等向感觉活动的渗透。而当知觉进一步与大脑的记忆功能相联系时，则能在离开客体后在头脑中再现关于客体的整体映象，即形成表象。表象的形成意味着时间意识初步为儿童所掌握，客体的守恒性、永久性等加入儿童的感觉活动和认识过程之中。知觉和表象的形成，实际上是思维初步发生并开始渗透到感觉过程之中的重要标志。由此开始，儿童力图理解和标示感觉，使个人感受以一定方式表达出来，为此而学习和掌握关于感觉的言语表达方式，这加速了对语言符号系统的学习和运用。感觉的选择性、指向性逐步发展起来，价值尺度渗透到感知觉过程之中。儿童还力图去追寻和探求符合自己需要的感觉环境，回避那些不良的感觉环境，并努力去创造更加良好的环境。正是在这个不断反复和固益进步的过程中，感觉向着理性化、符号化的方向不断升华，个体的思维世界也逐渐形成和建构起来。

三、大脑机制与思维能力的成熟

思维是人脑在一种有组织的系统运动中产生的特殊功能，因此，思维的个体发生有赖于大脑思维机制的成熟和相应思维能力的发展。

1. 人脑的思维功能

人的思维世界是一个蕴含在有限的人脑之中的特殊世界。就其质量与结构而言，人脑是有限的，有其特殊的时空物理特性和生命机体特性，但它所蕴含的思维世界在功能上是近乎无限的。成熟意义上的思维主体可以超越现实时空的制约，达到“思接千载、视通万里”，去回溯遥遥已逝的过去，去展望无限遥远的未来，去思考和再现那无限的历史与现实世界，去观念地建构与创造无限美好的理想未来。人脑作为一个“小宇宙”，其本身是有限的，但它能够以自己的特殊方式去蕴含和包容一个无限的大宇宙。人脑的这种特殊功能，是与它的特殊内部结构和运动方式密不可分的。

如前所述，人脑是一个极其复杂的物质-机能系统，它以神经细胞（神经元）作为自己最基本的单位，包含着许多在结构和机能方面各不相同的神经活动器官，通过神经纤维和神经纤维束连接全身的感觉器官和运动-效应器官，组成以中枢神经系统为核心的周围神经系统。脑是整个神经系统的高级中枢部分。思维是这整个物质-机能系统协同工作的特殊功能。各种机能器官都不是单独存在和发生作用的，而是作为这个极其复杂的有机系统中的内在组成部分而存在和发生作用的。按照在思维与心理活动过程中的作用，现代脑科学和神经心理学通常把人脑分为三个既相互区别又相互协同的基本机能联合区，即调节紧张和觉醒状态的联合区；接受、加工和保存外感受性信息的联合区；规划、调节和控制复杂活动形式的联合区。

脑的这三级机能组织既相互联系又相互制约，既各有自己的特殊功能，又相互协调活动，使外部世界和机体内部的各种信息得以被接收、传递，以符号化、概括化、理性化的方式得以加工、处理，成为思维世界的内容，并根据一定的思想材料创造出新的观念客体和理想世界。它们构成了思维的脑神经心理基础。相应地，思维的个体发生离不开脑神经系统的发育与成熟。

2. 人脑的遗传与进化

在现实中，人脑的上述结构与功能似乎是先天的和必然的，完全由遗传因素所决定。每一正常个体，只要具备了必要的外部条件，都能发育出相似的脑结构与机能(当然也存在着个体差异)。但从系统发生和历史进化论的角度来看，人脑的这种结构与功能不是先天如此的，而是经过漫长的演变与进化才逐渐获得的。在人类遗传中作为前提的东西，恰恰是人类长期进化所得到的结果。

从比较解剖学的角度看，现代人脑的特殊结构是在生命由低级到高级的长期历史进化中逐渐演变和发展而成的。在动物界发展的最初水平上(例如水螅)，信息的接受和运动的组织是由弥散性的网状神经系统来实现的。后来，在一些动物那里，一些复杂的感受器官集中起来，并在头部发展出神经节。头部神经节进一步复杂化和机能化，形成了最初的脑。在脑的进一步发展中，区分出动物的不同进化水平。首先是脑重量与身体重量的比例增加。其次是脑组织中每根神经纤维所联系的神经元的比例迅速增大，皮质比重与皮下组织的比重不断增加。再次是大脑两半球中新增皮质迅速扩大。脑的进化过程不是人脑皮质各个区域均衡发展的过程，而是皮质新区迅速扩大的过程。那些在低等动物那里刚刚显现的皮质新区，在人脑中则成为主要部分。例如，皮质的古老部分——旧皮质(包括尚未从皮质下组织分化出来的皮层组织)、古皮质(包括进入“嗅脑”系统中的双层的、古老的皮质组织)和间脑皮质(具有上述组织之间过渡性质的组织)等，在低等哺乳动物身上占据优势地位，在人身上则只组成不很大的部分。在从高等哺乳动物(猿猴)向人的过渡中，脑的进化主要与最复杂的(第三级)皮质区面积的增大相联系，比较初级的第一级区、第二级区的面积实际上并未扩大，有的甚至变得较小了。

由上可见，成熟形态的人脑将以前的比较低级的神经器官保存在自己的组织结构中，使之越来越成为一种保证行为背景的、积极参加机体状态调节作用的器官，却将对信息的接收、加工和保存机能，以及新的行为程序的建立和对意识活动的调节与控制机能都转交给大脑皮质的高级器官，即第二级区和第三级区，并使之在大脑结构与功能中均居于主导地位。

当然，“人猿相揖别”是在漫长的进化中逐步实现的。相应地，人脑结构的完善与功能的完备，也是在人类自身的进化史中逐渐实现的。从上古人类到现代人的历史演变，可以分为四个大的阶段，它们的相应代表是：生活在 100 万～400 万年前的南方古猿（或称人猿）、生活在 20 万～100 万年前的原始人（包括直立猿人、北京猿人）、生活在 20 万～40 万年前的古人（如尼安德特人）和生活在 1 万～4 万年前的新人（克罗马努人）。运用最新技术复原人类不同祖先的颅骨内皮，制作出相应的脑模型，并对这些不同发展程度的人类颅骨进行比较研究，可以看出，在人类发展的早期，脑得到发展的主要部位是在比较复杂的第二级区和第三级区。在北京猿人那里，与狩猎所需的空间定向能力有关的脑区得到了飞跃般的发展；与有声语言相联系的脑区则在尼安德特人那里才达到了相当发达的程度；而与活动的规划、设计和调控相联系的脑区则在新人和现代人那里才迅速发展起来。

人类在长期历史进化中所形成的脑结构及相应机能，作为一种先在的可能性，通过基因遗传而赋予后代。它的现实实现则有赖于个体的有规律的、渐进的后天发育、学习和训练。

3. 个体的脑发育与思维功能的成熟

关于儿童发育的胚胎学研究表明，胎儿的早期发育有两个规律性特点：一是从头到尾，即先发展头部，后发展躯干和四肢；二是由近及远，即由身体的中心轴到边缘。按照这种规律，脑发育在整个胚胎孕育和个体发育中都居于主导地位并贯穿青少年期的整个过程。脑细胞的分裂，在胚胎孕育的最初阶段便已开始，在胚胎形成后的第 4 周，神经系统即开始形成。最初是一个板状物，后来卷起成管状物，管的末端形成五个泡，它们后来发展成延脑、桥脑、小脑、中脑、视丘、皮下神经节以及大脑半球。在胚胎形成后的第 8～12 周，脑皮层板基本形成。4 个月后，脑皮层板外层急速发展，在表层形成皱纹和沟回，面积迅速扩大。到 6 个月时，整个脑皮层发展出人脑所特有的六层结构。此后是作为传导通路的神经纤维的发展。到胎儿达到出生程度时，胎儿的脑结构基本上具备了成人的脑所具有的那些沟和回，并达到 360 克左右的脑重量，大致相当于成人脑重量的 1/4。

当然，胎儿出生时的脑在重量上和结构上的这种发展程度和水平，还远不能保证胎儿出生后便能进行自觉的意识、思维活动。这一方面是由于脑结构和功能的社会性方面还有待在乳儿与环境的交往中获得与发展；另一方面是由于人脑结构发展的非均衡性，保证人们从事意识、思维活动的第二级、第三级机能联合区尚未充分发育成熟。我们看到，人的大脑皮质中不同水平的机能组织和机能区并不是一开始就完全形成并同步发展起来的，而是以非平衡态的规律经过先发展一级区，后发展二级区以至三级区的进化达到的。这种规律，在儿童脑机制的个体形成中得到了表现和再现。与胎儿最初分化出的主要是简单的投射性器官相对应，胎儿脑中首先形成的是与之相对应的皮质下组织和第一级皮质区。这些器官在胎儿出生时已达到完全成熟的程度，所以乳儿一出生便具有我们曾谈过的种种无条件反射的能力。相比之下，初生乳儿大脑中第二级和第三级机能区则还未能达到成熟的程度，“这表现在：包含在这些皮质区内的细胞的面积比较小，它们的上层的宽度不够发达(众所周知，这些上层具有复杂的联络机能)，它们所占据的领域的面积比较小，最后，它们的要素不够髓鞘化”①。因此，胎儿期的脑发育为乳儿在以后的发展奠定了基础，而乳儿出生后与环境的复杂相互作用，则为脑的功能性发展和思维的产生提供了现实的可能。

乳儿一旦面世，即处于复杂的环境刺激之中，反应这种种刺激的活动引起了大脑的迅速发展。

首先是脑重量显著增加。乳儿出生后的最初几个月，脑重量每月要增加 30 多克，几乎每天增加 1 克。到 9 个月时婴儿的脑重量已达 660 克。在两岁半时，儿童的脑重量已经达到成人脑重量的 2/3，最后的 1/3 则要到 21 岁时才能达到。

其次是脑组织结构的变化。比如，脑皮层的数量没有明显增加，但它们的形状和大小都在改变和发展。尤其是在适应环境的过程中，神经突起、树状突起和神经纤维的数量迅速增加，保证了多种多样的神经联结的形成。

再次是传导通路的迅速发展。神经纤维不仅在数量上增多，而且本身也变得更加粗大，并成束地深入皮层。就其延伸方向而言，也由开始比较单一的水平变为以极其多样的方向深入到皮质和皮质的各层之中。神经纤维本身也在不断地髓鞘化，而这正是神经纤维功能成熟的重要标志。科学家认为：“神经纤维只有当它覆上一层白色柔软的薄膜

① 鲁利亚.神经心理学原理[M].汪青，邵郊，王甦，译.北京：科学出版社，1983：34.

(髓鞘膜)的时候,它才具有功能。”[①]而这种髓鞘化的过程是在应答刺激的过程中实现的。“刺激可以使神经纤维更快地鞘化,因而条件反射的形成本身也可以加速皮层形态学上的发展过程”[②]。相应地,从髓鞘化的先后和水平也可以看出大脑不同皮质区的结构与功能的发展水平。研究表明,第一皮质机能区神经要素的髓鞘化在婴儿出生时便已初步结束,而第二级和第三级皮质区的髓鞘化过程则要延续很长时期,在某些情况下要延续到7～12岁。

乳儿出生后脑的发展重点是它的高级机能组织,即第二级区、第三级区。从面积上看,这两个机能区在儿童3～3.5岁时增长得特别迅速;而在某些特别复杂的皮层中,它们的扩大要继续到7岁甚至12岁。脑皮质新区的面积扩大与神经纤维髓鞘化的过程是相互关联的。它们作为高级的意识、思维活动的物质基础,其发展既是儿童的意识、思维功能的条件,又是其结果和表现。

与大脑机制的发育和成熟过程相适应,思维能力的发展也是一个渐进的过程。开始是外部环境和机体内部的各种刺激通过外部和内部的感受系统输入大脑皮层,引起暂时神经联系,并参与到感受系统和机体反射活动之中,促使无条件反射向条件反射转化,推动感受能力的理性化发展。随着感知范围的扩大、感觉世界的丰富和个体活动的发展,与感性对象相联系的直观动作思维逐渐发展起来。然后是感性分析与综合能力的强化,在对感觉的分解与整合的基础上形成知觉,通过记忆机制的再现而产生表象。继而运用生动的表象进行具体的推理,形成具体-形象思维能力。而随着对中介系统,包括其中的语言符号系统、工具系统、方法系统等的逐渐掌握和运用,人们逐渐形成了符号化、模式化、中介化的思维结构,能够按照一定的逻辑法则进行严格的形式推演,进行抽象的分析与综合、归纳与演绎等,形成了符号-形式思维能力。这是思维能力相对成熟的标志。这时,个体不仅具备了认识和再现客体的能力,而且具备了建构与创新的能力。他不仅能以理性的方式反映和再现外部世界和自身,而且能够在观念中创造出超越现实的

---

① 柳布林斯卡娅.儿童心理发展概论[M].李子卓,等,译.北京:人民教育出版社,1961:89.

② 柳布林斯卡娅.儿童心理发展概论[M].李子卓,等译.北京:人民教育出版社,1961:89.

理想世界，从而形成一个真正的思维世界。

四、中介系统与思维建构

思维世界是个中介化的世界。这里的中介化有几层含义：一是信息化，外部客体的信息内容以一种转换和变形的方式进入人脑，成为思维世界的内容和组成部分，而思维世界也由此而社会化、客观化；二是符号化，正是符号系统尤其是语言符号系统的特性和功能，使得外部世界向思维世界的移入和转化成为可能；三是工具化，对生活、生产工具的熟悉和运用，使间接的、抽象的、分层的思维结构的建立成为必要和可能；四是模式化，对各种规律、法则、规范和方法的学习、顺应和遵循，为形成一定的感受方式、情感方式、评价方式、理解方式、生活方式、行为方式等提供了可能，进而为思维模式的形成创造了条件。在这里，各种信息、语言符号系统、工具系统、方法系统等，构成了中介系统的具体内容。相应地，接受和汲取知识，学习和运用语言符号系统，练习工具操作，掌握各种行为规范与方法，尝试模式化的思维和模式化的行为，即掌握各种形式的中介系统，就成为思维得以发生和建构的重要条件。

1. 思维要素的信息化和操作的符号化

从功能方面看，思维指人脑对客体信息的一种理性化、形式化、逻辑化的处理方式，思维结构则是人脑在信息处理过程中的一种惯常的活动方式、组织程序和逻辑走向等。它包括一定的社会经验-知识背景，一定的动机-价值目标体系，一定的逻辑-方法论原则，一定的情感偏好和审美追求等要素。它们构成主体从事意识思维活动、加工处理客体信息的内部准备状态。

上述各种内容在一开始都必须作为一种信息系统而输入，并为主体真正同化和吸收，成为主体思维结构的内在组成部分，才能进一步参与到主体的思维活动之中，并进而影响到思维的结果。在这种意义上，思维结构的信息化，实际上就是知识化、社会化和客观化。大量的、系统的社会知识以信息系统的方式逐渐输入人脑，要求人们按照它们的内在逻辑来接收、理解、加工、处理、贮存和传输它们，迫使人脑的神经生理结构在这种有组织、有规则的运动中有序化、系统化、功能化、社会化，成为一种能与他人、集团以至全社会相沟通和转换的信息加工和处理机制。

思维结构的信息化、社会化、客观化的过程，就是初生的乳儿不自觉地具有的“自我中心主义”状态的破除过程。据研究，刚刚出生的婴儿处于客我不分的混沌状态之中。在仅仅具备元条件反射机能的条件下，任何对个体有意义的外界刺激都只有在直接对婴儿发生刺激时才能发挥作用，而婴儿也只能以自己的机体对某些直接刺激做出反应。于是，形成了以每一个体的机体和动作为中心的“自我中心主义”。“婴儿把每一件事情都与自己的身体关联起来，好像自己的身体就是宇宙的中心一样——但却是一个不能意识其自身的中心”①。由于婴儿的意识和自我意识尚未发生，因此，周围生活环境中复杂多样的社会信号、语言符号对他们只具有物理信号的意义，只能引起他们机体的简单的和直接的元条件反射。婴儿还不能把自身与周围的世界区分开来和联系起来。从认识论的角度看，他们还处于主体和客体不分化的状态。正如皮亚杰所说：“儿童最早的活动既显示出在主体和客体之间完全没有分化，也显示出一种根本的自身中心化，可是这种自身中心化又由于同缺乏分化相联系，因而基本上是无意识的。”②

儿童意识的发生是同外部信息的刺激和输入分不开的。各种信息刺激感官，通过神经通道激活大脑皮质，引起脑电神经活动，并形成一定的暂时神经联系。当这种暂时神经联系在反复中得以巩固、强化，并由记忆机制贮存和提取时，就转化为个体的经验和知识。外部刺激的信息内容在头脑中不断增加，并通过思考而系统化、条理化，这就不仅强化了人脑的信息处理机能，使之向更加复杂和高级的方向发展，而且使儿童逐渐了解了外部世界，了解了自身，了解了自身与世界的关系，逐渐形成了一定的世界观和方法论。正是在这个过程中，儿童的对象意识和自我意识相应地发展起来，主体和客体的分化日趋明显，个体的社会性方面日益发展和成熟起来，无意识的自我中心状态为有意识的、自觉的思维主体所取代。

思维构成要素的系统结合和有序运动形成思维的操作过程。它是通过符号系统，特别是语言符号系统的转换，即把外部信息符号化实现的。符号是相对于信号而言的，是关于信号的信号，又叫第二信号。信

---

① 皮亚杰.发生认识论原理[M].王宪钿，等译.北京：商务印书馆，1981：23.

② 皮亚杰.发生认识论原理[M].王宪钿，等译.北京：商务印书馆，1981：23.

号是物理的存在世界的一部分，符号则是人的意义世界的一部分。运用符号尤其是语言符号系统进行符号化的思维和符号化的行为，是人类活动的最重要的中介性特征。巴甫洛夫曾经指出："如果我们关于周围世界的感觉与表象，对于我们来说，乃是现实的第一信号，具体的信号，那么言语，特别首先是那种从言语器官达到大脑的动觉刺激物，乃是第二信号，即信号的信号。它是现实的抽象化，它可以加以概括，它组成了那种附加的，即为人类所特有的高级思维——人类在周围世界及其本身之间的高级的定向工具。"①

人际社会交往本质上是一种符号交往，人的思维本质上是一种符号操作。这是人类活动和人类思维的最重要特征之一，也是人与动物之间的最重要区别之一。动物也有社群性，同种动物之间也有交际，并有与其机体结构相适应的交际工具，这就是信号。对于有声动物来说，声音信号是它们之间交往的主要工具，声音的一定变化表达着一定含义，形成特定的动物"语言"。在动物世界中，除了声音语言外，还有舞蹈语言（如蜜蜂）、香味语言（如蚂蚁）、波形语言（如蜘蛛）等。它们借助一定的物理载体直接作用于其他动物的感觉器官而引起感觉，在动物之间传达一定的信息。但它们从根本上说，仍只是一种信号语言。动物之间的交际，只是一种信号语言的交际，不可能是符号交际，更谈不到运用符号进行抽象、概括和系统的思维。人类不仅能进行信号交往，而且能够用一种信号去表现或特指另外的信号，使之成为信号的信号即符号，并运用符号系统进行交往，从事意识、思维活动。因此，人不仅生活在物理信号世界之中，而且生活在一个独特的符号世界之中。

人的思维世界是个符号化的世界。符号包括语言符号和非语言符号。非语言符号包括手势、表情、体态、服饰、环境和实物等，与人的第一信号系统相联系，往往借助人们的感性器官来传递，具有实指和感性的特点，常受客观的时间、空间和语境的限制，在作用的范围、方式和程度上都是有限的。语言符号包括书面语言符号和声音语言符号两大类，其间又可以相互转换，是第二信号系统的主要成分，在人的思维中发挥着重要的作用。

语言符号系统在思维世界中的特殊中介功能是和它的特性分不开

① 巴甫洛夫．巴甫洛夫选集［M］．吴生林，等译．北京：科学出版社，1955：177．

的。首先，语言符号系统之所以能够成为主体观念地掌握客体的工具，在于它具有一种三元关系——符号、意义、指称，从而能够作为一种对主体来说有意义的指称而既与一定客体的信息内容相联系，成为客体的一种外在的表现体、代表者或指称物，又能为主体的思想所理解和容纳，成为主体指称客体的中介。从客体方面看，它使一定事物以符号的形式进入主体的意义世界之中，使客体的信息作为一定符号的意义转化为主体的思想内容。从主体方面看，它使主体通过一定的有意义的符号系统去观念地掌握和再现外在客体成为可能。其次，语言符号系统所特有的抽象性和可操作性，为人们从事思维操作提供了适宜的工具。语言符号的抽象性，在内容方面指它所反映的是对象中一般的、普遍的或共性的东西，从而使人类思维能由表象进入本质，具有特殊的深刻性；在形式上则指它可以是一种不占据实际空间位置的代号或代码，作为一种思想符号、内部语言进入人脑，在脑电波的运动中存在并发挥其功能，使得外部的现实的具有时空四维结构的无限的物理世界，能以语言符号的形式进入人脑这个有限的物理世界，使得人脑这个有限的小宇宙能够以语言符号的方式去包容、蕴含无限的"大宇宙"，形成一个丰富多彩的、精细的思维世界。思维对于客体的观念的分解与组合，是通过对语言符号系统的操作和运用而实现的。一定的语言符号表示一定的对象和内容。表示客体的不同方面的不同言语或词(它们通常是概念、范畴的感性表达形式)，以一定规则和方式有序地组成一定形式和结构的言语链(概念范畴体系)，成为客体内容的观念再现。于是，运用一定内涵的言语或词(概念、范畴)进行判断和推理，就是运用符号与符号之间的关系来研究客体内部不同要素之间的结构关系。思维对代表一定意义的符号进行分析、归纳、综合、演绎、解构、建构、编码、重组，从事思维操作，就是在按照客体本身的内在结构和逻辑，造成具有一定内在结构和逻辑的语言符号系统，达到对客体的理论再现。这种具有一定内容的语言符号系统又通过声音语言或书面语言等可感形式而得以表达、传播，并得以保存和记忆，使个体经验理论化、系统化、社会化，成为社会的共同财富，成为人类所特有的文化创造物，成为人类文明的内在组成部分。

可见，对于任何个体来说，只有掌握了社会性的语言符号系统，才获得了观念地掌握客体的工具，也才具备了从事社会性交往的手段，才能真正成为社会中的成员。因此，从思维的个体发生这个角度看，思维操作的符号化，就是促使儿童在对社会性语言符号系统的适应、学习、掌握和运用的过程中达到感知动作思维，并通过形象具体思维向符号形式思维过渡，实现自觉和自如地运用符号系统进行思维操作和社会交往，建构起符号化的思维世界。

在人类进化史上，由信号交往到符号交往的提升和飞跃，经历了漫长的过程。语言符号系统是在原始人的共同劳动实践中伴随着机体结构的进化（如发育出能说话的发音器官和能思维的脑）而逐渐创造和完善起来的，经历了一个由信号到符号，由动作符号到声音符号，由具体感性符号到抽象符号系统，由口头语言到书面语言，由比较初级、简单、不完备的语言符号系统到比较高级、复杂和完备的符号系统的演进过程。在思维的个体发生中，情况则有所不同。现实中的每一个体从一开始便生活在一个相对成熟的社会性符号语言环境中。乳儿一旦降生便直接受到各种言语符号的复杂刺激和影响。尽管对于还没有能力理解其含义并做出正常应对的乳儿来说，各种富于意义的语言符号不过是现实世界中各种信号中的一种，一开始并没有特殊的刺激作用，但它们毕竟是现实生活环境中占有特殊地位和起特殊作用的一部分。不仅周围的人们经常用语言符号进行着交往，从而对乳儿发生着潜移默化的刺激和影响，而且孩子的家长和亲人还将这种符号语言有意地运用到孩子身上，对其进行反复的灌输和训练，与之进行符号交往。于是，随着一定的符号语言在一定的情境中与一定的动作、实物相伴随而反复出现，就能造成乳儿的暂时神经联系，使之由无条件反射进入一定的言语性条件反射，进而通过大脑在结构和语言机能方面的发育，促进语言中枢神经系统的完善，使之逐步获得运用语言符号系统从事思维操作、进行思维活动的能力。

个体接受语言符号系统并运用它来从事符号化的社会交往和思维操作的过程，大体要经历四个主要发展阶段。一是由直接刺激物引起直接反应。在这时，人的言语即词只是作为一种物理信号（比如声音、图形等）对个体发生生物-生理刺激，并在达到一定限度时引出机体的无条件反射。词的刺激只是外部各种刺激中的一种，对初生的乳儿没有特殊的刺激作用和意义。二是由词的刺激引起直接反应。随着婴儿感受器官系统在结构与功能上的分化、精细化，也由于语言符号环境的反复刺激和作用,他们逐渐能够将言语的刺激与其他的刺激物区别开来,并且能在言语链的内部分辨出不同的音节,掌握不同词的含义。由于一定的词总是与一定的动作或实物同时或相关出现,儿童逐步在它们之间建立了暂时的神经联系,以致一旦一定的词出现,他们就能做出相应的动作或指称一定的事物。比如,根据大人的言语提示做出欢迎、再见的动作或指出自己的眼耳口鼻等的所在部位,这表明儿童已初步懂得了词的含义。三是由直接刺激物引出词的反应。随着大脑皮质中二级机能组织三级区(即语言符号区)的发育和对一定言语的反复接收、运用,儿童逐渐掌握了一定的词,并能通过自己的发音器官将其表达出来。一旦出现了熟悉的相关实物或动作,其能马上做出词的反应,把它的名称说出来。这就表明,一定的符号语言已经内化到儿童的感知-思维结构之中,并初步成为他们的交往工具。四是由词的刺激引出词的反应。随着言语的熟练和词汇的丰富,儿童逐渐脱离现实的、感性的直接刺激物,而达到运用词来进行交往、学习,并进行符号水平上的思维操作。对语言符号系统的掌握,为加速学习社会文化、吸收他人的经验和知识成果提供了可能。而日益扩大的学习范围和交往方式,又为个体运用语言符号系统的能力的发展与完善,既提出了要求又提供了可能。正是经过这个学习和锻炼的长期过程,思维操作逐渐达到符号化的水平。

2. 思维过程的模式化

在成熟的形态上,思维活动是一种模式化的活动。所谓模式化,指思维对信息的加工处理不是杂乱无章、混乱无序和零散随意地进行的,而是依照一定的法则,以一定的方式,按一定的轨迹,有方向、有秩序、按逻辑、分层次地进行的,是对分散、零碎、杂乱的信息加以条理化、有序化、逻辑化和系统化的过程。因此,这种思维模式也可以叫作思维定势,或思维逻辑框架。正是依据并运用这种内在的定势或逻辑框架,人们才能对感性材料进行理性化的分析与综合。主体的思维模式不是先天获得的,而是在个体思维的发生过程中逐渐学习和建构起来的。这个过程本质上也是思维社会化的过程。不同的主体由于各种原因,可以有各种不同的、具体的思维模式。具有不同思维模式的主体面对同样的感性事实和材料,可能得出不同甚至相反的理性结论。只有在具有相同或相似的思维模式的主体之间才能更好地相互理解、沟通和交流，在思想上、理性上达到一致与和谐。一定的社会为了内部的协调和意志统一，必然要求有基本相同的思维模式，并将这种要求贯穿在对儿童的培养和教育之中。而任何个体也只有掌握这种社会化的思维模式，才能在思想上实际地成为社会中的真正一员。因此，思维过程的模式化，既是个体思维能力相对成熟的一种内在要求和标志，也是思维活动社会化的必要条件。

就其根源说，思维模式来源于两个基本的方面：一是主体的工具化活动模式的内化；二是方法系统的创制和运用。思维模式作为一种内在的思想的逻辑框架，实质上是客体自发运动逻辑与主体自觉活动逻辑的统一。客观世界的存在和运动总有一定的要素和结构关系，有一定的存在、运动和发展规律。这种规律从根本上说是客观的、辩证的。要达到对客观事物的认识、利用与改造，必须使主体的认识与实践活动的逻辑同事物的规律相一致，使主观统一于客观。工具则是二者之间相互转换、沟通的中介和桥梁。工具的性质和属性，既要与客体的性质与形式相对应，能够对其发生作用，又必须符合主体的需要、能力及活动方式，能够为主体所掌握和运用，才能发挥中介的功能。而操作工具的活动，则是主体通过对自身的活动方式的调整和控制达到对客体运动规律的接近和靠拢，实现客体的自发的运动逻辑向主体的自觉的活动逻辑的转换。正是客体的运动逻辑与主体的活动逻辑在主体的工具化操作活动中反复出现，必然内化到人们的思维结构之中，转化为一定的思维逻辑，并对进一步的意识、思维活动发生积极的影响。

对工具的操作和运用是与对方法系统的掌握和运用分不开的。方法也是一种工具，但与一些“硬”工具相比，它更属于一种“软”工具，或者说是运用工具的法则。一般说来，方法是主体依据对客观规律的认识为自己规定的活动方式与行为准则，常以规则、条令、规范与章程等形式出现，规定着人们的活动范围、方式和程序等。对于思维操作来说，最重要而又直接的是各种思维方法。它们作为经过千百万次实践而被提炼和固定起来的“逻辑的格”而为人们所共同遵循，既是社会的方法库中的重要组成部分，是一定社会共同思想观念赖以形成的重要条件，又是个体思维模式的重要组成部分，是个体从事正常的和有效的思维活动的重要保障。

从发生学的角度看，个体思维的模式化进程是在儿童的工具化、符号化生活实践和学习活动中展开的。乳儿一旦出生便生活在一个工具性交往的社会环境中,而且随着年龄的增长,对工具的运用越来越频繁,复杂程度也日益增加。开始是对各种直接生活用具的接触与掌握,用奶瓶喝奶,用餐具吃饭,用毛巾、脸盆洗脸等。随后是对各种玩具和学习用具的掌握与运用,用刀、剪做手工,用笔画画,用铲子铲沙等。进而是对语言符号工具和一些劳动工具的熟悉和运用等。在这个过程中,生活环境中的各种相关事物逐渐进入个体的生活世界,为其所感知、掌握。而工具的运用又相应地规定了儿童的一定活动方式。于是,儿童逐渐形成一套相对稳定的生活方式、行为方式,它们在不断的重复中逐渐内化到儿童的思维结构中,由活动逻辑转化为思维逻辑。对于思维过程的模式化进程发生更完整和系统的影响的,是贯穿在儿童发展全程中的学习与教育。社会将思维规则、方法等与各种文化知识结合起来,通过由低级到高级的系统教育灌输给儿童,促使他们尽快形成社会化的思维模式,成为成熟的思维主体。

3. 思维的个体建构

思维的个体建构发端于个体生命的产生和孕育,直到个体作为基本成熟的思维主体进入社会,贯穿胎儿、乳儿、幼儿、少年、青年的整个发育期。这个过程是多种因素相互制约而又相互促进、协调发展的过程。遗传的与经验的、生物的与社会的、生理的与心理的、动作的与言语的、感性的与理性的、理智的与情感的、学习的与教育的等各方面因素,都以自己的特殊方式先后参与到个体的发育过程中,影响着发育的方向和进程;同时又作为成熟的思维所必不可少的要素整合到一个总体系统之中,成为其中的有机组成部分,并影响着意识、思维活动的现实进程和实际结果。因此,思维的实际形成,是包括遗传学规律、生物学规律、生理学规律、人类学规律、心理学规律、社会学规律、逻辑学规律等在内的多种规律交互作用的产物和结果。在这个过程中,各种要素与各种规律的作用是始终存在的,但在不同的时期和阶段,它们并不是同等地位和同等水平地发生作用的,而是有先有后、有主有次、有强有弱地发生作用。于是,随着不同要素和规律在思维的系统整合和功能进化中的地位变换,形成了发生过程的明显的方向性。从总体上看,这是一个沿着由先天的遗传因素到后天的社会因素,由生物的机体因素到心理的智慧与情意因素,由感性形象直观到理性符号抽象的发展方向。在这个过程发展的一定阶段上，由于上述不同要素的主导地位和主导作用，以及相应的思维能力发展的一定水平，思维显现出一定的成熟样态。它们成为思维个体建构的基本发展阶段。

1）感知-动作思维阶段

感知-动作思维是一种前表象和前语言的思维形式。在人类思维的原始发生史上，这种思维是由动物心理过渡到人的思维的最初形式。在个体思维的现实发生中，它发生在婴儿初生到大约3岁前的时期。在这个时期，儿童还未能达到自觉运用表象和语言符号来进行思维的能力和水平，只能在自己的感知活动与直观动作中对直接感知和接触的对象进行思考。“这时，儿童只能思考自己动作所接触的事物，只能在动作中思考，而不能在动作之外进行思考，更不能考虑自己的动作，计划自己的动作，预计动作的后果”①。感知-动作思维是个体思维世界的初级形态或第一阶段。

感知-动作思维的形成，需经历以下几次重大发展。

首先，由先天的遗传性无条件反射到大脑皮质控制下的条件反射。初生的婴儿谈不上思维，只是依靠胎儿期形成的机能，对外界刺激进行无条件反射。这种活动，本质上仅“限于感知与动作之间那种为遗传所决定的协调活动的练习，而和这种协调活动相对应的便是像营养之类的本能需要。这种反射影响行为的程度对于后来的心理发展会产生一定的作用”②。这时，胚胎期中尚未完成的机体生理发育，在新的环境中继续并迅速地进行着，先天遗传规律和生物运动规律仍然占主导地位。而与此同时，随着外部环境社会刺激不断增加和强化，儿童感知觉器官的功能不断发展，大脑皮质中的感知觉和运动区皮质的迅速分化与发展，在无条件反射不断重复的基础上便形成了条件反射。条件反射既是一种生理现象，也是一种心理现象。它以脑器官参与机体反射活动为条件，意味着对一定刺激物的意义的初步理解和对自己行为的最初的调控，是儿童同化外部世界的初级形式，标志着个体思维的初步发生。

其次，由机体的无意识整体运动到有分化的习得性动作。儿童最

① 朱智贤，等.思维发展心理学[M].北京：北京师范大学出版社，1986：421.

② 皮亚杰.儿童的心理发展[M].傅统先，译.济南：山东教育出版社，1982：24.

初的动作是整体性的和不分化的，他们用全身的不协调的整体运动来对机体所受到的各种刺激做出反应，这实际上是一种先天的遗传性动作图式，是生物机体的一种生理性保护运动，处于一种自发的无意识状态。意识向动作的渗入，是以这种整体性无意识机体运动向分化的目的性动作的发展为标志的。J.皮亚杰和B.英海尔德曾指出："发展的出发点不应从把反射看成简单的孤立的反应中去寻求，而应从机体自发的和整体的活动中去寻求。在这种整体活动中，有些反射相对稳定，并能预测，这些反射能视为这种整体活动的分化。但有些反射是通过练习发展而成的，它们不是固定不变，或萎缩不生长，这种反射是同化的图式赖以发展的出发点。"①整体性动作的分化，是在机体运动与感觉的协调和配合过程中实现的。当一定的动作在一定场景中带来一定的感性刺激(比如拉动摇篮顶上的线绳而敲响拨浪鼓)时，就会引起婴儿的注意和兴趣，并使他多次重复这种动作。这时，便在动作与感觉刺激和兴趣之间形成一种"循环反应"。一定的动作由机体的无意识整体运动中分化出来，与一定的目的和兴趣相联系，成为一种自觉的、习得的和智慧性动作。它意味着儿童对动作与效果之间关系的初步"理解"和对一定效果的追求。而且，随着大脑思维机制参与到机体的活动-效应器官的运动中，以及经验和目的因素的影响与作用，出现了对动作的调节和控制。儿童逐渐能够根据外部情境的变化和后天的"经验"，开始随意地组织自己的动作，并对其进行调节和控制，以达到一定的目的。儿童要么在新的情境下重复以前的经验性动作，使之推广到更大的范围，要么根据新的经验和情境来改变自己的动作模式，使之得到更新和强化，从而不断扩大自己的活动范围，拓展自己的生活世界。

再次，由零碎的、分散的感受活动到有组织、有选择的感知活动。初生乳儿的感受活动是被动的，只有当外部刺激直接作用于感觉器官时，才能做出相应的反应。而且，他的不同感觉器官对不同刺激的感受和反应是相对独立和分散的，无法形成对于客体的总体知觉。还有，他的这种感觉是即时性的，当刺激出现时，感官做出相应的反应，一旦刺激中止或消失，则感觉消失。由于缺乏必要的记忆机制，感受结果难以作为经验保存和积累下来。随着大脑皮质中感觉区的发展以及对感受

---

① 皮亚杰，英海尔德. 儿童心理学[M]. 吴福元，译. 北京：商务印书馆，1980：7.

活动的参与，各种感觉器官一方面在功能上相对分化和成熟，更加敏锐和精细；另一方面又以动作的组织为中心而结合起来，形成一个协调的功能系统。在这个过程中，各种感觉分析器都参与到对复合刺激物进行分析与综合的感知活动中，在感受器官之间进行功能的组织与整合；同时，在感受动作与机体动作之间进行协调。眼耳之间、手眼之间、手脚眼耳之间的协同动作，固益准确和复杂多样地发展起来。视觉器官系统与活动-效应器官系统初步形成一个整体，配合行动。这样，儿童不仅能感知自己的动作和动作的对象，而且初步地意识到动作的结果，并表现出对结果的兴趣与期待。他们为了一定的结果而从事活动，或改变自己的动作图式。于是，儿童的感知模式和动作方式都不断地“吸收新的因素，而且还和这些新的因素一起，通过进一步的继续分化，构成了一个更加广阔的、有组织的整体”①。这就是思维活动最初的感知-动作模型。

思维的感知-动作模型之建立，使儿童的智慧发展到“实践性的感知运动智力”阶段。这一阶段的儿童思维有以下特点。

首先，这是一个与直观动作和感知对象紧密相连的世界。儿童的思维活动只能在感知和动作发生的同时进行，并且只能通过感知和动作图式而与客体发生关系。感知与动作是思维活动的主要工具，也是思维活动的主要形式。字句和概念还没有真正进入儿童的思维世界，成为思维的中介，但语言符号系统已经对儿童发生影响。由于出生后便处于复杂的社会语言环境之中，对各种语言刺激的反应成为感知-动作中的一部分。幼童在两岁左右便知道自己的名字，能根据大人的言语提示而指称一定的事物或做出一定的动作，并逐渐通过模仿而发展出一定的语言表达能力。但各种简单的语言实际上是感知-动作思维的内在组成部分，离开了直接的感知和动作，语言符号难以实际发生作用。

其次是客体的永久化与时空、因果感的初步建构。初生的婴儿没有记忆和时空感受能力，任何客体一旦从感受范围消失（比如从视野中移走或被掩盖），就被认为是已经消失了。他们既不能对客体进行空间定位，也不能掌握客体的时间延续性。永久客体的图式的形成，是同对

① 皮亚杰.儿童的心理发展[M].傅统先，译.济南：山东教育出版社，1982：29.

实际世界的整个空间-时间组织和因果性组织的感受与体验分不开的。随着各种动作之间的协调，原先与分散的感知动作相联系的单个感知空间（视觉空间、触觉空间和听觉空间等）得以综合为统一的感知-动作空间，并发展出一种一般性的空间感。凭借着这种空间感，儿童才能对客体进行定位，并通过掌握客体的“位移”去掌握不同客体的空间关系，进而控制和调节自己的动作。这种一般性的空间感构成未来学习欧几里得几何学的运算基础。空间与时间的现实统一性，决定了儿童必然在对客体的出现、消失、位移等的感知中形成一般的时间感，持续性和不可逆性是这种时间感的主要内容。而持续与不可逆又常常与一定的因果结构相联系。一定的动作作为原因引出一定的结果，进而导致一定的感受；为了求得某种感受而有意地重复一定的动作，不断反复，构成了一定的因果感。于是，儿童不仅知道客体消失时并非不存在，同时也知道客体往何处去，还知道怎样才能使客体重新出现。正是这种凭借客体守恒、空间、时间和因果关系等图式构成的广大的动作范畴，不仅构成了儿童在这一时期中现实的初级思维，而且成为以后相应的概念与思维产生的基础。

再次是自我意识的形成与最初的情感体验。对客体永久性的逐渐感受是和自我意识的逐渐形成分不开的。初生的婴儿没有自觉意识，也谈不上自我意识，处于主客体不分的混沌世界之中。对客体的时间、空间与因果关系的逐渐感受和对自身动作及结果的逐渐关注，导致主体和客体的初步分化，也导致最初的自我对象化和自我意识。当然，这里的自我意识也是完全直观和感性的，是和感知动作相联系并且主要是对自己的感知和动作及结果的意识。但正是在这种意识的水平上，与感知动作相联系的儿童情感和情绪也逐渐分化和发展起来。随着理智行为的进展，与活动有联系的情绪便分化出来了。欢乐与忧愁和有意动作的成败联系在一起，努力和兴趣联系在一起，疲劳和乏味联系在一起。于是，感知、动作和情感在相关的水平和程度上发展起来，成为当时儿童的心理结构，构成他们在这一时期所特有的认知定势和思维模式，成为他们积极活动的内在主体性条件。

最后是主体与客体的分化和自我中心状态的初步破除。我们曾经谈到，初生的婴儿无意识地处于一种以它自己的身体和动作为中心的“自我中心状态”，这种状态既与主体与客体之间缺乏分化有关，也与主体缺乏自我意识有关，而最根本的则在于儿童自身的各种活动尚未整个彼此协调起来。随着主体的感知与动作的协调、主体自我意识的初步萌发和主体与客体的初步分化，儿童的无意识的自我中心化在实物动作水平上得以破除。他的活动不再以自己的身体为中心。主体的身体开始被看作是处于一个空间中的诸多客体中的一个。参照系和视角无意之中发生了转换，对主体自身的协调与对客体之间关系的协调同步发展起来。尽管这仅发生在实物动作水平，还缺乏超越与抽象，但它仍然是一场革命，一种哥白尼式的革命。一旦这种消除中心化的过程同表象功能和符号功能相结合，则必然使思维进化到更高的形态与水平。

2）形象-具体思维阶段

形象-具体思维是运用表象来反映和处理客体信息的思维形式。它是在实物动作思维的基础上通过综合化与概括化而发展起来的。在这一时期，不论是对客体的反映还是对自身动作的有意识的觉察，都是通过选择和形成表象性格局来进行的。表象性格局的形成，一方面意味着活动结构的内化，同时也意味着客体的表象化。儿童初步具备了运用表象形式来处理与外部世界的认知关系和进行信息加工的能力，这是思维发生过程的重要时期，是直观动作思维向抽象化的符号思维发展的中间阶段。

形象-具体思维的形成经历了一个发展过程。

首先是活动结构的内化。在感知动作思维阶段，思维与感知对象和实物动作直接联系在一起，并在其中进行。随着感知与动作的不断配套发生和协调展开，它们必然在儿童的大脑皮质中留下越来越多的暂时神经联系，并逐渐形成表象性的认知格局，这就是活动结构的内化。皮亚杰说："在这个前运演的表象性认识时期，一开始就有相当大的进展，进展沿着两个方向前进：①主体内部协调的方向，从而也就是产生未来的运演结构或逻辑数理结构的方向；②客体之间的外部协调方向，因此也就是形成广义的因果关系的方向，这种关系包含了空间结构和运动结构的形成在内。"[①]这里讲的主体内部协调，在现象上是机体运动的配套与和谐统一，在本质上则是在思维中对活动的描述、再现、

① 皮亚杰. 发生认识论原理[M]. 王宪钿，等译. 北京：商务印书馆，1981：30.

操作与排练。而在这一时期的儿童，要达到对自身动作的高度抽象化和符号化的描述是不可能的，因此活动结构的内化只能采取形成表象的方式来进行。儿童不自觉地把活动状态及其先后顺序转化为几乎同时出现的一种表象，把连续的活动压缩成为一个表象性的整体，把整个时间序列归置到一个单一动作之中。于是，原来内在于活动结构之中的直观动作格局转化为一种观念的动作表象。这种表象是关于运动的实体与关系、稳态与变化、静止与迁移等的综合性观念图像。它们既可以是一定的直观性图形或形象，也可以是描述、指称一定表象或图像的具体概念。它们作为动作模式与过程的观念形式，实际上是以变形的和转换的方式移入思维中的活动结构，是动作的观念再现与表征，也为主体运用它们来进一步指称、表征动作和创造新的动作模式提供了可能。

据研究，儿童活动结构的表象性内化过程一开始是对他人行为的“延迟模仿”，即在一定的动作原型消失后对它的模仿，这构成了表象的开端。而象征性游戏与初期的绘画，则标志着现实的感性动作与实物向象征性信号的过渡，并进而由行动表象转化为或过渡为心理表象。尤其是游戏中的角色认知与角色扮演，以及相应的象征性语言（角色语言）等，强化了儿童的社会性，促进了他们的内在心理结构和思维活动的社会化，同时也明显地标志着社会性行为方式和活动结构的个体化、内在化、表象化。

其次是客体的表象化。主体的内部协调是同与客体之间关系的外部协调分不开的。而随着活动结构的内在表象化，原来与感知运动直接相联的外部客体及相互之间关系也必然以形象直观的方式进入人的头脑，成为思维世界的内容。当儿童的活动结构内化时，它也必然将与活动紧密相连的客体同时加以提升和概括，使之内化和表象化。随着分析与综合能力的逐渐增强，儿童逐渐在观念中将自身的动作与其所作用的客体既分化开来又联系起来，或既联系起来又分化开来，并逐步形成关于外部世界的表象再现。客体表象化是在儿童的整个发展过程中通过多种形式而逐渐达到的。绘画在其中发挥着特殊的作用。对于儿童来说，初级的绘画既是一种象征性游戏，能引起愉快的心情和体验，又好像是一种心理表象，具有模仿现实的功能。从思维发生学的角度看，它是儿童自觉或不自觉地把客观世界吸收到主体内在感知和思维图式中的积极活动,相应地则是关于客体的表象世界在儿童观念中的逐渐形成与建构。日益复杂而逼真的绘画过程,不仅促使儿童去认真细致地观察和认识现实事物,并将它们以形象方式再现出来,而且逐渐发展出与地形学相关的空间直觉,如形状、邻近、分离、包围、封闭等,逐渐形成投影的直觉和欧几里得几何学的观念,从而逐渐建构起一个关于现实世界的表象空间。

再次是语言符号系统的掌握和运用。掌握语言符号,对于个体社会化和表象性认识能力的形成具有极为重要的作用。感知动作思维是一种前语言思维。"在没有学会一种语言形式之前,人与人之间的关系仅限于身体与其他外部姿态的模仿和一种笼统的情感关系,而没有分化出各种特殊的交流"①。这时,儿童尽管直接地生活在复杂纷繁和生动活泼的社会性语言环境之中,但实际上并不懂得其丰富和变幻的含义,无法运用它们来进行语言性社会交往,从而实际上被隔离于或独自徘徊于这个丰富多彩的语言世界之外。随着对语言符号系统的掌握和运用,儿童就在他们实际生活的物理世界之中发现了一个更加丰富多彩的语言世界,并由于闯入这个语言世界而真正进入现实的社会世界。这个新的世界带着它所具有的无可比拟的诱惑与特殊的吸引力冲击着儿童,促使他们去探索和掌握。

据研究,1 岁多的儿童便开始牙牙学语。3 岁以后幼儿便初步掌握了口头语言并能运用它们来从事人与人之间的言语性交往。7 岁以后开始学习和运用书面文字,到 10 岁左右初步掌握了常用字并能进行简单的书面写作。在这个过程中,原来对于婴儿只具有信号意义的社会语言符号系统逐渐被儿童所感知和理解,在儿童的心灵世界中获得了本来的意义,这就一方面帮助儿童去了解它们所表征和指称的那些客体以至整个世界,另一方面使儿童的内心世界由于社会性内容的不断充实而扩充和拓展。对语言符号的掌握,不仅为儿童从事内心活动提供了工具,而且为表达这种内心活动提供了工具。语言不仅使主体能够描述现实,而且能够描述过去和预测未来,甚至用语句来代替行动而不实际采取行动,这就由感知动作思维转向对于感知对象和实物动作的思维。

① 皮亚杰. 儿童的心理发展[M]. 傅统先,译. 济南:山东教育出版社,1982:38.

不过，在这一时期儿童所能真正理解并自如掌握运用的语言符号主要是整个语言符号系统中的形象具体部分（如名词、形容词、陈述句等），或叫直观言语，它们常与现实感性事物或事件相对应，并参与到儿童的表象形成过程中。它们作为一种言语表象以一种概括性的方式指出对象的某些普通性质或个性特征，从而帮助儿童形成表象并使之得以巩固和强化。因此它们对儿童的表象性认知格局的形成起着积极的作用。而对于更加抽象和高级的概念范畴体系（如哲学概念等）和符号系列的掌握，则要通过继续的专门学习，在青年期才能达到。

最后是由直观表象到具体运演。动作表象、言语表象以至整个心理表象的形成，为具体运演的展开提供了可能。具体运演是一种逻辑性的思维方式，它处理的主要不是表象与其对象之间的关系，而是表象与表象之间的关系，即表象性概念之间的关系，通过对于表象之间的关系的处理而达到对表象所代表的对象之间的关系的推论和演算。作为一种思维形式，具体运演以主体对于客体的守恒、序列和可逆性等的掌握为前提条件，表现为对各种表象的组合、分类、排列等活动。形象直观向具体运演的最初过渡，是在可逆性的组合动作中实现的。当然，逆向组合只是具体运演的具体形式之一。实际上，具体运演还包括反射抽象（即使高级结构从低级结构中产生出来）、协调（即使分散的顺序或局部的联合联系起来形成系统）、自我调节与平衡（即对协调过程的自我调节和使系统联结的正反两方面达到平衡）等，并通过分类、序列组合、对应比较、矩阵排列等具体形式来展开。当然，这些形式并不是具体运演所独有的。它们也存在于符号-形式运演中。但具体运演的最重要特点是运用表象并在具体事物的支持下才能顺利展开，它意味着个体思维发展到了一种新的形态或水平。

形象-具体思维有以下主要特点。

一是中介性。感知-动作思维直接蕴含在感知活动和实物动作中，难免受到现实对象和活动的直接制约。形象-具体思维借助表象来展开，通过对一定表象之间关系的处理来处理其所代表的客体之间的关系，因而是一种中介化的思维方式。心理表象的出现，意味着“儿童具有一种应用一个‘信号物’来代表某种事物的能力，从而使这些事物成为一个被信号化的事物（如某一物体、某一事件或概念的图式等等）。而且，这个‘信号物’是已被分化了的，并能引起表象。这些‘信号物’包括语言、心理表象和象征性姿态等等”[①]。这些具有象征功能的信号物，就是一种中介。它们的介入使真正中介化的思维活动成为可能。

二是综合性或整体性。表象不同于单纯的感觉，不是对各种刺激分散的和零碎的感受和反映，而是在感觉和知觉基础上进行感性的概括与综合所达到的关于客体的整体性形象再现。不论行动表象、言语表象还是其他表象，提供的都是一定客体的某些总体性图像或表征。因此，整体性是表象-具体思维的重要特点。整体性表象的形成，从客体方面看，是对各种分散的感性信息的概括、重组、整合与建构；从主体方面看，则要求对自身的感知觉器官系统进行功能性的协调与组织。这就不仅要求感知系统有更高的整体功能，而且要求大脑中枢神经系统对感知觉活动的更多参与，从而促进思维能力的综合化发展。

三是超现时性或可逆性。直观动作思维是不可逆的。而“随着表象思维向前进展的程度，思维与其客体之间的时空两方面的距离都相应地增加；换句话说，一系列各自发生在特定瞬间的实物活动可以用一些表象系统完满地表征出来，这些表象系统能以一个差不多是同时性的整体形式把现在、过去和将来的活动或事件，把空间距离远的和近的活动都在头脑中显现出来”[②]。表象的超现时性，使儿童获得了超越现实的时空限制而从事思维操作的能力。人们不仅能以表象方式再现现实客体，即进行表象再现，而且能对已逝的活动和对象进行表象记忆，并在别的时空中将其唤出，还能对尚未发生的活动进行表象水平上的展望，即表象预见，甚至运用表象进行创造，建构起比现实更加美好的表象世界。正是表象的这种超现时性，为思维的可逆性运演提供了可能。

四是具体性。表象所具有的超越性主要是相对于感知动作思维而言的，而与后面将要分析的符号形式思维相比，它又具有明显的具体性。表象的具体性在于它总是一定事物或动作的观念模型，是原型、样本的摹写、再现。同时，这种摹写、再现总是以直观形象的方式来进行的，因此它不能完全离开相应的具体事物。相应地，形象-具体思维也总是直接与具体事物相联系。

---

① 皮亚杰，英海尔德. 儿童心理学[M]. 吴福元，译. 北京：商务印书馆，1980：41.

② 皮亚杰. 发生认识论原理[M]. 王宪钿，等译. 北京：商务印书馆，1981：30.

表象的形成和形象-具体思维的展开，使儿童进入到一个更加复杂和多层次的世界中。他们不仅必须继续对付原来的物理世界，还要对付两个更加复杂而又密切相连的新世界：社会世界和内心的表象世界。从认识论的角度看，物理世界、社会世界和表象世界之间的关系不是完全平行的。表象世界作为人们精神世界的一部分，是物理世界和社会世界的摹写与再现。对表象世界的掌握和运用，最终必须服从和符合现实的物理世界和社会世界，这就要求儿童采取一种客观化的态度和开放的精神来对待物理世界、社会世界和自身。而对表象形式运用得越广泛、越丰富，就意味着与更多的客体发生联系，从而在认识过程中越要求客观化的感知方式和思维方式。这就为进一步破除儿童期以动作为中心的自我中心状态既提出了要求，也提供了现实可能。

3）符号-形式思维阶段

符号-形式思维是思维发展的高级形式或高级阶段。在这一阶段，主体利用符号系统的特有功能，在头脑中把客体的内容和形式分离开来，把事物的形式加以符号化，并将符号化的客体形式提炼或设置为命题与假设，对以命题或假设出现的符号体系进行形式运算，在高度抽象的层次上达到对于客体的逻辑掌握。符号化的形式思维是高度发达的抽象性逻辑思维，是思维的高级形态，也是个体思维能力相对成熟的重要标志。

符号-形式思维是在形象-具体思维的基础上发展起来的，贯穿整个青春发育期。在这一时期，个体的感知思维器官系统在机体结构方面已基本发育成熟，机体发育进入相对稳定的时期，而在功能方面的发展和进化则比较明显和突出。其主要特征是抽象化和符号化。因此，就其运算的基础和机能来讲，形式运算和具体运算并没有什么不同，而守恒性、可逆性、因果性等具体运算原则和排列、组合、分类、比较等具体运算形式仍然存在于形式运算之中。形式把具体思维的内容包含在自身之中，又发展出了自己的特有形式，这就是高度抽象化的符号思维。它以符号系统而不再是表象作为自己的运算工具，由处理客体之间的关系到主要处理假设，由直观的具体思考进入抽象的反思，从而使思维世界终于能够摆脱现实世界的制约而相对独立地完备和成熟起来。

具体来说，符号-形式思维的形成及其实现，主要有以下特点。

第一，由运用表象到运用符号系统。

在形象-具体思维阶段，主体所运用的思维工具主要是表象、形象等。形式思维则以符号系统作为自己的思维工具。“符号的功能实质上就是把标志（记号和符号）和被标志的东西（图式化或概念化的对象或事件）两者区分开来”[①]。由于这种区分，符号具有一种高度的抽象性，从而获得一种特殊的超现实性。作为形式思维工具的符号系统，主要是高度抽象（或多层次抽象）的概念、范畴体系或作为符号的符号（如数理逻辑中的特殊符号）的符号系统。它们按照一定的逻辑组成假设或命题。对这种命题或假设进行严密的推演和运算，是形式思维的主要工作，这就是通常所说的处理假设或命题运演。在这里，语言符号系统的作用变得更加突出和重要。在形象-具体思维中，言语表象也起重要作用，但它毕竟是借助一些比较具体、形象的言语强化感性的和生动的表象；辅助和强化表象，就是其主要作用。而在形式思维中，则是高度组织化和精密化的符号系统帮助思维向精细化和形式化发展。构成语言的符号表达系统，使运算综合成为一个同时发生的系统，或者把一组互相依赖的转换同时包含在内。语言使运算不局限于个人，而是为人与人之间的交流和合作所调节。因此，语言具有双重意义：既是一种凝缩的符号，又是一种社会的调节手段。在这双重意义上，语言作为符号系统成为思维发展不可缺少的因素。现代符号系统与符号逻辑，更是现代人类从事形式思维所必不可少的中介系统。

当然，儿童对高度抽象的符号系统的掌握，是以脑机制中符号区的机能高度完善化为条件的，有一个渐进的过程。要达到对于高度抽象化的书面语言，尤其是专门化的人工符号系统的掌握和运用，必须在抽象思维能力达到相当发展的水平上并经过专门训练才能实现。

第二，由单纯处理客体到主要处理假设。

在形象-具体思维阶段，表象已具有超现时性、整体性，但其总是与历史上或现实中的某些具体事物相联系，客体的内容与形式之间的分化程度还是有限的，或者说还没有完全分化。因此，具体思维的过程只有在这些具体事物的支持下才能顺利进行。相应地，主体对表象之间关系的处理仍然是对于现实客体的处理，或者说，具体思维实际是通过处理表象之间关系来处理客体之间的关系。在符号-形式思维阶段，逻

① 皮亚杰．儿童的心理发展[M]．傅统先，译．济南：山东教育出版社，1982：116.

辑的运算开始从具体操纵客体阶段转变到观念阶段。这时，思维不再靠感知、经验或信念来支持，逻辑运算是用某种语言（词语、数理符号等等）来表达的。于是，主体所面对的不仅是客体，也不仅是客体的表象，而是并主要是各种高度抽象的语言和符号系统。这些语言和符号可以是某些具体事物的代号、指称，也可以是没有直接的现实原型而以纯粹假设的形式抽象地提出来的。形式思维即从这些假设出发进行推论、演算，并得出某些结论。当然，这些假设并不是一种毫无根据的空洞抽象，而是高度发达的思维能力在观念中对客体所作的多层次抽象，经过多层次抽象达到对客体一般的观念把握。由于这种抽象，人们可以在脱离具体事物的条件下，在高度抽象的层次上进行推演，处理假设，并达到普遍地和本质地把握事物的目的。所以，形式思维的主要特征在于有能力处理假设，而不只是单纯地处理客体。运用高度抽象的符号系统进行形式思维，这就使得思维脱离了具体现实，并从现实世界中解放出来，获得了高度的超越性，并具有了对于形象-具体思维的极大优越性。

第三，由直观思维到反省思考。

形象-具体思维是一种直观思维，它借助形象直观的表象而展开，对表象进行排列、组合、分类等，并具有自己的直观逻辑。形式思维不仅必须对客体应用运算，还必须在没有客体而仅有纯粹命题的条件下对这些运算进行反省思考。反省思考，即对思考的思考，或对运算的运算。相对于直观思维而言，“这种‘反省思考’乃是上升到第二级的思维”。如果说“具体思维乃是一种可能的行动的再现（或表象），而形式思维则是可能的行动再现的再现”①。因此，它是一种更加抽象、更高层次的思维形式。

形式思维有自己特殊的运算方式。它一方面将具体运算中的各种群集综合起来，加以提升，另一方面发展出自己所特有的命题逻辑或符号逻辑，进而由一般的群集结构进入以格和群为标志的“四变数群”逻辑结构。一个命题或事物的关系，可以有四种基本变换：正面或肯定（用 I 表示），反面或否定（用 N 表示）、相互（用 R 表示）、相关或对射（用 C 表示）。每一正面运算，从分类上必有一逆反（否定）运算，从关系上

① 皮亚杰.儿童的心理发展[M].傅统先，译.济南：山东教育出版社，1982：88.

必有一相互运算，而相互的逆向则是相关或对射。这就组成了 INRC 的运算结构，它们之间的组合关系构成四变数群，可以穷尽命题的各种关系。而所谓的格，则是在四个变换数的基础上通过“并集”和“交集”组合起来的命题组合系统。前青春期的儿童，尽管不一定能知道足够的逻辑公式和变换组合系统，但经过训练能够运用它们从事实际的形式运算，并在此基础上发展出度量比例观念，运用双参照体系来考察同一事物，理解流体静力学的平衡状态，形成概率观念，并自觉地进行因素的分解和规律的归纳，等等，从而表明，他们的思维能力已接近或达到了成人的或成熟的水平。

与前青春期儿童形式思维能力相应发展起来的，是青年所应具备的独立人格、社会情感和意志品质。自信与自尊、理想与审美、道德与自律、自决与自控、预见与创造等因素协调地发展起来，它们促使青年作为相对独立的思维主体，参与到现实的实践活动和对未来理想世界的探索与创造之中。

第十六章 论主体能力

人的能力及其发展是一个复杂的综合性问题。在历史上，西方哲学家都从不同角度考察过主体能力，但都不够全面。在马克思主义看来，主体能力既在社会实践中形成而又潜在于主体内部，并在主体和客体的对象性关系中表现出来的客观的、能动的力量，是认识能力和实践能力的统一。主体凭借这种力量从事有目的、有意识的社会实践活动，并能动地改变客体，满足自身需要。主体活动是主体与客体之间进行物质、能量与信息交换的过程，因此，主体能力必须包含身体自然力、自觉"目的"意识、"作为注意力表现出来的有目的的意志"三个基本方面。从总体上把握主体能力，我们需要注意：主体能力是潜在性和现实性的统一、独特性和多样性的统一、层次性和系统性的统一、有限性和无限性的统一、社会性和历史性的统一。

举世瞩目的新技术革命和我国全面深入的改革实践，把人类关于自身能力的认识这样一个古老的课题，再次明确而尖锐地摆到了现代社会的面前。人的能力之进化和发展，既是科学和社会进步的突出表现和重要结果，又是它的动力和源泉。社会的现代化，离不开人的能力的现代化。正是由于这个问题具有如此重要的地位，所以加速发展人的能力问题正在引起全社会日益强烈的关注，成为当前人们议论最多的课题之一。但是，我国理论界长期以来把对人的能力问题的研究看作是具体科学的事，并主要在生理学、心理学、教育学，人才学等具体学科中进行。在现行哲学体系中，人们虽然从不同的角度涉及能力问题，如意识论中涉及意识能力的起源和发展，认识论中谈到感觉能力和思维能力及其作用，历史观中把具有劳动能力的劳动者作为生产力的一个基本要素，等等。但是，这些地方都只是把能力作为既定的概念在运用，却没有一个地方对能力本身从总体上做出集中的概括和说明。由于对人的能力问题缺乏必要的、明确的哲学界说，就使得哲学不但难以对具体科学关于人的能力问题的研究提供指导，而且哲学本身的一些问题也难以说清。比如说，马克思的主体和客体理论告诉我们，主体和客体的关系不同于物质和精神的关系，只有进入人的活动领域的外部世界才成为客体，而相对于特定客体的人才成为主体，客体的内涵和外延随着主体活动水平的提高和活动范围的扩大而发展，这就有一系列问题：主体活动水平提高的内在根据是什么？主体活动范围的扩大是怎样造成的？主客体关系历史演变的动因何在？这除了客观条件的变化以外，显然与人的能力及其历史发展有着不可分割的内在联系。再比如说，我们经常谈到的认识发展过程中的“两次飞跃”到底是怎样实现的？离开了人的认识能力的提高、实践能力的发展，也是难以做出合乎实际的说明的。可见，对人的能力问题做出总体的、概括的哲学分析，也是深化马克思的主体和客体理论，丰富和发展马克思主义认识论的需要。

人的能力及其发展是一个非常复杂的综合性问题。它立足于生理学、心理学、教育学、人才学等具体学科，涉及哲学、政治经济学、科学社会主义和美学、伦理学、社会学等几乎所有关于人的科学，远非一两篇文章所能概括，亦非笔者目前学识所能及。因此，本文作为探讨马克思主义哲学的主体能力观的初步尝试，仅将能力置于主体这个认识论基本范畴的统摄之下，就主体能力的内涵与外延、基本要素与内在结构、基本特征与历史发展，以及主体能力的个体差异等问题做些初步的探讨，以求教于大家。

一、人的能力研究的历史回顾

在人类认识史上，先进思想家们在反思人类自身的过程中，都非常注意对能力问题的考察。亚里士多德把能力定义为“做好一项工作的才干”，并在与现实的关系中考察潜能，把潜能作为可以转化为现实但还没有转化为现实的可能性。弗兰西斯·培根在唯物主义经验论的基础上考察能力与知识的关系，喊出了“知识就是力量，力量就是知识”的著名口号，把人类关于自身能力的认识提到了一个新的高度。康德在欧洲哲学史上第一次明确提出了对于主体认识能力的考察，揭示出感性、知性和理性这三种认识能力或认识形式，并以此来勾画认识发展的过程和阶段。但是，他把人的认识能力归结为先天具有的，认为人们凭借这种先验认识能力只能认识事物的现象，不能深入事物的本质，后者是不可认识的自在之物。这样他便由限定主体认识能力而陷入不可知论和信仰主义。康德软弱乏力的主体认识能力观激发起费希特从主观唯心主义的立场上抽象地发展主体的能动性。费希特赋予作为主体的“自我”以无限的创造能力，它不仅能设定自我自身，还能按照自己的需要设定作为自我对立面的非我，又能在自我与非我的相互作用中以自我为基础去实现自我与非我的统一，而实践则是自我作用于非我的活动。黑格尔在彻底客观唯心主义的立场上考察主体能力。他把主体规定为无所不知、无所不能的绝对理念或世界精神，赋予主体以创造客体和认识客体的无限能力；并把主体按照自身的理性创造客体、消除客体的片面性的活动叫作实践。黑格尔关于主体能动性的思想给马克思以深刻的影响。但黑格尔的主体能力观并不科学。他把主体规定为脱离现实的绝对精神，因而其无限的能力不过是被他加以夸大从而可以凭空创造一切的纯粹思想力量。费尔巴哈批判了黑格尔神秘的唯心主义主体观，把主体规定为“以自然为基础的现实的人”，认为主体恰好具有把握客体的足够的感官，因而有能力认识和作用于客体。另一方面，他又突出强调客体对主体作用的制约性，认为主体把客体的本质作为自己意志的极限，我们对客体所能做的既与我们的能力有关，在同样的程度上也与客体的能力有关[①]，因此，主体的能力是有限的。费尔巴哈的这些思想也给马克思以重要的影响。费尔巴哈讲的人是脱离社会的抽象的人，他也讲实践，但他并不真正懂得革命的实践批判的活动的意义，这就使得他也没有能够科学地说明主体能力的产生、形成与发展。

二、主体能力——马克思对能力范畴的哲学界说

主体能力是马克思从哲学角度研究人的能力时的用语。[②]

批判地吸收人类已有的丰硕思想成果，以在一定社会历史条件下从事实践活动的人为主体，通过对主体的社会本质和内在要素的揭示，在对主体和客体对象性关系的具体分析中，从认识能力和实践能力的辩证统一中揭示主体能力，这是马克思对历史上关于人的能力问题研究的革命性总结和独创性贡献。

首先，马克思抓住人的社会属性，把对人的能力的研究纳入对主体社会本质的考察之中，揭示出主体能力是作为社会主体的人所必须具有的能够表现、实现和确证自己的社会本质的内在力量。在马克思看来，作为主体的人，是在一定的社会历史条件下从事着实践活动的人。因此，人的本质不在于它的自然性，而在于它的社会性。相应地，主体能力作为人的本质力量实际上是一种社会力量，它的产生、形成、发展和发挥作用都离不开社会历史条件，离不开人类的社会实践活动。这样，马克思就把对能力问题的研究第一次置放到了完全科学的基础之上。

其次，马克思把人的社会关系具体化为主体和客体的对象性关系，把对人的能力的研究纳入对主体和客体对象性关系的考察之中，揭示出主体能力是主体和客体的对象性关系得以建立的必要条件之一。马克思认为，人的社会关系不是抽象的，而是具体的，它存在于并表现在主体与外部世界不同客体的对象性关系之中。那么，主体与客体的对象性关系怎样才能建立起来？马克思认为，这需要一定的条件，取决于对象的性质以及与之相适应的本质力量的性质[③]。在对象方面，一是它

① 费尔巴哈哲学著作选集(上)[M].荣震华，李金山，译.北京：商务印书馆，1984：527.

② 马克思恩格斯全集(第42卷)[M].北京：人民出版社，1979：126.

③ 马克思恩格斯全集(第42卷)[M].北京：人民出版社，1979：125.

的有用性，能满足主体的某种需要；二是它的可知性，其内在属性通过一定外在形式表现出来并能为主体所认识和把握。而在主体方面，则不仅要有对于对象的某种需要，更重要的在于具有按照对象的存在方式认识、把握以至改变它的能力。如果主体不具备相应的能力，则好比聋人之于音乐、盲人之于绘画，就不可能以特定方式把握以特定形式出现的客体，主体和客体之间的对象性关系就无法建立起来。

再次，马克思具体地分析了主体的多种规定性，把对人的能力的研究纳入对其与主体需要和主体活动的关系的考察之中，揭示出主体能力是主体通过自己的对象性活动生产出对象性产品来满足自己的对象性需要的内在根据。马克思认为，主体和客体之间对象性关系的建立，首先在于主体对于客体的需要。正是为了满足那些直接属于人的本性的需要，人们总是通过积极的活动来取得一定的外界物。在主体的需要与主体的活动之间，存在着一个中间的环节，这就是主体的能力。主体的活动是主体能力在特定环境中对特定对象的展开和实现，是其外化和表现。人们只有具备了一定的能力才能从事一定的活动。而且，活动的方式取决于主体能力的性质；活动的范围取决于主体能力的水平；活动的强度取决于主体能力的大小；活动的成败取决于主体能力能否得到正确的发挥；活动的结果即对象性的产物，则是主体能力创造性的具体表现，是人的本质力量的公开的展示①。

最后，马克思全面地分析了主体和客体对象性关系的具体内容，揭示出主体能力是认识能力和实践能力的有机统一。马克思认为，就主体和客体对象性关系的具体内容而言，可以分为两个最基本的方面：改造与被改造的关系，即实践关系；认识与被认识的关系，即认识关系。相应地，主体能力就其功能而言，也可以分为两个最基本的方面：实践能力和认识能力。实践能力指主体所具有的能动地改造客体的才能方面，它有无限多样的具体形式。按客体的类型分，有变革自然客体的物质生产能力，有变革社会客体的社会活动能力，有探索创新的科学实验能力，还有以变革社会思想为目的的精神生产能力等。就人们的活动方式而言，有工具运用能力、技术操作能力、设计规划能力、计划运筹能力、组织管理能力、医疗诊治能力、科研著述能力、教学授课能力……这

① 马克思恩格斯全集(第42卷)[M].北京：人民出版社，1979：128.

每一项又可因对象、目的、作用等的不同而分出若干的类别。认识能力指主体所具有的能动地反映客体的才能方面，它包括对客体的反映能力、评价能力和情感体验能力等基本的方面，通过无数的具体形式而存在：感觉能力、知觉能力、思维能力、注意能力、记忆能力、想象能力、言语表述能力、创造能力、预见能力……主体正是通过它们在观念上反映和把握着多样的客体及其多种方面。在现实生活中，没有脱离实践的认识，也没有不包含认识的实践。相应地，正是认识能力和实践能力的有机结合，构成了具有完整功能的主体能力。

由上可知，在马克思看来，主体能力，既在社会实践中形成而又潜在于主体内部，并在主体和客体的对象性关系中表现出来的客观的、能动的力量，是认识能力和实践能力的统一。正是凭借这种力量，主体能够从事有目的、有意识的社会实践活动，并通过这种活动来能动地反映和改变客体，满足自身的需要。也可以说，主体能力是作为主体的人所具有的为了满足自己的社会需要而在一定社会关系中从事对象性活动的内在可能性。

三、主体能力的基本要素和内在结构

能力的要素和结构是近年来心理学、教育学等具体学科注意较多的问题之一。但出于各自的特殊角度，人们主要在能力与生理机制、能力与体力、能力与智力、能力与熟练的技巧、能力与知识等的关系上争议较大。不同论者往往各执一说，相持不下。这种情况向我们表明，主体能力不是单一要素组成的简单结构，而是多种要素有机结合而成的复杂整体。相应地，要把握主体能力，仅仅孤立地考察其中的个别要素是远远不够的，而应该系统地做综合的考察，全面把握能力的整体，并在其与活动的关系中考察主体能力的要素和结构。主体的活动是主体与客体之间进行的物质、能量与信息交换的过程。只有主体能力全面地包含着这三个方面，活动才能顺利进行。马克思在《资本论》中正是从这三个方面揭示劳动能力，认为它不仅应指以“臂和腿、头和手”为基础的人“身上的自然力”，而且必须包含得到自觉意识的“目的”，还应包含“作为注意力表现出来的有目的的意志”①。从马克思的分析可以看

---

① 马克思恩格斯全集(第23卷)[M].北京：人民出版社，1972：201，202.

出，主体能力就其要素而言，至少应包括三个最基本的方面。

1. 人本身的自然力[①]

人本身的自然力是主体的自然机体中潜在的特殊才能。人是自然界发展的最高产物，人具有自然力、生命力，是能动的自然存在物；这些力量作为天赋和才能……存在于人身上[②]，使得人们不仅具有与自然物质相适应的物质的自然力，因而可以与其进行直接的物质交换，而且具有为自己所独占的精神力量，因而不仅能消极地适应自然界，还可以能动地认识自然规律、改造自然界，甚至创造出自然界根本不可能自动发生的工业等客观过程。因此，人本身的自然力是人的物质力量与精神力量的有机统一，是精神支配下的物质力量或有物质武器的精神力量，是人的体力和智力的总和。人本身的自然力以人的整个有机身体作为自己的物质基础。在更具体的意义上又可按其解剖的和生理的特征分为两个主要方面。其一，以一定方式按一定结构组织起来的感官、大脑和神经系统，这是主体感知、思维功能的物质基础，是主体接收、采集、存储、识别、转换、再生、传递和控制各种信息的生理机制，也是人的情感活动和意志行为的物质载体。其二，掌握一定技巧的手和脚、运动器官和调节系统。这是执行大脑指令的效应器官、动作系统，是主体体力发动的物质载体。在更广泛的意义上，人本身的自然力还包括作为人的各种自然器官和肢体延长的各种工具系统在服务于人的特定目的时所产生的功能。而且，随着科技技术的发展，主体能力的发展将主要在各种工具和仪器的改进和创新中获得并表现出来。

2. 为主体所掌握并进入主体活动领域的知识

知识的生产、传播和运用，是人类社会所特有的现象，是人作为有意识的存在物的特殊产物。知识首先是作为人的已有认识成果而出现的。但知识一旦生产出来并为主体所掌握，便对主体的活动具有指引和向导的作用，成为主体能力结构中非常积极的因素。知识要素在认识活动中主要是作为主体描述和理解客观对象的背景材料而发生作用的。认识过程是主体已有知识与关于客体的信息、映象相互作用的过程。因此，主体有没有与客体相关的知识、知识的多与少、知识的正确

① 马克思恩格斯全集(第 46 卷 · 上)[M]. 北京：人民出版社，1979：486.

② 马克思恩格斯全集(第 42 卷)[M]. 北京：人民出版社，1979：167.

与否等,便对认识及其结果发生着非常重要的影响。在实践活动中,知识要素主要是作为主体改造客体的目的和方法而发生作用的。实践目的是主体依据对客体的价值评价而做出的关于主客体关系未来理想发展前景的预测和展望,它常以人们向往的目标、追求的理想、预定的任务等形式表现出来,调节主体活动的动机和方向。实践的方法是主体对实现实践目的的具体途径、所需手段和活动方式在观念中的模拟和规划,它常以设计规划、工艺流程、施工方案以及路线、方针、政策、计划、措施等形式出现,对主体的活动进行方式和强度的调节。在现实生活中,知识的内容和能力的性质都是具体的,特定内容的知识和特定性质的能力是对应的。因此,对于特定主体来说,只有为其所掌握并与其特定活动对象具有内在联系的知识,才能成为其能力结构中的内在要素。

3. 对实现主体活动目的起积极作用的情感和意志

长期以来,我国学术界对情感和意志的研究往往局限于心理学等具体学科之中,在哲学的认识论中则不注意研究情感和意志的问题。近来有的论者开始提出要重视主体结构中的非理性成分、非智力因素的研究。笔者认为,这是对的。情感尤其意志与认识一样是人类心理活动的两个不可分割的方面,不仅应成为哲学的研究对象,而且就其实际作用来看,应成为主体能力结构中不可缺少的重要因素。

首先,情感和意志是主体任一自觉活动过程所必不可少的非智力因素。情感是人对客观世界的一种特殊的反映形式,是伴随着主体对客体的认识而产生的对客体是否符合自己需要的态度的体验,通常以满意或不满意、肯定或否定、赞赏或厌恶、愉快或忧愁、愤怒或恐惧等心理状态表现出来,对主体的活动起积极或消极的作用。意志是主体在一定理性支配下自觉地确定活动目的,并为实现预定目的而有意识地支配和调节其行动的心理现象,是人的意识的积极的调节方面。主体的任何活动,总是与自身的一定需要相联系,并为了一定目的而自觉地进行。因此,这种活动总是伴随着主体对客体的情感体验和自觉活动的意志动力。恩格斯曾明确指出:在社会历史领域内进行活动的,全是具有意识的、经过思虑或凭激情行动的、追求某种目的的人。[①] 当然,情

① 马克思恩格斯选集(第4卷)[M].北京:人民出版社,1972:243.

感与意志的作用方向并不总是一致的，有时会出现背离。消极的情绪就对主体的意志起着涣散、麻痹的作用。但从总体上看，情生意，意生情，二者共同构成主体任一自觉活动中必然存在的非智力因素。

其次，意志行为是主体能动性的突出表现。意志行为是人在一定的动机和目的的支配下，自觉地调节自己的活动方向、活动方式和活动强度等。它常常表现在人们为了某种更为长远的需要或更高尚的目的而控制自己的眼前利益和愿望，甚至承受一定的痛苦，做出一定的牺牲。而这正是人的主体能动性区别于动物的本能式冲动的根本之处，是人类不断地在自然界打上自己的印记的根据所在。

再次，情感意志是主体能力结构中的动力因素，是主体排除内外干扰、战胜各种困难、争取目的的实现的重要源泉所在。在其他条件相同的情况下，意志品质不同的主体会有不同的成就。美国心理学家特尔曼对一千多名男女儿童追踪观察了30年后，发现在800名被试者中，20%成就最大的与20%成就最小的人相比较，最明显的差别是两组人的个性意志品质不同。前者自信，有强烈的进取心和不达目的不罢休的意志能力，后者则缺乏自信。正是由于情感意志在主体活动中具有如此重要的作用，马克思明确指出：激情、热情是人强烈追求自己的对象的本质力量。[①]

在主体能力的上述三个要素中，人本身的自然力是主体能力结构中的物质方面，是主体与客体之间物质、信息和能量变换的窗口和门户；知识是主体能力结构中的信息方面，起着主导作用；情感意志是主体能力结构中的能量方面，它直接控制着主体活动的发动与停止，调节着活动能量的强弱与速度，控制着主体活动持续时间的长短，尤其是推动着主体克服各种困难去实现自己的目的。这三个基本要素互相依存、有机结合，构成了完整的主体能力，为主体从事任一自觉的活动提供了内在根据和可能。

四、主体能力的基本特征

在上述分析的基础上，进一步依照人们的认识秩序，多方位地考察主体能力的基本特征，有助于我们在个别与一般的结合上，从总体上把

① 马克思恩格斯全集(第42卷)[M].北京：人民出版社1979：169.

握主体能力。

1. 主体能力是潜在性和现实性的统一

主体能力由潜在形式向现实的转化,是我们从总体上考察主体能力时首先要遇到的一个问题。主体能力就其存在的具体形态而言,有两种基本的状态:静态的和动态的。当主体能力以静态的形式存在于主体的身体内部时,是主体从事某种活动的潜在可能性、内在力量,这就是主体能力的潜在性。一旦主体能力被加以发动、投入运用,则以动态的形式存在,表现为一种现实的、可感的、具体的力量,这就是主体能力的现实性。主体能力是潜在性和现实性的统一。这种统一,是对主体能力客观性的有力说明。不论主体能力以动态的还是静态的方式存在,都是一种客观的存在。如果没有这种客观存在,人们就无法从事具体的现实的活动。正由于主体能力是一种客观存在,它才可能成为人们认识、反思的对象,并为人们所自觉地改进和发展。

2. 主体能力是独特性和多样性的统一

一旦主体能力展开为现实的活动,它在性质上的差异便明显地表现出来。主体能力的独特性指主体能力的具体形式由于先天遗传因素和后天培养训练而在素质、结构和功能等方面表现出来的质的区别。由于这种区别,具有特定能力的主体表现出更适应于或只能从事特定形式的活动,并通过这种活动与特定客体或其特定方面发生特定方式的联系。马克思说:眼睛对对象的感觉不同于耳朵,眼睛的对象不同于耳朵的对象。每一种本质力量的独特性,恰好就是这种本质力量的独特的本质,因而也是它的对象化的独特方式,它的对象性的、现实的、活生生的存在的独特方式。[①] 由于主体需要的多样性和客体存在形式的多样性,作为主体能力独特性的存在条件的是主体能力的多样性。主体能力的多样性指特定主体为了满足自己的多方面需要而在自己所处的多样性环境中从事多种形式的活动的能力。高度分化而又高度综合的社会分工,既是主体能力的独特性充分发展的必然产物,又是主体能力的多样性的具体表现。主体能力是独特性与多样性的统一。这种统一,揭示了主体能力的丰富性。正是由于这种丰富性,主体与客体之间全面而又具体、丰富而又多样的对象性关系才得以建立和发展起来,人

① 马克思恩格斯全集(第42卷)[M].北京:人民出版社,1979:123,125.

们才能以一种全面的方式……占有自己的全面的本质。[①]

3. 主体能力是层次性和系统性的统一

从社会的整体的角度来看,主体能力是一个有着内部层次结构和系统功能的有机整体。对于一个社会来说,主体能力的存在层次参差交错、复杂纷繁,但在观念中,我们可以大致把它们看作三个最基本的层次。①个体能力:存在于具有社会性的个别主体身上的能力,是主体能力存在的最基本、最直接的形式。②集团能力:由一定质量和数量的个体能力为了一定目的而按一定方式有序地组合起来的能力的总和,它的内部又可分出若干亚层次。③社会能力:以全社会的劳动者为主体所具有的从事物质生产和精神生产的全部能力的总和。主体能力的各个层次都分别以不同形式包含着人本身的自然力、知识和情感意志这三个基本要素,并都具有认识和实践这双重功能,从而自成相对独立的能力系统。同时它们又作为更大系统中的子系统而发挥着各自单独所不具有的功能,并由此而趋向于整体功能最优。最能表征主体能力的系统性特征的,是它对自身作用的自控功能。主体能力发挥作用的过程,就是人以自身的活动来引起、调整和控制人和自然之间的物质变换的过程。为了使自身力量按质、按量、适时地集中作用于预定目标,保证目的的实现,主体不仅要积极地发起和推进活动,而且必须使这种力的活动受他自己控制[②]。在主体能力的自控机制中,知识要素既规定了活动的方向和方式,是力的发动的依据,也就成了力的控制的依据和基本参照系。主体的自我意识是自控系统中的信息反馈机制,它不断地通过自我感觉、自我观察、自我分析、自我评价、自我判断等具体形式对活动过程进行着自我反映和自我监测。情感意志则不断地通过自我指挥、自我命令等对活动过程从方向、方式、强度、速度等进行着自我调节和自我控制。在这里,意志是自控系统中的积极的调节的方面。对个体来说,整个活动期间都离不开“作为注意力表现出来的有目的的意志”。对于集团和社会来说,只有意志统一才能把不同个体和不同集团的无数互相交错的力量融合为一个总的平均数,一个总的合力[③]。在不

---

① 马克思恩格斯全集(第42卷)[M].北京:人民出版社,1979:123,125.

② 马克思恩格斯全集(第23卷)[M].北京:人民出版社,1972:201,202.

③ 马克思恩格斯全集(第4卷)[M].北京:人民出版社,1972:478.

同的社会历史条件下，意志统一采取着不同的具体形式。只有公有制的建立才为全社会自觉的意志统一提供可能，使得主体能力能够得到最大效益的发挥。而这正是社会主义、共产主义制度优胜于任何剥削制度的最根本之处。

4. 主体能力是有限性和无限性的统一

主体能力的有限性，指在一定社会历史条件下成长起来并从事活动的具体主体由于内部结构的局限和外部条件的制约而只具有认识和改造客体的有限能力。他们只能认识到外部世界中有限范围、有限领域中的有限对象及其有限方面，并根据这种有限知识制造出有限的工具，在有限范围、有限水平和有限程度利用和改造客体，满足自己的有限需要。但是，主体能力又是无限的。就人类总体及其历史延续和无限发展来看，主体又具有全面地、完整地、准确地认识一切客体的一切方面，并依据这种认识能动地利用和改造客体，满足自己的一切需要的能力。主体能力之有限性与无限性的辩证统一，是在人类社会的世代延续和无限发展中逐步实现的。科学的发展，技术的进步，新知识、新材料、新能源、新工具的发明和创造，是主体能力发展的直接杠杆。从有限性与无限性的统一中把握主体能力，就使得我们对认识的有限性与无限性、真理的相对性和绝对性、实践标准的确定性与不确定性等问题的认识进入了更深的层次。

5. 主体能力是社会性和历史性的统一

社会性和历史性分别从空间与时间、横向与纵向这两个方面表征着主体能力与外部条件、客观环境的关系。主体能力存在于处在一定社会条件下、居于历史发展一定阶段中的主体身上，其形成、发展、作用以至具体形态都依赖一定的社会历史条件及其发展，这就是主体能力的社会历史性。

首先，满足不断发展的社会需要是主体能力形成和发展的内在动力。能力与需要、活动，在水平上具有对应的性质，处于一种伴随着不平衡又趋向平衡的动态平衡之中。在这里，平衡态被打破、平衡向不平衡转化，主要是由新需要的产生所引起的。新需要只能通过新的活动方式来满足，从而要求主体能力的新发展。正是在这种意义上，马克思把人的需要的丰富性看作人的本质力量的新的证明和人的本质的新的充实。[①]

其次，继承和创新是主体能力形成和发展的基本形式。继承性侧重指社会已有物质和精神文化成果对主体能力形成及发展方向的影响和制约，它主要是通过生物性遗传和后天教育训练这两条基本途径在主体成长过程中实现的。而主体能力一旦形成，便具有自我完善、自我发展的倾向和趋势，并在满足不断发展的新需要的刺激下和活动中发展自身，这就是主体能力的创新性。正是由于主体能力的发展是继承与创新的统一，人们才能一方面在完全改变了的条件下继续从事先辈的活动，另一方面又通过完全改变了的活动来改变旧的条件。[②]

再次，社会实践的历史发展决定着主体能力的历史形态。主体能力的历史发展，既指个体能力的发展，又指集团能力和社会能力的发展。在特定的历史条件下，它们的发展并不总是同步的，甚至会有背离的情况。马克思曾以作为社会实践发展水平重要标志的分工为主线，将人类历史进程划分为三大社会形态，相应地揭示了主体能力在漫长历史发展过程中所采取的主要历史形态。在自给自足经济社会中，与低下的社会实践水平相适应，作为低水准的社会能力之组成部分的，是个体能力相对全面的发展。独立的农民或手工业者所发挥（虽然是小规模地）的知识、判断力和意志[③]，是主体能力在这一历史时期所必然采取的社会形态。在商品经济充分发展的资本主义社会中，作为整个社会生产能力全面而丰富发展的条件的，是个体能力的相对贫乏和片面化。在消除了旧式分工和私有制的社会中，全面而高度发展的社会能力将以个体能力的全面而充分发展为条件，并在这种发展中得到实现。当然，这种境界的实现是一个过程。社会主义社会就是实现这一美好境界的具体途径。正是这个已经产生的社会，创造着具有人的本质的这种全部丰富性的人，创造着具有丰富的、全面而深刻的感觉的人作为这个社会的恒久的现实。[④]

---

① 马克思恩格斯全集（第42卷）[M]. 北京：人民出版社，1979：132.

② 马克思恩格斯全集（第3卷）[M]. 北京：人民出版社，1960：51.

③ 马克思恩格斯全集（第23卷）[M]. 北京：人民出版社，1972：400.

④ 马克思恩格斯全集（第42卷）[M]. 北京：人民出版社，1979：126，127.

第十七章 “文化围城”与比较文化研究

在比较哲学与文化研究中，普遍存在着“围城现象”，即“城内”与“城外”的人有着完全不同的认识与评价。这种现象的实质是文化隔阂与文化屏障，以及由此带来的文化偏见与文化误解。从本体论来说，各种文化内部有一定的趋同性和统一性，由此形成一定文化传统，因此会造成隔阂。从社会政治方面来看，不同民族、国家文化发展程度不同，会形成时代性差异。从认识论来说，人们的文化背景、生活阅历、经验知识、思维模式、情感方式、价值取向等都受所处文化体系的深刻影响，因此在认识不同文化时会出现偏差。文化沟通与文化理解也不是纯粹的认知活动，还带有评价性质，受价值评价活动影响，这是其价值论基础。即便文化隔阂的存在有着必然性，但比较文化研究可以促进不同文化之间交流学习，以更紧密地联结成一个整体。我们应立足基本的合理性标准，尽可能消除偏见，深化比较哲学和文化研究。

在比较哲学与文化研究中，普遍存在着"围城"现象，其实质是文化隔阂与屏障问题，以及由此带来的文化误解与文化偏见。它导致两种极端行为：一是文化隔障的双方都把文化的认同性视为保守，从而完全否定本源文化而向往他源文化；二是文化隔障双方均完全肯定本源文化而否定他源文化。由此在比较哲学与文化研究中出现了"欧洲中心论""中华文化主流论""儒学主导论"等观点。造成"文化围城"现象的原因是多方面的，不同文化体系之间必然存在的排他性与互斥力、文化偏见与文化歧视，是造成文化隔障的本体论与政治的根源，而不同文化背景下人们的认识水准、思维模式、价值取向、情感方式的差异，则是其认识论根源。因此，在世纪之交我们应该以博大的胸怀、科学的态度，克服跨文化之间的壁垒，突破隔阂，超越自我，合理评价本源文化与他源文化；以理解心态面对异境文化，汲取他源文化的现代因素；在保持与改革、维护与批判中实现中国文化的本源重建。

一、跨文化交往中的"围城"现象及其实质

钱钟书先生写《围城》，描绘了一种非常普遍的文化现象，即城里的人想逃出城，而城外的人想冲进城。这就像在中西哲学与文化比较研究中，不少中国学者尖锐批评中国传统文化，主张西化以至全盘西化，而一些西方学者非常看好中国文化，有的甚至认为 21 世纪是中国文化的世纪。这就提出了一系列值得深思的问题：为什么对于同一文化事实人们会有如此不同甚至完全相反的认识和评价？如何认识比较哲学与文化研究中的文化隔阂与文化屏障？是否可能克服和超越比较文化研究中的文化偏见与文化误解？如何才能达至一种更为合理和有益的文化认识与文化评价？

笔者认为："文化围城"现象的实质是文化隔阂与文化屏障，以及由此带来的文化偏见与文化误解。为什么城里的人想逃出城，而城外的人想冲进城？是因为他们对城里与城外的生活有不同的经验、认识和评价，而这不同的经验、认识和评价导致他们之间正好相反的行为选择。进一步追问他们为什么会有这些不同的经验、认识和评价，原因非常复杂，但最根本的是由于城堡的壁垒和隔障而造成的跨文化隔阂与误解。

以上是跨文化隔障的一种现象，其实跨文化隔障还通过另一种相

反的现象表现出来，即城里的人只愿待在城里怕出城，而城外的人则怕进城。这也是一种相当普遍的文化现象，古今中外，不乏其例。因此，文化隔阂与文化屏障的功能是双重的，或双向的。它造成两种极端的现象：一种是文化隔障的双方均完全否定本位文化而向往他源文化，这就是城里的人想出城，城外的人则想进城；另一种则是文化隔障的双方均完全肯定本位文化而完全排斥他源文化，其表现则似城里的人怕出城，而城外的人怕进城。

在上述两种意义上，大概不会有人否认"围城"现象在比较哲学与文化研究中的广泛存在。

在比较广泛的意义上，我们知道，一方面，既有西方人大谈"西方的没落""工业文明的危机"，青睐中国文化、东亚文明，也有中国人大批"黄色文明"、中国人的国民性、传统文化的劣根性等，主张全盘西化。另一方面，既有西方人坚持"欧洲中心主义""西方中心主义"，歧视东亚文明，警戒"黄祸"，拒斥第三世界文化，也有中国人坚持中国文化本位，片面固守中国传统文化，拒绝向西方先进文化学习。应该说，各种形式的民族虚无主义和狭隘民族主义、本位主义、地方主义正是跨文化交往与比较文化研究中"围城"现象的极端表现。

因此，无论在跨文化交往还是跨文化研究中，"围城"现象都普遍存在。这里简单地讨论到底是应当进城还是应当出城，对事情本身不会有太大帮助。问题的关键在于搞清造成"围城"现象的文化隔障的缘由和根源，在此基础上研究超越文化误解的可能性及其合理途径。

二、跨文化隔障的多方位透视

跨文化交往和比较文化研究中的文化隔障，有着非常深厚的本体论文化基础，这就是不同文化体系之间必然存在的排他性和互斥力。各种文化体系或文化系统，为了保持自身的规定性和统一性，都需要并且必然产生出一定的趋同性和统一性，都需要并且必然产生出一定的向心力和内聚力。这种趋同性和内聚力常常依托一定的自然-地理环境，并以一定的人种、肤色、语言为基础，形成一定的生产方式、生活方式、思维方式、情感方式、评价方式等。正是这各方面的整合力量把一定个体纳入一定的文化群体之中，相互认同，彼此依存，形成一个文化整体。而这种趋同性和内聚力在文化演进的历史过程中以文化遗传的方式得以继承、巩固和发展,形成一定的文化传统。这种传统使一定的文化系统内部的各要素、各方面、各层次间趋同、内聚、整合、保持齐一,并作为整体而与其他文化体系趋异、互斥。当不同文化体系之间以种种方式发生接触和碰撞时,则一定文化体系的内聚力和趋同性转化为对外的趋异性和扩散力,它力图渗入、瓦解、同化他源文化,将其整合到自己的文化体系之中。而对他源文化来说亦是如此,一方面力求抵御外来文化的渗入、侵袭和瓦解,另一方面则力求同化、整合外来文化。于是在本土文化与外来文化之间形成矛盾、冲突与碰撞。跨文化差异转变为要么是文化保守、文化禁锢,要么是文化扩张、文化侵略。这种文化矛盾与文化冲突正是不同文化体系之间,或带着不同文化背景的文化要素之间相互交往时必然产生的普遍现象。这就是跨文化交往中的文化隔障。这种隔障就像那堵把城里人与城外人隔离开来的城墙,妨碍着不同文化体系的人们之间的实际交往和沟通,并造成现实的文化壁垒和文化隔阂。应该说,这种本体论意义上的文化壁垒和文化隔阂是造成比较文化研究中文化偏见和文化误解的对象性基础,或叫客体性基础。

妨碍文化理解和文化沟通的另一个重要因素来自社会政治方面,这就是我们通常所说的文化偏见与文化歧视。在人类文明发展的历史进程中,一定的民族、国家领先于人类文化发展水平,而一定的国度或民族则落后于常规发展速度和水平,造成不同具体文化体系在文化发展水平上的时期性和时代性差异。从进化论的角度看,这是文化运行中不均衡发展规律的必然表现。这时,不同文化体系之间的共时态交往,又常常带有历时态差异的特征,它表现为一种不同文化时态或不同发展水准的交往,或者说是一种不等位交往。承认文化体系发展的不平衡性和不同文化体系之间的时期性或时代性差异,找好各自在文化发展历程中的位置,并相应调整从事比较文化研究的视角和思路,则有可能达到对这不同文化体系的正确认识和合理评价。而强化和夸大这种差异则会造成文化自卑或文化自傲,导致各种形式的文化偏见与文化歧视。社会达尔文主义和狭隘民族主义可以看作其两种极端。一些学者将其叫作思想帝国主义、文化帝国主义与文化保守主义、文化种族主义。然而,两极相通,其都根源于文化隔障。文化偏见与文化歧视往往产生在那些发达国家、领先文化的代言人。目前西方一些人士对包括中国在内的一些国家的所谓人权问题、社会问题、民主问题说三道四、指手画脚，在很大程度上正是这种文化偏见和文化歧视的一种现实表现。文化偏见与文化歧视也发生在相对落后的国度和民族，其极端表现便是各种形式的种族主义和民族主义。

即使不带什么政治偏见来从事跨文化交往和比较文化研究，也不一定就能达到正确的文化理解和文化研究，也不一定就能达到正确的文化理解和文化评价。文化隔障还有其重要的认识论根源。从研究者的主体因素方面看，任何研究者都不仅要经过漫长的文化教育和文化熏陶才能成长为一个现实的主体，而且其在任何时刻都不可避免地生活在一定的文化形态之中，因此无论在什么意义上其都必然是一定的历史文化和现实文化的产物。其文化背景、生活阅历、经验知识、思维模式、情感方式、价值取向等都必然极为深刻地打上一定文化体系的烙印，并作为一种必然和必要的主体性因素而参与到其认识活动中，影响其认识的结果。这种影响到底是正面的还是负面的，积极的还是消极的，取决于主体性要素与相应文化客体之间的对应性和相关性。应该说，人在认识活动中的主体性，既是正确的文化认识和文化理解的必要条件，也是文化误解和文化偏见的可能通道。这里关键的问题就在于能否自觉把握和调整主体发挥的方向、方式和途径。从文化认识与文化理解的中介条件来看，沟通渠道的梗阻，既可能造成无知，也可能造成误知，而不同语言符号系统之间在转换和通约方面的困难和障碍，也是带来文化误解和歧解的重要中介因素。前些时候在英国利物浦大学主办的国际性哲学电脑信息网络上，学者们热烈地争论了一个非常有趣的问题：应当在哪里和用什么语言学习康德和海德格尔哲学。一些英国师生认为只有用德语学习康德的《纯粹理性批判》，才能真正理解康德的本来哲学思想；一些德国学者则觉得学了英语并先读该书的英译本才比较容易理解康德。有的英国学者觉得在德国学习康德和海德格尔比较容易达到理解；而有的德国学生则表示其感到只是在美国才真正懂得了康德和海德格尔，凡此种种。这场正在继续进行的争论不是已非常鲜明地表现出语言、语境与文化背景在文化沟通与文化理解方面的普遍意义了吗？

文化沟通与文化理解不但是一种纯粹的认知活动，而且是一种积极的价值评价活动，而且沟通和理解的方向、水平与程度在很大程度上受到价值评价活动的影响。文化歧视与文化误解主要是因为受到文化评价的误导。因此,文化隔障有其特殊的价值论基础。任何形式的文化体系,本质上同时又是一种价值体系,而且是一种相对独立的价值体系。任何人类活动总是为了一定的需要和利益并在一定目标的驱动下以一定方式展开的,其结果往往指向一定的价值主体,满足其需要,符合其利益,因而具有特定的价值取向。在不同个体、群体、民族以至国度之间的需要、利益和价值取向存在差异、矛盾乃至冲突的情况下,大多数人类行为具有价值非中立性。他们的活动及其结果往往只能满足一定价值主体的需要,却不一定能同时满足其他价值主体的需要,甚至要以牺牲或损害其他价值主体的需要为条件和代价。这正是不同文化体系之间相互排斥、对立的重要内在原因之一。不同文化体系包含着不同的价值观念、评价标准,它们构成一定文化群体的理想与信念的价值基础。不同文化体系的碰撞与冲突,既有实际利益的对立与差异,也有价值观念和价值理想的冲突。而这种冲突作为一种价值本体论的基本因素,必然引起价值评价上的冲突。对于同一文化事实或文化行为,不仅存在着文化认识和文化理解上的正确与错误的差异和区别,还会产生文化评价与文化态度上的差异与对立。而价值因素与人们的实际需要和利益紧密相连,具有更强的排他性、互斥性。因此,文化评价与文化态度方面的差异与对立常以更加明确和尖锐的形式表现出来,并造成人们之间在文化行为方面的对峙与冲撞。这就是"文化围城"现象的价值论原因,无疑也是为什么在当前国际形势下东西之间、南北之间形成巨大对峙的关键所在。

三、探寻比较文化研究的合理性及其实现途径

上述关于文化隔障的本体论、社会政治学、认识论和价值论分析,表明文化隔障的存在具有某种必然性。那么,比较文化研究是否还有必要和可能呢?比较文化研究的合理性何在?如何才能达到更为合理的比较文化研究呢?

比较文化研究的必要性,客观地说,主要是从低阶文化自我发展的客观需求中产生的。自觉到落后于其他国家或民族,又不甘于继续落后下去,有了发展的愿望,便需进一步探索发展的具体目标与途径,这时最直接与最有效的办法是向高阶文化学习,从中发现和借鉴适合自

己发展的方式与道路。人类文化的共通性和普遍性使这种学习成为必要和可能。对于在发展水平上处于领先地位的国家和民族来说，其眼光主要是向前看，其主要任务是去发现和创造新的方向和途径，因此，对其来说，比较研究更多地在于其学术意义。当然这也并不排除发达国家从别的古老文化传统中借鉴、吸收某些对于其解决当前紧迫问题有教益、有启发的思想和观念。当前一些西方学者或政治家对中国文化中某些思想的青睐和看重，即属此类。但从总体上看，比较文化研究主要是对相对落后的国家和民族来说更有紧迫和直接的现实意义。这大概正是比较文化研究在发展中国家更为盛行的重要原因。

比较文化研究的可能性，原则上可以从上述的本体论、社会政治学、认识论和价值论几种视角加以分析。而最根本之处，则是当代人类文化的整体化、全球化发展，使各种不同形态的文化体系更加紧密地联为一个整体，尤其是在自然生态与人类生存环境等基本方面形成相互依存、同舟共济的格局。在这种情况下，不同文化体系之间的差异和冲突退居次要地位，高阶文化与低阶文化之间的差距相对缩小，发达国家与民族对落后国家与民族的依赖性相对增大，人们有可能在一定程度上超越民族、国度之间的文化差异与文化冲突而在唯一的“诺亚方舟”上共求生存、同谋发展。这就使比较文化研究对于发达国家也显出日益重要的意义，从而为比较文化研究创造了可能。

合理性是个相对的概念。从社会认识论的角度看，所有社会历史认识和社会历史评价的合理性本身都具有很强的相对性。比较文化研究的合理性也不例外。但相对合理性总还是有的。

通常所谓合理性，主要是在有效和有用这两个方面展开的，包含着对真、善、美的追求。在认识论意义上，主要看认识是否达到了正确性和真理性。达到了，则这种认识活动及其方法是有效的、合理的，反之则是无效的、不合理的。从这种意义上，合理性评价的一个重要标准是客观性、科学性、真理性。从价值论意义上，主要看一种认识或行为及其结果是否有用、有利。有用、有利的是合理的，反之则是无效的、不合理的。在这种意义上，合理性评价的又一个标准是有用性、有益性。在美学意义上，主要看一种认识或行为是否完美、崇高、理想，是否符合人们的审美观念和理想追求。完美的、理想的、崇高的是合理的，反之则是不合理的。在这种意义上，合理性评价包含着完美性、理想性标准。

比较文化研究中的合理性问题,原则上也包含着以上三个方面的统一。一定的比较文化研究活动及其结果,既应当是客观地、真实地反映出文化比较的对象各自的状况并达到对其关系的真实理解,具有科学性、真理性,又应当是有利于和有益于促进自己的文化选择和文化发展,具有有效性、有益性,还应当符合人类追求和创造更加美好、更加理想的文化世界的本性,具有规范性、完美性、崇高性。正是在这样一种真、善、美的统一检验和统一测度中,我们可以看到比较文化研究的意义和价值,也可以找到其发展的基本方向。当然,我们这里讲的合理性,并不是一个绝对地、截然地区别于不合理性的东西。在合理性与不合理性之间并不是一条绝对的截然的质的界限,而是一个渐进的过程,是一个存在着量度差异的合理性空间。我们将其叫作合理度,或叫合理性程度,它可以通过完全合理、比较合理、较为不合理、完全不合理等程度概念来加以修饰和测度,达到对比较文化研究合理性在质与量相统一意义上的检验与测量。我们的任务,在于认识到这种合理性程度的差异并通过自己的努力去追求更高的合理度。

探寻增大比较文化研究合理度的可能途径,需要从各种角度全面展开:消除"思想帝国主义"以及相应的文化偏见和文化歧视;选择和建立文化比较的正确参照系,扫除各种信息障碍和沟通屏障,确立正确的评价指标体系;超越个体的文化局限和文化偏好,丰富自己的历史文化知识和理解,等等。既要能进城,又要能出城;既要有自己的文化立场和文化根基,又要防止和超越自己的文化局限和文化偏见。既进山觅宝,又退远观山,从而在历史与现实、局部与全局、个别与整体、个性与共性的统一中达到对相关文化体系的全面把握和理解。

应该说,现代释义学的兴起及其发展,为我们从事比较文化研究提供了重要的研究思路和方法论借鉴。直观地看,解释学的产生,始发于对人文社会科学作为相对独立学科的可能性的关注和对人文社会科学方法论的特殊关注,是个认识论和方法论问题。深层地看,其实际上根源于对人文社会现象与自然现象之间在本体论和价值论意义上的联系和区别以及由此而对认识论和方法论的影响。解释学本身的历史发展,主要是围绕理解和解释这对基本概念展开的。狄尔泰把理解与解释对立起来,认为对自然现象只能用解释,对人文现象则只能用理解,这就把人文社会现象与自然现象、人文社会科学与自然科学、人文社会科学方法论与自然科学方法论绝对对立起来，否认了二者间相互沟通、借鉴的可能性和必要性。亨普尔强调解释在人文社会科学中具有同样重要的地位，认为理解只是提供与动机假说有关、与心理学分析相关的协助方法，要求以解释为基础来统一理解，在解释基础上去理解，实际上是寻求人文社会科学和自然科学之间在自然科学基础上的统一性。而伽达默尔和利科尔则强调理解和解释同等重要，提出以“文本”作为理解的基础，强调理解过程中的视界融合，从而谋求在精神科学基础上寻求自然科学与人文科学的统一性。

在我们看来，比较文化研究作为一种人文社会认识与评价活动，既有与自然认识相区别的地方，也有相一致的地方。因此，既不能只有理解，也不能只有解释，而是既需要解释，也需要理解，是解释基础上的理解和理解指导下的解释。问题在于如何在二者之间保持张力，寻求统一，既要保证理解的客观基础，又要保证解释中主体性的合理有效发挥；既要承认理解的个体性、独特性，又要注意到理解的整体性、共通性，在相对的理解与解释中去达至对对象的更加合理的把握。这无疑是需要也值得专门加以研究、探索的重要课题。这方面的进步无疑有助于推进和深化比较哲学和文化研究。

第十八章　跨文化理解与交往

交往是一种跨文化行为，目的在于促进不同文化之间的交流与合作。人们之间的文化差异有其漫长的地理、历史根源，由此带来了沟通困难和障碍，跨文化交往正是要克服这些差异带来的障碍，扩大文化之间的共通性。跨文化理解的关键是克服文化偏执心态，即自觉或不自觉地将自己的文化作为唯一的标准和尺度来衡量其它文化。要打破这种心态，应充分注意到文化的相对性，努力探寻不同文化体系之间的共通性、协调性，克服和超越自身的局限性，积极创造新的世界文化。

交往是一种跨文化行为，其目的在于促使和帮助不同文化圈层和文化体系的人们之间达到一种相互理解和相互沟通，促成其相互支持与合作。

文化这个概念可以在不同的层面上使用。不同个体、群体，不同社区、民族，不同地域、国度等都可以成为具有不同内涵和意义的文化单位和文化主体。它们之间，都既有某些文化共通性，也有某些文化差异性。人们之间的文化差异性为彼此之间的了解和沟通带来了困难和障碍，使彼此间的交往成为必要。而文化共通性则作为一种相互了解和沟通的基础和前提，使彼此间的交往成为可能。应该说，正是为了克服和减少彼此间的文化差异性，强化和扩大相互间的文化共通性，才产生了交往这种具有特殊使命和特殊方式的人类活动。交往正是作为人类文化内部交流与内部沟通的重要手段和重要途径而发挥着越来越重要的积极作用。

各种性质和形式的文化差异性，就其历史发生而言，根源于各种特殊的人种、语言、地理环境和自然条件等。古人类学和文化学的研究向我们表明，人类文化的内部差异，不仅可以也应当追溯到原始人发展而来的生物种群，还应充分注意到人类所赖以生存的气候、地域环境、自然资源等生存条件的影响和作用。正是这多方面的因素在漫长的人类生存和繁衍过程中，造成不同人种、地域、民族、国度的人们之间在生产方式、生活方式、思维方式、情感方式等方面的巨大差别，并形成社会政治制度、社会心理和思想观念等的巨大差别，构成一定的文化传统和文化体系。处于同一文化体系和文化传统中的人们之间由于在生产、生活、思维、情感方式等方面的共同性和相似性，而比较容易在一定的共通层面上达到相互理解和相互沟通，并由此而产生出一定的趋同性、内聚性，形成一定的向心力、凝聚力。而处于不同文化体系和文化圈层的人们之间则不仅必然具有某种差异性和排他性，从而形成一定的拒斥力和防卫力，有时还产生出某些敌意性和扩张性，以至产生出同化、吞并和征服异质文化的愿望和行动。历史上的文化侵略和民族战争，从深层来看，往往正是根源于这种人类文化内部的差异性。

人类文化的内部差异，不仅有其地域性质和生存空间方面的，还有发展水平和时代特质方面的。在人类文化的总体发展中，其内部的各方面、各地域、各国度之间的发展水平不可能是完全平衡、等速和齐一的，而是有着内部的不平衡性、非等速性和非齐一性，存在着文化发展中所特有的某种时代性差别。不同发展程度的民族和区域文化实际上处于人类文化总体发展过程中的不同阶梯、台阶和级数之上。处于不同文化背景的人们尽管大体上处于同一的绝对时间尺度，但实际上生存于不同的文化时间以至文化时代之中。他们之间在文化空间和文化性质方面的差别，实际上同时又是一种文化时间和文化时代的差别。我们今天常说的发达国家与发展中国家在社会经济和文化发展水平方面的差别，也可以用时间尺度来衡量，即是几十年的经济、文化发展时间的差别。相应地，它们之间的文化冲突，实际上是一种不同文化时代之间的冲突，是处于不同发展等位的文化之间的冲突。在这种意义上，不同文化主体之间在文化心态方面的差别实际上是一种时代性差别。相应地，跨文化理解，不仅是不同地域、不同传统的文化之间的相互沟通与相互理解，也是不同水平、不同时代的文化之间的相互沟通和相互理解，是一种跨时代理解。

跨文化理解的关键，是克服由于文化隔阂和文化落差而产生的文化偏执心态。不同文化背景中的人们由于自己所受的文化教育和文化熏染，在文化研究和文化交流中必然自觉或不自觉地将自己的文化定势和文化价值作为唯一的或基本的标准、尺度和参照来度量、理解和评价其他文化，并将自己的文化观念、文化情感和文化追求作为一种文化定势而倾注到对象之中，从而造成一种巨大的心理反差甚至心理冲突，产生一种被某些国外学者称为“思想帝国主义”的文化心态。这种文化心态的主要特征不是从异文化本身的历史和理念来理解、评价和看待异文化，而是从自己的观念和价值取向来看待、要求甚至改造异文化，从而产生出非常复杂以至根本相反的文化态度和文化解释。

一般说来，处于比较发达、比较先进的高阶文化形态中的人们往往自觉不自觉地带着某种文化优越感，低估其他文化的必然性、合理性、优点，对其加以轻视甚至歧视，企图以自己的先进文化来征服、支配、控制甚至取代低阶文化，产生出一种文化侵略和文化扩张主义的倾向。世界近现代史上的法西斯主义、军国主义、种族主义、社会达尔文主义等，正是这种文化偏执心态走向极端的畸形产物。

而位于相对落后的低阶文化的人们由于承认外来文化的先进性、优越性而可能产生出两种完全相反的文化心态，一种是文化买办主义，另一种是文化保守主义。一些人面对外来文化的入侵而怀疑自己文化的合理性和价值，丧失文化自尊心和自信心，全盘否定以至放弃传统本位文化，不加分析地引入和接受外来文化，成为文化买办。另一些人则为了保存本位文化而固守传统，关上大门，闭关自尊，一概否定和拒斥外来文化，拒绝加入世界文化现代化的历史进程。中国近现代史上的“国粹派”正是这方面的典型代表。

要打破以上文化偏执心态对文化研究与文化交往的障碍，促进跨文化的有效理解、交流，推进人类文化的深度分化、高度综合和一体化发展，应该充分注意到文化的相对性，并努力搜寻不同文化体系之间的共通性。应当看到，一方面，任何具体的文化形态都是一定的自然-人类-社会环境的产物和表现，在其各自的特殊背景中都有其必然性和合理性，都是人类文化体系中不可分割和不可抛弃的实际组成部分，应当给其以应有的地位和充分的尊重。另一方面，任何文化形态各自又都在时空特性、内容和性质方面有自己的历史局限性，都有必要研究外来文化并参照其优点而反省和发展自身，以克服和超越自己的局限性。为此，在交往中，人们应当自觉地把自己和他人、本集体与他集体、本地域与他地域、本民族与他民族、本国度与他国度、本土文化与外来文化放在同等的水平上进行平行的和交叉的比较，在历史、现实与未来的总过程中进行文化定位，寻求文化差异的内在原因和填补差异的有效途径，探索不同文化形态之间在深层结构和内在本质方面的共同点、联系点和进一步协调发展的生长点，在对共通性和协调性的世界新文化的积极创造中达到跨文化的真正理解与超越。

第十九章　关于社会认识论的对话

本章是笔者与美国学者斯蒂夫？富勒关于社会认识论的对话，讨论了社会认识论的学科界定、主要内容以及一些热点问题。社会认识论有三种界定：知识论界定侧重于知识生产的社会性方面，第二种界定研究社会主体如何认识对象，第三种界定研究人们如何认识社会。富勒博士偏向于第一种界定，强调社会认识论对推动和改进科学家行为的重要作用，这是与传统哲学最大的区别。笔者则主张第三种界定，力图使认识活动与具体文化内容及历史观结合起来。

在此基础上，本次对话讨论了富勒博士《社会认识论》一书的主要内容：知识生产以及哲学在知识生产中的作用。知识生产是人类独有的活动，社会认识论的重要使命就是面对最新的科学技术研究成果回答“人是什么”的问题。随后，本次对话探讨了“实践”一词的内涵及其在社会认识论中的重要地位，实践既是人们认识世界的方式，也是最终目的，社会认识论者作为哲学家则要为社会认识活动提供必要的理论背景和方法指导。最后，本次对话还探讨了自然认识与社会认识的差异问题。

社会认识论作为一门相对独立的哲学分支,近年来在国内学术界引起了日益广泛的关注。而当我们移目世界哲坛之际,发现在那里它作为一门新兴学科已悄然兴起。那么其兴起的文化背景是什么?其内涵有什么异同?其将怎样发展?对于这些问题,笔者曾同美国学者斯蒂夫·富勒[①]进行了长期通信交流并形成此对话(下面以"欧阳"代指笔者)。

欧阳:富勒博士,初读了惠赠的近期《社会认识论——关于知识、文化和政策的杂志》和您的著作《社会认识论》,受益颇多。国际哲学界对社会认识论研究的广泛关注和研究进展,令人振奋,对中国的社会认识论研究提供了一定的借鉴。此外,我感到我们之间在研究的基点和思路上还有相当的差异,在一些非常基本的问题上有待进一步交流和探讨。

富勒:我也深有同感。从您为我刊撰写的《中国的社会认识论研究》长篇英文稿和您近期出版的博士论文《社会认识论导论》的英文目录中,大体可以看出中国的社会认识论研究的历史与现状,尤其是您个人对一些重要问题的深刻学术见解。我们已经决定尽快将它们发表,相信会引起英语国家读者的兴趣。不过,由于我们之间在语言习惯、文化背景和研究思路方面存在着差异,为了帮助大家理解您的介绍和见解,还希望您就一些基本的概念和思路做进一步的说明。

欧阳:让我们从社会认识论的由来及学科界定谈起吧!

富勒:社会认识论这个概念,在西方最初是由美国的一位图书馆学专家提出来的。他的主要兴趣在于把知识看作社会中由多种方式来生产、分类和积累的商品来研究。通常认为,知识并不是那种很容易在财政预算表上以概念方式加以标示的东西。但当图书管理员进行图书采购和分类时,他被迫使之概念化。奥地利非经典经济学家弗里茨·马克卢普,在他的《美国的知识生产与分类》(1962)等书中,最系统地沿着这种思路开展了研究。后来,我把社会认识论这个概念由图书馆学和经济学引入哲学和社会学。1987 年 10 月出版的美国《综合》哲学杂志

① 斯蒂夫·富勒(Steve Fuller),美国匹茨堡大学哲学博士,美国弗吉尼亚州社会科学研究中心研究员,现为英国 Durham 大学社会学系教授,英、美、澳、加、法等国联合编辑、英国 Taylor 和 Francis 出版的《社会认识论——关于知识、文化和政策的杂志》执行主编,著有《社会论识论》(1989)、《科学哲学及其缺憾》(1990)、《科学》(1997)等书。

组织专辑就此进行了讨论。但是直到今天，许多哲学家发现社会认识论是一个与传统哲学观念相悖的概念。过去，作为哲学分支的认识论通常被看作是研究单独的个体如何得到关于世界的知识，至少从笛卡儿以来便是如此。而今天，社会认识论者对认识论的理解已经有了相当的变化。下面我列举几种。

(1)知识生产，尤其是科学知识的生产，需要一种与生产普通经济商品既相区别又相协调的劳动。因此，知识就是一种产品。

(2)尽管一个孤独的个体也可能有“信仰”或“意见”，但在枙应的团体使之合法化之前，它们不会真正变成“知识”。所以，知识就是确认。

(3)我们并非先天地或自在地具有关于作为个体的自己知识，相反，我们必须向别人学习如何认识作为个体的自己。因此，知识是一种建构。

(4)尽管一个团体的成员在许多问题的个人意见方面会有所不同，但他们在态度和信念方面仍然享有某些共同的确定的内核，以证明他们确属同一共同体的成员。因此，知识就是一致。以上几种理解并不完全一致，因为它们各源于对知识的不同方面的理解。但它们都是社会认识论的合理含义。

欧阳：看来你们对社会认识论主要是从知识论的意义上界定的，侧重于研究知识生产的社会性方面，在这种意义上社会认识论好像近似于我们说的知识社会学。在中国也有学者主张从这种角度开展社会认识论研究。除此之外，还有另外两种界定和研究社会认识论的思路。一种是研究社会主体如何认识对象。人类认识直接地是以个体主体为单位进行的，同时也在集体主体和社会主体这不同层面上展开。这不同层面的主体的认识各有不同的特点，可以分别加以研究和探讨。而这种意义上的社会认识论，则是对于在“社会主体层面展开的认识活动”的哲学探讨，它尤其强调的是认识主体的层次性。另一种是研究人们如何认识社会。人类认识具有全方位性，它不仅指向外部自然物，也指向社会和自身。对这不同的对象，人们的认识有不同的具体方式和方法，不同的发展过程和实现机制。对它们有必要也有可能分别加以探讨。这种意义上的社会认识论，强调认识客体的差异性及对认识活动和方法的影响，是对于人们的以社会为对象的认识活动及其方法和规律的哲学探讨。以上三种思路尽管各有侧重，但并非相互排斥和隔离的，而是相互补充和促进的。当然，对于具体的研究者的每次工作来说，却总是甚至只能从一个特定的角度或方面来展开自己的思路。

富勒：您在自己的文章和著作中所主张的好像主要是第三种界定和思路？

欧阳：是的。我认为，社会认识就是以社会为对象的认识。在这里，社会是客体，是认识对象。社会客体区别于其他客体（如自然客体、精神客体等）的特点决定了主体对它的认识必然有自己的特殊方式和方法，这就好像社会科学者必然有区别于自然科学者的认识模式和思维逻辑一样。社会认识论就是关于人们如何认识社会的哲学学说，它以人们认识社会的活动及其结果为对象，考察人们认识社会的特殊活动结构、思维方式、认识方式和发展规律，揭示人们关于社会的知识、观念的形成方式、产生过程和更新规律，其任务在于促进人们对社会的科学认识。

富勒：看来您是力图使认识活动与具体文化内容的客体联系起来加以考察，使认识论的研究向着更加具体和现实的认知层次发展。

欧阳：正是如此。我感到，尽管近代以来认识论研究在整个哲学发展中占有非常突出的地位，并取得了很大的成就，但它仍有一个根本的缺陷，就是脱离认识发生发展的社会历史文化背景，专注于研究纯粹的理性思维、思想运动和概念推演，好像知识真的能够脱离社会历史演变和人的自觉活动而自行运动。西方有人主张一种“无主体的认识论”，实际上也是一种“无客体的认识论”。认识中的主体、客体和中介都被舍弃掉了具体的社会文化内容，认识论研究老是飘浮在最抽象、最一般的层次上。对社会历史现象的研究则有脱离人的意识思维和自主创造活动的倾向。实际上，认识现象是一种文化现象。任何认识活动都是具体的主体、客体通过中介而交互作用的复杂系统。这个系统中任何一个要素的具体内容都影响着认识系统的总体结构和动态演变，需要给予具体的研究。而社会认识论联系一定的具体的社会客体来考察主体的认识活动，就不仅使得认识论研究有了具体的现实的对象，在研究层次上有所深化，也使得对社会历史的认识有了新的角度，从而能够把认识论的研究与历史观的研究结合起来。

富勒：把认识论的研究与历史观的研究结合起来，这个见解非常深刻，这恐怕正是社会认识论研究的特殊价值所在，它符合人类思想进化的大趋势。在非常广泛的意义上，社会认识论起源于对知识与权力之间关系的哲学思考。在西方文化传统中，这种思考可以追溯到柏拉图在《理想国》中对培养哲学王的特殊关注。此后二千多年来，知识与权力分离的倾向日益增强，以至今日形成了两类相对独立的学科，一是认识论和科学哲学，二是伦理学和政治理论。前者专门研究知识，后者专门研究权力。实证主义作为一种哲学运动在近代的兴起，可以看作这种分离的一个例证。在奥古斯特·孔德和琼·斯图尔特·米尔这两位最早的实证主义者看来，有必要开展对知识的社会生产目的的专门研究。后来，鲁道夫·卡尔纳普等逻辑实证主义者重申为知识研究奠定中性的政治基础。结果，今天的社会认识论者不得不反复向他们的学术界同仁证明关于知识和权力的进程是彼此紧密地联系在一起的。

欧阳：对知识与权力关系，或者说对认识论与社会历史观关系的不同看法，实际上也体现着对哲学自身的性质、特点和功能的不同观点。

富勒：是的，我正是在试图回答 19 世纪 80 年代英语世界哲学萧条状态的探索过程中开始了对社会认识论的研究。尽管自从尼奇以来，人们不断地宣告着哲学的死亡，但在理查德·罗蒂于 1979 年发表《哲学与自然之镜》之前，它并未实际地影响到美国的职业哲学家们。罗蒂宣称，哲学的所有传统任务都已被各种具体科学所接管，哲学家们的唯一任务在于继续沟通各种学科进行一种“人类的对话”。他的观点集中在“我们应当做什么”这类问题上，对任何有志于登上古典规范的哲学之船的人来说，这都是一种悲观的信号。但是，罗蒂是对的，理论的哲学已经理智地完成了它的使命，在重要的杂志上发表的文章，大多数是无用的经院哲学。不幸的是，今天的情况仍然如此。而且，面对着日益复杂的知识产业和它们在国际事务中日趋重要的作用，系统的思考比以往任何时候都更需要和重要。而这种思考正是一种哲学思考。因此，社会认识论不是局限在我们自己的领域，而是一种综合性的运动。

欧阳：在高度分化的基础上高度综合，这正是当代科学技术发展的基本特征，这也许是当代哲学的重要趋向。

富勒：简而言之，社会认识论正是以下几个重要领域的哲学流派的综合：德国的历史决定论，英美的分析哲学，法国的结构主义社会学。但我相信，社会认识论的未来不会局限于历史学、哲学和社会学等传统学科，而是一个新的综合领域，我把它叫作“科学与技术学”。这种研究在美国刚刚兴起，但在西欧和澳大利亚已流行了20多年。这种研究不仅关注学术和政策，而且注意培养广大公众的科学文化素养和科学家的公众意识。

欧阳：不过，科学技术研究毕竟是一个相对具体和特殊的研究领域，而哲学研究无论在论域和方法上都应当更加抽象和普遍，怎样才能把这不同层次的研究统一起来呢？

富勒：我遵循美国的实证主义哲学。从方法论上看，在对知识的研究中拒绝在理性的和感性的之间做出任何严格的和不可逾越的界限，同时，我也不认为在哲学方法和具体科学方法之间存在着任何真正的区别。理性因素是感性的普遍化并处于与经验的相对矛盾之中，这些因素又常常作为一种观念或规范被用于对经验的评价。与古典认识论者不同，我不赞成所谓"理性直觉"的特殊才能或者说哲学家借以体察这种直觉的"先验理性"。哲学与科学的区别不在于哲学家们更多地致力于这里所说的理性因素，而在于科学已经具备了分别以概念方式和经验方式来处理对象的规范方式。换句话说，什么因素使哲学从具体科学中分化出来专门研究对智力劳动的组织方面，在我看来，这正是社会认识论的中心问题。由此出发，我被迫重新解释与知识的规范界定有关的许多传统哲学命题（比如科学理性的本质与可能性问题），并使之成为实验性验证的前提。我相信，古典认识论中的"理性主义"最好被理解为在思考者头脑中积淀的实验理性。更典型的是，一些理性主义者，比如笛卡儿，宣称理性直觉可脱离普遍实验的基本过程，而严格来说，这正是科学家们在他们的实验室里从事严格控制的实验时所希望达到的（当然，在理论物理学中，在理性主义或和实验主义者之间，还有"思想实验"的悠久传统）。于是，我和一些心理学家合作以便设计一些适用于社会认识论的实验，借助它们来考察各种规范在不同知识生产领域中的作用。与古典认识论者不同，社会认识论者致力于推动和改进科学家的行为而不是简单地评价它。对于理性的哲学规范（比如波普的"证伪主义"）在科学的历史中是否有操作性的问题，近年来有不少没有结论的争论。我愿意提出这样一种标准看它能否推进一种已经存在的实践。我认为，在实验室场景中引入一种规范好比在知识生产过程中注入一种微观的政治参与。我在《科学哲学及其缺憾》中展开了这方面的论述。

欧阳:您能否简要地介绍一下您的《社会认识论》这部书的主要内容?

富勒:我的《社会认识论》主要有两个方面的内容:一是关于知识生产;二是关于哲学在知识生产过程中的作用。关于知识生产,我认为,概念的差别(如变化、进步等)是一种语言的区别,它最初是由于交往的破裂或缺乏而引起的,借用库恩的话来说,叫不可通约性。我是通过研究土语的历史发生和它们向着完整形态的发展而得出了这个结论。在科学研究中,有些不可通约的规范不可能转为共同的语言,它们只能分别适用于那些很少交往甚至相互排斥的研究集团。相应地,学术专业很可能也正是由此而形成的——不是由于新的探索领域被发现,而是在不同的研究者之间产生了新的交往或非交往模式。于是,今天关于劳动的学术划分的复杂性比它在实际上更充分地反映着学术劳动组织的复杂性。关于哲学的作用,我认为,只有在致力于廓清各门具体科学之间和科学与社会之间关系的过程中,哲学作为一门学科才能更好地发展起来,否则,哲学家们最多也只是传统的社会政策的实践者。前面我曾谈到,近年来哲学家们正在逐渐扮演新的角色,发挥新的功能。但我感到仍有必要进一步引导他们,使他们对知识生产尤其信息技术在维护社会稳定和日常生活秩序中的作用予以更大的关注。由此,在《社会认识论》的最后一章,我提出了开展"知识政策研究"的建议。经过讨论,我的这种看法已被我的同行普遍接受。

欧阳:知识生产是人类所独有的活动。知识生产的方式及其演变,反映着人类的进化程度与发展水平。因此,社会认识论研究应当尤其关注人在知识生产中的特殊行为方式及其作用。

富勒:是的。社会认识论在当前和未来的使命,正在于应用当前信息革命和生物工程技术研究的最新成果,对怎样才能称作一个"人"做出新的说明。西方大多数民主理论家,包括琼·罗斯和朱尔根·哈贝马斯,还没有注意到现代科学已经对我们过去关于什么是人的看法提出了挑战。比如,尚未出生的人的权利,新功能材料运用造成人类生活的极大扩展,那些只需最少人工管理的电子计算机智能系统等。甚至关于有机体的自然状态的传统观念也由于在实验室中的综合生活的可能性而受到挑战,因为实验者希望通过在市场上公开出售有机体而获得利润。因此,可以说,"作为一个社会成员意味着什么"这类问题是自奴隶制结束以来在今天重新被严肃提出的重要问题。而关于社会成员的资格问题的重新审视，不仅源于“成员”含义的不确定，而且源于“社会”本质的不确定。生活在当今这样一个内在相互联系日益增长的世界之中，我们能够继续使用不确定的社会和人的概念吗？这个问题对于19世纪以来西方思想界，尤其民族主义和相对主义的许多学说，无疑是一个严重的挑战。

欧阳：通过社会认识论研究而对“人是什么”这类古老而又常新的问题做出符合时代要求的回答，强化人类在当代的自我意识，这正是社会认识论研究的根本任务。我曾经提出，人们对社会的认识，从根本上说，是人类社会的自我意识的实现形式。一个社会的自我意识的水平不是其中所有社会成员的觉悟水平的简单相加，而是由其中的先进思想家的认识和觉悟水平来标志和引导的。先进思想家对人类、社会的认识水平，代表着一定时代的人类自我认识的水平。这种认识一旦社会化、民族化、人类化，为广大社会、民族、人类成员所普遍接受并转化为指导思想，就成为一种社会自我意识、民族自我意识、人类自我意识，从而该社会、民族以至人类的自我认识水平也就相应升华到一个新的时代水平和新的发展阶段。而认识水平的时代性升华必然带来实践方式的时代性更新，并促成人类文明的时代性发展。这正是社会认识与社会实践交互作用、相互促进的重要方面。

富勒：谈到社会认识理论向社会政治实践的转化问题，应该注意，我们所谈的“知识”“思想”，与经济、法律和政府体制一样，在它的内部结构和实际作用方面，包含着丰富的社会内容。当我们说“知识的主体”时，我们实际上承认了实践的复杂系统，正是这种系统决定了一定社会集团的言论与行动方式。一些传统的知识社会学家主张社会因素决定知识的形式，我倒觉得这与过去有人主张大脑决定思想的内容有些异曲同工。它们都假定有两种相对独立的本体——知识与社会或大脑与精神，二者通过一种特殊的甚至有些神秘的方式相互作用。与之相反，社会认识论认为，知识直接是社会关系的特殊网络的一种抽象特征，对知识的追求暗含着对政治合法性的承认，受到社会的知识政策的制约和影响。正是这样，我们认为社会认识论应当开展对科学政策和更广泛的社会政策的研究。

欧阳：您所说的“实践”，与我们所说的“实践”在内涵和外延上都有所不同。

富勒:我已经注意到这一点。在英语国家里,通常认为说话也是一种实践。而您在文章中谈到贵国 1978 年关于实践是检验真理的唯一标准的讨论,以及后来关于“目的”是不是实践要素的讨论等,则似乎赋予了实践以更具体的含义和更重要的哲学地位。

欧阳:是的。实践是马克思主义哲学最基本和最重要的范畴之一,在当代中国的哲学研究中占据着显赫的地位。实践可以在非常广泛的意义上使用,但作为一个哲学范畴,则有其比较严格的规定。我们认为,实践是人处理自身与外部世界关系的一种特殊的活动形式,是人掌握对象世界的一种最为重要的方式,它是相对于人类掌握世界的观念方式而言的。以观念的方式掌握世界,意味着在不实际改变客体的现实存在状态的前提下,使客体内容以信息方式进入人脑,成为思想、观念的内容,成为人的精神世界的一部分。而以实践的方式掌握世界,则意味着为了一定的需要而以一定的方式实际地作用于客体,使之发生符合主体意愿的合目的性的变化,成为人们消费和享用的对象,成为人的现实世界的一部分。实际地改变事物的现实存在状态,是实践的最重要特征。正是在实践活动中,人全面地、自觉地和自主地发挥出自己的内在本质力量和创造性功能。马克思主义哲学强调不仅要唯物主义地、科学地解释世界,尤其要唯物主义地、有效地变革世界,因此把实践作为最基本和最重要的范畴。

寓勒:实践在你的社会认识论中居于什么地位?

欧阳:实践也是社会认识论最基本、最重要的范畴之一。认识以实践为目的,认识世界是为了变革世界。对社会的认识之所以必要,正是为了有效地从事社会管理、社会组织、社会变革和社会控制。各种形式的社会关系和社会组织本来是人们为了集体地生产和生活,更好地同自然界作斗争而创造出来的。而它们一旦产生,便有着超越其中任何个体的整体性运动方式,存在着脱离人们的控制而转化为异己力量的可能性。这时,人们必须将它们作为客体来加以认识和掌握,顺应其运动方式和发展规律。只有这时,人们的社会组织和社会关系才能成为人们活动的积极因素和良好环境,社会实践才能有效、顺利地进行,因此,社会实践既是社会认识的出发点,也是其归宿。认识社会的成果必须在社会政策的制定、社会关系的调节、社会生产的管理、社会运动的控制中得到应用、实现,并得到检验和发展。

富勒:那么,社会认识论者是一种哲学的学者还是社会政策的制定者?

欧阳:在我看来,社会认识者与社会认识论者是有所不同的。社会认识者即认识社会的人,他以社会认识为对象,力图认识、理解和观念地掌握与再现社会及其规律。一般来说,社会中的所有成员都要以一定方式在一定层面上认识社会,都是社会认识者。在典型意义上,社会认识者则专指社会问题的研究者和社会政策的制定者等。而社会认识论是一门哲学分支,社会认识论者即研究社会认识论这门学问的人,是哲学家,他以包括社会政策制定者在内的各种社会认识者认识社会的活动及方法为对象,考察人们认识社会的特殊方式和方法,目的在于说明人们如何才能有效和科学地认识社会。因此,社会认识论的研究成果应当也一定能为社会认识者的活动提供必要的理论背景和方法论指导。这正是社会认识论的社会功能,也是社会认识论者的历史职责。

富勒:您一再强调社会认识与自然认识的区别,认为社会认识论研究正是要借助对自然的认识来阐明对社会认识的特点,使社会认识论相对于自然认识论而发展起来。而西方的一些学者则力图把社会认识与自然认识联系起来,强调二者的共性,并借以说明知识生产的共性。这里的问题何在?

欧阳:这也许是一个问题的两个方面,实际上涉及对当前的学科分类和社会科学发展前景的看法。近代以来人类对自然的认识优于对社会的认识,自然科学先于社会科学而成为“科学”。相应地,自然科学的规范和标准,曾是衡量对社会的认识是否达到科学的标准。而为了争得自己作为“科学”的地位,对社会的认识和研究曾经走过了逼近和趋向自然科学的艰难历程,并在20世纪以来获得了人们的普遍承认,被看作像自然科学一样的“硬”科学。相应地,在哲学认识论上,人们也力图通过揭示社会认识与自然认识的共同方面来说明和证明社会认识的科学性。这当然是必要的,可以理解的。但这还只是问题的一个侧面。对社会的认识能否成为科学,不仅取决于他能否从对自然的认识中得到借鉴,尤其在于它能否探索和完善自己的独特认识形式和认识方法,能否建构起相对完备的社会认识理论和认识方法。学科的成熟,有待自己独特的方法论的成熟。方法论的完善,是一定学科发展水平的重要标志。社会科学一旦取得了与自然科学并驾齐驱的相对独立的社会地位,就必然要进一步发展出自己的独特方法论。当前人们都在谈论自然科学与社会科学的综合化发展趋势,其实综合是以分化为条件的,而且只有高度的分化才能有高度的综合。而社会认识和社会科学在这方面还有自己的艰巨任务和漫长历程。当前我们开展社会认识论研究,正是要促使和推进社会认识与社会科学的相对独立发展,加速分化,为更高层次的综合研究创造必要的条件。

第二十章　英美新出版的几部重要哲学辞书评介

1995年出版的三部哲学辞书《牛津哲学指南》、《剑桥哲学辞典》、《布莱克威尔哲学指南》体现了当前西方哲学界的辞书热。综观这种辞书热，有名目多、范围广、体裁多样、系统性强几个特点，这从侧面上反映出当前西方学术界的哲学研究状况，是其深度分化又高度综合的一种积极表现。哲学辞书编撰者的理解很大程度上决定了辞书的范围、水平和风貌。《剑桥哲学辞典》代表的是一种宽泛的哲学理解，带有很多其他学科的词汇，辞条杂乱，也遭到了很多批评。《布莱克威尔哲学指南》立足于英美分析哲学传统，对现代欧陆哲学介绍非常简略，体现了英美哲学界的主流意识。《牛津哲学指南》则具有较强哲学意识，建构了一个在浓烈哲学意识统摄下的辞条体系。此外，《布莱克威尔哲学指南》兼有教科书体系，有丰富的附录设计。

1995年8月下旬至9月初，几乎同时在英国和美国推出了两部内容与形式相近、分量相当的重要哲学辞书。一部是由英国伦敦大学大学学院哲学系教授泰德·洪德睿池主编、牛津大学出版社出版的《牛津哲学指南》，另一部是由美国内布拉斯加大学哲学系教授罗伯特·阿迪主编、剑桥大学出版社出版的《剑桥哲学辞典》。到1995年12月下旬，牛津大学哲学系教授尼古拉斯·伯尼等主编的《布莱克威尔哲学指南》由布莱克威尔出版公司出版。这些辞书的出版引起了学术界、出版界和评论界的广泛关注，一时间广告纷纷，书评云起，议论不绝。其时笔者正在英国，有幸及时拜读。笔者以为，这些哲学工具书作为近年来西方学术界、出版界的辞书热的一个内在组成部分，既是对近几十年来哲学研究最新成果的一种系统总结和提升，又从一个侧面反映了英美哲学界对一系列哲学基本问题的不同看法，应当引起中国哲学界的关注和重视。

一、当前西方哲学界的辞书热透视

综观当前西方哲学界的辞书热，主要有以下几个特点：一是名目多，有百科全书、辞典以及各种形式和系列的指南、导读等，各种辞书形式之间的原有含义和差别正在缩小以至消失，在内容和形式上有趋同倾向；二是范围广，既有宏观意义上的哲学全书，又有各种分支哲学专题，以至单个哲学家辞典，涵盖了哲学的各个方面和层次；三是体裁多样，既有传统的辞条形式，又有专题论述、主题介绍，还有各种形式的资料汇编；四是系统性强，常常是一个十几本甚至几十本的庞大辞书系列，展示出编撰出版者的广阔哲学视野。

就笔者的不完全了解，目前在英国影响较大的哲学辞书主要有四个系列：牛津系列、剑桥系列、布莱克威尔系列、罗特里茨系列。

牛津大学出版社近年来推出了好几个系列的辞典和指南丛书。其中《牛津哲学指南》中包含了哲学、哲学和大脑、心灵哲学、西方哲学史、心理学、神经学等10多个分册。

剑桥大学出版社推出的《剑桥哲学指南》直接为古今的重要哲学家分别立册，涵盖了从柏拉图、亚里士多德到维特根斯坦、哈贝马斯等20多位哲学家分册，国前已出版近10种。

布莱克威尔出版社推出了两个系列的哲学辞书：一是《布莱克威尔

哲学家辞典》,目前已推出洛克、笛卡儿、卢梭、康德、黑格尔等专册;二是《布莱克威尔哲学指南》,这是一个分支哲学系列,包括形而上学、认识论、美学、伦理学、心灵哲学、政治哲学、语言哲学、大陆哲学等。其中由伯尼等主编的《布莱克威尔哲学指南》一书可以看作这套丛书的导论,它对当代英美哲学的16个分支哲学、对哲学史发展的几个主要阶段和近代以来的近20位重要哲学家以及新兴的应用伦理学、女权主义与哲学等分章做了专题介绍,给出了当代英美哲学的整体概观,具有很强的可读性和很高的学术价值。

罗特里茨出版公司曾出版了《哲学与科学方法国际博览》《哲学争论》《哲学问题:它的过去与现在》等一批有影响的哲学参考书。目前一部10卷本的《罗特里茨哲学百科全书》正在编撰过程中。

英美哲学界和出版界近年来如此热衷于编撰出版哲学辞书,无疑有其非常现实的功名动机和经济原因。但从学术方面看,笔者认为,这也许是当代西方哲学研究深度分化又高度综合的一种现实需要和积极表现。一般来说,一部辞书的内容和水平从一个侧面记载和反映着当时学术界的研究状况和水平。20世纪上半叶最重要的哲学辞书之一也许是由詹姆士·马克·巴德温主编,皮特·史密斯出版社于1901年出版的两卷本《哲学心理学辞典》。距今最近的8卷本《哲学百科全书》由保罗·爱德华主编,于1967年由麦克米兰公司出版。其后几十年来,西方哲学界尽管很难说有什么划时代的重大突破与发展,但众多哲学家在各个领域中精雕细琢,做了许多非常深入和扎实的研究,积累了非常丰厚的成果。世纪之交,它们需要也应当以辞书的方式得到肯定和记载,以便为新世纪的进一步研究提供较高的起点和基础。也许正是这种种原因,呼唤并造就了我们今天看到的辞书热。

二、哲学的理解与建构

一部好的哲学辞书应当是它所处的哲学时代的合理概括和提升。编撰者尤其主编对于哲学的理解与界说,在很大程度上决定着其所编辞书的范围、水平和风貌。

《剑桥哲学辞典》(以下简称《剑桥》)也许代表了对于哲学的一种宽泛理解。该书共计4000个辞条和亚辞条,却没有“哲学”辞条自身。该书主编在“前言”中开宗明义地指出:“哲学总是对那些普遍的概念做出一些不寻常的解释。”在他看来，哲学辞典的编撰，既要面对许多非常技术化的辞条，又要对众多的日常词汇加以界说，还要考虑专业哲学工作者的需要。为此，《剑桥》的辞条选用依据一种相当宽泛的原则，除了比较正宗和公认的哲学辞条外，他还从计算机科学、语言学、经济学、法学、文学、数学、心理学、宗教学和行为科学等学科中吸取了不少相关词汇，有的很难说与哲学有实质性联系，如“对角程序”“分配理论”等。对于为什么没有“哲学”及相关的元哲学辞条，作者在前言中做了说明：一是很难有对哲学的适当而又简洁的定义；二是全书都是从不同角度界说哲学。因此，要知道什么是哲学，就应当去了解哲学的历史、历史上的哲学家和哲学的各个领域等。这当然不无道理，但并未使人们信服。一位评论家对此提出了严厉批评，认为正是由于《剑桥》的编辑缺乏对于哲学的合理正确的理解和统摄全书的哲学意识，因此该书的辞条是杂乱无章地随意选用和排列起来的。《剑桥》“不仅大大超出了现实学术界对于哲学的理解范围，而且是最宽泛以至于没有边界的哲学百科全书”①。

《布莱克威尔哲学指南》(以下简称《布莱克威尔》)，代表了英美哲学界的主流哲学意识。它立足于英美的分析哲学传统和哲学理解，主要关注从古至今的传统哲学问题和哲学分支的现代发展。对于在当代世界哲学中占有重要地位的大陆哲学，包括反科学主义思潮、意志主义、现象学、解释学等，它只是在“现代欧洲哲学”的题目下用一个章、大约 20 页的篇幅作了非常概略的介绍。这似乎从一个侧面反映了大陆哲学在当代英美哲学界的实际地位和状况。

相比之下，《牛津哲学指南》(以下简称《牛津》)较好地体现了主编者具有个性的哲学意识和哲学观念。主编洪德睿池教授曾在美国耶拿大学和纽约市立大学任教，1988 年到英国伦敦大学大学学院领衔格雷特教授席位至今②。他在心灵哲学、逻辑哲学和政治哲学方面建树颇

① Grayling A C. In the Widest Sense[J]. The Times Literary Supplement，1995(3).

② 英国教授分个人教授和席位教授两种。个人教授随个人的去留离退而设立和取消。席位教授因某种特殊原因而设立，并不随领衔者的更替而变化。格雷特教授属于后者，它因英国伦敦大学大学学院的创始人乔治·格雷特而设立，已有一百多年的历史。第二次世界大战后美国逻辑实证主义的代表人物之一艾耶尔爵士曾长期领衔格雷特教授席位，并使这个席位变得更为著名。洪德睿池自 1988 年起领衔该教授席位。

丰，著有《决定论——心灵、神经科学和生活信念》(1988)、《保守主义》(1990)、《你有多自由》(1993)等10余部著作，在英国哲学界颇有名望。在《牛津》的“前言”中，他借用当代著名哲学家伊萨哈·柏林的观点来表达自己对于哲学本质的理解：哲学的特征在于不仅对许多问题缺少答案，而且在于缺少发现答案的共同方法。为了帮助人们寻求答案，他在《牛津》中安排了相当分量的元哲学辞条：哲学，哲学的价值和功能，哲学提问，哲学教育，哲学实践，哲学命题，伪哲学，伪哲学命题等。他把哲学条目的编撰分为哲学史、哲学问题、哲学命题与概念、哲学家、哲学著作等基本方面，对各种主要分支哲学都分为历史和问题两大部分来加以介绍，对欧美哲学以外的其他哲学流派和哲学人物也给予足够的重视和地位，建构了一个在浓烈哲学意识统摄下具有内在哲学逻辑联系的辞条体系。

三、附录中的哲学意识

哲学辞书的编撰体例和附录的设计既要便于读者的使用和掌握，又要有利于表达编撰者的哲学意图。在这方面，几部哲学辞书提供了不少值得借鉴的地方。

《布莱克威尔》兼有教科书的体例，它的各章除正文外，还设有内容摘要，参阅辞条，进一步阅读文献，参考书和讨论的问题。一些重点段落用小号字加阴影置于黑框内，以示重视。全书后面附有词汇表和辞目索引。整个编撰体例可以满足多方面的功用。

就辞条分量的安排而言，《牛津》和《剑桥》均打破了过去所谓百科全书与词典的界限，而将具有相当分量的百科全书或大辞条与简洁明快的词典式定义结合起来。

第二十一章　在多样性中锻造统一性

——关于加拿大多元文化主义访问记

加拿大是一个多元文化的国家，于1988年通过了世界第一个多元文化主义法案《加拿大多元文化法》，在世界上产生了较大的影响。为此，笔者在1992年赴加拿大就多元文化问题进行了访问与考察。

加拿大的多元文化有着漫长的历史，他最初是一个移民国家，容纳了世界上几乎所有主要的种族。迄今为止，还没有一个多数种族或多数文化占据主导地位。在语言上，加拿大采用官方语言双语制并有着多语化的倾向。在区域上，民族多元化呈现出区域化的特征。社会冲突与种族矛盾是多元化不可避免的问题，加拿大存在着"第一民族之争"、"开国民族之争"、"主流文化之争"等问题。历史上，加拿大经历了"同化理论"、"熔炉理论"时期，由于看到了各种族、各语言文化的多样性和平等地位，才最终走向多元文化主义。从1971年提出多元文化政策到1988年通过《加拿大多元文化法》，使多元文化主义最终成为建构加拿大社会的指导原则，加拿大政府和人民都做出了不懈努力。

加拿大的多元文化主义既反映和顺应了加拿大社会文化多元化发展的历史趋势，又影响和造就了今天多元化社会现实，并将促进多元化的进一步发展。

一、访问概况

历史向世界历史的转变，是多元化与一体化相互促进、相关发展的过程。多元化为一体化拓宽基地、创设对象、奠定基础，一体化则使多元进程有所收敛、有所集中、有所提升。但在不同的国度和区域里，由于历史的积淀和现实的结构不同，多元化与一体化的结合方式及发展程度也有所不同，甚至有很大差异。各个国家的政府和人民处理多元化与一体化关系的政策、态度和方法也有所不同。加拿大政府出于该国自身特殊的历史原因和现实状况，自 1971 年以来公开宣布实行多元文化主义政策，并采取许多具体措施来加以实施。1988 年，加拿大国会通过了世界上第一个多元文化主义法案——《加拿大多元文化法》，把文化多元化看作加拿大社会的本质的、永恒的和基本的特征，把多元文化主义作为处理种族关系和文化冲突的最基本原则，提出在多样性中锻造统一性的根本目标，在世界上产生了较大影响。目前，多元文化主义已经被澳大利亚、新西兰、美国等国以不同方式效仿。

出于研究的兴趣和需要，笔者设计的“加拿大多元文化主义与文化研究方法论”研究课题获加拿大政府所设、由我国国家教委协办的“1992 年加拿大研究与出版奖”，于是有幸应加拿大政府邀请并获全额资助于 1992 年 8 月至 10 月赴加拿大 7 个城市就多元文化主义问题进行专题考察和学术访问。

这次访问和考察由加拿大政府外交部委托加拿大驻华使馆和国际加拿大研究会具体组织，分头实施。在加拿大的几个主要城市均有指定机构和专人联络并提供帮助。笔者与另一位友人同行，先后对地处温哥华、维多利亚、卡尔加里、多伦多、渥太华、蒙特利尔市和魁北克城的 20 多所大学、学院、研究机构、文化社团组织、教育管理部门，以及加联邦、省级和市级政府的多元文化事务管理部门等进行了访问，参观考察了各种类型的博物馆、展览馆、图书馆、纪念馆和历史文化名胜，先后与 50 多位分属哲学、人类学、民族学、社会学、文化学、历史学、教育学、法学、管理学等学科的专家、学者以及政府官员、法官和各类社会人士进行了比较正式的会谈，直接接触了来自英国、法国、波兰、爱尔兰、印度、马来西亚、德国、美国、日本、印度尼西亚等国，以及来自我国内地(大陆)、香港、台湾等地的加拿大人或加拿大旅居者，收集了来自官方、理论界和民间的大量有关书籍论文和材料，对加拿大的多元文化主义的历史、现状及社会各界对它的反映和态度等获得了大量的、直接的、感性的体验和了解。所到之处，无不受到热情的接待和细致的帮助。也许与多元文化主义的长期熏染有关，加拿大人在各自的个性中显现出共有的宽容、热情、好客、平和、中庸、谦让的民族性格，与它的辽阔国土和美丽景致相映生辉，给笔者留下了极为深刻的美好记忆。

二、文化多元化的历史与现实

在加拿大，多元文化主义有多种含义。它既是一种理想，也是一种制度，还是一种长期演进的历史与现实。作为一种社会理想，它表达了在一个国家中不同族裔和文化社区之间彼此平等、相互尊重、和谐相处、共同发展的愿望和追求。作为一种社会制度，它指的是加拿大联邦政府自 1971 年以来为保护和发展各民族文化遗产和文化传统而实施的一系列政策和法令。而无论是作为一种社会理想还是现实政策，它们都反映着并深深植根于加拿大多种民族文化并存和向着多元化方向不断发展的历史和现实。

我们知道，加拿大是个移民输入国家。迄今为止它的有文字记载的 500 多年的历史，就是一部移民史。正是长期的大规模的移民活动，造成了并在继续促进着加拿大民族文化的多元化发展进程。从总体上看，加拿大多元文化的历史与现实有以下几个主要特点。

1. 在加拿大当今为数不多的 2500 万人中聚居着世界上几乎所有主要的种族和民族族裔

历史上加拿大国土上最早的居民是印第安人和因纽特人。据说他们是数万年前经白令海峡由亚洲进入美洲大陆的。[①] 由于来源不同和地域分散，他们在以后从未统一过，而是分成带着不同地域、语言、文化和历史背景，不同经济环境和生活方式的六十多个种族。[②] 迄今先住民出生的人在加拿大人口中仍占 4%。自哥伦布发现美洲大陆后，欧洲人开始向北美探险。最早的移民主要来自英国和法国，后来来自欧洲的其他国家。人口中的移民数比例在过去的半个世纪中达到 15%。最近

① 格莱兹布鲁克. 加拿大简史[M]. 山东大学翻译组，译. 济南：山东人民出版社，1972.

② 阮西湖. 加拿大民族志[M]. 北京：中国社会科学出版社，1986.

几十年来，加拿大移民数量迅速增加，每年达25万人，占总人口的1%。而且移民的来源更加广泛，到20世纪80年代末，加拿大三分之二以上的移民来自非洲、亚洲和拉丁美洲，其中的许多人属于有色人种。1986年，有色人种占加拿大人口的6.3%，而在某些主要城市中有色人种占人口的20%，并且呈迅速增长势头。目前，加拿大国土上分布着100多个种族和民族的族裔，是当今世界上种族和民族的族裔最多的国家之一。

2. 迄今为止加拿大的众多民族和多元文化中没有形成多数民族和多数文化

在加拿大的所有民族和种族文化中，英裔和法裔占重要地位，英国文化和法国文化被看成是主流文化。法国人于1534年起在北美大陆建立第一个居住点，并于1608年建立了魁北克城，对北美大陆的开发起了先导作用。英国人尽管到得较晚，但后来居上并于1759年打败法国，建立了英属殖民地。尽管自1867年起根据《英属北美法案》，加拿大获得自治权并于1931年独立，但迄今仍属英联邦成员，采用英式政治和法律制度，尊英国女皇为最高元首，采取英国国旗与加拿大国旗并举等。由此可见英裔加拿大人和英国文化对加拿大民族构成和文化结构的影响。即便如此，也不能认为英国文化已经成为在加拿大占绝对优势的文化。根据1986年人口普查结果，加拿大人口中34%的人来自单一的英裔，24%的人来自单一的法裔，将近25%的人既不属于英裔也不属于法裔，将近40%的父母中至少有一方是英裔或法裔。也就是说，在今天的加拿大没有一个多数种族和多数文化。这正如加拿大总理特鲁多于1971年10月8日在国会众议院宣布实行多元文化主义政策时所郑重表明的："没有一种官方文化，没有任何种族比别的种族更优越，也没有任何公民和公民团体比其他的加拿大人更优越，他们都应受到平等的对待。"

3. 官方语言"双语制"与应用语言多语化倾向并存

由于历史的原因，自《英属北美法案》颁布以来，加拿大一直实行英语和法语两种官方语言制度。英语和法语在加拿大的社会政治文化生活中具有同等法律地位和同等使用效力。我们知道，语言是文化的重要载体和内在成分。加拿大政府在实行和推广英语和法语双重官方语言的同时，鼓励并帮助各民族保留和发展自己的语言文化。而随着非英法裔移民在数量上迅速增加和各种族文化社区在经济、政治和社会地位上的迅速发展，多语化已成为加拿大社会生活的重要趋向。根据1991年的统计，有1700万人以英语为母语，有670万人以法语为母语，还有400万人以英语和法语以外的语言为母语。而在各种族文化社区内部，相关的民族语言实际上成为非官方的通用语言并不断拓展着自己的使用范围和频率。而随着非英法民族文化社团的经济实力和社会地位的不断增强和提高，报纸杂志、广播电视等大众传媒的多语化倾向已十分明显地表现出来，并呈迅速强化和发展趋向。

4. 民族文化多元化通过区域文化多样化而得到表现和加强

加拿大的移民史同时也就是北美大陆的开发史。移民政策的阶段性演变与区域开发的渐进性拓展同步展开，不同时期的主要移民种族与不同区域的文化建设保持相关发展，这就必然使加拿大的多元民族文化以不同内容和风格的区域文化而得以巩固和记载。法国人最早在今天的魁北克省一带建立自己的居住点并建设自己的民族文化，迄今那里的建筑、服饰、饮食、民俗等仍以法式风格为主要成分。尽管法裔加拿大人仅占加拿大总人口的四分之一，但其在魁北克省占四分之三。英国人较早在大西洋沿岸建立自己的文化区，迄今英裔加拿大人仍占那里人口的绝大多数。而加拿大西部是在大量由非英法国家和地区移民的过程中建设起来的，因此在太平洋沿岸和西部省份（如马尼托巴、萨斯喀彻温、阿尔伯塔和不列颠哥伦比亚省），英法裔以外的人占了当地人口的大多数。在不同区域文化之间的相邻地区则呈现多种文化风格并存的混杂局面。区域文化的差异性也在两种官方语言的使用分布上鲜明地表现出来。在笔者由西部向东部进行访问考察时，便实际经历了由单一的英语使用区经过英法语言并用区向单一的法语使用区过渡的切身体验。在太平洋沿岸的温哥华、维多利亚和卡尔加里等西部和中西部城市，基本上是清一色的英语区，街上很少看到法语的踪迹，大学中实行的基本上是英语单语教学。而在多伦多市，语言的使用和教学以英语为主，辅以法语。在首都渥太华则双语并重，大学中的主要课程均以英语和法语同时讲授。在蒙特利尔市则以法语为主，辅以英语。而在魁北克城则几乎是清一色的法语，街上很少看到英语的踪迹，大学中实行的主要是法语单语教学。

5. 长期存在着关于种族地位的多元矛盾和尖锐冲突

在多族裔的国家里，文化纷争和社会冲突往往与种族矛盾相伴随。多元文化必然产生多元矛盾。而加拿大的多元民族矛盾和广泛社会冲突也从一个侧面映现着这个国家文化多元化的历史与现实。就笔者考察，加拿大的社会文化和种族矛盾主要在以下几个方面突出地表现出来。

其一，"第一民族"之争，这主要是在先住民和后来的移民者之间展开。英裔和法裔加拿大人因其在加拿大开国和建设中的特殊贡献而当然以加国第一民族自诩。但包括印第安人和因纽特人在内的先住民作为北美大陆的最早居民，尽管至今仍主要在先住民保留区中生活并享受着政府提供的种种援助，仍不甘于居于末流的地位，一直坚持把自己作为加拿大第一民族，并不时召开"第一民族大会"。笔者访问加拿大时恰逢哥伦布发现美洲大陆500周年。在官方和民间为之举行各种庆祝和纪念活动以讴歌这位探险者对北美开发和人类文明所做重大贡献的同时，美国和加拿大的先住民亦举行种种活动声讨由此而引起的殖民入侵给他们带来的种种灾难。矛盾之尖锐可见一斑。

其二，"两个开国民族"之争，这主要是在英裔和法裔加拿大人之间激烈展开。在加拿大的历史课本上，英法两族被称为"两个开国民族"或"两个特权集团"，在加拿大政治舞台上占据着"战略性地位"。英法两族虽然同样被称作开国民族或特权集团，但他们实际上并不是完全平等的伙伴。[①] 法国人最早来到北美加拿大区域，法裔聚居的魁北克省迄今仍是加拿大经济贸易中心，他们对自己优先的历史和繁盛的现实一直充满自豪。但魁北克省毕竟是被征服的土地，法裔是被打败的民族，现在又笼罩于英式政治制度和社会体系之下，其开国民族的地位徒有虚名。这就导致他们对加国现状的深刻不满和他们与英国族裔之间的深刻冲突，以至不断引发脱离加拿大的独立运动。

其三，"主流文化"之争。这主要在英法文化与非英法文化社区之间展开。与其社会政治地位相适应，英法文化当然被看作是加拿大的主流文化。尽管非英法的族裔众多，文化多样，却被排斥在主流社会和主流文化之外。随着非英法出身的加拿大人在数量上增加、素质上提

① 詹义文.改革加拿大宪法与华裔权益问题[J].广角镜月刊，1992(7).

高和经济实力上增强，他们强烈呼吁打破主流文化与非主流文化的界限与隔障，以求更加充分地实际参加到主流社会和主流文化之中。

正是以上种种种族矛盾与文化冲突，为加拿大多元文化主义理想和政策的产生提供了历史的和现实的基础。

三、多元文化主义的理论和理想

由上可见，加拿大在历史上和现实中本来是而且从来就是一个文化、种族多元化的社会，那它为什么直到1971年才提出并实行多元文化主义政策呢？与世界上不少国家一样，加拿大人曾经为了社会文化的一元化发展和国家的统一性进行了长期的探索和建设，最终找到了在多样性中锻造和发展统一性的现实道路。

就笔者调研所知，加拿大的官方和学者普遍认为，加拿大多元文化主义理想和政策的形成经历了三个发展阶段。

1. 第一阶段：同化理论

在加拿大联邦自1867年建立直到第二次世界大战前的75年间，许多加拿大人认为少数种族文化应当被同化到英国和法国的主流文化中，而一些英裔加拿大人则认为应当把其他所有种族文化同化到不列颠文化中。这就是历史上著名的同化理论和同化政策。这种理论实际上有两层含义。一层是针对包括法裔在内的其他所有非英裔种族和非英国文化的，要求以英国文化作为加拿大文化的基质和主流，其主要目的是削弱法裔加拿大人的地位。20世纪初，加拿大当局曾关闭加拿大其他移民集团的双语学校，只授英语。因此这种政策又被称为"盎格鲁化政策"，即英国化政策。这种政策理所当然地遭到法裔加拿大人的坚决抵制而被削弱。另一层是针对非英法裔的所有种族和文化社区而言的，要求以英法文化作为加拿大文化的基质和主流而将其他各种文化同化于其中。同化政策的这两层含义都是以歧视非英法族裔和文化为背景的。这种歧视延伸到加拿大的移民政策上，就是只允许并鼓励来自英国、法国和欧洲的移民，种族出身成为移民审查的重要因素之一。结果是这一时期非英法出身的加拿大人增长速度相对较慢，1867年为8%，到1953年时才达到20%。生活在加拿大的非英法裔加拿大人在理论上、政策上和实践中被长期排斥在加拿大主流社会和主流文化外，实际上并没有得到同化的机会。由于这种种族歧视，日裔加拿大人在第二次世界大战期间曾被赶出家园,关进集中营,没收私人财产,受到不公正的待遇。

2. 第二阶段:熔炉理论

熔炉理论主张从各个民族的联合中创造出新的民族或新的文化类型。其积极意义在于发挥各民族在新文化建设中的积极性。这对于调动和发挥非英法裔加拿大人在加拿大社会文化生活中的积极性和创造性无疑具有更为突出的作用。这种理论导致第二次世界大战后的"加拿大化"运动,并促进了加拿大社会的文化多元化发展,增强了人们的多元文化意识,为多元文化主义理想和政策提供了社会的和理论的准备。在第二次世界大战中,非英法裔加拿大人积极参军参战,保卫祖国,建设祖国,发挥了重要作用,提高了自己的社会声誉。联合国的建立以及《世界人权宣言》《国际反种族歧视公约》《国际文化与政治权利条例》等重要国际文件的颁布和国际公约的实施,以及各种国际和平组织的创立,为加拿大内部取消"同化"政策和种族歧视提供了必要的国际环境和理论依据。1947 年,《加拿大公民权法案》付诸实施,所有加拿大人不分种族、出身,第一次获得公民权,得到平等的权利和义务。1962 年和 1967 年加拿大政府两度修改移民政策,最终取消了移民审查中的种族歧视,宣布实行双语政策和二元文化制度。由于战后重建与发展的需要,来自亚洲、非洲、南美和欧洲的非英法裔移民迅速而大量地移入加拿大,加重了社会文化的多元化色彩。英裔加拿大人在总人口中的比例由 1871 年的 60.6%下降到 1967 年的 43.8%,从数量上失去了其作为多数种族和多数文化的地位。加拿大文化多元化的强大发展趋势呼唤并造就了多元文化主义的理论与政策。

3. 第三阶段:多元文化主义

多元文化主义的前身是一种被叫作"拼盘"或"镶嵌"的理论。这种理论主张所有民族和文化社团在保持各自文化特色的前提下相互合作和共处。多元文化主义政策的正式实施以加拿大总理皮埃尔·埃利奥特·特鲁多于 1971 年 10 月 8 日在国会众议院的讲话为标志。这项政策的最基本理论在于认为加拿大尽管实行两种官方语言制度,但没有官方文化,没有优等民族,没有优等公民,所有民族、种族、文化和个人一律平等。这项政策的最实际内容是联邦政府每年拨出一定经费用于帮助少数民族文化社团保护、享用和发展他们的遗产语言文化,帮助他们学习官方语言和扫除各种障碍以充分而平等地参与加拿大的社会生活。

四、多元文化主义的政策与实践

从1971年提出多元文化政策到1988年通过《加拿大多元文化法》，把文化多元化通过法律确立为加拿大社会的最基本的和不可逆转的特征。加拿大政府和人民20多年来为社会文化的多元化发展做出了巨大的努力，并取得了相当的成就。

以下是20多年来多元文化主义由社会政策转为社会大法过程中一些有重要意义的事件和步骤。1972年，联邦政府任命了一名主管多元文化主义的部长。1977年，加拿大通过了人权法案，反对基于种族、出身和宗教的一切歧视。1981年，多元文化主义的任务扩大到了种族关系，不仅反对种族歧视，尤其要实现种族平等。1982年4月17日，通过了加拿大自己的宪法，它包括了著名的《加拿大人权与自由宪章》，权利平等和多元文化主义的内容被列入其中。该法案第27款特别要求法院参与保护和加强加拿大的多元文化遗产的活动。1986年，通过职业雇佣平等法规，保障各种族、肤色、出身和文化背景的人平等就业。1988年，联邦政府提供经费建立了加拿大种族关系基金会。同年7月，加拿大议会一致通过世界上第一个国家级的多元文化主义法律——《加拿大多元文化法》。1990年，联邦政府组建一个皇家委员会，开设"更生中的加拿大公民论坛"，调查加拿大人对加拿大未来的意见。1991年，通过法案在联邦政府设立多元文化与公民权事务部。同年，组织关于多元文化主义和公民权的全国性大规模抽样调查。1992年10月，加拿大全国选民就一项以给法裔加拿大人为主的魁北克省人特殊权益而阻止其从加拿大分裂出去的宪法修改协议进行全民公决，结果未获通过。

1988年，加拿大国会通过的《加拿大多元文化法》的最核心内容，是在确保所有加拿大人平等充分有效地参与加拿大的经济、社会、文化和政治生活的同时，保存和加强加拿大的多元文化遗产。[①] 据加拿大联邦政府多元文化与公民权事务部的官员介绍，与1971年的多元文化政策

---

① 参见《加拿大多元文化法》，1988。

相比，这项多元文化法有以下几点重要进展。第一，它建立在一个重要而明确的理论基础上，即认为加拿大人在种族、肤色和宗教等方面的多元化是加拿大社会的基本特征。多元文化主义是加拿大的永久的和核心的现实，而不是某种暂时的和主流社会之外的事。第二，这项法规不仅是一种文化政策，而且包含并适用于经济、社会、文化和政治各领域。第三，这项法规适合所有加拿大人，而不仅是少数种族社团。它认为社会多元化发展是必要的而且是包含主流族裔和政府自身在内的全社会的事。第四，这项法规不再局限于一种双语体制框架。多元文化政策现在得到了自己坚实的和永久的法律和宪法基础。

《加拿大多元文化法》使多元文化主义成为建构加拿大社会及其内部关系的指导原则，并为社会的多元化发展所需的各种具体政策、项目和方法提供法律基础。它的具体实现主要有两条途径：一条是加拿大各省议会和政府相应通过并实施的各项相关社会政策和措施；另一条是联邦政府设立与多元文化主义有关的若干具体项目在社会上直接实施，并拨出一定的款项用于支持和实施这些项目，使多元文化主义理想和政策转化为群众的行动并造成社会的变化。

联邦级的多元文化主义项目主要集中在四个方面：种族关系与跨文化理解；遗传文化与语言；文化社区活动的支持与参与；公民权教育。这四个方面又分别分解为若干具体的亚层次和子层次项目，逐年通过招标、委托、指定和分配等方式随一定比例的经费下达到各地、各社团、教育机构和个人。该项目由联邦政府中多元文化与公民权事务部及在各主要地区和主要城市的派出机构与人员具体组织实施，每两年总结一次实施报告并结集出版。

加拿大联邦政府每年拨出一笔专款用于实施多元文化项目，数额大小视当时财政状况而定，总体上呈逐年上升势头。1971 年为 159 万加元，1981 年为 830 万加元，1983 年为 1440 万加元，1988 年为 2980 万加元，1990—1993 年 3 年中平均每年为 4100 万～4200 万加元。

加拿大联邦政府把多元文化主义与公民权合为一个部门加以统管，实在是在多样性中寻求统一的奇特构想。在其看来，多元文化主义反映了加拿大人在文化背景和种族出身等方面的多样化特点，而公民权则要求所有成为加拿大公民的人享有同样的价值观念和生活目的，这正是加拿大内在统一性的根本基础。这两个方面的结合正反映了加拿大社会作为多样性统一的社会的两个不同方面的特征。该事务部的基本任务一方面保护和促进社会文化的多元化发展,另一方面通过各种具体措施使各种文化背景和种族出身的加拿大人相互理解、彼此尊重,并在作为加拿大的平等公民的基点上团结起来,携手协作,更加积极自觉和充分地参与加拿大的各种社会事务与社会生活,更好地有效履行作为加拿大公民的所有权利、责任和义务。这就是为当代不少加拿大人所自豪的“花园理论”。[①] 在他们看来,加拿大就是一个繁花盛开的大花园,各种来源的各种文化就像不同种类、不同品格的鲜花绿叶,它们在加拿大多样化的社会土壤中奋开怒放,保持其独特品格和魅力,同时又对大花园的繁盛做出自己的独特贡献。

五、对多元文化主义的评价和态度

如何评价加拿大的多元文化主义理想、政策和法律,无疑是笔者和读者共同关心的重要问题。加拿大政府和议会经过 10 多年的实践后,将其由社会政策提升为联邦法律,表明了对它的充分肯定和坚定信念。应该说,加拿大多元文化主义理想、政策和法律的产生、形成、完善和实施,既反映和顺应了加拿大社会文化多元化发展的历史趋势,又影响和造就了今天的多元化社会现实,并将促进多元化的进一步发展,造就更加多样和丰富的社会未来。

那么,加拿大公众对它的态度如何?从加拿大有关机构在 1974 年和 1991 年的两次公众调查及其结果的比较中我们可以有个基本的了解。[②]

为了解加拿大公众对多元文化主义的态度及其变化,加拿大政府多元文化事务部曾资助有关部门于 1974 年 6 月和 1991 年 6 月采用随机抽样方式对全国范围内 16 岁及以上的人进行多元文化主义调查。调查的主要内容有:加拿大的统一和价值;加拿大的民族多元化;多元文化主义政策;多元文化主义项目;偏见和歧视;对不同文化群体的态度等。调查统计结果表明,在加拿大公民中,1991 年有 87%的人为作为加拿大公民而自豪,95%的人认为在为作为加拿大人而自豪的同时

① 阮西湖,王丽芝.加拿大与加拿大人[M].北京:中国社会科学出版社,1990.

② 参见《关于多元文化主义与公民权的态度》调查报告,1991。

也为自己的祖先而自豪;1991 年有 63%的人知道联邦政府的多元文化政策,1974 年为 41%;1991 年有 18%的人认为多元文化会摧毁加拿大人的生活方式,1974 年为 32%;1991 年有 78%的人认为多元文化政策将使加拿大文化更丰富,1974 年为 61%;1974 年和 1991 年都有 37%的人认为多元文化政策将在不同种族的群体之间引起更大的纠纷。1991 年有 65%的人认为一个具有更多种族群体的社会更有能力解决由此而引起的新问题,1974 年为 51%;1991 年有 32%的人感到移民者最好能尽快忘掉他们的文化背景,1974 年为 28%;1991 年有 39%的人认为民族群体的成员要保持他们的文化和传统,1974 年为 36%;1991 年有 42%的人认为国家的统一由于一些种族留恋于他们过去的生活方式而受到削弱,1974 年为 36%;1991 年有 46%的人认为来到这个国家的人应当改变他们的行为使之更像个加拿大人,1974 年为 56%;1991 年 58%的人赞同政府采取行动保护文化遗产,1974 年为 69%。由上不难看出,今天赞成、支持和理解多元文化主义的人在广度和程度上都比 1974 年要多得多。

当然这里也有细微的区别,从年龄结构看,年轻人比老年人更支持多元文化政策,分别为 74%和 49%;从受教育程度看,具有高中以上文化的比低文化的更支持,分别为 63%和 53%;从不同种族来看,非英法裔的支持者比例大于英法裔的加拿大人。而一些法裔加拿大人至今仍然坚持认为多元文化政策是英裔加拿大人和英式政府用于削弱法裔加拿大人地位的一种阴谋和手段,因此持不同程度的怀疑以至反对态度。

就笔者了解,对加拿大多元文化政策的最大疑虑在于担心由于强调并支持各种族、民族都可以保持并发展自己的遗产文化和语言而削弱国家的凝聚力和向心力,客观上强化了离心力和分离因素,妨碍人民的精诚团结和国家的和谐统一,甚至导致或纵容种族主义抬头,导致国家的分裂等。这种担心由于 1992 年关于修宪协议全民公决失败而得以强化。也许是这样的,多元文化主义反对种族歧视,主张种族平等,但它不能改变各种族文化在客观上不平等的历史和现实,也缺乏抑制和反对种族主义的手段和相应措施。因此,它的真正全面合理有效实现还需要辅之以相关的法律、政策和办法。

第二十二章　消除心中的“柏林墙”

——德国统一的观察与思考

本章是1994年笔者赴德国柏林进行学术考察与思想文化交流所得的思考与总结。柏林墙倒塌，两德统一之后，德国民族表现出了深厚的历史意识和强烈的独立意识，学术依然蓬勃发展，很有活力。

柏林墙与德国的分裂是历史的见证，是美苏冷战的历史产物，然而这无法阻挡国家统一、民族团结的历史潮流。德国统一既是两德人民的共同期待，也是冷战结束后国际局势的必然。尽管如此，统一之后不少人对德国现实有许多不满，并且表现出不同的理想信念与价值立场，心中还有一堵“无形的墙”。从根本上说，这是将近半个世纪以来两种社会制度下的人们完全不同的生活方式和思维方式造成的。要消除这些观念上的对立还需要很长时间的努力。

德国统一之后，现实情况与人们的理想有一定的落差，尤其是社会经济的下滑和思想观念上的矛盾，催生了民族主义、新纳粹主义，引起了世界各国的关注。笔者认为，新纳粹主义并不是统一的必然产物，德国应发挥民主的力量，建设民主、和平、进步的国家。

1994 年 8 月至 10 月，受国家教委派遣，笔者应邀赴德国柏林参加第 16 届国际政治学大会，会后执行博士生导师研究项目，先后访问柏林洪堡大学、自由大学、慕尼黑大学、波恩大学、特里尔大学等校哲学系和研究机构，就德国统一后的马克思主义哲学研究与教学、当代德国哲学研究的热点问题、原民主德国教育体制转轨与知识分子心态、新种族主义的泛起及其原因、中国留德人员现状与留学生管理等问题，与德国学者、中国留学生和我国驻德使馆有关人员进行了广泛的学术考察调研和思想文化交流。这里将与德国哲学与社会文化有关情况简介如下。

一、学术交往点滴

第 16 届国际政治学大会由国际政治学会主办，为该会三年一度的大型国际学术会议。上届大会于 1991 年 8 月在阿根廷首都布宜诺斯艾利斯市召开，笔者受国家教委派遣曾前往参加并报告两篇学术论文。本次大会由德国政治学会承办，于 1994 年 8 月 20 日至 25 日在柏林最大的国际会议中心（ICC）举行，参会者达两千多人。笔者作为分会主席主持了“发展中国家区域管理与决策”分会。笔者与孟筱康合作的英文学术论文《中国的社会主义市场经济建设与区域管理决策模式》在分会报告后引起热烈讨论。来自印度、俄罗斯和东欧的学者联系本国的实践讨论发展中国家经济转轨的最佳模式问题。一些来自美国和加拿大的学者则认为当前中国的发展道路较少震动而成效较大，也许是一种最为成功的发展模式。在自选参加的“政治哲学”与“政治学方法论”分会上，笔者分别介绍了中国近年兴起的社会认识论和社会认识方法论等新兴分支学科及笔者自己的研究成果，指出它们对于社会管理与决策的方法论意义，亦引起不少与会者的兴趣，纷纷前来索要材料。海外学者对我国改革开放和学术研究进程的密切关注和热情赞赏，给人留下了深刻印象。

马克思主义哲学在德国大学的境遇如何呢？这是笔者尤为关心的一个问题。据洪堡大学哲学系主任杰哈德特教授等介绍，德国统一后，马克思主义哲学失去了原有的意识形态地位，从而人们可以更加客观地看待它，并进行更加自由的探讨。洪堡大学仍然开设马克思主义哲学课，但不再作为必修课，而是选修课。马克思主义哲学被作为德国哲学发展中的一个阶段和一种成果来看待。马克思作为德意志民族历史上的一位伟大思想家仍然受到人们的尊重。在位居原东柏林区的马克思恩格斯广场上，马克思和恩格斯的塑像依然完好。我几次去或路过那里，均有人在那里瞻仰和与之合影。在洪堡大学教学主楼的正厅墙上，金字镶成的马克思在《关于费尔巴哈的提纲》中的那句名言仍然熠熠闪光：哲学家们只是用不同的方式解释世界，而问题在于改变世界。在特里尔的马克思故居纪念馆和马克思恩格斯研究中心珍藏着许多极其珍贵的文献，吸引着来自世界各国的学者和游客，已经成为国际性科学研究和学术交流中心。在德国朋友阿特浩施教授夫妇的热心帮助下，我们找到了据说是马克思当年曾经拥有和经营过的一块葡萄园，其时正值葡萄收获时节，望着那累累硕果，笔者浮想联翩。

德国人珍重历史，各种名人名事名址均有纪念碑、纪念馆或提示牌。相比之下，历史上的著名哲学家们尽管不那么显赫，却也保留着自己的一席之地。笔者在洪堡大学工作的表姐帮助笔者在原东柏林的一座据说主要是文化人的公墓找到了黑格尔和费希特的墓地。不大的墓碑庄重朴实，静静坐落在绿草与鲜花丛中，与他们的主人在人类思想史上掀起的巨大波澜形成鲜明对照。费希特曾任洪堡大学第一任校长，由他亲手栽植的一棵大树在洪堡大学校园主楼前枝繁叶茂，据说已成为校史教育的内容之一。

相比之下，在学术研究领域，康德哲学受到的重视更为突出。这里不仅有新康德主义者的承继和发展之功，还在于对康德本身的哲学思想的发掘与探索也已与现代科学技术手段相联系。特里尔大学哲学系亨斯基教授 30 多年来潜心研究康德，在全德以至国际康德研究方面享有盛誉。自 1981 年起，他带领一个小组运用电脑研究、整理、编撰《康德逻辑学文稿索引》。他们运用电子数据处理方法将康德的全部逻辑学文稿编码输入，对各种文本进行词条化处理，整理一般词和关键词两个系列的词条索引，再记录各词条在各种文稿和各种版本中的出现频率、使用背景和含义演变等。由此而揭示康德逻辑思想的总体结构与细枝末节、特定含义与历史发展等。《康德逻辑学文稿索引》计划出版 14 卷，已出版 7 卷。此项研究得到了学校和社会的大力支持。在谈到为什么从事这项研究时，亨斯基教授不无诙谐地告诉笔者："我花了 10 年时间研究黑格尔，但我发现我最终难以理解黑格尔。我还花了 3 年时间研究海德格尔，我发现我也很难理解他，于是我回到了康德。我之所以能坚持研究康德，唯一的原因就是我认为我能理解康德、读懂康德。别人都说哲学的发展是从康德到黑格尔，我的研究却是从黑格尔到康德。”亨斯基教授的下一个研究计划是运用电脑整理《康德伦理学文稿索引》，计划出版22卷。63岁的他壮志不已，却也不无忧虑地告诉笔者，迄今他还没有找到合适的人能够接替他完成此项工作。我们衷心希望他的研究工作能够顺利展开以大大推进康德哲学的研究水平。

科学哲学是当代德国哲学研究的热点问题之一。慕尼黑大学哲学系教授沃尔夫岗·鲍尔泽等人运用结构主义方法研究科学理论模型，于1987年出版了《科学的建构》，成果引人注目。笔者慕名访问了他。两次长谈之后，他热情地邀请笔者与他一道去他常去的斯坦伯格湖滨胜地共度周末。据他介绍，他们这个项目的独特贡献主要可概括为三个方面。其一，提出关于科学理论的普遍的形式变换理论模型。他们提出了“理论网络”“理论测量模型”“理论测量方法”“理论测量标准”等一系列新概念，并运用它们来表征较大的科学理论体系和科学理论方向的相互作用。他们制定了一种新的精确的标准来区分特定科学理论中的理论成分和非理论成分，从而结束了过去许多论者由于缺乏规范标准而长期进行研究但并无结果的争论。其二，运用他们提出的普遍的形式变换的科学理论模型对历史上和现实中的各种理论进行重构。例如，经典几何学、经典的和相对论的时空理论、经典力学、经济交换理论、社会网络理论、雅可布森的文艺理论、弗雷格关于无意识的早期心理学理论、希波柯雪特的医学理论等都在他们的重构视野之中。其三，运用结构主义原理建构了一个关于社会制度的新的、精确的、普遍的和更具解释力的经验理论模型，这种理论模型比现在社会学理论中的社会模型更加现实和更富于解释力。正是他们在这方面的探讨与笔者长期关于社会认识论和社会认识方法论的思考产生了许多交叉和契合之处，而他们也产生出对我国社会认识论等研究成果的强烈兴趣。我们共同策划了并期盼着在这些领域的进一步合作。

法兰克福学派被不少德国哲学家认为是当代德意志民族对于世界哲学的一个独特贡献。当笔者问起谁是当前德国哲学界最有影响的哲学家时，好几位德国学者均毫不犹豫地首推哈贝马斯。哈贝马斯被认为是法兰克福学派的第二代领导人，今年65岁，已从法兰克福大学退休，但仍活跃在欧美哲学界。近年来他大部分时间住在美国。他的别墅坐落在慕尼黑市郊湖光明媚、山色秀美的斯坦伯格湖畔，深藏在郁郁葱葱的灌木丛中，但找来并不太费劲。周围的人们似乎对他也非常熟悉和敬重。看来哲学家的影响不仅在缥缈的精神世界，也在现实的社会生活之中。

德意志民族为什么会保持如此浓厚的理论兴趣，为什么能在近代以来产生如此多伟大的文学家、艺术家、思想家和哲学家？这是笔者这次德国之行想弄清的问题，于是不断地将其列入话题。不料这似乎成了笔者的所有问题中最难回答的问题，几乎没有一个被访者能够系统地说出个子丑寅卯，好像这个问题完全超出了他们的思考范围。最后还是由我自己来寻找答案。在这短暂然而丰富的访问中，德意志民族的两个方面给我留下了极为深刻的印象：一是深厚的历史意识；二是强烈的独立意识。历史深厚也许是整个欧洲文化的共同特点，而德意志民族在这方面有自己的独特自信。就在马克思的故乡，那座被称为“历史之城”的特里尔，不仅保存着许多自古罗马时期留下来的遗址遗物，在城市中心广场一座中世纪风格楼房的墙上，还赫然刻写着：“特里尔城比古罗马城要早 1300 年。”仅有历史意识还是不够的，还要有现代的独立与创造。这正如鲍尔泽教授在听到笔者关于德意志民族理论兴趣的提问时，沉思良久方喃喃说出的，“我的父母从小便反复教育我们要独立思考”。珍重历史又不拘泥于历史，立足于传统而又自觉进行符合时代特点的独立文化创造，这也许正是德国历史、德意志文化和德国哲学中最为深刻和宝贵的东西。

二、“柏林墙”今昔

在世界历史上，有许多国家由于种种原因，分了又合，合了又分，这算不得稀奇。但要说有多少国家与城市的分裂和统一，能像德国柏林那样，其命运与一道上千公里的水泥墙的建设与拆除相伴随，这恐怕便不能不算作一种稀奇。记得早时便听说有道“柏林墙”把德国和柏林市一割两半。当时朴素地认为，一个国家、一个民族、一个城市被一堵墙一分为二，这墙一定不是什么好征兆。几年前获知德国统一，柏林墙被拆除，心情便比较复杂，觉得德意志民族的统一和柏林市复归一体这总不能全算坏事，总是对于历史扭曲的一种清算。当时便有个心愿，就是即便看不到这柏林墙了，也要争取去柏林看看统一给人民带来的好处，听听遭受过长期分裂的人们谈统一。此次来到德国，有此良机，对柏林墙的今昔和德国统一后的现状，笔者自然格外留心。记得刚到柏林后的第一次外出，便是在朋友的帮助下去找寻柏林墙遗址，并在那段著名的“东方艺术画廊”前面感慨万千。

柏林墙是历史的见证，它目睹了社会主义与资本主义之间的意识形态对立，记载着民主德国、联邦德国之间关系的历史演变。

德国的分裂从根本上说是以苏联为代表的社会主义阵营与以美英法为代表的资本主义阵营之间对抗的产物。第二次世界大战结束后，作为战败国的德国被分为英、美、法、苏四个占领区。1948 年 9 月英美法的三个占领区合并，1949 年成为德意志联邦共和国（简称“联邦德国”）。联邦德国 1955 年成为主权国家。苏联占领区 1945 年成立军政府，1946 年 4 月德国统一社会党执政，1949 年 10 月成立德意志民主共和国（简称“民主德国”）。当时联邦德国按照美英法资本主义模式建立社会体制，民主德国则按照苏联社会主义模式建立社会体制。柏林则一分为二，称为东柏林和西柏林。民主德国、联邦德国的分裂和对抗实际上是产生于当时世界上两大思想体系、两种社会制度的对立和冲突。

柏林墙是由民主德国方面单独修建的。此举除了意识形态的对立外，还有更为深刻而重要的经济和技术方面的原因，这就是对于人才尤其高级技术人员的争夺。德国分裂后，由于社会制度的差别，尤其联邦德国以各种优惠政策吸引民主德国的劳动力尤其技术人员，引起大批民主德国人西迁。据统计，在 1945 年至 1961 年间，约有 350 万人由民主德国移居联邦德国，其中多为高级技术人员。大批人员流失给民主德国的生产、科学技术和教育的发展造成极大威胁。为了应对这种情况，民主德国人民议院于 1961 年 8 月 12 日发布命令，以修墙来封锁西柏林。该墙于 12 日至 13 日晚上修成。开始是铁蒺藜围成的路障，后改筑成 2 米高，顶上拉着带刺铁丝网的混凝土墙。在各主要交叉路口和沿线的观察塔楼上设置警卫，由军人昼夜守护。这道环绕西柏林的墙就是著名的柏林墙。1970 年，民主德国政府将柏林墙加高到 3 米，以阻止民主德国居民向联邦德国叛逃。到 1980 年，围墙、电网和堡垒总长约 1369 公里。整个西柏林均处于民主德国的包围之中，离联邦德国东部边境约 177 公里，除了 3 条空中走廊外，又主要靠 3 条铁路、2 条公路和 1 条水路与联邦德国联系。

柏林墙虽在阻止民主德国居民逃往联邦德国方面不无作用，最终却无法阻止德国的统一浪潮，并于 1989 年 11 月 9 日伴随着昂纳克政府的垮台而被冲破推倒。柏林墙的寿终正寝，正是德国统一的前奏曲。1990 年 10 月 3 日，德国统一。

然而，柏林墙并没有被人们遗忘。

目前，柏林市内的绝大部分柏林墙已经被拆除，以满足城市建设和交通发展的需要。但柏林墙的痕迹仍处处可见。在勃兰登堡门和国会大厦前，一位朋友告诉笔者，那一条细细的新的柏油路痕迹，就是当年柏林墙的旧址。旁边一块网状墙上的 7 个白色十字架上，记载着众多为翻越柏林墙而毙命的人的名字。一些地段的柏林墙被有意留存下来并被以各种方式保护起来，列出了标牌和编号供人们观赏、摄影。据说"柏林墙公园"已经设计好，目前正在筹建之中。最引游客入胜的，是那段被保留下来并辟成大型"东方艺术画廊"的柏林墙。近百幅由不同单位和个人制作的大型油画，以各种图案、各种方式表达着人们对分裂的反对和对自由的向往，无论其历史意义还是艺术价值都是不可低估的。而小商贩们更是从柏林墙上找到了很好的生财之道。柏林墙上的石头被敲成碎片涂上色彩，再盖上印章，装在精美的透明礼品盒中，3～15 马克一件不等，常常是游客们的青睐之物。而作为历史的柏林墙则随着这些作为礼品的"柏林墙石"而流向远方，留给未来。

三、统一以后看统一

国家要统一，民族要团结，这在任何条件下都是一种难以阻挡的历史潮流。像民主德国和联邦德国这样完全由于意识形态和外在的力量而一分为二的国家，其分难以持久，其合势在必行，这似乎早已是大家的共识。因此德国统一当时在世界范围内固然相当引人注目，但并不让人感到太意外。尤其是与当时苏联东欧的巨大变化紧紧联系在一起，则德国的变化不过是整个世界格局和意识形态变化中的一个局部表现。过去人们对此已做了许多分析，不必赘言。那么统一以后的德国人如何看统一呢？从笔者的访谈来看，时至今日，德国人对德国统一本身的看法似乎并不统一，而且大多数人似乎并不赞赏；统一后的德国现实似乎也并不像我们这些局外人过去想象得那么美好，种种社会矛盾尤其新法西斯主义的泛起正困扰着全社会尤其是知识分子。笔者所接触的原民主德国、联邦德国知识分子和市民对于统一后的德国现实有颇多不满，不少人甚至提出非常尖锐的批评。这是笔者所未曾料到的。仔细分析，他们的批评又往往出自完全不同的基点和立场，反映着不同的理想信念、价值观念和评价标准等。这不由使笔者意识到，尽管有形的柏林墙已被拆除了，然而在德国人民之间实际上还存在着一道道无形的"柏林墙"。如果说有形的墙只能隔住人的身体，却挡不住人们的心灵沟通，则无形的墙使人们之间虽然身在咫尺，实则恍若相隔天涯。如果说拆除有形的柏林墙已属不易，而要拆除那无形的"隔心墙"，则更为艰难，更需时日。

值得我们思考的是，为什么统一问题至今仍在原民主德国、联邦德国人民尤其知识分子之中留下如此之大的争论和非议？为什么一道无形的柏林墙至今仍然牢牢横立在东西部人民心中？进一步追问，既然如此，当时德国统一为什么能够如此迅速地实现呢？

1. 历史的期待

德国朋友从不同角度的分析和解释，帮助和引导笔者从统一前后民主德国、联邦德国最广大群众的普遍心理期待与社会现实的巨大反差中去找寻答案。

应该说，德国统一的直接推进者主要是民主德国方面。当时各阶层人民对现实社会政治经济和文化生活状况极为不满，难以忍受，对昂纳克政府彻底丧失信任和信心。工人、农民普遍走上街头，知识分子也觉得现实不能再继续下去，而希望有一种新的社会模式和发展道路。各方面力量从不同角度出发形成一股巨大的合力，迅速推翻了民主德国政府，推倒了柏林墙。

而从当时的联邦德国方面看，也并不是完全被动的，他们有着自己的期待，并为之而做了长久的努力。从政治上看，以联邦德国的现行社会制度为基础和模本去建立统一的德国也是联邦德国政权的一贯目标。从法律上看，自联邦德国成立后，其法律中一直有一项重要内容，即不管在什么时候，只要民主德国人自愿地要回到联邦德国，就必须允许他们回来。正是在这种法律意识的基础上，几十年来，联邦德国对民主德国一直采取不设防的政策，并以各种优惠政策吸引、招徕和帮助民主德国人到联邦德国工作。而在经济方面看，由于过去一直宣传民主德国工业发达，科技先进，在世界上位居前七名，这对联邦德国人也是颇具吸引力的方面。他们希望能够通过统一而在工业、科技和经济发展方面从民主德国受益，建成一个欧洲的头号强国。

当时正是民主德国、联邦德国人怀着这样复杂而实际的社会心理状态和对统一德国社会的理想追求，与当时苏联东欧的内部变化交织在一起，汇聚成一场声势浩大的社会运动，促成了德国的统一。

2. 国际形势的变化

就外部原因而言，德国统一与当时的国际环境，尤其苏联对民主德国的态度变化也是分不开的。民主德国与联邦德国的长期对峙，是以苏联的几十万军队屯集民主德国为条件的。戈尔巴乔夫上台后推行新思维，强调东、西方的对话与和解，对民主德国昂纳克政府的态度也有根本性改变。戈尔巴乔夫于1989年10月7日参加民主德国国庆40周年时，在庆典大会上公然不点名批评昂纳克，18日昂纳克便被迫下台了。同年11月9日，柏林墙被推倒。1990年7月联邦德国总理科尔访问苏联，戈尔巴乔夫保证从民主德国撤军，支持统一。继美英法苏四国与民主德国、联邦德国联合会议签署撤军协议后，德国统一进程迅速发展。回顾这段进程，从戈尔巴乔夫批评昂纳克到德国统一，前后不到一年时间。应该说，民主德国、联邦德国的分裂与统一都与国际形势的变幻与国际力量的重组有着非常直接、密切的联系。德国的命运的变化从一个侧面记载了国际风云的变化。

3. 德东的现实和问题

然而，社会体制的根本转轨毕竟是一件触及全体社会成员根本利益从而异常艰巨的事。现实远不如理想那么美好。一旦热情过去，东、西部的人们很快都在现实生活中发现，统一给自己带来的并非过去理想中的东西，自己过去期望的东西并没有从统一中得到或完全得到，统一后自己反而失去了不少东西，而失去了的不少东西随着时间的推移而日益显示出其可贵和可惜。加之过去对统一后可能面临的困难缺乏足够的心理准备，对于未来发展模式没有来得及做出仔细规划。因此在严峻的问题和困难面前不少人显得惊慌失措，产生了巨大的失落感。

客观地说，原民主德国（现称“德东”）地区的人从统一中得到了相对较多的实惠。德国统一后，德国政府制订了东部振兴计划，设立了德国统一基金，在资金、技术和人力上向原民主德国地区的五个州提供了强有力的支援，对东部国有企业和资产进行私有化改造及产业结构调整，大规模开展基本建设，重建东部的社会保障体系，整个德东地区的社会政治经济教育体制等均按原联邦德国（现称“德西”）地区的模式重建。整个经济体制迅速转轨，经济迅速发展，生产持续上升，基本建设发展很快。民主德国人在政治上没有了过去的思想高压和严格组织控制，出国出境有了较大自由，在岗人员的工薪普遍提高了 3～4 倍，扣除物价上涨因素，实际工资增长 2～3 倍不等。市场繁荣，商品丰富，实际生活水平有较大提高。私人轿车多了，住房条件好了，手中存款多了，外出旅游、访问方便了，这是德东的人们所普遍承认的。那么为什么还有如此多的社会矛盾和抱怨呢？

其一，政治上受歧视。由于意识形态和社会制度的根本转换，许多过去在民主德国政党、政府、军队、警察等部门工作的人被重新审查，失去工作。过去在不少部门的工作现在不被计入连续工龄。官方对过去的民主德国历史基本上持否定态度。主要部门的干部均由原联邦德国派员担任。不少原民主德国人在政治上被歧视，失去了被信任的感觉。

其二，失业范围扩大，体制转轨造成了劳动力市场危机。东部失业率一直在 12%以上。而且由于社会体制的结构性变革，不少知识分子尤其哲学社会科学方面的教师和研究人员失去了工作，或被迫提前退休，迅即落入社会低层，落后于社会生活的平均发展水平。大量人员失业、待业成为较大的社会问题。

其三，社会贫富差别迅速扩大。德东地区的留用人员其工资仅相当于德西地区同类职务工资的 70%～80%。社会的两极分化日趋明显。

其四，更重要的在于，过去民主德国人尽管对国家、政府、政党和工作单位不满意，但在心理上总还认为是自己的国家、自己的政府、自己的政党、自己的单位，有一种主人翁责任感。过去反对它、批评它，是为了把它搞得更好。而现在的国体、政体以至行政管理体制不仅是过去自己所反对的，而且在现实中一开始便似乎是站在自己的对立面的。且不说它比过去的好多少，至少有不少人感觉到自己在社会中成了二等或三等公民，没有了过去的自尊、自信和自主。

正是由于上述种种原因，一些德东学者告诉笔者，他们当时反对昂纳克，是要一个比当时的社会更好的社会发展模式和发展道路，不是不要社会主义，而是要一种更好的社会主义。现在看来，联邦德国模式并不理想。据说1993年在全德的一次民意测验显示，在德东地区有74%的人认为民主德国政府倒台的原因不是社会主义不好，而是民主德国的政治家没有把社会主义搞好。因此一些人已经提出要重新探索一种更加理想的社会主义，或至少是一种不同于现行的资本主义的发展道路。

4. 来自西部的批评

相比之下，原联邦德国地区的一些人士对于德国统一问题的看法似乎更为冷静和客观。他们的批评主要体现在以下方面。

其一，从经济方面看，有一种失望甚至上当的感觉。统一后才发现原来民主德国的经济状况并不像过去宣传的那样好，科技、工业也不像过去以为的那么发达。民主德国过去几十年的成就主要是重工业，但仔细调查才发现它们主要是采用苏联模式，并且相当部分停留在20世纪五六十年代的水平，属于应该淘汰或改造的工业类型。要使德东地区的工业生产能够与德西地区的配套，还需花费相当大的投资，而且为改善德东地区人民生活和改造市政设施也要有相当大的投入，而这实际上主要是由联邦德国的纳税人来承担的。据说统一以来每年西部给东部输送上千亿马克的资金，迄今资金总额已达6440亿马克。但至今东部经济还未完全恢复元气，特别是核心工业仍然处境艰难，今后仍需长期依赖西部的财政支持。这对整个德国经济发展无疑是个很大拖累。不少原联邦德国人为此而设问：我们为什么要为他们而背上这个沉重的包袱呢？

其二，从意识形态上看，德西人在与德东人的交往中也感受到了双方在理想信念、价值观念方面的较大差异，而且至少目前还缺乏有效沟通的桥梁。不少德西人对德东人在统一后得了实惠还不满意感到非常不理解，而且非常有意见。他们认为，这就好像我们花了好大的代价找回了长期失散的兄弟，结果却发现彼此是那么陌生，那么难以共处，以至于令人怀疑，花那么大的代价把兄弟找回来是否必要，是否值得。

其三，各界人士对于统一后在全德范围内普遍存在的社会问题，尤其新种族主义抬头、新纳粹主义泛起等均非常敏感和担忧。一些学者甚至认为，这是一种比过去与社会主义的对立更为危险的威胁。

综观以上的争论和冲突，笔者感到，这无形的墙，从根本上说，就是两种完全不同的价值观念和理想信念的冲突。将近半个世纪以来民主德国、联邦德国人生活在两种根本不同和完全对立的社会制度下，受着完全不同的意识形态教育和价值观念熏陶，有完全不同的理想追求和价值体系。这已经培养和造就了完全不同的一两代人。他们之间在一些根本问题上的对立和冲突不仅不会随着柏林墙的拆除而消失，反而会在日益明显的社会矛盾转换过程中非常尖锐地表现出来。有的德国学者认为，如果说这一两代东、西部人之间的理想信念和价值观念的差异和对立是在半个世纪的历史中培养起来的，则要根本消除它们也许需要更长时间的努力。

四、新纳粹主义的警示

半个多世纪以前，以希特勒为首的纳粹势力，把德国引向法西斯道路，使世界陷入战争，也给德国人民带来灾难。德国的分裂，当溯源于此。而今德国刚刚统一，伤疤未愈，记忆犹新，新纳粹主义再度泛起，并且日益猖獗，这不能不引起一切正直、善良和爱好和平的人们的广泛关注和高度警惕。

1. 新纳粹主义的历史与现实

纳粹，是德文“Nationalsozialist”(民族社会主义者)的缩写“Nazi”的音译。纳粹党，即德意志民族主义工人党的简称。纳粹主义(Nazismus)是民族社会主义工人党的反动主张。纳粹主义的中心思想是种族主义(Nationalism)，它既反对共产主义也反对资本主义。希特勒是种族主义的狂热鼓吹者。他在《我的奋斗》中把种族分成若干等级，其中雅利安人(即德国人)是优等民族，创造了人类文明，超越于其他民族之上。拉丁族和斯拉夫民族是劣等民族，而黑色人种和犹太人则更为劣等。他主张优等民族用暴力征服、奴役劣等民族，认为日耳曼民族应统治世界。他主张在国内实行以元首为核心的高度集中的法西斯专政，对外实行不择手段的种族扩张。正是在这种思想的指导下，纳粹主义运动发展到极端并导致了第二次世界大战。

二战结束是以纳粹的失败而告终的。然而几十年来纳粹亡灵不死，并在20世纪90年代逐渐演变为新纳粹主义。新纳粹主义崇拜希特勒，宣传日耳曼民族的优越性，强调德国的纯洁性，并为此而极为残酷地制造种种血腥排外暴力事件。据报道，德国统一以来新纳粹主义活动主要有以下几个特点。

其一,排外暴力犯罪事件迅速升级。一小撮剃光头、穿黑色皮衣、戴纳粹徽标的年轻人以外国人为目标烧杀掳掠,袭击住宅,焚毁汽车。其范围日益扩大,性质日益恶劣,手段日益残酷。据德国当局统计,1990 年发生排外犯罪事件 200 多起,1991 年猛增至 2400 余起,1992 年达 3400 多起。

其二,各种极右组织发展迅速,人数剧增。据不完全统计,德国有各种极右组织 70 多个,其中主要有共和党、日耳曼民盟、民族民主党、德国人民联盟、"民族抉择"组织、"德意志选择"、右翼极端主义的光头党和民族阵线等。德国的极右分子在 1990 年约有 32300 人,在 1992 年增至 41400 人。其中特别好斗的有近万人。

其三,各种右翼组织活动向公开化和合法化方向发展,一些右翼组织的头目被选入地方议会。例如,1992 年德国南部巴符州的选举中,极右组织共和党获 10.9%的选票,成为州议会的第三大党。新纳粹主义利用资本主义民主由地下转为地上,由秘密转为公开,由非法转为合法,并妄图以合法方式逐渐夺取权力。

其四,最令人担忧的是在德国尤其德东青年中存在着很大的持极右立场、敌视外国人的潜在力量。1990 年中期,莱比锡青年调查中心向青年做了专门调查,结果显示,被调查者中有 20%~25%的青年坚持民族主义,40%~45%的青年讨厌外国人,10%~15%的青年毫不犹豫地赞成民族社会主义,10%的青年拥护希特勒。正如社会学家 W. 舍巴尔特在调查总结中所言:"德国青年中在不同层次、不同程度上存在着一股支持右翼极端主义结构的潜在力量,它的特点主要是民族主义、排外主义、极权主义和不容异己的方针模式。"①

2. 新纳粹主义泛起的原因探析

那么新纳粹主义在德国统一前后为什么能够迅速泛起并发展成为一种具有较大威胁力的消极社会力量呢?综合各方面的意见,笔者认为可从以下方面去考察。

第一,历史上的种族主义意识死灰复燃。种族主义的核心是优等民族意识和由此而产生的民族排他性。任何民族都是需要自尊和自信

---

① 沉舟.新法西斯主义与人类的命运[M].北京:北京理工大学出版社,1994:14.

的，但当这种自尊和自信超出合理的限度，走到自我独尊和自我独信，而否定其他民族存在的根据，排斥其他民族的应有地位时，则走上了种族主义。日耳曼民族无疑是一个优秀民族，但如果只承认日耳曼民族的优越性而将自己超越于其他民族之上，则必然导致种族主义。以希特勒为元凶的纳粹主义尽管在二战失败后受到抑制，但作为一种意识形态，它没有也不可能被彻底消除。只要有了合适的土壤和条件，则会沉渣泛起。迄今为止，对 1945 年 5 月 28 日这一天到底怎样看待，在德国人中仍然存在不同看法。大多数人认为希特勒在这一天宣布无条件投降，这既是结束纳粹暴政的日子，也是从暴力解放出来的日子，值得纪念和反思。但也有人认为这是一个失败的日子，是德国分裂和遭受不公正待遇的开端，是东方残暴驱赶和压迫德国人的开端。这里的争论，反映了德国人对历史和现实的不同评价。应该说，第二次世界大战后，德国人民承受了巨大的国际压力，长期处于压抑状态。德国统一清除了历史旧账，需要德意志民族恢复和强化自己的自信心，但如果过度，则会走向另一个极端。这大概也是新纳粹主义乘机泛起的一个重要原因。一位朋友说得好："新纳粹主义实际上是一个长期受压抑的优秀民族在重新寻找自信时产生的个别的畸形变态心理的一种极端表现。"

第二，国际上新法西斯主义遥相呼应。种族主义是一种国际性思潮，法西斯的阴影则遍布五大洲，从相对发达的欧美大陆到相对落后的南美洲、非洲，都有其踪迹。在第二次世界大战结束以来的半个多世纪中，法西斯主义的活动时隐时现，却一直没有中断。进入 20 世纪 90 年代后，法西斯主义在世界范围内重新活跃起来，奥地利新纳粹分子，意大利的黑手党、红色旅、革命武装中心，日本靖国神社和军国主义，美国"三 K 党"，原苏联东欧的民族沙文主义，以及南非种族主义等都以各种形式或公开或秘密地活动着，不时制造出震惊世界的凶残事端。应该说，德国的新纳粹主义正是既依托于这种特殊的国际政治背景而泛起，又为国际法西斯主义、种族主义的活动推波助澜、兴风作浪。

第三，大批外国人急速移入德国。德国人的排外情绪之所以能日益扩大和高涨，与大批外国人迅速移入德国是分不开的。德国原来是一个纯粹德意志人居住的国家，第二次世界大战前外国人总数仅占总人口的 0.2%。20 世纪 50 至 60 年代，为解决劳动力严重短缺，联邦德国以入籍、就业、住房、子女教育等优惠政策来吸引外国人到联邦德国定居。一时间大批意大利人、南斯拉夫人、土耳其人、西班牙人等涌入联邦德国。德国统一后，按照德国法律，在苏联东欧的几十万德意志少数民族返回德国。1990年7月，德国议会通过新的《外国人法》，允许外国人出于政治和人道主义的原因而领取滞留居留签证，由此可以在德国长期滞留。一时东欧、苏联等国的难民包括大批犹太人迅速涌入。由于德国长期以来人口自然增长率低于零，因此，以各种方式的移民来补充劳动力是长期的需要。而按照现在的德国法律，在德的500万外籍移民每年只有极少数人能加入德国国籍，因此大批移民以外国人身份长期待在德国将是久远现实。而这些人缺少对德国的家园感，不太关心德国的发展，与德国人之间少有共同兴趣，并且由于语言、宗教信仰、生活习惯、文化背景等方面的差异，与德国人处于心理隔离状态，这也是引起不少德国人反感甚至排斥他们的重要原因。

第四，社会经济状况下滑造成社会问题。如果德国经济状况好，则大量外国劳动力涌入有利于刺激和推动经济发展。但当德国经济处于下滑趋势时，则过多的外国人到来势必造成就业困难，引起失业增加，住房、社会福利设施不足等。这就必然加剧社会的内部矛盾与冲突。由于外来人口在所受教育和技术技能方面各有特长，在寻找职业等方面较有竞争力，因此势必冲击当地人的工作机会。加上德国统一后社会体制转轨，经济状况下滑，就业机会减少，而正好这时大批外国人涌入，于是许多德国失业者认为是外国人前来抢走了他们的饭碗，于是排外情绪必然容易煽起。而那些其父母或自己面临失业危险的年轻人，则更容易由消极、颓废而走向新纳粹主义。

第五，东、西部人们之间存在的隔阂与对立也加剧了社会的矛盾冲突。前面我们讲到，东、西部德国人之间由于意识形态的差别和对立而在彼此之间难以产生好感。在不少东部人眼中，西部人傲慢、自大、唯利是图、自以为是、高高在上、盛气凌人。在一些西部人眼中，东部人懒惰，缺乏责任感、独立性和积极进取精神。东西部人之间在心理上的隔阂、对立和冲突严峻。另一个更现实的原因是一些西部人在统一后回东部去寻找过去属于自己的私人住房、财产，并要求归还，而这一部分房屋中不少已被德国政府卖给东部人员，因此不少人卷入财产纠纷并面临无家可归的危险。东、西部人之间的各方面冲突导致双方对现政权的不满和失望，于是不少人在选举时把希望寄托于右翼团体身上。一些学者分析，这也是极右组织德国人民联盟1993年在北方州选举中获得6%选票的一个重要原因。

新纳粹主义的猖獗活动已经引起德国社会各界的密切关注和高度警惕，也引起世界各国和国际舆论的普遍关注。各种形式的理论批判和实践反击已经全面展开。1992年11月8日，德国30万人在柏林集会游行，在"人的尊严不容侵犯"的口号下，强烈抗议新纳粹的排外暴行。德国总统、议长、总理、多数内阁部长、州长和议员参加集会并发表讲话，呼吁人们起来抵御种族主义浪潮，表达了反种族主义的决心和信心。27日，全德采取统一行动查封了右翼极端组织"民族主义阵线"的驻地。目前，各种声势浩大的反对新纳粹主义活动正在不断展开。越来越多的人主动站到了反对新纳粹主义的第一线。

我们认为，新纳粹主义是作为现代民主社会的毒瘤而存在的。割除毒瘤，需要发挥民主的力量、民众的力量、法律的力量，需要一种新的国际联合。新纳粹主义不是德国统一的必然产物。德国正在从统一中受益，正在统一的基点上发展。目前，统一后的德国已经成为欧洲的主要强国之一。现在，德国有8000万人口，在欧洲仅次于俄罗斯；有35.7万平方公里土地，在欧洲位居第三；有仅次于美国和日本的总经济能力；在世界贸易中位居第二，仅次于日本；德国马克已成为欧洲的主导货币。德国经济经过1991年至1993年的衰退时期，目前已开始复苏。德国继日本之后正在积极争取成为联合国安理会常任理事国。中德关系在两国最高领导人互访之后已在经济政治文化各方面全面恢复并得到进一步发展。

我们希望也相信，一个统一的、强大的德国也将在世界性的反对新法西斯主义、维护世界和平、推进人类文明进步的伟大事业中发挥更大的作用。

第二十三章 英国哲学与文化探微

本章是笔者1996年赴英国访问研究所做的总结与思考。笔者此次访学的主修方向为心灵哲学与社会科学哲学，这两个哲学分支学科在当时的英美都极为盛行。心灵哲学是当代西方哲学尤其是英美哲学中最有影响力的分支哲学，主要内容是心灵本质及其活动和功能，主要探讨这样一些问题：心灵的特征、身心关系、心理原因、意向性、意识、人和人格的同一性等。社会科学哲学是近30年来兴起的新兴分支哲学，在英国也富有盛名，西方哲学家对社会科学哲学的基本规定有着不同的看法，大体有四种：统一社会科学论、社会科学方法论、批判社会科学论、社会科学增长论。

在访学期间，笔者见证了牛津、维也纳、伦敦等地浓厚的学术氛围，学术讨论与交流非常活跃。此外，笔者还设计和主持了"向中国介绍当代英美哲学和哲学家"大型项目，邀请了当时许多学者参与，是本次访问的一大重要收获。在访问过程中，笔者有如下几点心得体会：英国学者治学严谨值得我们学习借鉴；国际学术交流要有来有往，形成对流；要加强对当代世界哲学的关注与跟踪；利用好最新信息技术，加入国际电脑信息网络系统，以更好更便捷地参与国际学术交流。

应英国文化委员会邀请和资助，受国家教委派遣，笔者于 1995 年 9 月至 1996 年 9 月到伦敦大学大学学院哲学系从事博士后访问研究。在英期间，笔者深感机会不易，时间短暂，便在有关各方的关心与支持下，在英国著名哲学家、伦敦大学哲学系 Ted Honderich 教授的具体帮助和指导下，一方面按照预定计划，抓紧一切可能的机会和时间，主动参加有关学术活动，学习领略英国哲学与文化，积极从事学术研究；另一方面根据新的情况不断调整研究计划，设计和主持"向中国介绍当代英美哲学和哲学家"大型国际合作项目，在专业、语言和思想各方面均有相当收益。兹将有关情况回顾总结如下。

一、心灵哲学

按照预定计划，笔者此次赴英除全面了解当代英国哲学与文化外，主修方向为心灵哲学与社会科学哲学。

心灵问题是自古希腊、古罗马哲学便已提出的古老哲学问题，从古至今一直在哲学家的关注视野之中。但长期以来，对心灵问题的哲学探讨主要是在形而上学、认识论、道德哲学等相关分支哲学中进行的，很难说有一门专门的心灵哲学。19 世纪尤其 20 世纪下半叶以来，以对笛卡儿二元论的反思和批判为导引，伴随着当代计算机科学、人工智能、认知心理学、神经科学等的迅速发展，心灵哲学成为当代西方哲学尤其英美哲学中最引人注目、最有成就、也最富于影响的分支哲学。当代几乎所有较重要的哲学家都曾在这个问题上发表过见解并形成自己的派系。一般来说，心灵哲学是关于心灵的本质及其活动和功能的理论。但由于心灵问题的复杂性和周边关系的多样性，人们运用不同的方法从不同角度研究心灵问题的不同侧面，形成了关于心灵问题的种种哲学理论。因此，严格来说，心灵哲学不是也没有一种为大家所认同的哲学体系，而是一个大家普遍关注的研究领域。在这个领域里，近几十年来学派迭起，新论不断。例如，仅在心身关系问题上，就有由澳大利亚学者斯马特等和阿姆斯特朗领衔的同一性理论，坚持心身问题上研究的唯物主义；以赖尔为代表的逻辑行为主义；费耶阿本德和罗蒂的消解性唯物主义；普特南和福多等人主张的功能主义，戴维森等主张的异变一元论等等。从总体上看，当代英美心灵哲学主要关注以下问题：心灵的特征；心身关系问题；心理原因；意向性；意识；人和人格同一性问题等。伦敦大学大学学院哲学系在心灵哲学研究方面颇为见长。其学术带头人 Ted Honderich 博士即以其在心灵哲学和逻辑哲学方面的成就而继艾耶尔等领衔格雷特教授席位。他的著作《心与脑》《决定主义的后果》《你有多自由》《牛津哲学指南》等均有较大影响。他与国王学院和伦敦经济政治学院哲学系合作为研究生开设的二组研讨课每周二次，各由一至二位研究生宣读论文或做主题发言，然后讨论。由于主题集中、准备充分，讨论热烈，效果很好。笔者一直坚持参加，从中收益颇多。

二、社会科学哲学

社会科学哲学是近 30 年来兴起的新兴分支哲学，在英国以伦敦经济政治学院的研究最为有名。伦敦经济政治学院曾有拉卡托斯、波普等著名哲学家在那里工作过，号称全英最大的社会科学教育和研究中心，并拥有最大的专业图书馆。自波普于 1994 年去世后，学术实力似乎受到影响，但卡特瑞特和鲁本教授等在这方面的研究仍然受到人们关注。笔者常去那里的图书馆查阅资料并参加那里有关社会科学哲学和社会科学方法论的讲座。当代西方哲学家对社会科学哲学的规定五花八门，概言之大体有四种观点。①统一社会科学论，认为哲学应当运用某些普遍的概念而使多种多样的社会科学学科得到统一的说明；社会科学哲学的任务在于为各种社会科学提供统一的概念框架，以使其本质、特点和功能等得到批判性的度量和解释。②社会科学的哲学方法论，主张社会科学哲学应当提供对社会科学的哲学方法和分析方法，以解剖社会科学，消除概念的模糊性并为社会科学的理解提供科学方法论。③批判社会科学论，认为社会科学哲学应当对社会科学的应用进行批判评价，为社会科学研究提供道德规范，使社会科学更好地发挥其功能。④社会科学增长论，认为哲学应当建构关于社会科学增长的理论模型，以对社会科学知识的增长提供说明。笔者自己对于社会科学哲学的关注是从开展社会认识论第三期研究开始的，因此尤为注意与社会科学方法论有关的问题。从方法论上看，社会科学研究中最基本的争论是自然主义与反自然主义之争。自然主义又称科学主义，主张对社会问题的科学研究应当采用与自然科学研究自然现象一样的方式来进行。反自然主义，又称人文主义，则根本否认在人文社会科学研究中运用自然科学方法的必要性和可能性，主张理解是人文社会科学的独特方法。多元主义方法论者认为自然主义与反自然主义并不是水火不容、截然对立的，自然科学与人文科学方法是彼此相容、互补的，可以在社会科学研究中同时得到应用，从而表现出灵活性和务实性。在社会科学方法论中还存在着个体主义与整体主义之争。方法论个体主义认为个体及其行为是社会运动和结构的基础，因此对社会现象的说明和解释只能立足于个体。而方法论整体主义则认为个体是由社会整体结构所规定的，因此应从整体出发解释社会现象。在我们看来，社会科学与自然科学之间既有共同性，又有差异性，如何在社会科学的独特方法与自然科学方法之间、在个体与整体这社会结构的两极之间保持张力，应当是社会科学方法论的重要问题。

三、学术活动点滴

牛津大学现代中国研究中心在英国为数不多的以中国文化和哲学为研究对象的专门机构中颇为活跃，也颇有影响。该中心的哲学部负责人伯尼博士多年来致力于中英之间的学术交流，发起并担任了中英澳暑期哲学学院英方主席，并不时在牛津大学举行中西哲学与文化比较研究的学术沙龙，邀请赴英中国学者去那里相聚论学，成为联络访英中国学者的重要纽带。得知笔者到英后，伯尼博士主动打来电话联系，以后每有活动便盛情邀笔者前往参加，或做论文评论员，或做主题发言人。不知不觉，牛津大学成了笔者除伦敦大学外造访和参加学术活动最多的地方。1996 年 2 月，笔者在一次学术研讨会上做了关于“围城与比较文化研究”的主题发言，借“围城”之喻，谈跨文化交往中的隔阂、误解，从本体论、政治学、认识论、价值论等方面分析其存在的原因，并探讨其超越的途径。不意引起与会友人们的兴趣。此后与当年中国人民大学校友、今旅英学者、在英国 Lampeter 大学任教的姚新中博士和在牛津大学 Waifson 学院从事研究工作的余纪元博士多次讨论合作，撰写成一组关于“围城与比较文化研究”的学术论文，发表在《江海学刊》1996 年第 5 期，算是在海外与友人论学的一点纪念。

1996 年 4 月，应奥地利维也纳大学哲学研究中心的邀请，笔者去那里参加国际性学术沙龙，做了题为《观念的建构与现实的建构——中国的社会认识论研究》的英文学术讲座，并回答了大家提出的问题。该中心所长华尔纳教授长期致力于“建构实在论”的探讨，希望能在这方面重振当年维也纳学派的雄风，自称“新维也纳学圈”，其执着与不懈追求的精神令人钦佩。值得一提的是5月1日正值休假，笔者上街观光，恰遇当地群众的“五一”大游行。令人惊奇和振奋的是，整个队伍中高举的标牌和旗帜中，竟有不少是马恩列斯毛的画像、镰刀斧头旗帜和社会主义的标牌，而游行队伍免费散发的还有马恩列斯毛著作的德文译本。联想到同年6月全英学联在伦敦组织的大游行中，最醒目和响亮的口号竟是“Struggling for Socialism”（为了社会主义而斗争），不禁令人感慨。

伦敦不仅是世界的一个重要的经济政治中心，也确实不愧为当今世界一个重要的哲学学术中心。英国的几个大型哲学学会均有定期或不定期的学术活动，邀请全世界著名的哲学家前来讲学。每年4月至9月，英国皇家哲学学会都安排有在周五晚上举行的学术报告会，其学术论文经修改后收入他们出版的《哲学》杂志。该学会1996年9月的哲学年会，特邀蒯因、丹尼特、戴维森等一大批优秀的哲学家来做报告，成为英国哲学界的一件盛事。亚里士多德哲学学会则本身便是英、美、澳、加各国哲学家的共同社团。它的特点是在每年初将当年或第二年的学术报告论文汇编成册公开出版并标明其报告的时间、地点，以后各次按序进行，有条不紊。读者可以在事先阅读论文后有准备地听讲并提出问题。记得其中一次是哈贝马斯前来讲学，谈伦理判断中的知识问题，偌大的报告厅座无虚席。置身于其中，对于马克思所言哲学的世界化和世界的哲学体会尤深。

四、当代英美哲学和哲学家项目

此次英国访学最有意义的事也许是设计和主持的“向中国介绍当代英美哲学和哲学家”大型国际合作项目。这是去英后根据新的情况而提出并付诸实施的一项大型研究工作。到英后经过几个月的艰苦学习与研究，感到如果仅仅埋头读书参会听课，即使一天24小时不休息，在回国之前所能获取的信息也是非常有限的。在有限期间所能做的更重要的工作也许是发现和架起一座有效联系中国和西方哲学家的桥梁：一方面使西方学者能够关注中国哲学的发展，另一方面为中国哲学家了解西方哲学的当代发展创造必要条件。基于这种认识，笔者于

1995 年 12 月起开始提出和设计“向中国介绍当代英美哲学和哲学家”大型课题，其任务在于邀请当代英美仍健在的一流哲学家为中国哲学界合著《当代英美哲学和哲学家》学术著作。该书分为三部分：第一部分是当代英美哲学概况，包括当代英国哲学、当代美国哲学、中国哲学在英美等；第二部分是各分支哲学发展动向，包括形而上学、认识论、心灵哲学、语言哲学、道德哲学、逻辑哲学、政治哲学、历史哲学、科学哲学、社会科学哲学、宗教哲学、西方哲学史、数学哲学、教育哲学、马克思主义哲学、妇女哲学等近 16 个分支哲学章节，均请在各相关领域中的领衔者主笔撰写；第三部分是当代英美哲学家的学术自述，邀请英美（包括加拿大、澳大利亚）健在的著名哲学家撰写各自的学术自述，这不仅有助于学习与了解他们的治学之道，也有助于日后澄清对他们的学术观点的种种歧见。本研究计划经过反复酝酿后于 1996 年 2 月起开始操作。当时有的英国著名哲学家估计如果笔者的第一批邀请名单中有 5 个人接受邀请，则该课题已属成功了。课题的进展过程中不无艰辛、反复，耗费了笔者在英后半期的主要精力，经常工作到深夜，搞得非常疲惫。但经过几个月的反复努力，已有近 40 位当代英美非常著名的哲学家接受了邀请，其中属于笔者第一批邀请名单上的有近 30 位。不少英美哲学家为如此众多的著名哲学家参与此课题感到惊叹和振奋。据英国出版界的一些朋友估计，这也许是相当长时间以来，拥有如此众多如此著名的哲学家的第一部书。本书作者中包括当代健在的英美哲学家中最著名的一批人，如 Quine、Strawson、Dummett、Berlin、Davidson、Dennett、Bennett、Taylor、Armstrong、Quinton、Williams、Singer、Honderich 等。仅英国哲学家中便有 1 名勋爵、2 名爵士、7 名英国学术委员会委员；美国和澳大利亚作者中不少人是国家人文科学院院士等，在国际上有很高的学术和社会地位。目前，已收到大部分成稿。按目前设想，该书将出中、英文两种版本；待该书出版时，将在中国（北京或武汉）召开一个该书首发式和“当代英美哲学和哲学家的国际学术讨论会”，邀请英文作者、中文译者、中英文编者、出版者和有关资助者与会，共商在未来世纪中，中国和西方哲学界加强学术交流之大计，并邀请他们到我国有关高校和研究机构从事学术交流。此计划的成功实施，必将为我国哲学研究走向世界、走向 21 世纪奠定一个重要基础，也是笔者此次英国留学访问的最重要收获之一。

五、几点主要体会与建议

1. 英国学者治学严谨值得学习仿效

近年来英国社会经济政治发展处于困难时期，种族矛盾尖锐，仅1995年来在伦敦便有数次震惊世界的爆炸事件，内部社会矛盾激化，地铁、邮电系统等的工人反复罢工，加上"疯牛病"的内外冲击，整个社会处于沉闷、不宁状态。英国保守党执政几十年，保守主义政策的弊端暴露得日益充分，福利制度面临困难，教学、科研经费紧缩。在此期间去英国访学，与国内改革开放的发展气氛与势头形成鲜明对照，颇感空气沉闷，气象保守，生活不易。但英国毕竟有着悠久的历史文化传统，加上20世纪以来哲学界内科学主义思潮占绝对统治地位，这对他们的学风也有着深刻影响。在我的有限接触中，深感英国哲学家们治学严谨，一丝不苟，文风朴实，求实多于浮华，这似乎与我国多少有些浮躁的学术界形成对照，值得我国学人借鉴。

2. 国际学术交流要有来有往，形成对流

客观地讲，英美哲学界对大部分领域的学术研究均领先于我国哲学界。我们目前按照我们自己哲学发展的逻辑和历程所提出的不少问题在几十年前便曾是英美哲学界的热门课题。在这种意义上，我们必须也应当认真地向英美哲学界学习，吸收他们的研究成果，学习他们的治学之路，借鉴他们的研究方法，这是不容置疑的。但是，单方面的学习不能成为正常的交流，保持学术交流的重要因素是对流，即让对方也能从与你的交流中有所收益。要做到这一点，需要我们不断提高自己的学术品位，加强自己在学术交流中向对方输出信息和学术见解的势能。实践证明，当我们的研究真正取得了自己的独到成果和形成了自己的特色，并能以为他们所能理解和掌握的方式传通时，同样能够引起西方学者的关注，并得到他们的承认。笔者此次在英期间数次应邀参加各种学术讨论会并发表学术见解，也许正是这种努力的一种初步结果。笔者所设计和主持的关于向中国介绍当代英美哲学和哲学家的课题之所以得到如此多的一流哲学家的支持和参与，无疑也表明了国际哲学界对于中国哲学发展的关注和重视。

3. 要加强对当代世界哲学的同步跟踪

我国的哲学研究要面向世界哲学，这是共识。但还应加上一条，即

面向真正的当代世界哲学。应当看到，由于种种原因，我们对当代西方哲学的了解和把握实际上还存在着二三十年的时间差，要做到对当代世界哲学的同时性对话并与其同步性发展，还需付出相当艰巨的努力。例如，世纪之交，英美哲学家们所做的一项非常扎实的工作，便是通过编辑出版各种系列和形式的高水平哲学辞书来总结、概括和提升近几十年来的研究成果，并使之以工具书的方式得以系统化、系列化，得到巩固，从而为未来世纪的哲学发展奠定更好的基础。这种面向历史和未来的求实态度和扎实工作及所取得的建设性成果，应当为我国理论界、哲学界所重视、学习。我们认为，当代西方哲学在深度分化的基础上高度综合，形成了具有时代特色的哲学学科群。面向世界哲学，就应当在主干学科上与其接轨对话，开展追踪性研究。正是在这样的基础上，我们提出了"建设以马克思主义哲学为龙头的具有世界一流水准的哲学学科群"的战略构想，并将其作为武汉大学哲学学院的发展目标。我们希望尽快缩小与世界哲学的差距，并能为人类哲学思维的跨世纪发展做出自己的应有贡献。

4. 走向世界，从加入国际电脑信息网络系统做起

面向 21 世纪，创办世界一流大学，创办具有世界一流水准的哲学学科群，有许多非常紧迫的事急需去做。在笔者看来，其中一项不需太多经费和太大力量的事，便是尽早加入国际电脑信息网络系统并充分发挥其作用。国际学术交流，有许多途径，如派人出国、请人来访、资料交流等，但最广泛、最方便且最廉宜的途径是加入国际电脑信息网络系统，这是国际联系最迅捷和最经济的渠道，也是通向无尽信息资源宝库最方便、最有效的通道。在国际电脑信息网络系统中，有好几个专门的哲学信息网络系统，是联络全球哲学工作者最重要、最有效的渠道，也是哲学家个体与国际哲学界最新动向保持联系最直接、最方便的途径。加入国际电脑信息网络系统，要求计算机技术和英语的综合运用，要求管理方式和工作方式的迅速变革，从而为我国哲学工作者自身素质的提高提出了要求，也提供了动力。

第二十四章 赴美哲学访问纪实

本章是笔者1997至1998年赴美访学交流的记录与思考。本次访学过程中，笔者参加了第21届世界统一科学大会和美国哲学学会东部分会1997年年会两项规模宏大的会议。前者主题为"科学与人类幸福"，涵盖了自然科学、人文科学、社会科学和工程技术诸多领域，体现了一种统一科学观，笔者参加了"生命、死亡与永生希望"主题研讨会并发表了《中国哲学与宗教中的生死观》论文。后者则是哲学专业会议，但涉及的议题仍然非常广泛，涉及哲学的几乎所有二级学科和热点问题，笔者参与了涉及不同方面的8场讨论会。

本次访学笔者从事了以"亚洲人的价值观"为主题的访问研究。中国学术界多年来主要关心自己的事而忽视了"亚洲人的价值观"的讨论，近十年来，随着亚洲经济腾飞与国际地位提升，围绕亚洲的讨论日趋激烈。笔者发表了《在"亚洲人的价值观"争论背后》一文，从争论的缘起、关键性概念、亚洲传统、亚洲的人权、亚洲的发展道路五个方面讨论了这一问题。此外，笔者还参与了多次学术演讲、学术会晤、学术访谈活动，与美国学者以及在美华人学者进行了深入的交流，体会到了美国学术界对中国、亚洲和整个世界的关切。

应美国世界统一科学学会和国际研究交流协会邀请、资助，受国家教委和武汉大学派遣，笔者于1997年11月下旬至1998年3月到美国华盛顿参加第21届世界统一科学大会，随后到美国国际研究交流协会从事“亚洲人的价值观”学术研究，其间又应邀到美国7个研究机构进行了8次学术演讲，与美国的一大批哲学家和亚洲与中国问题研究专家进行了比较广泛深入的学术交流。兹将有关情况分类报告如下。

一、参加第21届世界统一科学大会和美国哲学学会东部分会1997年年会

此次赴美的首要任务是参加第21届世界统一科学大会。该会由国际文化基金会资助，世界统一科学学会主办，每3年召开1次。上届会议在汉城召开，我国有多名代表参加。本次会议于1997年11月24日至30日在美国首都华盛顿市希尔顿大酒店召开。中国教育国际交流协会和一些高校代表与会。大会主题为“科学与人类幸福”。整个大会分为几个学术研讨会，其研讨主题分别为：信息革命和高等教育与研究；多方面中的对称美；探索世界秩序；人类普遍性和艺术的生物学基础；物理学和经济学中的非线性系统及其对策；智慧与整体性探索；生命、死亡与永生希望。本次会议的最大特点是一种跨学科、跨行业、跨地域的学术探讨。来自世界各地的从事自然科学、人文科学、社会科学和工程技术的几百位学者聚集一堂，磋商学术，探索科学的内在统一性与人类利益和幸福的相关性，体现着一种统一科学观。

笔者所参加的会议主题是“生命、死亡与永生希望”。来自英国、美国、日本、泰国、澳大利亚、印度、西班牙和中国的数十位代表提交论文，从各种角度探讨各种宗教与哲学文化中的生死观念，尤其永生信念问题。会议由英国威尔士兰皮特大学宗教学系主任巴哈姆教授和日本Kyoto大学人文科学学院伯克教授主持，每篇论文配有一至二位评议员。整个报告会紧张而有序，热烈而富于成效。

笔者向会议提交的论文是《中国哲学与宗教中的生死观》。文章首先对永生希望问题在中国哲学与宗教中的产生和中国文化传统中超越死亡的努力做了寻根究底式的探究，然后分别分析在儒学、中国佛教和道教中的生死观念和永生希望以及各自的特点，最后探讨当代中国人的生死观念和人生态度。文章提出了一系列学术观点，例如：在中国传

统文化中，对生的希望与对死的理解的内在相关，人们如何理解死亡，就相应地如何对待生命和生活；儒学的永生希望分家族永生和个体永生两个主要方面，孝是家族延续和群体永生的主要途径，立德、立功、立言则是个体延续其精神生活流芳千古的最基本途径；中国佛教是印度佛教的中国化，其重要特征是孝被吸收到中国佛教中成为佛学教义的内在组成部分；与儒学重生厌死形成对照，中国道教虽然具有厌生重死的倾向，同时也有寻求长生不老的积极探索；当代中国人学、人生哲学、宗教哲学等的全面兴起，反映着人的主体意识的强化和对生死问题的自觉理论探索。该文在会上报告后引起与会者的强烈兴趣和热烈讨论。文章已被编入一部题为《当代世界哲学和宗教中的永生希望》的英文专著，将在美国出版。

美国哲学学会东部分会 1997 年年会是笔者此次参加的一个重要专业哲学会议。美国哲学学会（American Philosophy Association）于 1900 年创立，是全美最大的哲学学会之一，分东部、中部和太平洋三个分会，每年各召开一次年会。由于东部高校和研究机构较多，因此东部分会规模最大。东部分会的年会于每年 12 月 27 日至 30 日举行。美国哲学学会东部分会 1997 年年会在费城召开，笔者应邀参加了会议，并注册为美国哲学学会的国际会员。美国哲学学会有近万名注册会员。此次会议规模很大，参会人数达 2000 多人。3 天的会议每天从早上 9 时起至晚上 11 时，同时安排许多分场连续进行，信息量非常大。分会讨论的议题非常广泛，涉及哲学的几乎所有二级学科领域和当前的主要热点问题。笔者在不到 3 天中先后参加了 8 场讨论会，涉及中国哲学、东西方哲学比较、中国哲学的教学方法和亚洲人的价值观等不同方面。

参加此会的一个重要收获是接触到旅美中国哲学家协会（Association of Chinese Philosophers in America）的一批华人学者，并参加了他们的活动。该会于 1995 年 12 月成立，其成员主要是我国内地赴美的一批华人学者，会员有 60 余人。他们不少人在美国大学任教或就读，主要从事哲学或相关专业的研究和学习，其中有的已晋升为副教授，有的为助理教授，通过多年努力已逐渐在美国高校的哲学教学和研究中崭露头角。该会成立两年来先后建成了自己的电脑信息网络系统，进行了关于旅美中国哲学家的职责的讨论，于 1996 年 3 月在美国哲学促进会组织了"中国和美国哲学家的对话"分会，在 1996 年 4 月美国哲学学会太平洋分会中组织了"种族、自由、中国道德与政治哲学"分会，在 1996 年 12 月美国哲学学会东部分会上组织了"中国哲学与西方哲学有何不同"和"儒家的道德理论"分会，在 1997 年 3 月美国哲学学会太平洋分会上组织了"中国哲学和古希腊哲学对话"分会。在本次会议上他们组织了"中国/亚洲哲学教学""中国哲学和语言"分会。目前该会已创办了自己的会刊并正在积极联络旅美华人哲学家，广泛参与各种学术活动，扩大学术影响，加强与各地中国哲学家尤其与我国内地哲学家的联系与合作。

二、从事亚洲人的价值观研究

此次访美的又一项重要任务是到美国国际研究交流协会从事访问研究，研究的主题是"亚洲人的价值观"(Asian Values)。国际研究交流协会(International Research and Exchange Board)是一个非政府非营利性学术研究机构，过去主要从事与苏联东欧的交流与合作，近年来增设了亚洲和中国项目，主要邀请和资助中国内地学者去美从事学术研究和交流。关于"亚洲人的价值观"的讨论于 20 世纪 70 年代由新加坡学者提出，80 年代，新加坡总理李光耀向西方媒体强调亚洲人的价值观，并将其区别于西方人的价值观，宣传其特殊的历史和内涵，由此而拒斥西方一些国家对东亚国家在人权等问题上的指责。马来西亚总理马哈蒂尔多次在亚洲和太平洋会议上坚持和强调亚洲人的价值观，引起各界关注。此后"亚洲人的价值观"成为东西方之间文化碰撞与交锋中的一个重要问题。中国学术界多年来主要关心中国自己的事，似乎没怎么直接参与关于"亚洲人的价值观"的讨论，但是在 80 年代关于"新权威主义"的讨论中涉及新加坡发展模式，涉及政治权力与经济发展关系等，与在"亚洲人的价值观"中讨论的一些问题密切相关。近十年来随着亚洲经济腾飞，亚洲尤其一些东亚国家和地区在世界经济体系中的地位改变，实力增强，在国际事务中的地位日趋显要。与之相应，围绕亚洲发展道路、亚洲发展模式的讨论日趋热烈。亚洲人的价值观的正面影响越来越大。1997 年以来席卷东亚部分国家和地区的金融危机，把"亚洲人的价值观"是否还有价值、是否正确、合理的问题凸显出来了。对此问题，肯定与否定、赞成与反对均非常鲜明，可谓众说纷纭、尖锐对立。

笔者过去对围绕“亚洲人的价值观”的争论缺乏了解，但意识到本问题之所以引起东西方之间的广泛兴趣和尖锐冲突，主要在于它是东西方之间历史文化和价值观念差异和冲突的一个焦点。对这个问题的了解和透视可以看作考察东西方之间文化和价值冲突的一个窗口。经过查阅大量有关文献，走访有关专家，反复深入思考，笔者完成了题为《在“亚洲人的价值观”争论的背后》的长篇英文研究论文。该文共分 5 个部分：①争论的缘起，主要考察亚洲人的价值观这个问题的提出及争论焦点的转变；②亚洲人的价值观与西方人的价值观，主要对亚洲人的价值观与西方人的价值观这两个关键性的概念做了比较研究；③亚洲人的价值观与中国传统文化的现代意义，主要分析亚洲传统伦理道德观念的现代意义；④亚洲人的价值观与人权，主要探讨东西方价值观之间在人权问题上的差异与冲突；⑤亚洲人的价值观与亚洲发展道路，主要探讨亚洲国家发展道路的特点及其世界意义等。该文在国际研究交流协会于 3 月 11 日专门主办的一次学术会议上做了报告。著名亚洲和中国问题专家 David Hitchcock 和 Anne Thurston 作为评议员参加学术会议并且发表评论。不少学者与会。他们充分肯定笔者的研究方法和研究成果，整个学术会议气氛热烈、讨论深入。西方学者对中国文化和亚洲问题的关注和热情给人留下深刻的印象。

三、在美国高校与研究机构从事讲学和学术交流

此次访美，时间不长，有 4 个月左右，但学术交流活动频繁，大体可分为三类：一是学术演讲；二是学术会晤；三是学术访谈。

1. 学术演讲

应有关各方邀请，笔者先后到美国国家外交学院、纽约州立大学柏切斯分校、纽约州立大学布法罗分校、国际研究交流协会、夏威夷大学、夏威夷东西方中心等从事共 8 次学术演讲，演讲的内容主要有三个方面：一是中国哲学与宗教中的生死观；二是“亚洲人的价值观”研究；三是马克思主义哲学在当代中国。8 次演讲中有一次为中文，其余皆为英文。每次均是演讲近一个小时，回答问题和讨论近一个小时。

演讲的三个主题中，“马克思主义哲学在当代中国”最受人关注并引起极大兴趣，先后应邀就此做了四次英文演讲。笔者的演讲主要包

括以下内容:①真理标准讨论与马克思主义在中国的当代发展;②马克思主义哲学教科书的改革;③中国哲学界对主体性问题的探讨;④哲学新领域的探索与建构;⑤马克思主义哲学与中国传统文化;⑥马克思主义哲学与社会主义市场经济建设;⑦邓小平理论与中国社会的未来发展。以上内容引起了听众的广泛兴趣,每次均引起了热烈的讨论。美国国家外交学院隶属美国国务院,专门培训美国驻外国的使节和官员。参加讲座的学员都将赴我国从事外事工作,对中国问题自然尤为关心。其他高校的听众中,有中国和亚洲问题研究专家,也有长期研究马克思主义的学者和关注中国问题的师生。从听众的反馈和提问中,可以明显感受到美国知识界部分人士对中国问题的关注和兴趣点,概括起来主要有以下几点:其一,对中国近20年来改革开放和在经济上以较高速度持续增长的事实给予肯定;其二,对中国在东南亚金融危机中的出色表现表示赞赏;其三,对中国未来作为当今世界最大的市场和投资场所表现出极大的兴趣;其四,对中国儒学和传统价值观中的一些积极因素及其现代意义表现出浓厚兴趣;其五,对中国坚持改革开放路线、建立和完善社会主义市场经济等给予了高度评价。当然,他们从美国人的思维模式和价值观念出发,对中国的一些深层次问题尚存疑虑,例如,如何理解邓小平理论是马克思主义、毛泽东思想的继承和发展,如何理解中国特色社会主义与马克思恩格斯当年所设想的社会主义的关系,如何看待社会主义与市场经济的关系,中国的政治体制改革如何与社会经济文化发展相协调。对其中一些问题的不同理解明显与意识形态、政治体制和宗教信仰等有关。

2. 学术会晤

哈佛大学和波士顿大学是美国的亚洲尤其中国问题研究中心之一。在那里参加的四项活动给笔者留下了深刻印象。

一是哈佛燕京学社的儒学班。该班由燕京学社现任主席杜维明教授主持,每星期一上午举办一次,在美国的华人学者中有广泛影响。该儒学班每次讨论一个主题,通常由一个学者主讲,然后大家提问研讨。去哈佛燕京学社做访问学者的不少人曾在该班上做过讲座。笔者参加的一次研讨班的主题是自由主义与儒学传统。上海大学朱学勤教授做了"从徐复观看儒学自由主义的可能性"的主题发言,然后与会者展开热烈讨论。一大批精英华人学者聚集哈佛,在那里营造出汉学、儒学的浓烈气氛。

二是名为“康桥新语”的学术报告会。该会由赵元任先生的女儿在自己家中主办，一般是每月的最后一个周末召开一次，其方式也是一人主讲，大家研讨。其特点是席间主人为每位与会者赠饮一碗豆粥，故又名“粥会”。这次报告会题为“东南亚金融危机中的中国经济”，报告人为旅美学者崔之元博士。感兴趣者趋之甚众，不小的客厅密密地挤满了50余人。报告人分析了东南亚金融危机发生的背景、过程及未来趋势，对中国的金融和经济情况表示出乐观的态度。此次讨论争论非常激烈，对不少问题均有明显歧见。

三是波士顿孔子学派。这是以波士顿大学神学院院长莱维利教授为代表的一批中国问题专家组成的一个儒学研究群体。它经过持续的努力已形成自己的特色。据该学派第二号人物、副院长伯士荣教授介绍，波士顿孔子学派直接受新儒学研究的影响，实际上是以 Neville 为首的一批美国哲学家对儒学兴起的一种回应，它与哈佛燕京学社杜维明教授为代表的儒学研究者隔波士顿的查尔斯河遥相呼应，密切合作，共同推进着海外尤其美国的儒学研究。

四是哈佛大学亚洲研究中心的成立。哈佛大学原有两个学术机构与亚洲问题研究直接相关：一是费正清东亚研究中心（Fairbank Center for East Asian Research）；二是哈佛燕京学社（Harvard Yenching Institute）。这两个机构并存已有时日。随着亚洲的迅速发展和亚洲问题研究的日趋紧迫，哈佛大学经过长期酝酿成立了更高层次的亚洲研究中心（Asian Study Center）。该机构现暂与费正清东亚研究中心合署办公，将逐渐成为协调费正清东亚研究中心和燕京学社的机构。该中心执行主任夏滴翠女士邀笔者参观该中心的图书馆，并向笔者详细介绍了该中心的未来设想，表现出对拓宽和深化亚洲问题研究的浓烈兴趣和周密思考。笔者在哈佛大学时正好是亚洲研究中心成立后举办的亚洲宣传周（Asian Week），当时各种形式的文娱活动和学术报告会正在热烈举行，那里的亚洲人尤其中国人沉浸在一种节日的浓厚喜庆气氛之中。

3. 学术访谈

此次在美期间与一些美国学者有比较全面深入的个人访谈与交流，大体可分为两类：一类是美国哲学家或学者，其中有不少是研究亚洲以至中国问题的专家；另一类是美籍或旅美华人学者。在第一类专家中有美国前驻日本使节、现美国战略和国际研究中心(CSIS)高级顾问 David Hiteheock，他是研究亚洲问题尤其是日本问题的专家，对亚洲人的价值观问题有专门研究，出版了两部学术专著——《亚洲人的价值观与美国——到底有多大冲突?》和《影响美国的东亚观的一些因素》，在美国和东南亚政界与学术圈均有很大影响。新加坡前总理李光耀、马来西亚现任总理马哈蒂尔等均多次引用或评论他的研究成果。由于他出任笔者关于亚洲人的价值观的研究报告的评论员，因而有较多机会与他接触。他的基本看法是，面对东亚国家的迅速崛起，美国政府对亚洲和中国的看法应当有相应的调整，美国应当尽量避免缺乏根据地对亚洲国家的内部事务指手画脚、评头论足，而应该坐下来，冷静地看看亚洲人在做什么，听听他们在想什么，根据亚洲社会经济的本来发展和亚洲人思维方式与行为方式的特点来制定与之相应的政策。他的这种友好、灵活、务实的基本态度受到不少人的首肯。

纽约州立大学布法罗分校哲学系前系主任、资深教授赫尔博士是一位对中国怀着美好情感的著名哲学家。他现担任美国《皮尔士》杂志主编，在许多哲学问题上都有自己的独到建树。笔者赴该校讲学期间对他进行了以“当代美国哲学”为题的学术专访。他认为 20 世纪以来逻辑和语言分析成为分析哲学的主流，美国哲学家们将分析哲学的方法极为广泛地应用于各个特殊的哲学领域，形成了具有分析哲学特点的分支哲学。近 20 年来，曾被边缘化的美国实用主义重新回到哲学的中心，并与分析哲学相伴随。他认为，美国可以看作世界上最大的哲学生产基地，美国哲学在当代世界哲学发展中的地位比美国在世界经济政治等其他各领域中的影响要大、地位要高。当前美国哲学呈现着明显的国际化的发展趋势，各国优秀哲学人才大量涌入美国，使美国取代英国而成为当前世界哲学的中心。美国哲学对欧洲大陆哲学的影响大于大陆哲学对英美哲学的影响。迄今为止，亚洲和中国的哲学在美国哲学发展中的影响尽管目前还不十分明显，但作用正在增强。在他看来，对认知现象及其本质的深刻哲学揭示应当是 21 世纪哲学的最重要任务。他还认为 21 世纪将是中国文化的世纪。

近年来一大批美籍华人学者在美国的哲学研究中发挥着越来越大的作用，其中影响最大的也许当数杜维明、成中英和唐力权先生。笔者此次访美期间有幸分别对他们进行了学术专访。

杜维明教授曾任哈佛大学东亚系系主任，现任哈佛燕京学社主席。他多年来致力于新儒学研究和儒学的国际传播，曾提出“儒学第三期复兴”和“文化中国”等学术主张，蜚声海内外。在访谈中他重点介绍了他对现代化与传统文化之间关系的思考。在他看来，这个问题可以分为两个方面：一是传统文化的现代意义；二是现代化的传统根基问题。例如，东亚现代化的儒家传统的问题。亚洲新兴经济体崛起之后，是否还保持着其东亚特质，这种现代化既深受西方现代化的影响又与其有所不同。通常认为西方现代化有三个特点：①市场经济；②民主政治；③个人主义。现在看来许多问题需要再反思。例如，在经济上，在东亚有一个市场经济与政府宏观调控相结合的问题；民主政治方面的问题在于是否应当有与各国文化传统相结合的具体实现方式，西方人权观念是否可以普遍地推行到世界各国；到底个人主义还是团队精神更有利于社会的和谐与稳定？对这一切的反思提出了一个中华民族如何再生的问题，为此应当探讨把中华民族的再生与儒学创新相结合的可能性及实现途径，应当发挥儒学的积极文化资源的作用，不仅立足中国，而且立足世界文明的发展来考虑儒学资源对人类发展的意义。他说，我们之所以在哈佛燕京学社长期开办儒学班，组织“康桥新语”报告会等，正在于不仅要坚持在这方面的研究，而且要坚持正确的研究方向，利用这些有利条件，深入研究，相信会对未来发生影响。

成中英博士是夏威夷大学哲学系教授、国际中国哲学会创始人及首任主席，现兼任国际东西方大学校长、《中国哲学季刊》主编等。他多年来致力于中西方哲学的比较研究，不折不挠地把中国哲学推向世界，促进中西哲学的融通。在成中英教授看来，中西方哲学各有所长，应相互理解沟通，互相取长补短，增进相互融合，这就形成了他所尤为关注的本体论诠释的新方向。成中英认为，过去的诠释学强调诠释的主体方面，而缺乏对本体论的深层思考，他的诠释学则力图把诠释学的原则运用于对本体的了解与确定。他为此而提出了一系列的诠释标准和原则，建构了独具特色并已产生很大影响的本体诠释学。近年来，成中英教授的一个兴趣点是把伦理学与管理的研究结合起来，发掘中国传统伦理在现代管理中的意义。他运用本体诠释学的方法来研究现代人类所面临的伦理学问题，力图建立一种现代人类整体伦理学。他的又一个积极尝试是创办东西方大学，与各方面联合培养高级哲学与管理人才。在一次会谈中，他表达了他的一个久远愿望，那就是在美国建立一所由中国人自己创办和管理的大学。这是他民族心的一种真实表现。

与杜维明和成中英先生相比，唐力权教授的研究方向显得更加专一和深沉，这就是致力于建立和发展他所称的“场有哲学”。“场有”乃是依场而有或是有在场中的意思。他高度重视并努力推进西方哲学发展中的非实体主义转向，重视场与有之间的相关性。唐力权教授的场有哲学，可以说是怀德海的形而上学与海德格尔的生命哲学的结合，而将其沟通的灵感和契机则源自中国的《周易》哲学。正是由此，他把自己的“场有哲学序论”定位在“《周易》与怀德海之间”，并创造性地提出权能场有、场外观、场内观、形上姿态、根身性相学、仁性、材性等一系列概念体系，主张一种仁材并建的人性论。笔者访问之时，他正积极组织关于场有哲学的第二次国际学术研讨会，并为将在波士顿召开的第20届世界哲学大会组织分会。他所创办和主持的场有哲学国际研究中心正发挥着越来越大的影响和作用。

第二十五章　探索一条个性化的哲学研究道路*

哲学既是一门高度抽象的理论化、体系化的学问，又是一种非常现实的个体化、体验化的实践。本章是笔者的一篇自述，讲述笔者从事哲学学习与研究的历程。

笔者于1953年出生于四川省资阳县，在社会化的初始教育环境中成长。20世纪60年代，投身于社会实践的大课堂，在“大串联”中开始了积极而广泛的社会交往。在青少年时期，通读了《毛泽东选集》、《辩证唯物主义与历史唯物主义》著作，表现出了学习哲学的热情。1977年在陕西省参加高考并考入陕西师范大学政教系，开始了哲学学习与研究的生涯。

回顾20多年的学术生涯，始终贯穿着一个朴素的信念：哲学研究必须有所创新、有所建设。为此，笔者投身哲学前沿，开拓创新，走出了一条独具特色的个性化研究道路。笔者先后提出并探讨了如下主要问题：反思和建构哲学研究的方法；探索和建构哲学形态学；探索时间的唯物主义及其现代意义；探索马克思主义哲学体系的建构原则及其当代视野；探讨认识论问题；探讨人的问题；探析主体性问题；倡导并率先系统全面研究社会认识论；关注中国特色社会主义现代化建设和改革开放；关注当代人类文化，积极促进国际交流。

---

* 本文原载于韩民青等《我的哲学思想——当代中国部分哲学家学术自述》(广西人民出版社1994年版)，本次收录有所修改。

个性化的哲学研究离不开个性化的研究主体，笔者认为，哲学家有三个方面的素质也非常重要：人性修炼与人格完善、丰富的生活和思维、勇于自我批判和自我超越。

就我个人的切身感受而言，哲学既是一门高度抽象的理论化、体系化的学问，又是一种非常现实的个体化、体验化的实践。人类理性总是倾向于追求那些普遍的、终极的东西，因此有了哲学。而对这些普遍的、终极的东西的探索和追求又必须从个人的生活实践和切身体验出发，因此，哲学的探索和研究又必然是高度个性化的。相应的，学习和研究哲学，既要有广博的知识和高度的抽象思维能力，又要有强烈的个人兴趣和充分的生活体验。前者需要系统的学习和严格的训练，后者则需要丰富的生活空间和复杂的个人经历。也许，正是这两个方面的结合，不仅引发了我对哲学研究的强烈而持久的兴趣，而且促使了我对个性化的哲学学习和研究道路的积极探索。现在想来，个人成长中的方方面面、点点滴滴都以自己的方式影响着我的人生道路，并融会到我的哲学体验之中。

一、从事哲学研究缘起

我于 1953 年 6 月出生在四川省资阳县沱江边一个温馨的家庭中。父母早年都曾参加革命，后均从事教育和教育管理工作，对我的教育和影响必然是严格、正统和规范的。我是姊妹 10 人中排行最小并唯一有幸在幼儿园度过童年的，在社会化的初始教育环境中成长。后被选入当时全县唯一的五年制小学试验班，故能比同龄人早一年进入中学，享受到“老三届”的全部经历。20 世纪 60 年代，中断了正规的课堂学习，却使我较早投身到社会实践的大课堂。在“大串联”中开始了积极而广泛的社会交往，接受毛泽东主席在北京西郊机场的第八次红卫兵检阅，体验了神圣而狂热的领袖崇拜。在刻蜡纸、印传单、刷标语、办小报的实践中开始了最初的文化参与。也曾体验过作为“可以教育好的子女”的诸多自悲与自律。满 16 岁后积极要求去资阳县丰玉区插队落户，大白山下两度春秋的独立生活和与大自然的艰苦较量使我体验到真实的人生艰辛。1971 年招工到铁道部建厂局，先后转征四川、河南、北京、陕西的多处建筑工地。当一幢幢厂房从我和同伴手中拔地而起并交付使用时，心中常常默默奏起“人定胜天”的凯歌。从油工、电工，以及共青团干部、理论辅导员，到专职宣传干部、报纸编辑等，每一步都基于一个朴素的信念：干什么就应像什么。

最早接触并宣讲的理论是马克思、恩格斯、列宁、斯大林关于无产阶级专政的三十三条语录。多次通读《毛泽东选集》各卷。艾思奇的《辩证唯物主义与历史唯物主义》曾令我如饥似渴般度过若干不眠之夜，从此建立起对马克思的极大尊崇和对马克思主义哲学的不解之缘。1977 年在陕西参加高考，记得第一志愿报的便是复旦大学哲学系。结果被陕西师范大学政教系首批选入。好在那里的哲学教学和研究力量在西北地区堪称首席，故能继续我的“哲学梦”。而浓厚博大的汉唐文化和雄浑朴实的“西北风”则使我更多受到中国传统文化的熏陶和影响。在本科生期间曾任团支部书记和系团总支副书记，并作为校学生哲学研究会的负责人之一参与组织校际、系际的哲学学术交流。学士学位论文《试论矛盾的同一性和斗争性都是绝对与相对的辩证统一》，触及当时哲学争论中的一个热点问题，被选入《社会科学论文集》第四辑（1982 年）。硕士研究生期间师从刘修水教授攻读认识论研究方向，本着“宁可精写一篇，不必泛写十篇”的信条，努力拓展知识范围，锻炼哲学思维素质，强化创新意识，提高写作水平。硕士学位论文《论主体能力》在《哲学研究》（1985 年第 7 期）等刊物上发表，为《中国哲学年鉴》《新华文摘》等刊物多次选介或转载，获陕西省第三届社会科学优秀成果三等奖。于 1985 年 3 月考入中国人民大学哲学系，先后在李秀林教授、夏甄陶教授指导下攻读认识论尤其社会认识论研究方向博士学位。在校期间参加多项重要科研项目，发表学术论文近 30 篇。曾作为中国人民大学学生哲学研究会负责人之一主编《青年哲学论坛》。博士学位论文《社会认识论导论》篇幅达 37 万余字，经国内十多位著名哲学家评审和肯定，1988 年 1 月 16 日顺利通过肖前教授主持的论文答辩，获哲学博士学位。该文由中国社会科学出版社收入胡绳主编的“中国社会科学博士论文文库”，于 1990 年 11 月出版。《中国社会科学》《人民日报》《哲学研究》《中国哲学年鉴》等十多家报刊先后对此发表书评书讯予以充分肯定，并获陕西省优秀哲学成果奖（1992 年）和国家教委首届人文社会科学优秀成果二等奖（1995 年）。

1988 年 2 月回陕西师范大学政教系工作，曾任政教系副主任、主任，中外文化研究交流中心副主任，兼任陕西省学位委员会哲学分会委员、陕西省教师职务评审哲学学科组成员、陕西省决策咨询委员会委员、陕西省社会发展战略研究会副会长、陕西省哲学学会副秘书长等。1988 年 5 月破格晋升为副教授，1992 年 2 月破格晋升为教授。先后为本科生开设"马克思主义哲学原理专题""认识论"等课，为研究生开设"社会认识论""马克思《1884 年经济学哲学手稿》研究""社会认识史""现代社会认识系统"等课程。1989 年起在全国首家招收社会认识论研究方向硕士生。1991 年应邀赴阿根廷布宜诺斯艾利斯参加第 15 届国际政治学大会，并到美国华盛顿、纽约、洛杉矶等地从事学术访问。1992 年获加拿大政府研究与出版奖，赴加拿大 7 个城市学术访问 5 周，从事加拿大多元文化研究。

为了更好地从事哲学研究，应武汉大学校长陶德麟教授邀请，于 1993 年 3 月举家调武汉大学哲学系任教授，被增列为博士研究生导师，1994 年起在全国首家招收社会认识论研究方向博士生。1995 年 6 月任武汉大学哲学系系主任。1996 年 12 月筹建武汉大学哲学学院并任院长，1999 年 4 月任武汉大学人文科学学院院长。现兼任国家教育部人文社会科学规划哲学学科组成员，国家教育部全国高校哲学学科教学指导委员会委员兼秘书，中国人学研究会常务理事，中国认识论专业委员会理事、秘书长，湖北省哲学学会副会长兼秘书长等。1994 年 7—8 月赴德国柏林参加第 16 届国际政治学大会，任"发展中国家区域管理与决策"分会主席，并执行国家教委博士生导师项目，赴柏林、慕尼黑、波恩、科隆、特里尔等地进行学术访问，从事当代德国哲学与文化研究。1995 年 9 月应英国文化委员会邀请和资助赴英国伦敦大学哲学系从事博士后访问研究，主攻当代社会科学哲学和心灵哲学。1997 年 7 月应邀出国赴汉城参加第 10 届国际中国哲学会，并主持其中的冯契哲学分会。1997 年 11 月赴美国华盛顿参加第 21 届世界统一科学大会，并应美国国际研究交流协会邀请从事 4 个月有关亚洲哲学与亚洲人的价值观方面的学术研究。1998 年 7 月应欧盟-中国高等教育合作项目资助到英国从事欧洲一体化研究。8 月到美国波士顿参加第 20 届世界哲学大会。1999 年 5 月应邀赴台湾地区参加海峡两岸青年学者论坛"人文与科技"学术研讨会。

二、个性化哲学研究的探索

回顾20多年来的专门哲学学习和研究，始终贯穿着一个非常朴素的信念，即，哲学研究如同科学探索，是否有所成就，只有一个标准，就是看其是否有所创新、有所建设。只有勇于并善于历史地和现实地批判，积极地进行理论和实践探索，真正创造性和建设性地做学问，这种哲学才有价值，才有生命，才有出路，才能真正有益于人类哲学思维的现代发展。为此必须努力扑到哲学前沿，提出和解答新问题，发现和开拓新领域，创制和运用新方法，不断地超越和发展自我，才能走出一条独具特色的个性化研究道路。正是本着这种信念，先后提出并探讨了以下主要问题。

1. 反思和建构哲学研究法

步入哲学殿堂之际，已是哲学改革呼声最疾之时。那么，哲学的改革和发展应从何入手？通过对历史的总结和现状的分析，我深感方法论更新在其中的特殊地位和作用。一切理论探讨最终都可以归结为对其研究方法的探讨，一切理论变革又首先依赖于对其研究方法的变革，只有研究方法的科学更新才能带来该学科的重大突破。马克思主义哲学的产生、形成和发展都是通过哲学工作者的自觉努力而实现的。哲学研究法则是对哲学工作者的研究思路、活动方式、探索方法的总结和概括，集中体现着哲学工作者的主体性。为此，我从辨析世界观与方法论的联系、区别及转化入手，在国内哲学界首次提出建构哲学研究法，主张对哲学改革与发展进行方法论思考，提出哲学研究方法的科学更新是哲学改革的突破口，主张强化哲学工作者的主体意识，认为科学的批判精神、超越的前导精神和自由创造精神是哲学研究中主体精神的基本内容，也是哲学进步的重要主体性条件。应当说，对方法论尤其哲学研究法的特殊的和持续的关注，不仅成为自己从事自觉的哲学思考的重要特点和重要思路，也为探索个性化的哲学研究道路提供了必要的方法论准备。

2. 探索和建构哲学形态学

马克思多次指出，真正的哲学应当是时代精神的精华。那么，怎样才能立足历史和时代的高度进行真正意义上的哲学研究呢？经过反复思考，我们觉得有必要提出一种哲学形态学的理论和方法，帮助人们在形态学意义上对哲学的历史演变及其时代特点进行总体的、客观的把握。我和孙晓文在国内首次提出开展哲学形态学的研究，提出哲学形态是哲学内容与形式在特定时代条件下的具体历史统一，把哲学形态学看作哲学学的重要分支学科并作为一种方法论原则运用于对哲学历史、现状和未来的形态学考察。1988 年，我主持国家“七五”哲学社会科学规划项目“哲学形态学与哲学观念的变革”。在关于哲学形态的历史考察中，我们把哲学观念的变革、哲学思维方式的更替与哲学形态的历史演进结合起来进行相关考察，对哲学形态从神话中的发生学提升及其先后经过的本体论、认识论、主体论、实证论、人本论等历史形式和现代特点做了具体的研究和考察，力图揭示哲学形态演进的内在逻辑。

3. 探索实践的唯物主义及其现代意义

从形态学意义上考察哲学形态的历史演变及其时代特点，我认为，实践的唯物主义既是马克思主义经典作家对自己的唯物主义哲学特征的最精辟概括，也是唯物主义的当代形态。在《“实践的唯物主义”及其方法论启示》一文中，我较早提请人们注意马克思关于“实践的唯物主义”的思想，认为它从功能角度鲜明准确地表达了马克思主义的唯物主义哲学的本质特征，并探索了它对于哲学研究和哲学体系改造的方法论意义。此后又和夏甄陶教授进一步发表了《实践的唯物主义的基本规定》《实践的唯物主义与“合理形态”的辩证法》等论文，进一步阐释实践的唯物主义的有关基本问题。在《从实践标准的探讨到实践的唯物主义的建构》一文中，提出党的十一届三中全会以来的 10 年中，中国的马克思主义哲学研究经历了由实践标准探讨到建构实践的唯物主义哲学体系的发展道路。该文入选全国高校系统纪念党的十一届三中全会召开十周年理论讨论会，并收入《回顾与思考》的学术文集，由北京大学出版社出版。

4. 探索马克思主义哲学体系的建构原则及其当代视野

在国内学者致力于突破苏联哲学教科书框架、建构马克思主义哲学新体系的过程中，我先后有幸参加了 1987 年 5 月在长沙举行的“关于哲学的特点和功能”学术讨论会，以及 1988 年 1 月在天津召开的全国哲学原理博士点哲学体系改革讨论会等，整理了《探索马克思主义哲学的新体系、新形态》等学术综述，并和夏甄陶教授花费相当的时间和精力，极为严肃地对此进行了相当富于建设性的探索，先后发表了《论哲学的性质、特点和功能》《试论马克思主义哲学体系的建构原则》《关于哲学的改革和发展问题——访欧阳康》《哲学变革的实质和契机》等一批论文，就哲学和马克思主义哲学发展的一系列根本问题进行了系统的思考和探索，提出了科学地建构马克思主义哲学体系应当遵循的重要原则：实践性原则——强化和发挥马克思主义哲学不仅理论地解释世界而且实践地改造世界的社会功能；客观性原则——马克思主义哲学在内容上应当是人与世界关系及其现代特点的哲学抽象；主体性原则——以人作为主体对人属世界的自觉能动掌握和对属人世界的自觉能动创造为基本线索和基本内容；整体性原则——马克思主义的体系结构是人与世界关系总体性结构的逻辑再现。

1994年以来，我协助陶德麟教授组织武汉大学部分教师和博士研究生合作从事国家哲学社会科学"八五"重点科研项目"马克思主义哲学若干基本理论研究"，经过反复集体研讨，合作撰成《马克思主义哲学的当代视野》一书，由武汉大学出版社作为国家新闻出版署"八五"重点图书出版，其研究纲要《马克思主义哲学的当代视野》一文发表于《武汉大学学报》1995年第2期上，被《新华文摘》《哲学动态》等多家报刊转载介绍，《武汉大学学报》先后发表专题评论文章7篇，该文获湖北省精神文明建设"五个一工程"奖。该成果一方面立足马克思主义哲学的当代发展来审视其当代大实践、大科学基础和大哲学背景，另一方面以当代大实践、大科学和大哲学为参照来反思马克思主义哲学自身，对二者进行相关思考和研究，提出马克思主义哲学是辩证的、历史的、人道的、实践的唯物主义。在此项研究成果基础上，我承担了湖北省"九五"人文社会科学重点课题"马克思主义哲学的当代形态"，进一步探索和建构马克思主义哲学的当代形态。

5. 对认识论问题的持续关注和探索

作为认识论研究方向的硕士生、博士生，我对认识论问题一直保持着浓厚兴趣和积极探索。从辨析主体和客体、主观和客观、认识和实践这三对认识论的基本范畴及相互关系入手，到对认识过程第二次飞跃的辩证解析，到深化认识论研究的基本思路，提出现代认识论研究的根本宗旨是强化人类活动的主体性效应，在研究对象上应由纯粹知识的自在运动转向把握主体观念地掌握客体的自觉能动活动，研究模式应由简单的"刺激-反应"模型转向建构多项式和多级中间变量的多元复合认识模型，在研究规范上应在知、情、意与真、善、美、利的具体历史统一中建构多项式和多级中间变量的多元复合认识模型。在研究重点上应在个人的意识思维活动和社会文化交往的统一中揭示认识活动的内在机制，在研究方式上应从认识运动的时间特性方面展开认识活动的过程研究和进化规律研究，在研究方向上应在实践观念的形式与实现过程中揭示人类认识向着实践目的的运动等。在此期间，我先后参加了夏甄陶教授主编的《认识发生论》和《思维世界导论》的研究与写作。前者为国内外第一部研究人类认识原始系统发生和个体发生的学术专著，后者则将认识论研究与思维科学、脑科学和神经生理学等方面的最新研究成果结合起来，揭示了思维世界的奥秘。

6. 关于人的问题的哲学探讨

人是哲学的永恒主题，也是 1978 年以来国内哲学研究的关注重点之一。那么马克思主义应当如何关心和关注什么样的人呢？我们认为，应当从人与世界关系的角度来关注人；关注作为主体而生存、活动和发展的人；关心人的追求、人的价值和人的创造等。循此思路，我先后撰写并发表了《论人的主体地位和主体意识》《人生价值的特点和人生科学的研究方法论纲》《价值论研究与人的价值追求断想》，并和夏甄陶教授合写了《依赖与掌握——人与世界关系的两个基本方面》《论人类掌握世界的基本方式(上、下)》等论文，并作为编委参加了黄楠森教授等主编的国内第一部《人学词典》。随着我国由计划经济向社会主义市场经济转轨，我撰写了《市场经济与发展人的个性》，提出确立社会进步的个体性基础，造就丰富的个性和激发全体社会成员的创造潜能，论述了建设社会主义市场经济的人学依据。

为了深化人学研究，针对当时国内人学研究中关于人学研究对象的争论，我撰写了《在个体与类之间保持张力——论人学研究的对象域及其学科特点》《中西哲学比较与当前我国的人学研究》等论文，主张立足宏大的世界哲学与中国传统文化背景，立足马克思主义人学的基本理论和原则，整合中西人学思想精粹，在对当代人类和中国特色社会主义实践的深刻把握中建构当代马克思主义人学体系。

7. 深入探析主体性和主体性原则

主体性问题是近年来中国哲学研究的热点问题，也是取得重大进展的领域。我以极大的热情和自己的方式关注并参与这场讨论。在硕士学位论文《论主体能力》中借助主客体的对象性关系以及与主体需要、主体活动的内在联系来提出并界说主体能力，提出主体能力包含着“人本身的自然力”“经验与知识”“情感与意志”等三大要素，分析主体能力的基本特征、集团结构和社会体系等。针对主体性研究中的偏颇问题，提出从功能角度深化主体性研究方法论问题，又在《探寻主体性原则的合理界说》中提出科学地理解主体性原则的几条重要思路。其一，主体性原则不是一个本体论命题，而是一种活动论规范，它反映了人在世界中的主体地位，揭示人应当如何通过自觉能动的创造性活动来处理自身与世界的关系，发挥自己的主体功能，创造出最大的主体性效应。主体性原则本质上是一种功能原则、效应原则、价值原则。其二，主体性原则不是随心所欲的原则，而是以承认客体制约性和主体自身内在限定性为前提的原则，是要求主体发挥内部潜能创造条件去超越外部制约性有效地掌握客体的原则。其三，主体性原则不是马克思主义的唯一原则，也不是最高原则，而是马克思主义原则体系中不可缺少并与其他原则并存和协调发挥作用的重要原则。其四，主体性原则不是内容空洞和纯粹抽象的理论原则，而是内容丰富和现实具体的实践原则，它鼓励人们自觉努力追求和创造真、善、美、利的具体历史统一，具有鲜明的时代性和实践性。

8. 倡导并率先系统全面研究社会认识论，建设这一哲学分支学科

自从1985年到中国人民大学攻读博士学位，我便拟定了社会认识论的研究方向。先后发表数十篇本专题学术论文，并在《社会认识论导论》中提出并建设了一个比较全面、完整、系统的社会认识论研究体系。该书从社会认识论的学科界说及时代要求入手，将从古至今的社会认识史划分为“神话”“史鉴”“理知”“实证”等主要发展阶段，探讨社会认识主体、客体和文化中介之间自我相关、自相缠绕的根本结构特点，总结提出马克思主义的科学的社会认识模式的10个基本点，从日常的社会心理层面、阐释的社会理论层面和决策的社会规划层面来探讨社会认识活动的空间结构，从历史回顾、未来前瞻和现状追踪这三个时间向度探讨社会认识活动的过程结构和加速度发展过程，提出科学地认识社会所应当遵循的客观性原则、具体性原则、整体性原则、发展性原则和主体性原则等。该书出版后，除国内中央人民广播电台、《中国社会科学》等十多家电台、报刊发表书评书讯外，英美等国合编的国际性英文学术刊物《Social Epistemology》(《社会认识论》)主编特地来函邀请我为该刊撰写《关于社会认识论的国际研究报告》长篇英文稿，连同拙著《社会认识论导论》的英文目录发表在该刊1993年第2期上。我与该刊执行主编斯蒂夫·富勒围绕社会认识论问题长期进行通信交流探讨并合撰成《关于社会认识论的对话(上、下)》先后发表在《哲学动态》1992年第4、5期上。于1989年发起并在四川乐山成功主持召开全国首届社会认识论学术讨论会。自1989年开始招收社会认识论方向研究生以来，我先后指导7名硕士生、6名博士生分别撰成《社会认识的发现机制》《社会认识的评价机制》《社会认识的检验机制》《社会认识的进化机制》《交往与社会认识》《历史认识的客观性》《社会心态论》等系列硕士学位论文，以及《社会理解论》《社会理想论》《社会本体论》《社会评价论》《社会认识进化论》等系列博士学位论文，深化了社会认识论研究，受到评审专家和答辩委员的好评。目前还有2名硕士生和4名博士生在我指导下正在攻读社会认识论研究方向学位，为社会认识论研究提供了富有生机与活力的研究群体。1992年我承担了国家教委"八五"人文社会科学规划项目"社会认识方法论"，将社会认识论研究推向第二期。发表于《武汉大学学报》1993年第5期百年校庆特辑的《深入探析人类社会自我认识之谜——社会认识论研究的回顾、透视与展望》一文记载了第二期研究的基本构想。经与研究生们共同合作，完成了《社会认识方法论》一书。该书分别从社会观测、社会发现、社会预测、社会理解、社会评价、社会传播、社会决策、社会认识的检验与进行等方面探讨社会认识的方法论问题，由武汉大学出版社列入"武汉大学学术丛书"并出版。在第二期研究的基础上，我进一步提出当代人文社会科学哲学作为社会认识论第三期研究任务，主持国家教育部"九五"人文社科规划项目"当代人文社会科学哲学"。该课题研究构想《当代人文社会科学哲学研究构想——问题、思路、方法》发表在《人文杂志》1996年第5期上。由我任总主编的"当代人文社会科学哲学系列丛书"一共8种，由武汉大学出版社作为国家教育部"九五"重点图书出版。

9. 对中国特色社会主义现代化建设和改革开放的特殊关注

中国的哲学工作者，不仅要关注世界，尤其要关注中国，不仅要研究理论，尤其要关注现实。其现实对象和重要的结合点是当代中国的改革开放和中国特色社会主义现代化建设。作为陕西省专家顾问委员会委员、决策咨询委员会委员和省社会发展战略研究会副会长等，我曾参与了陕西省“教育奠基、科技兴陕”的政策咨询研究，以及关于人事制度改革、资金短缺对策与企业第二轮承包等课题的调查和研究，并积极参加社会主义社会辩证法的讨论，主张多视角、多渠道、多测度、全方位把握社会主义社会有机体，提出正确认识社会主义条件下的主体能动性，论述中国传统文化与社会主义现代化的关系和中国传统哲学和人与世界关系的现代发展，提出对科学决策问题进行认识论思考。为了纪念中国共产党 70 周年诞辰而撰写的《毛泽东思想与中华民族的自我意识》一文分获陕西省高校系统二等奖、陕西省优秀论文三等奖，并收入《现代中国的历史性选择》一书，由陕西人民出版社于 1991 年出版。党的十五大以来，邓小平理论被确立为党的指导思想，我先后应邀做 10 多次相关演讲，并发表了《全面把握邓小平理论伟大思想成果》《邓小平理论与当代世界》等论文。

10. 关注当代人类文化，促进国际学术交流

我坚信马克思所言，真正的哲学应当是世界的哲学，其目标在于以真正哲学的方式把握世界并造成一个丰富的哲学世界。为此哲学工作者应有极广泛的视野，带着极大的责任感、时代感而以真正哲学的方式去密切关注当代人类面临的普遍性、全球性问题，达到真正的国际学术对话和思想交流。为此，在陕西师范大学工作期间，我作为政教系系主任和中外文化研究交流中心副主任先后发起并在西安成功主持召开了“长安·东亚·环太平洋文化”国际学术讨论会(1989)和“儒学与当代社会”国际学术讨论会(1992)，设计并主持了“文化研究与弘扬民族优秀文化”系列学术研讨会，具体主持、编撰、出版了《文化研究方法论》学术文集，并邀请和接待 10 多批国外学者来华讲学和访问。对当代人类面临的全球危机和发展危机予以深刻关注并从认识论角度加以总结和反思，在大量调研基础上撰成的《地球保护——中国的理论、政策与实践》英文论文被第 15 届国际政治学大会(1991 年 7 月，在阿根廷的布宜诺斯艾利斯举行)列为优秀论文，资助参会、大会宣读并收入大会文集。我所撰写的《加拿大的多元文化与多元文化研究方法论》获加拿大政府所设“1992 年加拿大研究与出版奖”，应邀并获资助赴加拿大 7 个城市访问，极大地拓展了哲学研究的视野和眼界。1994 年应邀赴德国柏林参加第 16 届国际政治学大会并主持“发展中国家的管理与决策”分会，在会上宣传中国的改革开放与社会主义市场经济建设，引起与会代表的密切关注和热烈讨论。后在德国5个城市访问，做了有关当代德国哲学、留德人员现状与留学生管理、德国统一后知识分子心态和新种族主义的调查研究，访问了马克思的故乡特利尔，找到了当年他家拥有过的葡萄园。1995年9月至1996年9月在英国伦敦大学哲学系从事博士后访问研究，其间先后应邀赴牛津大学参加学术会议和到奥地利维也纳大学讲学，并到意大利、希腊从事文化寻根之旅。在罗马城梵蒂冈大教堂时，不意见到教皇约翰·保罗二世。在英期间，除主修心灵哲学和社会科学哲学外，设计并主持"向中国介绍当代英美哲学和英美哲学家"大型国际合作项目，成功邀请30多位英美一流哲学家合作为中国哲学界撰写《当代英美哲学和哲学家》一书，译为中文，由我主编，以中英文出版。这个项目对于加强中西方哲学与文化交流意义深远，已获准立为国家哲学社会科学研究项目(1997)。1997年7月应邀并赴韩国汉城参加第10届国际中国哲学会，主持其中的冯契分会，并做"文化围城与比较哲学研究"发言。1997年11月赴美国华盛顿参加第21届世界统一科学大会，提交《中国哲学与宗教中的生死观》英文论文。会后应美国国际研究交流协会邀请从事4个月学术访问，对亚洲的崛起及亚洲人和西方人的价值观进行比较研究。在美期间8次应邀在美国研究机构和高校做学术演讲。同时作为武汉大学欧洲问题研究中心成员从事欧洲一体化运动的学术研究和文化交流活动等。

三、个性化哲学研究的成果

迄今为止独撰主编和合著学术著作十余部，主要有：《社会认识论导论》，中国社会科学出版社1990年出版；《认识发生论》(合著)，人民出版社1991年出版；《思维世界导论》(合著)，中国人民大学出版社1992年出版；《人学词典》(编委并撰稿)，中国国际广播出版社1990年出版；《文化研究方法论》(编委会副主任，主持编写、撰稿并审稿)，陕西师范大学出版社1992年出版；《马克思主义哲学原理》(全国高师政教系统编教材，任编委并撰稿、统稿)，高等教育出版社1993年出版；《新时期思想政治教育研究》(编委会主任)，陕西师范大学出版社1993年出版；《实践唯物主义研究》(参著)，中国人民大学出版社1996年出版；《哲学研究方法论》，武汉大学出版社1998年出版；"当代哲学前沿问题专题研究”(副主编),武汉大学出版社1998年出版;“当代人文社会科学哲学系列丛书”(总主编),武汉大学出版社1998年出版;《社会认识方法论》(主编),武汉大学1998年出版;《马克思主义哲学的当代视野》(副主编),武汉大学出版社1999年出版;《人文社会科学哲学概论》(主编),武汉大学出版社1999年出版;《马克思主义哲学原理》(主编),高等教育出版社1999年出版;《当代英美哲学》和《当代英美哲学家》(中英文版主编)分别由人民出版社和牛津大学出版社出版。

先后在海内外发表英文学术论文10余篇,中文学术论文140余篇。其中,《新华文摘》转载介绍10多篇,《中国哲学年鉴》选介数次,50余篇为中国人民大学报刊复印资料《哲学原理》《历史学》《外国哲学》《科学社会主义》等转载介绍。

10多项成果在国内外获奖。其中,《“实践的唯物主义”及其方法论启示》获中国人民大学1987年“五四”科学、民主、改革优秀论文奖;《语言符号系统的特性及在社会认识系统中的认知功能》获《陕西师范大学学报》1988年青年优秀论文二等奖;《论主体能力》获陕西省第三届社会科学优秀成果三等奖(1990);《论人的主体地位和主体意识》获全国第一届人生科学学术讨论会优秀论文奖(1990);《毛泽东思想与中华民族的自我意识》获陕西省纪念中国共产党诞生70周年学术讨论会优秀论文三等奖(1991)、陕西高校系统纪念建党70周年学术讨论会优秀论文二等奖(1991);《加拿大的多元文化与文化研究方法论》获加拿大政府1992年加拿大研究与出版奖;《社会认识论导论》获陕西省优秀哲学成果奖(1992)和国家教委首届人文社会科学优秀成果二等奖(1995);《关于社会认识论的国际研究报告》(英文)获湖北省首届省级社会科学优秀成果二等奖(1995);《马克思主义哲学的当代视野》(合撰)获湖北省精神文明建设“五个一工程”优秀论文奖(1996)。

1992年起享受国务院颁发的政府特殊津贴,1995年被评为武汉大学“优秀教师”,1995年被评为湖北省“有突出贡献的中青年专家”。1998年被评为湖北省“跨世纪中青年学科带头人”,获教育部“跨世纪优秀人才”基金资助。被海内外多种人物传记辞典收入词条。

四、个性化哲学研究的意义

个性化的哲学研究离不开个性化的研究主体。从哲学家的个人素质方面来看，有三个方面显得特别重要。

其一，人性修炼与人格完善。哲学既是一种普遍性的理论和思维，也是一种个性化的体验和实践。人们对于外部世界的哲学观察和哲学解释，实际是依据并体现着人的自我理解和自我评价。人的自我形象和自我意识在很大成分和程度上影响和制约着人的哲学思维和哲学体验。因此人性的修炼和人格的完善是发展个体的哲学素养的重要途径。通常所说"道德与文章"相互依傍就是这个道理。高度的社会责任感和事业心使人超越狭隘自我，抛弃个人得失；忠厚、坦诚助人克服人际藩篱，达到人际沟通；宽容、坦荡则给人以广阔的生活和信息空间；谦虚、谨慎才能给人以发展自我的心理空间和外部环境……在市场经济的大潮下，一方面应自觉欢迎社会变革，根据新的社会需要而改进和发展自我；另一方面要能抵制拜金主义的冲击，保持独立的自我和安宁的心境。在这种意义上，我欣赏并信奉荀子的"虚壹而静"，并将其奉为人生格言。

其二，丰富的生活和丰富的思维。人性的修炼和人格的完善不是在封闭的内省和"修道"中实现的，而是在火热的社会实践和丰富的生活空间中的自我塑造。要把握时代精神及其精华，就必须根据时代的要求而全面地发展自己，造就丰富的个性、体验丰富的生活。为此应当保持强烈的求知欲望和丰富的生活情趣。在紧张的工作之余，我保持着广泛的个人兴趣和爱好。喜欢游泳、郊外野游，因为它们是人与大自然联系的最直接形式。曾坚持冬泳数年，并在大洋两岸留下击水踪迹。喜欢摄影、摄像，它们帮助人更加仔细地观察世界、选择时机并体现出自己对美的理解与创造。喜欢看好的电视剧和电影，因为那是集中地提炼和典型化了的人生和社会。喜欢听音乐，去沉浸在奇妙的人化世界、符号世界、意义世界之中。

其三，勇于也善于自我批判、自我超越。哲学是一门体系性学问。每一个哲学家都是从问和回答什么是哲学开始建构自己的体系的。没有体系就难以成为哲学。没有自己的独特体系者很难说是哲学家。但是哲学家创造体系本身就隐藏着一种悲剧的可能，即被自己所创造的体系所窒息。历史上的哲学家常常是以创造自己的哲学观念和哲学体系开始，而以束缚于自己创造的体系不能自拔而告终。因此，真正优秀的哲学家应当勇于也善于不断地批判和超越自身。在这种意义上，哲学家应该像蚕。蚕的伟大之处在于不断改变自己的存在形态，变成蛾去咬破自己织的茧，以延续生命，更新和发展自身。应该说，只有不断地自我批判和自我超越，才能不断地延伸和拓展自己的个性化哲学道路，延续和发展自己的哲学生命。

后记

湖北省青年社会科学工作者协会与华中理工大学出版社为迎接中华人民共和国成立 50 周年,联手推出"荆楚青年人文学者文丛",邀我加盟,盛情难却,故有此愚作。

记得前些年便有人相约编选出版文集,并未敢相允。现在却有此举动,于人于己,总得有个说法。过去在我心中,出版文集,是件相当隆重的事,虽不说只能是功成名就之举,或只能是名家名流之事,却至少应当在思想相对成熟、稳定后方可为之。我等现在正处于艰难的探索和创造历程之中,其中当然包含着不断的自我否定和超越。此时出版文集,难免把流动的思想固化,把不成熟的思想形式化,把片面的思想系统化。这不仅不一定有益于他人,还有可能成为自己未来发展和自我超越的桎梏。现在想来,此种危险仍然不减,但也可以从另一个角度来看文集的意义,这就是对于自己的思想的阶段性清理,以及对于未来发展阶段的自觉铺垫。其实,学海之中,没有永恒的东西,不论文章还是专著,其学术见解,都必然有其时间、空间和内容的局限性,并由此而具有某种可超越性。问题只是在于,是由别人来超越还是由自己来超越。对于作者来说,能自我超越,既需能力亦需勇气。而不论是勇气的激发程度还是能力的发挥水平,都有赖对自己成果的局限性的正确认识及认识的深刻程度。自我认识和自我评价,有多种途径和方式,编选文集也不失为一种积极的方式。编选文集直接地当然是肯定,是对个人已有的学术成果的一种汇总和认可,但它同时也是否定,是对于自身发展的一种呼唤。在某种意义上可以说,编选一次文集,与其说是一种自我张扬和自我欣赏,不如说是一种自我评价和自我批判。它迫使人们以挑剔的眼光来更加客观地对待自己的作品，审其质，品其性，扬其优，汰其劣，查其误，补其疏，并将其公之于众，由此而达到对于自己的现有学术底界的一番清理和对于未来发展方向的一种探析。文集不是终极产品，而是中继产品，它的真正意义在于清理历史、透视现实和引导未来。对于文集的这种新认识是否正确姑且不论，但它使作者能够考虑编选本书。

何谓一个阶段？这可以从不同方面来考虑。世纪之交，这是全人类的大事。对于时间流逝中的这平静一瞬，人们正在赋予它越来越多的文化意蕴。新中国成立50周年，是全国人民的大喜。我辈作为新中国成立后出生、成长的一代人文社会科学工作者，对其无疑具有特殊的感情。而我作为当年的"老三届"中学生成员、上山下乡知青、铁路建筑工人、恢复高考后的第一届大学生、中国的新一代博士学位获得者，现在的博士生导师，对这一切更是具有非常特殊的个人感受。有人说，我们这一代人颇多不幸，因为我们历经了共和国的波澜曲折，遭遇到了一些不顺。我却认为，不幸中又包含着有幸。因为我们不仅有幸目睹共和国的变化，而且能够享受到改革开放的成果，还能够亲身参加现代化建设。如果没有当年的艰辛和磨难，我们何以如此珍惜今天？因为只有在亲身的体验中才会有更深切的理解和领悟。没有改革开放，没有以经济建设为中心的社会主义现代化建设这个大的历史背景，不会有中国的今天，也不会有我们这一代人的今天。那么，我们应当以什么来回报我们的国家和社会呢？光阴荏苒，不堪回首：30年前下乡插队务农，20年前上大学念书，10年前获得博士学位，在大学为师已经又是10年。客观回顾，几十年来，一直忙忙碌碌，始终未敢懈怠，但到底干了一点什么，能否向一直关心、爱护和支持我们的师长、亲人、朋友以至社会做一点还算说得过去的交代？这无疑是一种不小的压力。本书当然承载不了如此重大的责任，却多少为我们提供了这样一个机会，来对自己做一点回顾和反思。

编选文集，大体有两种形式：一是以时间线索为序，记载个人学术思想的发展沿革；二是以问题线索为经，展示作者的学术研究的主要领域和主要内容，尤其是目前的代表性学术观点。这两者并不是相互排斥的，但相比之下，后者具有更强的中继性特点，更适合中青年学人。本文丛的编者主张把两方面结合起来，而以后者为主，并将其作为各文选的一般编选原则，得到了大家的一致认同。什么是代表性论作？关键是要有自己的独到见解。这些见解可能在文章中，也可能在专著中，而且其间往往是相互交叉的。一般说来，论文侧重于提出新的观点，专著则对观点做系统化、具体化的论证。论文往往专注于某一个问题，简明扼要，专著则往往围绕一个领域或一个主题来从多方面展开体系性的论述，因而比较全面、深入。一些论文的观点可以引发并被融入学术专著，但并非所有的论文都能成为专著的组成部分。一部文集，虽然篇幅有限，却可以包含多篇论文，在有限的篇幅中包容更多的信息量，从而成为多个领域的多种观点的汇集，甚至成为多部专著的导读。这又是单本专著所达不到而为文集所特有的功能。

从学术探索的角度看，我们这一代哲学爱好者之大幸，便是能够伴随国内哲学研究空前发展的大好时机而进行学习和研究，并以自己的方式来关注和参与其讨论，促进其发展。关于本人学习研究的一般情况，在收录的《探索一条个性化的哲学研究道路》中已经有所介绍，这里主要谈谈本书所收录的文章的主要体例。

本书从作者已经发表的 140 多篇中文学术论文中选出，主要分为三个大的方面：哲学研究、人学和人的主体性问题研究、比较哲学与文化研究。

在哲学编中，《在深度分化与高度综合中建构哲学学科群——20 年来我国哲学研究的发展轨迹及其未来走向》和《从真理标准讨论到建构马克思主义哲学的当代形态——面向 21 世纪的我国哲学发展战略构想》这两篇文章排得最前，但成文最晚，是 1998 年专门为纪念真理标准讨论 20 周年和党的十一届三中全会召开 20 周年而作的。后者先后作为优秀论文入选教育部和湖北省“纪念党的十一届三中全会 20 周年理论研讨会”并做了大会发言，前者则属教育部“党的十一届三中全会与高校社会科学研讨会”在哲学方面的特约稿。两篇文章分别发表在教育部主办的《高校社会科学研究和理论教学》1998 年第 11、12 期，和《天津社会科学》1998 年第 6 期（《新华文摘》1999 年第 3 期转载）。它们以作者的特殊视角和思路，从哲学和马克思主义哲学这两个层面回顾 20 年来我国哲学研究的主要成就和基本经验，透视其现存问题，并展望其未来发展，从宏观上表明了当前作者对于我国哲学的历史、现状和未来发展的基本看法。

《以真正哲学的方式研究和发展哲学》是作者的近作《哲学研究方法论》(武汉大学出版社 1998 年版)一书的绪论。该文从透视当代西方的“非哲学”思潮入手,分析我国的市场经济建设对于哲学研究的挑战,把研究方法的调整与更新看作哲学发展的突破口,提出了关于建构哲学研究方法论的基本构想。《哲学研究方法论》一书约有 62 万字,分别从元哲学问题、哲学思维的系统发生与历史演进、马克思主义哲学和分支哲学研究等 4 个层面记载了作者多年来对于哲学问题的方法论思考,可以看作本人的代表作之一。在《哲学史研究的方法论问题》(《哲学研究》1998 年第 9 期)和《论哲学研究的世界化、民族化与个性化》(《哲学动态》1994 年第 10 期)二文中,作者分别阐发了哲学研究中所应当自觉贯彻的历史意识、世界意识、民族意识和个性意识。

马克思主义哲学的当代发展问题是当代中国哲学研究的轴心,也是作者长期关注的主要领域。自 1986 年起,笔者曾在国内较早地倡导“实践的唯物主义”,并力主以其作为建构马克思主义哲学的新体系和新形态的基本思路和原则,为此曾经单独或与夏甄陶教授一道写过不少这方面的文章。经过近年来的反复思考,尤其是在参与陶德麟教授主持的国家“八五”重点课题“马克思主义哲学的当代视野”的过程中,感到应当进一步发掘马克思对于自己的哲学的本性的界说,在与各种非马克思主义哲学的比较中综合性地把握马克思主义哲学的基本规定,认为马克思主义哲学有五个特性——唯物性、辩证性、历史性、人道性、实践性,是辩证的、历史的、人道的、实践的唯物主义。本书收入的《马克思主义哲学的基本规定》即是我为陶德麟教授主编的《马克思主义哲学的当代视野》一书所撰的一章,它集中地表明了当前我们对马克思主义哲学的本质规定的看法。

社会认识论是我 10 多年来尤为关注并着力探讨的特殊领域。从 1985 年 3 月至在中国人民大学攻读博士学位起,到今天我自己对于博士生和硕士生的指导培养,都主要集中在这个方向和领域。到目前为止,我们对于社会认识论的研究已经进入第三期。本书选入的三篇文章分别代表了这三期研究的基本构想。《社会认识论刍议》系作者的博士学位论文的导言,发表于《中国人民大学学报》1988 年第 4 期等刊,其目的在于提出开展社会认识论研究的必要性和可能性,论证其作为相对独立的分支学科的理论地位,并提出我自己的研究思路和体系结构。

社会认识论第一期研究的代表性成果是拙著《社会认识论导论》(中国社会科学出版社 1990 年版,收入胡绳主编的"中国社会科学博士论文文库")。《深入探析人类社会自我认识之谜——社会认识论第二期研究构想》(《武汉大学学报》1993 年第 6 期,百年校庆特刊)一文实际上是作者开展社会认识论第二期研究的总纲,它的特殊学术价值在于提出了社会认识论研究的 10 个难题,并导出了社会认识论研究的第二期成果,即由我主持完成的国家教育部"八五"人文社会科学规划项目和主编的《社会认识方法论》(武汉大学出版社 1998 年版,收入"武汉大学学术丛书")。《当代人文社会科学哲学:从问题到构架——社会认识论第三期研究构想》(《人文杂志》1997 年第 1 期)既是我所主持的国家教育部"九五"人文社会科学项目的研究纲要,也是我们关于社会认识论第三期研究的基本构想。它的最终研究成果是我所主编的国家教育部"九五"重点出版图书"当代人文社会科学哲学丛书",尤其是其中的《人文社会科学哲学概论》(武汉大学出版社 1999 年版)。

当代中华民族精神和实践生活中的最重大成果之一,是对于中国特色社会主义现代化道路的探索,是邓小平理论的产生、形成并被确立为中国共产党的根本指导思想并载入宪法。如何理解和把握邓小平理论,笔者曾经就此 10 多次在不同场合做过讲座,《邓小平理论与当代世界》(《武汉大学学报》1998 年增刊)一文正是这些演讲的基本纲要。

人和人的主体性问题曾经是我国哲学研究的热点问题之一,笔者曾以极大的热情参加过讨论。后来兴起的人学使这方面的研究更加系统化和深入。本书选入的几篇文章部分地记载了笔者在这方面的思考。《中西哲学比较与当前我国的人学研究》(《中国社会科学》1998 年第 1 期)和《在个体与类之间保持张力——论人学研究的对象域及其学科特点》(《武汉大学学报》1998 年第 4 期)这两篇文章主要反映作者对于人学学科建设的一些宏观思考。《从功能角度深化主体-客体问题研究》(《哲学动态》1991 年第 3 期)和《探寻主体性原则的合理界说》(《光明日报》1992 年 7 月 30 日)表明了作者对于深化主客体问题研究的方法论探索。《论思维的个体发生》属笔者为夏甄陶等主编的《思维世界导论》一书所撰的第三章(该书由中国人民大学出版社于 1992 年出版)。它和《论主体能力》(作者的硕士学位论文的一部分,发表于《哲学研究》1985 年第 7 期)分别从不同方面对人的主体性的个体发生和内在根据等做了微观的和实证的研究。

比较哲学与文化研究是作者近年来比较关注的领域和问题之一。中国哲学研究应当世界化,这不能只作为愿望,停留于口头,而必须付诸行动,从实际地学习、了解和研究西方哲学与文化做起。这对于我们这一代人来说显得尤其重要。笔者自 1991 年以来先后多次获得海内外资助而有机会到境外参加国际学术会议,进行学术访问,从事讲学和合作研究。从本书的第三组文章中可以看出作者在这方面的部分努力。《"文化围城"与比较文化研究》源自作者于 1996 年 1 月在英国牛津大学现代中国研究中心所做的一次英文演讲,后撰成中文与另外两位朋友的文章一起发表在《江海学刊》1996 年第 3 期。它与《跨文化理解与交往》(《社会科学战线》1997 年第 6 期)一道表达了作者在跨文化交往中的一些感受与思考。《关于社会认识论的对话》(《哲学动态》1992 年第 4、5 期)和《英美新出版的几部重要哲学辞书评介》(《哲学动态》1996 年第 11 期)传递了作者在加强国际哲学学术交流方面所做的一些努力和所获取的信息。《在多样性中锻造统一性——关于加拿大多元文化主义访问记》(《社会科学战线》1994 年第 4 期)、《消除心中的"柏林墙"——德国统一的观察与思考》(部分刊于《中国哲学年鉴》1995 年卷)、《英国哲学与文化探微》(《哲学动态》1997 年第 2 期)和《赴美哲学访问纪实》(《社会科学战线》1999 年第 1 期)等则分别记载了作者在相应国家的学术论坛中所从事的一些活动和对于相关社会文化问题的探索与思考。

笔者不才,未敢奢望在学术方面有什么大的作为,唯愿能够探索和实践一条有个性特色的学术研究道路。这点心愿,要真正能够有所实现,除了个人的努力奋斗外,也时时离不开社会的关心和帮助。在我的学习、研究和成长历程中,除了恩师刘修水、李秀林、夏甄陶、萧前、陶德麟教授等的先后直接指导和教诲外,也丝毫离不开众多亲人的全力支持,多方老师的谆谆教导,历届学友的互相激励,各级同学的教学相长,各位同事的鼎力相助,社会各方的友情提携,等等。钟灵的巴山蜀水,厚重的汉唐雄风,秀美的荆楚文化,无不给我以深刻的熏陶。而现实中来自各方面的深切人文关怀,则时时给我以极大的鼓励和鞭策。对这一切,我发自心底的感激之情是很难用言语来充分表达的。

本书所录的文章毕竟是笔者学习研究过程中的部分阶段性成果,

如果说在一定程度上有其个性，便也难免有局限性。在跨文化研究方面，尽管笔者力图凭借第一手资料并以严肃的态度来对待，但毕竟受到当时的时空背景、资料条件和了解程度的限制，其内容不仅可能是肤浅的，也可能包含着误解。笔者将本书作为中继性作品奉献给读者，热诚希望听到来自各方面的批评指教。

本文丛的编选出版蒙华中理工大学出版社鼎力相助，诸位领导的胆识和远见令人十分钦佩。湖北省青年社会科学工作者协会的同仁们献策出力、费心张罗，功不可没。又闻章开沅、夏振坤、陶德麟三位尊敬的著名前辈学者拨冗分别为之作序，鼓励后学，更是令人感动不已。对来自各方面的关心和支持，我等无以为报，唯不懈努力，力争不负各方厚望。

作　者

1999 年 3 月 20 日 武昌珞珈山

图书在版编目(CIP)数据

哲学研究个性化道路初探/欧阳康著. —武汉:华中科技大学出版社，2022.6
(欧阳康文集)
ISBN 978-7-5680-8473-4

Ⅰ. ①哲…　Ⅱ. ①欧…　Ⅲ. ①哲学-研究　Ⅳ. ①B0

中国版本图书馆 CIP 数据核字(2022)第 168595 号

哲学研究个性化道路初探　　　　欧阳康　著

Zhexue Yanjiu Gexinghua Daolu Chutan

策划编辑：周晓方　杨　玲　　　　责任校对：张汇娟
责任编辑：苏克超　　　　版式设计：原色设计
责任监印：周治超

出版发行：华中科技大学出版社(中国·武汉)　　电话：(027)81321913
武汉市东湖新技术开发区华工科技园　　邮编：430223

录　排：华中科技大学惠友文印中心
印　刷：湖北新华印务有限公司
开　本：710mm×1000mm　1/16
印　张：23　插页：2
字　数：360 千字
版　次：2022 年 6 月第 1 版第 1 次印刷
定　价：99.00 元

华中出版

本书若有印装质量问题，请向出版社营销中心调换
全国免费服务热线：400-6679-118　竭诚为您服务